개정판

아동권리와 복지

최순옥 · 박선영 · 윤란호 · 이주연 · 이혜경

태영출판사

머리말

그동안 정보화 · 세계화라는 급속한 사회 변화 속에서 아동을 둘러싼 아동권리와 아동복지 환경에도 많은 변화가 일어나고 있다. 특히 저출산 고령사회로 진입한 우리사회에서 미래의 주인인 아동을 올바르게 교육하고 보호하는 일은 우리의 중요한 핵심과제가 되었다. 그 어느 때보다 가족, 사회, 국가가 힘을 합쳐 아동이 안전하고 건강하게 성장할 수 있는 환경을 조성하려는 노력이 필요하게 되었으며, 아동의 기본 권리를 보장해야 한다는 요구도 커지고 있다. 이제 우리사회는 아동을 한 사회의 구성원이자 국가의 인적자원으로 인식하고 국가투자의 주요한 대상으로 인식하여야 한다.

이러한 시대적 변화와 새로운 인식으로 아동권리, 아동복지의 이론, 정책, 실천방법 등 아동복지의 중요한 내용들은 최대한 담아 보고자 노력하였으며, 대학에서 아동권리와 복지 관련 과목의 교재로 사용하기에 적합하도록 최근의 이론적 동향과 조사연구 자료 및 아동복지 사업현황과 통계를 담고 있다. 또한 아동복지를 누구나 쉽게 이해할 수 있도록 하여 아동복지를 전공하는 학생뿐 아니라 사회복지를 전공하는 사람들에게 지침서로 도움이 될 것으로 기대해 본다.

이 책은 모두 13장으로 구성되어 있다. 제1장 아동과 아동복지에서는 아동복지의 기본적인 개념에 대한 이해를 돕고자 하였으며, 제2장 아동발달의 이해에서는 일반적으로 나타나는 발달원리를 중심으로 인간발달의 이해를 돕고자 하였다. 제3장 아동과 권리에서는 아동권리 시각에서 아동복지에 접근하고자 하였으며, 제4장 아동복지 대상과 서비스에서는 아동복지 대상에 따라 아동복지 서비스를 구분하여 살펴보고 아동복지 서비스를 실천할 때 기준이 되는 기본원칙에 대해서 살펴보았다. 제5장 아동복지 발달사에서는 아동복지의 변천과정을 시대별 · 국가별로 고찰하였으며, 제6장 아동복지정책과 관련법 및 행정에서는 제도적 접근방법으로 아동복지정책과 아동복지관련 법률 및 행정을 살펴보았다. 그리고 이론적 접근을 기반으로 구체적으로 아동복지의 실천분야를 소개하기 위하여 제7장 빈곤아동과 아동복지, 제8장 아동학대와 아동복지, 제9장 아동보육 및 방과 후 보육, 제10장 가정위탁 및 입양과 시설보호 사업, 제11장 장애아동과 아동복지, 제12장 다문화가족과 아동복지, 마지막 13장에서는 아동복지의 과제와 전망에 대한 이해로 아동복지의 과제와 발전방향을 개괄하였다.

그동안 대학에서 아동복지를 강의하면서 느꼈던 문제점을 줄이기 위하여 여러 차례의 편집회의를 거쳐 내용을 수정 · 보완하였으나 아직도 미진함과 아쉬움이 남는다. 부족하고 미흡한 부분에 대해서는 계속해서 새로운 자료와 함께 보완해 나갈 것이며 여러분의 조언을 부탁드린다. 마지막으로 이 책이 나오기까지 적극적인 지원을 해 주신 태영출판사 김현태 사장님, 그리고 오세복 편집장을 비롯한 편집부 직원 여러분들께 진심으로 감사의 마음을 전합니다.

2019년 1월에

저자 일동

차 례

제1장
아동과 아동복지

1. 아동의 개념
2. 아동복지의 개념
3. 아동복지의 이념
4. 아동복지의 기본원칙
5. 아동복지의 필요성
6. 아동복지의 의의

아동복지는 18세 미만의 아동에게 정신적, 육체적으로 행복하고 만족스러운 삶을 보장해 주기 위해 국가와 사회 그리고 전문가에 의해 제공되는 모든 서비스를 총칭하는 개념이다.

사회변화에 따라 아동관과 아동을 대상으로 하는 복지의 내용도 개편되고 있다. 아울러 저출산율, 여성취업률의 증가, 다양한 가족 형태의 증가와 아동의 권리에 대한 인식변화는 다양한 아동복지 서비스를 필요로 한다. 이 장에서는 발달적 관점과 법적인 관점에서 아동을 정의하고, 아동복지의 개념과 이념을 살펴보고자 한다. 또한 사회변화에 따른 아동복지의 필요성과 의의를 고찰하고자 한다.

1. 아동의 개념

아동에 대한 정의는 법적인 관점(나이)과 발달적 관점(성숙)으로 구분할 수 있다.

발달적 관점에서 볼 때, 아동의 능력은 지속적으로 발달하고 있으나 자신 스스로를 책임질 수 있는 능력은 부족하다. 그러므로 아동은 미성숙하고 취약한 존재로 간주되며 사회적 · 법적 보호가 필요한 존재로 받아들여지고 있다(이재연 외, 2015). 아동을 대상으로 하는 학문분야에서 발달적 관점은 중요한 준거가 되어 아동복지에 대한 사회적 책임의 실체로 작용하는 법적 정의에서도 그 근간을 이루고 있다(최순옥 외, 2011).

한편, 법적인 관점에서 아동의 연령은 법률에 따라 다소 차이를 보이고 있지만 「유엔아동권리협약(United Nations Convention on the Rights of the Child)」 제1조에서는 아동의 연령을 18세 미만까지로 규정하고 있으며, 우리나라의 「아동복지법」 제3조 1항에도 "아동이라 함은 18세 미만인 사람을 말한다."라고 규정하고 있다.

표 1-1 우리나라 법에서 규정하는 아동의 나이

법	관련 명칭	나이 구분
아동복지법	아동	18세 미만
입양특례법	아동	18세 미만
영유아보육법	영유아	6세 미만의 취학 전 아동
청소년기본법	청소년	9세 이상 24세 이하
청소년보호법	청소년	19세 미만
아동 · 청소년의 성보호에 관한 법률	아동 · 청소년	19세 미만
소년법	소년	19세 미만
근로기준법	연소자	18세 미만

출처: 국가법령센터(2016).

각 나라는 아동의 사회적 책임과 권리를 어떻게 보는가에 따라 아동의 나이를 법적으로 다르게 규정하고 있다. 〈표 1-1〉에서 보는 바와 같이 우리나라도 법률마다 규정하는 아동의 나이가 일치하지 않는 것은 법의 취지와 목적이 다르기 때문이다. 하지만 각 법마다 서로 다른 나이의 규정은 아동복지정책과 서비스 전달에 혼란을 줄 수 있다. 그러므로 장기적으로 볼 때, 아동에 대한 통합된 정의를 모색할 필요가 있다(유엔 아동권리협약 한국 NPO 연대, 2010).

2. 아동복지의 개념

아동복지 개념의 어원을 보면 아동(Child)과 복지(Welfare)의 합성어이다. 복지(Welfare)는 만족스럽게, 행복하게의 well과 지나가다 의미의 fare가 합해져 행복하게 잘 지내다를 의미한다. 그러므로 아동복지의 어원상 개념은 "아동이 행복하게 잘 지내다"라고 할 수 있다.

Kadushin과 Martin(1988)은 아동복지를 “부모가 자녀양육의 책임을 완수하지 못하거나 지역사회가 아동과 가족이 필요로 하는 보호와 자원을 제공하지 못하는 경우 아동에게 제공하는 서비스”라 하였다. 그리고 가정과 부모의 양육기능을 지지 · 보충 · 대리하며, 학대 · 방임의 경우에는 강제보호를 통해서라도 “모든 아동의 행복과 사회적응을 위해 심리적 · 사회적 및 타고난 잠재력을 길러 주는 가족의 활동”이라 정의하였다. Costin(1985)은 “가족생활을 강화하기 위한 사회복지의 한 분야로서 아동과 그 가정의 안녕을 위한 것”이라고 하였다.

Friedlander와 Apte(1980)는 아동복지를 “빈곤, 방치, 유기, 질병, 결함 등을 지닌 아동 또는 환경에 적응하지 못하는 비행아동들에게만 관심을 두는 것이 아니라 모든 아동이 신체적 · 지적 · 정서적 발달에서 안전하며 행복할 수 있도록 위험으로부터 보호하기 위하여 공공과 민간의 기관에서 실시하는 사회적 · 경제적 · 보건적인 제반활동”이라고 정의하였다.

우리나라의 사회복지사전(1993)에서는 아동복지를 “일반적으로 특수한 장애를 가진 아동은 물론 모든 아동이 가족 및 사회의 일원으로서 육체적으로나 정신적으로 건전하게 성장 · 발달할 수 있도록 지역사회나 사회복지 서비스 분야에 있는 공 · 사 단체나 기관들이 협력하여 아동복지에 필요한 사업을 계획하며 실행에 옮기는 조직적인 활동”이라고 정의하였다. 이상과 같이 아동복지에 관한 정의들은 가족의 기능을 보충하는 잔여적 의미(Kadushin), 서비스의 개념(Friedlander & Apte), 사회체계 및 독립된 사회제도로서의 개념(우리나라 사회복지사전)을 내포하고 있음을 알 수 있다.

즉, 아동복지란 특별한 문제나 욕구가 있는 아동을 포함하여 모든 아동이 가족 및 사회의 일원으로 건강하고 건전하게 성장할 수 있도록 개인, 민간, 지역사회, 국가가 상호 협력하여 아동에게 제공하는 모든 복지적 활동이라고 할 수 있다.

3. 아동복지의 이념

아동복지의 이념은 아동을 이해하는 시대적 특성에 따른 사회의 아동관과 밀접한 관계가 있다. 과거에는 아동을 성인의 축소물로 보았으나, 아동에 대한 인식이 변화하면서 아동을 고유한 심리적 욕구, 인격과 존엄성을 지닌 독립된 개체로 인식하게 되었다.

또한 국가가 선택한 아동복지 이념에 따라 부모와 가족, 국가의 책임이 달라지며, 아동복지 대상과 그 가족에 대한 개입의 내용과 수준이 결정되었다. Herding은 아동복지의 이념을 국가-가족-아동의 관계 속에서 설명했는데 다음과 같다(최순옥 외, 2011).

1) 자유방임주의

자유방임주의에서 국가의 관여는 개인의 자유에 대한 억압이며 국가에 의한 조치도 통제라고 가정한다. 따라서 아동복지에 대한 국가 역할을 최소화한다. 국가는 부모의 아동에 대한 우선적 책임과 원리를 중시하고 아동과 가정에 대한 불간섭주의의 입장을 취하였다. 국가의 역할을 선별적이고 최소한의 개입으로 한정하였다.

2) 국가부권주의

국가부권주의는 부모-자녀 간에 생물학적 유대보다 양육자와 아동 간의 심리적 유대를 강조하여 아동보호에 대한 광범위한 국가 개입을 핵심으로 한다. 따라서 부모가 아동보호에 부적절한 기능을 할 경우, 국가가 가족과 아동에게 언제든지 개입하여 아동을 보다 나은 양육환경으로 옮길 수 있다. 이때 국가의 역할은 아동의 복지를 증진하고 위험을 최소화한다.

3) 가족중심주의

가족중심주의는 생물학적 가족이 중요하다고 보고, 가능하다면 이는 보호되고 유지되어야 함을 강조한다. 따라서 아동 최선의 이익은 친부모에게서 양육받는 것이다. 국가가 아동에게 대리보호를 제공하기보다는 대리보호가 필요하지 않도록 가족에게 지지적 서비스를 제공할 것을 강조하는 입장을 취한다. 국가의 역할은 가족의 유지를 위한 다양한 서비스를 제공한다.

4) 아동권리주의

아동권리주의는 아동의 생존권, 보호권, 발달권, 참여권을 강조한다. 아동을 성인과 같은 자율성을 지닌 독립된 존재로 보고, 아동의 자기 결정권과 참여권의 극대화를 핵심으로 한다. 국가의 역할은 아동권리를 존중하고 아동이 성인으로부터 자유를 얻을 수 있도록 보장하는 것이다.

아동의 권리강조와 아동복지의 발달에 따라 아동복지의 이념은 자유방임주의에서 국가부권주의를 거쳐 가족중심주의와 아동권리주의로 변화해 오고 있다. 각 나라는 각 사회에 맞는 이념을 반영한 아동복지정책을 실시하게 된다.

우리나라는 「헌법」과 「아동복지법」, 어린이헌장에서 아동복지의 이념을 규정하고 있다. 「헌법」 제10조는 "모든 국민은 인간으로서의 존엄과 가치를 가지며, 행복을 추구할 권리를 가진다. 또한 「헌법」 제34조 1항은 "모든 국민은 인간다운 생활을 할 권리를 가진다."고 규정하고 있다. 이처럼 모든 아동을 포함한 국민이 행복을 추구할 권리와 인간다운 생활을 할 권리를 가지고 있음이 헌법에 명시되어 있다. 「아동복지법」 제2조 기본이념에는 "아동은 자신 또는 부모의 성별, 연령, 종교, 사회적 신분, 재산, 장애유무, 출생지역, 인종 등에 따른 어떠한 종류의 차별도 받지 아니하고 자라나야 한다. 아동은 완전하고 조화로운 인격발달을 위하여 안정된 가정환경에서 행복하게 자라나야 한다. 아동에 관한 모든 활동에서 아동의 이익이 최우선적으로 고려되어야 한다."고 명시하고 있다.

어린이헌장은 "모든 어린이가 차별 없이 인간으로서의 존엄성을 가지고 겨레의 앞날을 이어 나갈 새 사람으로 존중되며 바르고 아름답고 씩씩하게 자라도록 함을 지표로 삼는다."고 규정하고 있다.

4. 아동복지의 기본원칙

아동은 독립된 인간으로서 인간다운 생활을 유지할 권리가 있으며 국가와 사회는 이러한 권리를 보장해 주어야 한다. 이를 위해 기본적으로 고려해야 할 원칙에 대해 장인협과 오정수(2004)는 권리와 책임의 원칙, 보편성과 선별성의 원칙, 개발성의 원칙, 포괄성의 원칙, 전문성의 원칙을 제시하였다. 장인협과 오정수(2004)의 원칙을 중심으로 살펴보고자 한다.

1) 권리와 책임의 원칙

아동복지에 있어 권리와 책임의 원칙은 아동, 가정, 국가(사회)의 상호관계 속에서 권리와 책임에 기반을 두고 권리와 책임의 조화를 의미한다. 또한 아동은 수혜의 대상으로서만이 아니라 복지에 대한 적극적 주체로서 책임도 강조되고 있다. 아동복지는 어느 한 주체에서만 책임을 지는 것이 아니라 각자에게 주어진 사회적 역할의 범주 내에서 독자적 책임을 지는 것과 동시에 상호 유기적 관련 하에 서로 책임을 나누어진다(주정일 외, 2003).

(1) 아동의 권리와 책임

아동은 독자적 한 인간으로서 권리와 함께 책임이 있다는 원칙이다. 유엔의 아동권리협약에서 명시하고 있듯이 아동은 심신이 건강하게 태어나 지속적으로 성장하고 발달하며 교육과 지도를 통해 발전할 권리를 가지고 있다.

동시에 아동은 자신의 성장과 발달에 대한 책임을 지녀야 한다. 비록 아동이라 할지라도 단순히 성인의 보호만을 필요로 하는 의존적 · 수동적 존재가 아니라 독립된 개체로서 자신의 삶을 능동적으로 받아들이고 행해야 한다.

(2) 부모의 권리와 책임

자녀 양육의 1차적 책임은 부모에게 있다. 부모는 자녀의 양육에서 아동의 경제적 지원, 신체적 보호, 정서적 보호의 책임을 갖는다. 「아동복지법」 제5조 1항은 "아동의 보호자는 아동을 가정 안에서 그의 성장 시기에 맞추어 건강하고 안전하게 양육하여야 한다". 2항은 "아동의 보호자는 아동에게 신체적 고통이나 폭언 등의 정신적 고통을 가하여서는 아니 된다."로 명시하여 자녀 양육에서 부모의 책임으로 규정하고 있다.

그러나 부모는 책임뿐만 아니라 부모된 자로서의 권리도 지니고 있다. 예를 들면 우리 민법 제837조 2의 제1항은 "자를 직접 양육하지 아니하는 부모 중 일방은 면접교섭권을 가진다"고 규정함으로써 별거, 이혼 등의 상황에 처하고 있는 부 또는 모가 그 자녀에 대한 면접교섭권을 보장하고 있다(이소희 외, 2004). 양육권, 법적 후견인으로서의 권리, 사회에 대해 요구할 권리 등도 포함된다. 또한 부모는 자녀가 사회로부터 안전하게 보호받을 권리를 침해받았을 때 이에 대한 제도개선 등을 사회에 요구할 권리도 가지고 있다(정옥분 외, 2016).

시대나 사회에 따라 부모의 권리와 책임에 대한 규정이 조금씩 다르지만 부모의 권리와 책임은 아동의 삶과 모습을 결정하는 가장 중요한 요인이므로 역할 수행을 위한 직접적 · 간접적 지지가 필요하다.

(3) 국가(사회)의 권리와 책임

국가와 사회의 책임은 아동을 올바르게 육성시키기 위해 보호와 혜택을 제공하는 것이다. 「아동복지법」 제4조 1항은 "국가와 지방자치단체는 아동의 안전 · 건강 및 복지 증진을 위해 아동과 그 보호자 및 가정을 지원하기 위한 정책을 수립 · 시행하여야 한다."고 규정하였다.

아동의 복지를 위한 국가의 책임은 아동과 가정이 처한 상황에 따라 달라진다. 국가는 아동의 모든 활동에 대해 아동 최선의 이익을 위해 정책들을 시행하고 있다. 또한 부모-자녀관계에 개입하여 가정의 기능을 강화한다. 즉, 상담소나 일시보호시설을 설치하여 부모 역할을 지지하기도 하고, 각종 보호 및 공공부조제도를 통하여 부모의 역할을 보충하는 것이다. 만약 이러한 부모 역할의 지지나 보충만으로 부모로서의 양육 책임을 다할 수 없을 경우 사회와 국가가 전적으로 책임을 지기도 한다. 또는 아동이 자기의 원가정에서 적응할 수 없을 때 이들을 위탁가정이나 아동양육시설에서 보호를 받도록 한다.

2) 보편성과 선별성의 원칙

보편성과 선별성은 복지서비스를 제공하는 기준에 대한 가치이다. 아동복지에서는 두 원칙이 모두 적용될 수 있다.

보편성은 사회체제의 불공평에서 발생하는 예측된 사회문제를 공공의 노력으로 예방할 수 있다는 관점에서 시작되었다. 따라서 모든 아동, 즉 계층, 인종, 민족, 장애 유무, 부모 유무 등 아동을 구분하는 모든 요인들과 상관없이 모든 아동에게 같은 종류의 서비스를 동일한 수준에서 주어야 한다는 원칙이다. 그러나 아동복지 대상을 모든 아동으로 확대했을 때 국가 재정과 깊은 관련이 있으므로 비교적 경제수준이 높고 사회보장제도가 발달한 선진국에서 널리 적용되고 있다. 예를 들어, 영국의 아동수당제도, 호주의 출산수당제도가 있으며 우리나라의 의무교육제도를 들 수 있다.

선별성은 개인적 결함으로 파생되는 문제를 보완하고 해소하기 위해, 사회가 최소한의 보호를 받아야 하는 상태에 있을 때 빠른 시일 내 자립할 수 있도록 도움을 주기 위한 목적이다. 즉 보호를 필요로 하는 아동으로 빈곤, 장애, 학대 등과 같은 위험에 노출되어 있는 아동에게 우선적으로 복지 혜택을 주는 것을 말한다. 선별성의 원칙이 적용된 예로는 저소득층 가정 자녀를 위한 보육료감면제도, 장애아동에 대한 무상교육, 보호시설에서 생활하는 아동에 대한 보호 등을 들 수 있다.

과거 아동복지는 주로 선별성의 원칙에 입각하였으나, 아동의 권리가 실현되는 아동복지를 이루기 위해서는 선별주의적 접근만으로는 어렵다. 그러므로 앞으로 아동복지 대책은 선별성에 의한 도움이 필요한 아동의 보호는 물론 예방과 치료를 모두 고려한 보다 광범위한 차원의 보편적 아동복지가 이루어져야 한다.

3) 개발적 기능의 원칙

개발적 기능의 원칙이란 예방적이며 의도적인 변화를 가져 올 수 있는 개발지향적 아동복지체계를 형성함을 의미한다(공계순 외, 2013). 아동의 문제해결을 위해 사회의 변화 및 사회문제의 해결을 도모해야 하며, 아동복지와 관련된 다양한 부분과의 유기적 관계를 고려할 수 있어야 한다는 것이다.

아동복지 관련 전문가들은 거시적 안목에서 아동과 사회를 바라볼 수 있어야 하며, 아동의 복지를 위해 적극성을 가져야 한다. 사회 전체적 개발체계와 보조를 함께하는 적극적이고 의도적인 수행이 요구된다.

4) 포괄성의 원칙

아동을 위한 복지서비스를 제공할 때 아동이 지니고 있는 다양한 욕구와 문제의 유형뿐이 아니라, 그 우선순위까지 연관지어 고려해야 한다는 원칙이다(문선화 외, 2009). 즉 아동이 처하고 있는 상황이나 당면하고 있는 문제들은 이들 주변의 여러 환경과 복잡하게 연계되어 있으므로 이들에 대한 종합적 접근이 필요하다. 예를 들어 장애아동의 경우, 장애로 인한 부모-자녀 관계의 악화, 부부관계의 갈등 등 부정적 영향을 미치기도 한다. 또한 장애의 특성상 의료, 교육, 심리 등 다양한 재활이 필요하다. 따라서 어느 한 영역의 접근만으로는 장애아동의 욕구를 충족시키기 어려우므로 전문가에 의한 포괄적 서비스가 요구된다.

기본적으로 아동의 신체, 정서, 인지, 사회 발달 등은 역동적으로 상호 관련되어 있으므로 아동의 욕구에 대해서 통합적 관점으로 접근하여야 한다. 따라서 가족과 아동에게 직접적 서비스를 제공하는 기관은 아동이 필요로 하는 다양한 욕구를 충족시킬 수 있도록 지역사회 내 관련 기관 간의 연계망의 구축이 중요하다.

5) 전문성의 원칙

아동복지의 실천이 전문가와 전문기관에서 이루어져야 한다는 원칙이다. 오늘날 우리가 당면하는 아동의 문제나 욕구는 점점 복잡해지고 다루기가 어려워지고 있다. 그러므로 아동에 관한 전문지식과 기술 없이는 아동을 제대로 이해하지 못하며 아동이 겪고 있는 문제를 완화하거나 해결하는 데 도움이 될 수 없다. 따라서 아동의 건전한 발달을 위해서는 아동 및 인간 발달을 이해하는 전문적 인력이 요청되며 아동 관련 프로그램을 직접 기획하고 실천할 수 있는 능력을 지닌 전문가가 필요하다(공계순 외, 2013).

이 원칙은 아동의 건전 육성 중 특히 기술적 방법에서 중요하게 고려되는 원칙으로서 예전보다 더욱 세분화되고 있다. 예를 들면 사회복지사도 학교사회복지사, 의료사회복지사 등으로 더욱 세분화되는 경향을 들 수 있고, 이러한 경향은 복지수준을 향상시키는데 기여하고 있는 것으로 이해할 수 있다.

5. 아동복지의 필요성

우리나라는 급속한 경제 성장과 함께 사회제도의 빠른 변화가 있었다. 공업화와 도시화의 결과로 핵가족화, 사회구조의 변화, 대중문화와 발달 등 사회문제들이 발생하였으며, 출산율 저하와 함께 가족구조의 변화, 여성의 취업률 증가, 다양한 가족형태가 등장하게 되었다.

1) 출산율 저하

우리나라는 평균수명의 증가와 함께 출산율 역시 지속적으로 감소하였다. 통계청 발표에 의하면 1983년 합계출산율(가임여성 한 명이 평생 출산하는 평균 자녀 수)이 인구대체수준(인구규모 유지에 필요로 하는 출산율 2.1명) 이하로 하락한 이래 20여 년간 저출산 현상이 계속되었다. 우리나라는 초저출산사회(합계출산율 1.3명 이하)에 진입하였다. 우리나라의 출산율을 보면 1970년 4.53명, 1980년 2.83명, 2000년 1.47명이었으며, 2005년에는 1.08명으로 최저치를 기록하였다. 2012년 1.30명으로, 2015년 1.24명으로 여전히 낮은 출산율을 보이고 있다. 우리나라 출산율은 세계 최저수준이고 생산가능 인구는 빠르게 감소되고 있다. 2011년 출생아 수는 47만 1,265명으로 1980년 출생아 수(약 87만 명)의 절반수준이며, 주 출산연령층인 여성 인구(20-34세)의 감소에 따라 앞으로 출생아 수는 더 감소할 전망이다. 이러한 추세로 현재의 출산율이 유지될 경우 〈표 1-2〉에 의하면 2060년경 우리나라의 인구는 4,500만 명 이하로 감소될 수 있다. 전체인구 중 청소년 인구가 차지하는 비율이 2016년 18.5%에서 2060년 11.4%로 심각한 인구 불균형 상태를 가져올 수 있다.

따라서 젊은 부모들에게 출산을 장려하고 아동양육에 부모들이 즐거울 수 있는 현실적인 아동보육정책이 필요하다.

표 1-2 인구추이

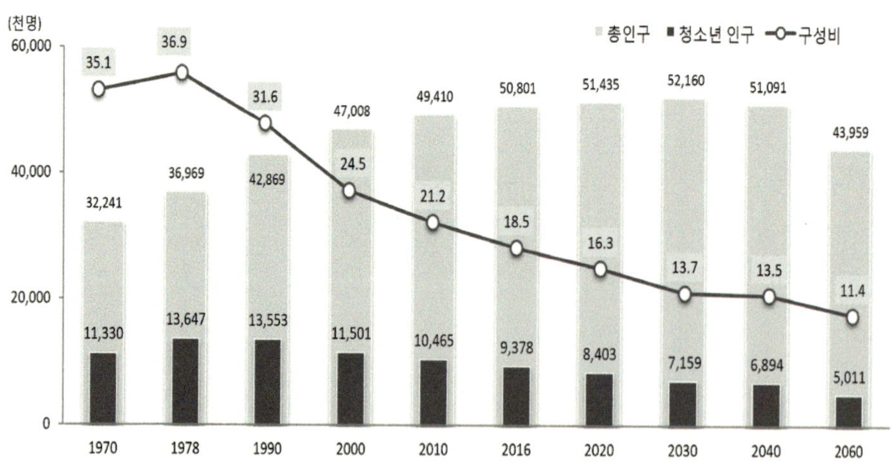

자료: 통계청, 「장래인구추계」

2) 가족해체의 증가

가족해체는 넓은 의미에서 통합, 충성심, 합의, 가족 단위의 정상적인 기능의 붕괴 등 가족 결속의 파괴를 말하며, 좁은 의미에서는 별거, 이혼, 유기, 사망 등으로 혼인관계가 파괴되거나 또는 부부 중 한 사람의 장기 부재에 따라 결손가족이 되어 가족이 구조적으로 불안정한 상태를 말한다(표갑수, 2000). 현대사회에서는 결혼을 통해 형성된 가족이 더 이상 안정적인 단위가 아니다(정옥분 외, 2016). 이혼율의 계속 증가는 이혼이 우리나라에서 가장 대표적인 가족해체 현상으로 나타났다. 〈표 1-3〉 우리나라의 이혼율 변화를 보면 우리나라의 이혼건수는 1972년도 1만 4,000건에서 1995년 6만 8,279건, 2000년 11만 9,982건, 2005년 12만 8,646건으로 크게 증가한 이후 조금씩 감소하여 2011년 11만 4,284건, 2015년 10만 9,200건이었다(통계청, 2015). 조이혼율(인구 천명당 이혼율)을 보면 2003년 3.4명에서 2015년 조금 감소하여 2.1명이지만 여전히 높다.

가족해체의 빠른 증가와 이혼율의 급증으로 한부모가정과 계부모가정, 조손가정이 크게 늘어나고 있다. 이로 인해 유발되는 가족 내 갈등이 아동학대로 확대되기도 한다. 아동들이 가족해체과정에서 불안정적인 상황에 놓이게 된다. 따라서 가족의 부모와 아동들을 위한 상담서비스 등의 지원이 필요하다.

표 1-3 우리나라 이혼율 변화

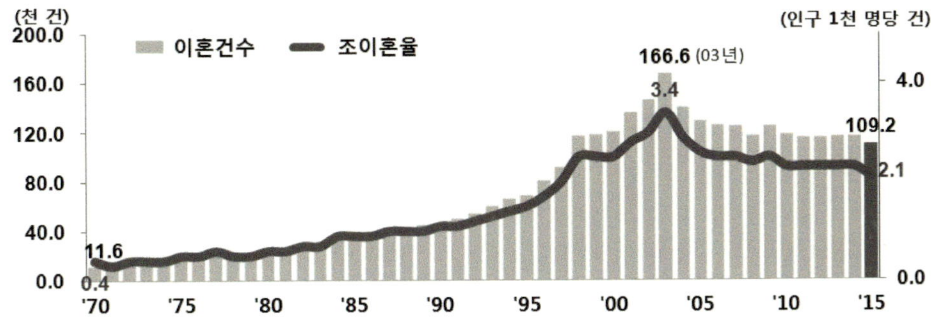

출처: 통계청(2015).

표 1-4 세대구성별 구성비

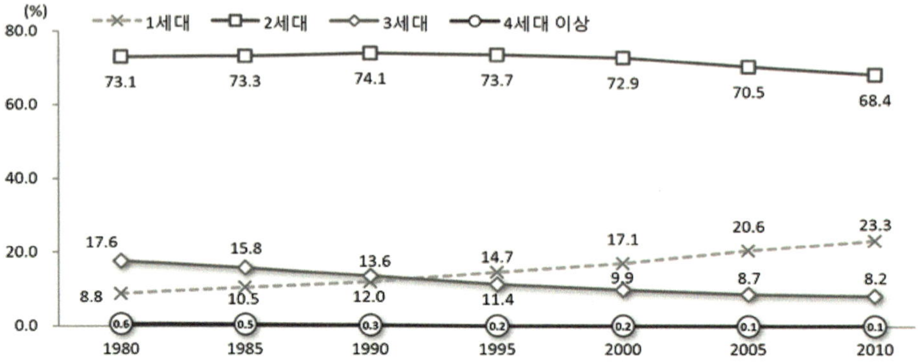

자료: 통계청, 「인구주택총조사」

3) 여성취업률의 증가

우리나라 여성의 경제활동 참여율은 점점 증가하여 1960년 26.8%, 1980년 42.8%, 2012년 48.5%로 2015년 51.8%에 이르렀다. 여성의 경제활동 참여율의 증가는 경제적 이유뿐만 아니라 여성의 자아실현과 사회진출에 대한 사회와 개인의 의식변화에 기인한다. 여성취업률 증가의 다른 특징은 기혼여성의 취업률의 증가가 미혼여성의 취업률을 넘는다. 이는 과거 우리나라의 여성의 취업 패턴이 M자형을 보였다면 이제는 완만한 M자형으로 변화되었다. 과거에는 결혼과 출산이 여성의 경제활동 단절을 가져왔다면 이제는 출산 이후에도 계속 활동을 하고 있다. 그럼에도 불구하고 아동을 위한 보호와 아동양육은 여전히 여성의 몫으로 남는 현실을 볼 때, 아동양육 문제는 해결해야 하는 현실 과제이다. 따라서 아동의 건전한 발달과 성장을 위한 보호와 양육 기능을 담당할 수 있는 국가차원의 보육지원의 필요성이 최우선 과제로 등장하였다.

표 1-5 여성경제활동인구 및 참가율

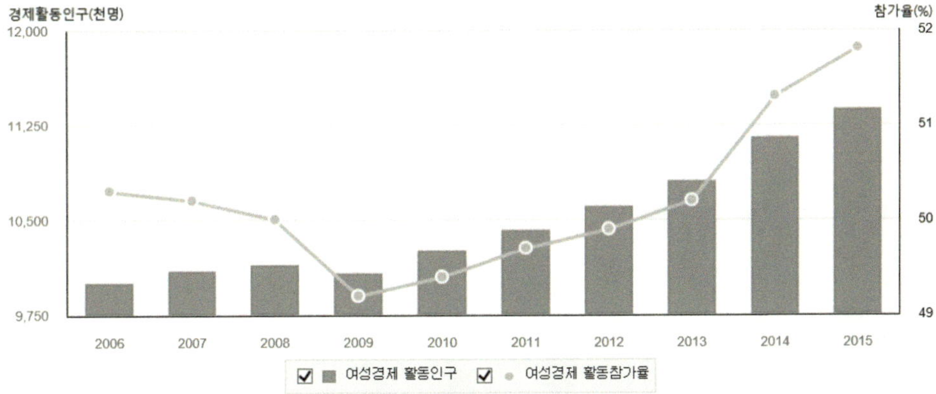

출처: 통계청(2015).

4) 다양한 가족형태의 등장

급격한 사회변화와 함께 가족해체가 빠르게 진행되면서 가족구조가 다양화되고 있다. 이혼율이 증가되면서 등장한 한부모가정의 한부모들은 가장으로서 부양 의무뿐만 아니라 아동양육을 담당하게 되어 가사노동과 경제활동이라는 이중의 압박과 스트레스를 받고 있다. 이렇게 과도한 역할부담에 따라 한부모가정은 가족구성원 간 갈등 상황을 더 자주 경험하게 되며, 이는 아동양육에 부정적 영향을 미칠 수 있다(이재연 외, 2015).

사회 가치관의 변화에 따라 미혼모도 증가추세에 있다. 한국여성정책연구원(2009)의 미혼모 현황 조사 결과, 10대 미혼모가 약 31%, 20대 미혼모는 약 53%, 30대 이상 미혼모는 16% 정도의 비율을 보이고 있다. 특히 10대 미혼모는 임신 등으로 학교를 중퇴하게 되고 아동양육 문제와 경제적 부담을 동시에 경험하게 된다. 미혼모들은 편안하게 거주할 수 있는 주거시설이 부족하고 아동을 보호하고 교육시킬 수 있는 안정적 가정을 만들기 위한 경제적 자립능력이 부족하므로 그들을 위한 지원 대책이 절실하다(이재연 외, 2015).

또한 국제결혼과 외국인 근로자 증가에 따라 다문화가정이 급증하고 있다. 국제결혼가정 아동의 현황을 살펴보면, 2010년 초 · 중 · 고에 재학 중인 국제결혼 자녀는 3만 2천여 명으로 전체 학생의 0.4%를 차지했으나, 2015년에는 8만 3천명으로 전년도에 비해 21.7% 증가하고 전체 학생 수의 1.4%를 차지하였다. 이러한 증가 추세는 계속되어 2020년 20세 이하 인구 중 21.1%, 신생아의 32%가 다문화가정 아동이라고 추정되고 있다.

표 1-6 **국제결혼 현황**

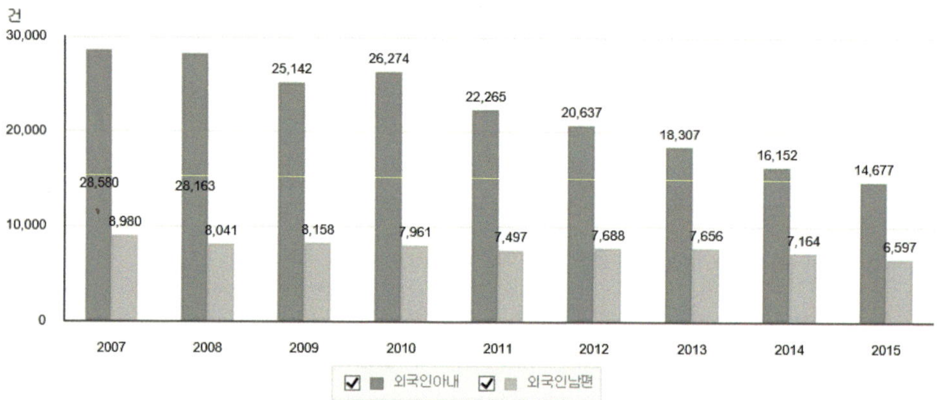

출처: 통계청(인구동태통계연보).

6. 아동복지의 의의

아동복지는 다음과 같이 아동 개인적 관점뿐만 아니라 가족이나 사회적 차원에서 그 의의를 찾을 수 있다.

1) 개인적 관점: 보호와 양육

인간이 독립적이고 성숙한 존재가 되기 위해서는 타인의 보호와 양육이 필요하다. 아동은 유아기와 아동기를 겪으면서 독립해 가는 방법을 배우지만 스스로 기본적 생활을 보장받기까지는 장기간의 성인의 보호가 필요하다.

또한 아동들은 과거에 비해 물질적 풍요의 혜택을 누리며 생활하고 좀 더 나은 삶을 제공받고 있다. 그러나 한편으로는 경제적으로 어려운 상황에 놓인 아동들은 물질적으로 충족하지 못해 오는 박탈감이 훨씬 심각하다. 질병, 사고 등 위험한 사회적 환경에 쉽게 노출되어 있으며, 자녀를 자신의 소유물로 여기는 부모들로부터 학대를 받는 아동들도 여전히 존재하고 있다.

이러한 아동의 보호와 양육이 대가족제도에서는 부모와 다른 가족 구성원에 의해 자연스럽게 이루어졌으나 여성의 경제활동 참여 및 핵가족 증가에 따라 가족의 기능이 약화되었다. 또한 부모역할에 대한 준비도 부족하여 자녀양육에 어려움을 겪고 때때로 아동들의 기본적 생활보장이 많은 위협을 받고 있다.

따라서 아동복지의 1차적 의의는 아동 개개인의 생존을 보장하고 아동의 신체·인지·권리·사회정서 발달을 촉진시키는데 있다. 특히 현대사회에서의 아동복지는 단순히 아동의 생존을 넘어서 권리의 문제를 더욱 강조하는 방향으로 나아가고 있다.

이렇듯 아동의 지위를 향상시키고 잠재능력을 개발시킬 수 있는 법적, 사회적 서비스의 구축은 아동의 목소리를 듣고 그들이 할 수 있는 능력이 있다는 것을 인식하고 존중하는 것에서부터 시작될 수 있다. 또한 사회는 아동의 능력을 더 성장시킬 수 있는 환경을 만들어 아동의 보호와 양육에 책임을 다해야 한다.

2) 사회적 관점: 인적자원으로서의 아동육성

국가의 발전을 위해 미래 인력인 아동을 보호하고 육성해야 한다. 아동은 국가의 미래를 책임질 인적자원이라는 인식하에 다양한 교육, 문화 및 의료지원을 제공해야 한다.

전체적으로 우리나라 아동의 교육 수준은 향상되었지만 교육 현실에서 아동기의 경쟁은 더 치열해지고 있다. 또한 가족해체의 빠른 증가와 가족 기능의 변화에 따라 아동기의 불안정성은 더욱 심화되고 있다. 이와 함께 저출산에 따라 아동의 수가 급속히 감소되면서 아동에 대한 사회적 가치가 그만큼 높아지고 있으며, 아동에 대한 사회적 투자를 확대해서 미래 우리사회의 인적자원으로 키워야 할 필요성

이 커지고 있다.

미래 인적자원에 대한 사회적 투자가 가장 효율적인 시기는 아동기라 여겨진다. 이미 여러 나라에서, 미국의 헤드스타트(Head Start), 영국의 슈어스타트(Sure Start) 등 빈곤가정 아동에게 교육 및 의료 지원을 통해 빈곤의 환경에서 벗어날 수 있도록 서비스를 제공하고 있다. 우리나라에서 실시하고 있는 드림스타트(Dream Start) 사업도 저소득층 자녀들을 대상으로 하는 저소득층의 빈곤의 악순환을 예방할 수 있는 효율적인 아동복지의 한 방법이라고 볼 수 있다. 만약 아동이 주요한 능력을 계발할 수 있는 시기를 놓치게 되면, 이후 서비스 개입을 통해 그 능력을 달성시키기까지 더 많은 비용과 시간이 필요하기 때문이다.

아동기의 빈곤이나 학대 등에 개입함으로 성인기에 야기될 수 있는 다양한 사회문제의 발생을 예방할 수 있다. 따라서 아동을 우리 사회의 미래 인적자원으로 간주하여 아동기에 대한 국가의 적극적인 투자가 사회복지 비용에서 효율적일 것이다.

3) 가족적 관점: 가족의 지원

자녀 사회화 기능은 가족의 중요한 기능으로 부모는 자녀의 신체, 인지, 사회정서 발달에 큰 영향을 미친다. 현대사회에서 자녀양육의 상당 부분이 사회로 이전되고 있으나 아직까지 부모는 자녀의 발달에 가장 큰 영향을 미치고 있다. 가족의 이러한 역할은 가족이 안정되어 있고 건강한 경우에만 가능하다. 그러나 부모의 역할수행에는 많은 시간과 에너지가 요구된다. 대부분 부모들은 시간과 경제적 문제로 부모역할 수행에 어려움을 겪고 있고, 특히 한부모가족이나 빈곤가족에서 심각하다. 아울러 급격히 증가한 취업여성들은 일과 가정의 양립이란 이중적 고통을 겪고 있다. 여성들은 자녀양육에 소홀하게 되는 문제와 자녀양육을 즐겁게 받아들이지 못하는 문제로 인해 상당히 큰 죄책감을 갖고 있다(정옥분 외, 2016).

이러한 관점에서 볼 때 부모나 가족을 지원함으로써 아동을 간접적으로 지원하는 것은 효과적인 아동복지의 방법이며, 실제로 여러 나라들에서 영유아보육이나 부모 상담들을 통해 부모나 가족을 지원하는 방법을 아동복지 활동의 중요한 내용으로 포함시키고 있다.

아동복지는 아동과 환경의 상호작용에서 이루어지며 가족은 가장 중요한 환경이다. 가족은 아동에게 복지서비스를 제공하기 위한 주요한 수단과 도구가 될 수 있으며 아동의 사회, 교육 및 의료적 보호 욕구를 충족시킬 수 있다. 따라서 건강한 가정이 될 수 있도록 서비스를 제공함으로써 아동을 지원해 주는 효과를 가져올 수 있다.

생각해 볼 문제

1. 우리사회에서 아동을 바라보는 관점이 과거와 현재 어떻게 변화되었는지 생각해 봅시다.

2. 가족해체가 아동과 아동복지에 미치는 영향에 대해서 각각 생각해 봅시다.

제2장

아동발달의 이해

1. 아동발달의 개념
2. 아동발달의 기본원리
3. 아동기 발달특성과 발달단계별 부모(교사)역할

인간은 태어날 때는 모든 것이 백지처럼 순수한 상태다. 그러나 성장을 해오는 동안 어떤 환경에 처해지는가에 따라 달라진다. 즉, 아이들은 마치 점토와 같아서 누가 어떤 방식으로 모양을 만드느냐에 따라 자라서 사회에 중요한 인물이 될 수도 있고 반대로 그저 버려지는 흙덩어리처럼 사회에서 비난받는 사람으로 남을 수도 있다. 그 만큼 아동을 훌륭한 한 인격체로 키워 내는 데에는 그들과 상호작용하는 많은 성인들의 역할이 중요하다. 그러기 위해서는 먼저 아동발달에 대한 충분한 이해가 있어야 한다.

그러므로 본 장에서는 아동발달을 이해하기 위하여 발달의 개념을 먼저 알아보고, 아동발달의 기본원리 및 성격을 파악하며, 아동발달에 따른 이론, 아동발달 특성에 따른 부모역할 등에 대해 알아보고자 한다.

1. 아동발달의 개념

1) 발달의 개념

인간은 태내에서 수정되는 순간부터 죽을 때까지 끊임없이 변화한다. 그 변화는 인간의 질적인 측면의 변화와 양적인 측면의 변화를 모두 포함한다. 즉, 발달에는 크기에 있어서 작은 것에서 큰 것으로 진행하는 양적 변화과정과 기능적인 면에서 미숙하고 낮은 수준에서 성숙되고 높은 수준으로 이행하는 질적 변화과정을 말한다. 또한 발달은 영유아기의 성장뿐만 아니라 노년기의 노쇠현상도 포함한다. 그러나 이러한 변화의 양상은 매우 복잡하다. 왜냐하면 그것은 성숙, 신체적인 성장, 경험 등 여러 과정의 결과로 생겨나기 때문이다(이재연, 1992).

성장은 단순히 키와 몸무게가 증가하는 것만이 아니다. 신체의 각 조직과 기관은 각기 다른 비율로 성숙하며 아동의 성장은 매우 복잡한 단계의 변화들을 거친다. 일반적으로 말하는 신체적 성장은 새로운 체세포의 생성과, 단백질 및 기타 물질들이 기존 세포에 더 많이 축적되는 과정을 말한다. 즉, 양적인 변화를 의미한다(공인숙 외, 2002).

성숙은 유전적 기제에 의해 나타나는 타고난 변화로 목소리의 변성, 초경, 뇌기능의 분화, 사춘기 등과 같은 신체적 · 심리적 변화를 의미한다(조성연 외, 2008).

또한 경험은 아동의 생물학적 환경과 심리적 환경의 전 영역을 포괄하는 광범위한 개념이다. 생물학적 환경에는 영양섭취, 의료, 약복용, 신체적인 사고 등이 있고, 심리적 환경에는 가정, 학교, 지역사회, 동료집단, 대중매체 등이 있다. 아동들은 이렇게 다양한 경험활동을 통해 학습되기도 한다.

그러므로 성장과 성숙, 경험, 이 세 가지 과정은 상호작용적이며 인간발달을 돕는 배경과 원인이 된다. 결국 발달이란 인간이 태내에 수정되는 순간부터 일생동안 성장 및 성숙, 다양한 경험을 통해 양적, 기능적, 구조적으로 더 많은 능력과 정교한 행동양식을 나타내게 되는 연속적인 과정이라 할 수 있다.

2) 아동발달의 정의와 의의

발달은 일생 동안의 변화를 의미하는데 아동발달은 모든 발달과정이 절정에 이를 때를 다룬다. 즉, 아동발달은 일반적으로 수정의 순간부터 18세까지의 변화를 기술하고 예언하며, 아동의 경험이 성숙과 성장에 어떤 영향을 미치는가를 설명하고자 하는 학문이다.

아동발달 연구의 목적은 학문적인 것과 실용적인 것의 두 가지로 나누어 볼 수 있다.

첫째, 학문적인 측면에서는 수정에서부터 청소년기까지의 발달상의 변화를 기술하고 그러한 변화가 왜 일어나게 되었는가를 설명하며, 이와 관련된 변수를 밝히어 이를 바탕으로 발달의 경향을 예측하고 통제하고자 하는데 있다.

둘째, 실용적인 측면에서는 위에서 얻은 결과를 아동의 교육과 치료에 활용하는 것이다. 즉, 부모나 교사, 의사, 그리고 사회사업가 등과 같이 아동과 직접 관련이 있는 분야에 종사하는 사람들이 아동과 1 : 1의 관계를 맺고 아동발달에 관한 지식을 활용하여 아동에게 실제적인 도움을 주는 것을 말한다. 그러나 요즈음은 실용적인 목적 외에도 텔레비전과 같은 대중매체의 제작진, 정부의 정책위원회 등 많은 수의 아동을 대상으로 하는 한 분야에서도 아동발달에 관한 지식이 활용된다(이재연, 1992).

그러므로 아동발달은 학문적인 측면에서 얻은 이론적인 지식을 바탕으로 아동과 관련된 각 분야의 사람들이 아동을 위해 적절히 활용함으로써 아동에 대한 심미적인 안목을 높이는데 있다.

2. 아동발달의 기본원리

인간의 발달에는 개인에 따라 또는 그들이 속해 있는 문화의 특성에 따라 다소 차이는 있을 수 있으나, 일반적으로 발달현상에 나타나는 보편적인 원리가 몇 가지 있다. 이 원리는 인간의 발달을 일관성 있게 지배하는 것으로 인정되어 '발달의 원리'라고 하는데 기본성격과 함께 구체적으로 제시해 보면 다음과 같다.

1) 발달의 원리

(1) 발달은 일정한 순서가 있다.

발달은 질서정연한 순서로 변화가 일어난다. 즉, 현재 일어나는 행동변화는 이전에 이루어졌던 내용들이 기초되어 이루어진 결과인 것이다. 이러한 원리는 앉고 서고 걷기 등의 보행기능과 조작기능 등 신체적인 측면뿐만 아니라 언어 발달 및 정서분화과정 등 여러 발달 영역에 고루 적용된다.

따라서 발달은 유전에 의해 정해진 순서대로 진행되므로 앞으로 나타나게 될 발달의 모습을 예측할 수 있다.

(2) 발달은 일정한 방향으로 진행된다.

신체 및 운동발달의 경우 다음과 같이 일정한 방향으로 발달이 이루어진다.

첫째, 발달은 위에서 아래 방향으로 이루어진다. 즉, 머리 부분이 먼저 발달하고 점차 팔, 다리 아래쪽 기관이 발달한다.

둘째, 발달은 중심에서 말초의 방향으로 이루어진다. 태아의 발달과정을 볼 때 심장부분이 먼저 발달하고 손가락이나 발가락이 나중에 생기는 것은 바로 이러한 발달을 나타낸다고 볼 수 있다.

셋째, 발달은 전체 활동에서 특수 활동의 방향으로 이루어진다. 예를 들면, 물건을 잡을 때 손 전체를 사용하다가 점차 필요한 손가락만으로도 잡을 수 있는 것이다.

(3) 발달은 연속적이나 속도는 일정하지 않다.

발달은 상승과 하강 과정을 거치며 일생 동안 끊임없이 변화하지만 발달해 가는 속도는 신체적, 심리적 특성에 따라 혹은 발달영역에 따라 동일하지 않다. 즉, 영아기에는 두뇌발달이 급격하게 증가하고 생식기관은 12세까지는 완만하다가 이후 빠른 발달속도를 나타낸다. 이처럼 발달영역에 따라 발달해 가는 모습이 다른데, 신체부위에 따라 성장시기와 성장속도가 다른 현상을 비동시적 성장(asynchronous growth)이라고 한다(조성연 외, 2008).

(4) 발달에는 개인차가 있다.

발달의 순서는 일정하지만 최종적으로 이루어진 발달의 정도와 속도는 각 아동마다 다르게 나타난다. 즉, 각각의 아동들은 매우 독특하며 똑같은 아동이 없다는 것이다. 성별이나 연령이 같다고 해도 개인의 신장이나 체중은 물론 정신능력이 다르다. 또래보다 조숙한 아이가 있는가 하면 어떤 아이는 모든 발달이 늦게 나타나는 아이도 있는 것이다. 이것은 발달의 개인차 때문이며, 이 개인차는 유전과 환경의 영향에서 비롯된다고 볼 수 있다.

(5) 발달에는 결정적 시기가 있다.

아동발달에는 신체, 정서, 언어, 사회영역을 막론하고 결정적 시기가 있다. 즉, 결정적 시기(critical period)란 발달이 가장 용이하게 이루어지는 최적의 시기를 의미한다. 특정의 기술이나 행동은 결정적 시기 이전이나 이후에는 비록 발달이 불가능한 것은 아니지만 발달의 가능성은 매우 낮다. 이것은 한 사건의 영향력이 가장 큰 어떤 일정한 시기를 의미하는 것으로 이 영향은 돌이킬 수 없는 경우가 많다(이태희, 2004).

러셀과 러셀(Russell & Russell, 1952)은 임신한 어미쥐가 수정 후 7~8일 사이에 X선을 쬔 경우 새끼가 뇌손상을 입고, 수정 후 2일 반쯤 후에 X선을 쬔 경우에는 척추에 손상이 오는 것을 발견했다. 사람의 경우도 임산부가 임신한지 첫 3개월 동안 풍진에 걸린다면 아기의 눈, 귀, 뇌에 영구적인 손상이 오기 쉽다. 즉, 첫 3개월이 인간의 눈, 귀, 뇌에는 민감기인 것이다(이재연, 1992).

정신분석학자인 에릭슨(Erikson)은 출생 후 1년은 다른 사람에 대한 신뢰심의 발달에 중요한 시기로서 신뢰감이 발달하지 못하면 영원히 장애가 계속된다고 하였다(임종운, 2002).

그러므로 아동발달에 있어서 결정적인 시기에 부정적인 경험으로 인해 정상발달을 못하게 되면 일생 동안 장기적인 결함이나 심각한 결과를 초래할 수 있다.

(6) 발달은 분화와 통합의 과정을 거친다.

발달은 일반적인 것에서 특수한 것으로 분화되고, 분화된 단순한 특수행동은 다시 통합되어 새롭고 한층 복잡한 형태로 진행된다(오정수 · 정익중, 2009). 즉, 아동의 운동발달을 보면 처음에는 각 부분들이 분화되지 못하여 미숙한 모습, 정교하지 못한 둔한 모습을 보이다가 점차 각 기관이 분화되면서 세련되고 필요한 부분만 사용하게 된다. 보다 정확하고 신속한 행동은 각 기관이 분화된 이후 다른 여러 기관들이 상호협응할 수 있는 통합능력이 생긴 후에야 비로서 가능하게 되는데, 이 때에 이르러 완전한 발달이 이루어진다고 볼 수 있다. 예를 들면 아동이 물건을 잡으려면 먼저 몸을 앞으로 구부리고, 팔을 뻗고 손목을 움직이며, 필요한 손가락을 움직이는 등 각 부분에서 분화가 이루어진 후 서로 협응하는 통합과정을 거쳐서 물건을 한 번에 잡을 수 있게 된다.

(7) 발달의 각 영역은 상호 밀접하게 연관되어 있다.

한 영역의 발달은 다른 영역의 발달과 각기 독립적으로 이루어지는 것이 아니라, 서로 밀접히 관련되어 영향을 주고받는다. 신체발달은 감각능력 및 운동기술뿐만 아니라 지적 호기심, 대인관계 등에 영향을 미치며, 나아가서는 정서 및 사회성 발달에 영향을 미친다. 즉, 신체발달이 빠른 아동은 주변의 기대로 인해 리더십을 발달시킬 기회가 더 많으며, 강력한 호기심과 성취욕으로 다른 영역의 발달에 좋은 영향을 끼칠 수 있다. 반면 신체발달이 늦은 아동은 사회성 발달이 저조할 수 있는데, 이는 병약한 몸 때문에 여러 아동과 어울릴 기회가 적기 때문이다.

그러나 발달영역들이 연결되어 있어 서로 영향을 주고받지만 한 발달영역의 극적인 변화가 다른 발달영역에 큰 영향을 주는 것은 아니다. 때로는 아주 작은 변화가 다른 영역에 강력한 영향을 미칠 수 있으며, 반대로 아주 강한 사건이 그다지 큰 영향을 미치지 못하는 경우도 있다는 것을 간과해서는 안 된다(Berger, 2003, p. 5).

(8) 발달은 유전과 환경과의 상호작용 결과이다.

인간의 성장·발달은 개체의 유전적 요인과 환경적 요인의 상호작용 결과에서 이루어진다. 즉, 인간은 부모로부터 받은 유전적 영향과 외계로부터 받은 환경의 영향에 의해 발달하는 것이다. 즉, 음악이나 미술, 운동에 대한 소질을 타고난 아이는 외부환경의 자극에 의해 타고난 잠재능력을 더욱 개발시킬 수 있는 것이다. 이러한 발달에 영향을 미치는 환경은 영양이나 의료시설의 혜택, 교육 등과 같은 물리적 환경과 가족, 친구, 학교, 대중매체와 같은 사회적 환경이 있다.

2) 아동발달의 성격

인간의 발달과정에는 기초성, 적기성, 누적성, 불가역성 등의 기본원리가 있는데 그 내용을 자세히 살펴보면 다음과 같다.

(1) 기초성의 원리

인간 발달에 있어서 기초는 매우 중요하다. 특히 아동기는 성인기의 기초가 형성되는 시기이다. 즉, 태아기 때 어떤 환경에 있었느냐가 평생 아기의 인생을 결정하는 원인이 되는 경우가 종종 있다. 태아기의 영양은 출생 후 아무리 보충해 준다고 해도 충분하지 못하다. 또한 태아기 때 산모의 약물 복용이나 흡연, 음주, 각종 충격 등으로 인한 것이 태아에게 심각한 장애를 일으키기도 한다.

이러한 신체발달 외에도 지적 · 정서적 발달, 사회적 · 도덕적 발달 등과 관련된 문화 환경의 결손도 어릴 때일수록 그 영향이 크게 나타난다. 프로이드(Preud)는 인성에 있어서 만 6세까지 그 골격이 나타난다고 말하였고, 블룸(Bloom)은 지능발달에 있어서 출생 후 4세까지 지능의 약 50%가 발달하고, 출생에서 8세까지 약 80%의 지능이 발달한다고 하여 인간의 기초성이 매우 중요함을 의미하고 있다.

(2) 누적성의 원리

인간의 성장 · 발달에 있어서 어떤 환경적 결함으로 그의 성장과 발달에 결손이 생기면 그 결손은 다음 단계의 성장 · 발달에도 영향을 주어 보다 더 큰 결손으로 계속 누적되어 간다.

예를 들면, 영아기 때 어머니나 자신을 돌보아 주는 사람과 안정된 애착형성을 하지 못할 경우 불신감이 생겨 어른이 된 후에도 계속적인 영향을 미치게 된다. 즉, 자신 및 타인에 대한 불신감은 자신의 부모, 형제, 친구, 이웃 등과의 사회생활에서 원만한 인간관계를 유지하기 어렵게 만든다. 또한 아동기의 학교학습에서 어떠한 학습결손이 생기면 이 결손으로 인해 학습동기가 저하되고, 계속적으로 반복되면 마치 눈덩이처럼 누적되는 것이다. 이러한 누적성은 신체적, 지적, 사회적, 정서적인 발달영역에 적용된다.

(3) 적기성의 원리

모든 일에는 때가 있다는 말이 있다 이것은 인간의 성장 · 발달 과정에는 각 시기마다 해야 할 과업이 있음을 의미한다. 그러나 그 시기의 발달과업을 제대로 성취하지 못하고 시기를 놓쳐 버리면 다음 시기에 그것을 제대로 성취하기가 어렵다.

피아제(Piaget)의 인지발달이론에 의하면, 0～2세의 감각운동단계에 다양한 감각 경험과 신체활동의 경험을 하게 되면 모든 영역에서 발달이 원활하게 이루어지지만 5~6세 유아기에 제공하면 별 효과를 얻지 못하게 된다고 한다. 따라서 이 시기에 지능발달을 촉진시킬 수 있는 문화적 자극을 충분히 제공받은 아동은 인지발달이 보다 촉진되지만, 그렇지 못한 아동은 문화실조 아동으로 자라기 쉬우며, 후일 학업성취에도 큰 영향을 받는다(주정일 외, 1998).

(4) 불가역성의 원리

인간발달에 있어서 불가역성은 이미 엎질러진 물과 같다. 물이 다 쏟아져 버리면 다시 그릇에 담을 수 없는 것과 같이 유아의 발달도 적절한 시기를 놓쳐 버리면 보완하거나 원래대로 되돌릴 수 없다는 것이다.

영유아기에 최적의 시기를 놓쳐 버리면 기초가 부실하여 누적된 발달과 결손으로 인해 아무리 보완하려고 노력해도 회복이 불가능하다.

예를 들면, 생후 1년간은 아기가 말하지 못하고, 겉으로는 아무것도 못하는 것처럼 보이지만 이 시기는 아기의 일생에 있어서 언어의 질이 형성되는 중요한 결정적 시기인 것이다. 또한 신체발달에 있어서도 성장기 때 영양실조로 충분히 자라지 못하면, 그 이후에 아무리 보충해 준다고 해도 그 결함을 보충할 수가 없다. 이러한 것은 지적, 도덕적 발달에 있어서도 마찬가지로 적용된다(유안진, 1995).

3. 아동기 발달특성과 발달단계별 부모(교사)역할

1) 아동기의 발달특성과 부모역할

(1) 리더십이 있는 아이로 키워야 한다.

현대사회는 과거 변화가 적은 잔잔한 호수와 같은 사회가 아니고, 아주 격동적이고 변화가 많은 사회이다. 과거 변화가 적은 사회에서는 앞에서 한 사람만 이끌면 되지만 폭풍우가 몰아치고 격랑이 이는 변화가 많은 사회에서는 각자가 상황을 판단해서 누군가가 리더십을 발휘해야 하는데 그 리더십이 바로 자기 자신을 스스로 이끌 수 있는 셀프리더십이다. 다시 말하면 정보화시대를 넘어 지혜의 시대에 살아가야 할 우리 아이들에게 지식과 정보만으로는 경쟁할 수가 없고 우리 아이들을 자기 리더십과 섬김 리더십을 갖춘, 경쟁력있는 행복한 아동으로 자라도록 해야 하는데. 그렇게 되려면 착하고 역량이 있어야 한다.

리더십에는 수신하는 것, 즉 자신을 이끌어 솔선수범하는 자기 리더십이 가장 중요하다. 이것은 자기관리 능력이 있어야 대인관계 능력이 생길 수 있다는 말이다.

디지털경제시대의 훌륭한 글로벌 리더는 신뢰성을 갖추어 신뢰받는 사람이라고 할 수 있는데, 이런 리더를 원칙중심의 리더라고 할 수 있는데, 원칙중심의 리더는 사랑, 섬김, 신뢰와 같은 원칙을 따르는 행동에서 나오는 도덕적 권위를 활용하도록 해야 한다.

존경, 신뢰, 섬김, 솔선수범, 도덕성과 같은 원칙에서 나오는 도덕적 권위를 갖는 아이로 키우려면 자기 리더십의 교육방법은 관찰과 참여이다.

참여하지 않고는 헌신할 수 없다. 아동들을 참여하게 하지 않으니까 모른다. 부모는 투명하게 모든 것을 보여줘야 한다. 아동들이 참여하면 참여한 만큼 책임을 가지게 된다. 아동들에게 참여하도록 해야 한다.

(2) 신뢰감과 안정감을 갖는 아이로 키워야 한다.

아이들은 기본적으로 견고한 정서적 기초를 필요로 하는데 부모의 일관성 있는 관심, 호의적인 관심과 배려를 통하여 자신에 대한 긍정적인 상을 발달시키고 타인에 대한 신뢰가 발달한다.

부모와의 편안한 신체적 접촉을 통해 애착을 형성하게 되고, 그것을 통하여 자신감과 안정감을 갖게 되며 건강한 아이로 자라나게 되지만, 이러한 환경이 주어지지 않게 되면 아이들은 위축, 소심함, 불안, 짜증, 우울함 등을 보이고, 타인에게 공격적인 행동을 나타나게 되고, 신체발달이나 정서, 인지발달 등에 문제를 나타낸다. 이렇듯 아동의 초기 환경에서 부모의 역할은 굉장히 중요하다.

아이들은 자신의 욕구에 대한 부모의 반응과 이해를 통하여 안정된 감정과 배려가 생기고 그것은 아동에게 분명한 한계와 자신을 조절할 수 있는 능력을 갖게 된다.

(3) 부모-자녀관계에서 사회적 관계로 확산된다.

오늘날 가족관계에서 부부간의 애정이 점점 더 강조되어 가고 있지만, 그래도 자녀출산과 양육을 통한 부모의 역할은 여전히 가정생활에서 중요한 의미를 지니며, 부모-자녀관계의 기본이 된다. 가족 내에서 부모와의 상호관계를 통해 자녀의 인격이 기본적으로 형성될 뿐 아니라, 사회적 성원으로 살아가는 데 필요한 문화, 즉 사회적 가치나 규범, 지식, 기능을 습득하는 사회화과정이 일어난다.

부모-자녀관계는 모든 인간관계의 원형이 되며 다른 사회적 관계로 확산되어진다는 점에서 매우 중요하다. 영유아들의 잠재능력과 특성이 모두 같지는 않지만 외상이 없는 한 보편적 발달과정을 거친다. 부모가 이러한 발달과정 특성을 이해한다면 자녀의 문제를 빨리 알아내어 전문가의 도움을 청할 수 있고, 별 문제가 없는 아이들은 건강하게 성장할 수 있도록 자녀를 양육할 수 있다. 출생부터 학령기까지는 인간이 가지고 태어난 잠재적 능력을 최대한 발휘할 수 있는 성인으로 성장하기 위한 초석을 놓는 시기다(김영애, 2005). 가정은 영유아의 삶이 무대이고, 이 무대는 이들에게 삶의 양식, 가치관, 행동양식 등을 제공한다. 특히 초기에

형성되는 발달경험, 인간관계 양식, 일반적인 경험은 앞으로 진행되는 발달과정과 타인과의 상호 관계에 지속적으로 영향을 미치기 때문에 중요하다. 또한 부모의 특성이 자녀에게 영향을 주는 것처럼 자녀의 타고난 특성에 따라 부모의 반응과 양육방식은 수정되고 변화된다. 아동이 유아일 때조차 아동의 상태, 연령, 유아의 신체적 특징이나 행동은 부모의 반응이나 태도가 다르게 나타나게끔 하는데 영향을 미친다.

또한 부모의 실제적인 자녀양육법은 자녀의 발달단계에 따라 자녀의 특성이 변화됨에 따라 달라진다. 자녀의 성숙에 따라 부모의 도움도 달라지고, 자녀에 대한 통제방법도 변화된다. 자녀의 성장에 따른 부모-자녀관계의 변화는 자녀뿐만 아니라 부모 또한 한 인간으로 여러 가지 역할을 수행하고 다양한 욕구를 발달시킴으로 더 복잡해진다. 따라서 부모-자녀관계는 일방적인 관계가 아니라 쌍방적 관계 속에서 자녀의 성장 · 발달 단계에 따라 파악되어져야 할 것이다.

2) 아동의 발달단계별 부모역할

부모의 역할이란 본능적 욕구와 정신건강의 기본능력을 어떻게 잘 조절해 주고 키워 주느냐? 그런 능력을 키워 주는 것을 부모의 역할이라고 할 수 있다.

자아심리학에 기초한 에릭슨의 정신사회적 발달단계에 의하면 각 단계의 실패가 모든 발달을 위태롭게 하는 것은 사실이지만 이런 실패가 발달자체를 불가능하게 하는 것은 아니고, 이런 발달이 단계마다 성공적으로 이루어질 때 인간의 자아는 사회구조와 충분히 통합되어질 수 있을 만큼 강해지게 된다고 하였다. 에릭슨의 8단계 중 학령기 아동까지의 단계를 간단히 살펴보면 다음과 같다.

표 2-1 자아발달 단계와 중요한 관계의 범위

단계	연령	심리사회적 위기	주요 관계 범위	기본적 강점	주요병리
1(영아기)	출생~1세	신뢰감 : 불신감	어머니(母性 인물)	희망	철퇴
2(걸음마기)	1.5~3세	자율성 : 수치심(회의)	부모(父性 인물)	의지력	강박

3(학령전기)	4~5세	주도성/솔선성 : 죄의식	(핵)가족	목적	억제
4(학령기)	6~11세	근면성 : 열등감	이웃, 학교	능력	비활성

제1단계는 출생해서 약 1세까지의 시기에 해당하는데, 이 시기의 발달과제는 기본적으로 신뢰감의 획득이다. 신뢰감은 자신과 돌보는 사람과 환경에 대한 믿음이다. 돌보는 사람이 영아의 기본적 욕구를 적절하고 일관성 있게 충족시켜 줄 때 돌보는 사람에 대한 신뢰감이 형성되고 세상은 안전하며 살아갈 만하다는 믿음을 갖게 된다. 이 감각은 일반적으로 타인을 신뢰할 수 있는 존재로 느끼면서 동시에 자기 자신에 대해서도 신뢰받을 만한 가치가 있는 존재로 인식하는 것을 의미한다.

이 단계에는 기본적 안정, 애착, 희망 등을 구축하게 되는데, 유아가 생의 초기에 처음으로 맺게 되는 사회관계에서 어머니가 유아의 신체적, 심리적 욕구와 필요를 적절히 충족시켜 주면서 그를 일관성 있게 돌보아 주면, 유아는 어머니 또는 돌보아 주는 사람을 신뢰하게 된다. 에릭슨은 이 시기를 인생에서 가장 중요한 시기로 보았는데, 그 이유는 이 시기에 신뢰감을 형성하게 되는 것이 생의 후기에 맺게 되는 모든 사회관계에서의 성공적인 적응과 밀접한 관련이 있기 때문이다. 그러나 여기서 주목할 점은 에릭슨이 신뢰감 만을 강조하고 불신감의 효용을 무시한 것이 아니라는 점이다. 그는 인간의 참된 성장을 위해서는 어느 정도 불신감의 경험도 필요하다고 주장한다. 그러나 긍정적인 성격발달을 위해서는 불신감보다 기본적 신뢰감을 많이 경험해야 한다는 것이 그의 주장이다.

제2단계는 약 1년 이후부터 3세까지이며, 이 시기의 발달과제는 자율성의 획득이며 배설과 관련된 자율적 욕구가 증대되는 시기이다. 이 시기는 아이의 자율성 획득을 둘러싸고 부모의 사랑과 승인을 획득하기 위하여 협력과 자기주장, 자기표현과 자기억제 등의 갈등을 경험하는 시기이다. 이 단계는 자아통제, 개체성, 의지 등을 구축하게 된다.

이 시기의 유아는 여러 개의 상반되는 충동 사이에서 스스로 선택을 하고자

하게 되며, 이러한 과정을 통하여 자신의 의지를 나타내고자 한다고 에릭슨은 말한다. 즉 자율성을 가지려고 한다는 것이다. 이 단계의 유아는 근육발달로 인하여 대·소변의 통제가 가능하게 되며, 자기 발로 서서 걷게 되면서부터 자기 주위를 혼자서 열심히 탐색하게 되고, 음식도 남의 도움을 받지 않고 자신의 힘으로 먹으려고 한다. 이러한 자율성은 그들의 언어에서도 나타나는데, 예를 들어 〈나〉, 〈내 것〉 등의 말을 자주 반복하여 사용하며, 특히 〈안 해!〉라는 말을 씀으로써 자기주장을 표현한다. 이와 같이, 유아가 자신의 의지대로 행동하려고 하게 되면, 사회는 부모를 통하여, 유아로 하여금 사회적으로 적합한 행동을 하도록 훈련시키게 된다.

제3단계는 3세부터 6세까지이며 이 단계를 주도성 시기라고 하며, 이 시기에는 사회적, 성 역할, 목적의식 등을 구축하는 시기라고 하는데, 에릭슨은 초기의 이 세 단계에 발달과업을 이루지 못하면 문제가 된다고 하고, 지도할 때도 아주 중요하다고 하였다. 이 세 단계가 가장 중요하다고 설명하면서 건축물로 보면 이 세 단계를 기초공사 시기라고 하였으며, 처음 세 단계가 제대로 이루어진 아이는 다음 단계가 큰 문제가 없고, 우리 성격, 능력에 기반을 이루는 세 단계가 아주 중요하다고 하였다.

주도성 시기에는 성인의 활동에 열정을 보이고 성인의 일에서 자기의 능력을 평가해 보려는 시기다. 그의 행동은 목표 지향적이 되고 경쟁적으로 되는데, 이때 어린이의 행동에는 상상적인 측면도 포함된다. 이 시기에 어린이는 자신의 큰 계획과 희망들이 결국에는 실패할 수밖에 없다는 사실을 깨닫게 되는 자신의 계획이나 희망이 사회의 금기를 범하는 결과를 가져오게 된다는 사실을 알게 되면서 죄의식을 느끼게 되어, 그러한 충동이나 환상을 억제한다고 한다.

제4단계는 6세부터 11세까지이며 근면성시기라고 한다. 에릭슨은 이 단계를 자아성장의 결정적인 시기라고 보았다. 이 시기의 어린이는 기초적인 인지적 기술과 사회적 기술을 습득하게 되면서부터, 가족의 범주를 벗어나 더 넓은 사회에서 통용되고 유용한 기술들을 열심히 배우고자 하며 이를 숙달하고자 한다. 예를 들어, 미개사회에서는 사냥이나 농업기술을 배우게 되며, 현대사회와 같은 문명이 고도

화된 사회에서는 읽기, 쓰기, 셈하기 등의 인지적 기술을 획득하기 위해서 학교에 들어가게 된다. 또, 이 시기의 어린이들은 또래와 같이 놀고 일하는 것을 배우게 된다. 만일, 이 시기에 순조롭게 근면성이 발달하지 못하고 실수나 실패를 거듭하게 되면, 어린이는 부적절감과 열등감을 갖게 된다. 이러한 열등감은 전 단계에서 성공적으로 갈등을 극복하지 못했을 때나, 혹은 학교나 사회가 어린이에 대한 편견적 태도를 취할 때 발달되기 쉽다.

에릭슨은 1단계부터 3단계까지를 기초공사라고 하였으며 그 이후의 단계를 리모델링 시기라고 하였다.

(1) 영아기의 발달과 부모역할

영아기는 절대적 의존시기다. 이 시기는 씨앗이 발휘할 수 있는 초석을 놓는 시기라고 할 수 있다. 영아기의 발달과제로는 신체적 성장, 뇌의 발달, 애착의 형성, 기본적 사회성 등을 들 수 있다. 이 시기에는 타인의 돌봄이 없이는 살아남을 수 없지만 그렇다고 해서 환경의 자극에 단순히 반응하는 수동적인 존재만은 아니고 감각기관을 통해 오는 정보에 선택적으로 주의를 기울이고 미약하지만 사회적 상호작용의 능력이 있고 학습도 할 수 있다. 이 시기의 시각적 경험은 이미지로, 몸의 경험은 신체에 기억된다. 비록 말로 의사소통은 하지 않아도 이미지로 경험하여 후에 기억해 내게 되기 때문에 이 시기의 안전하고 따뜻한 보살핌은 아주 중요하다고 할 수 있다.

영아기 부모의 역할은 양육(養育)이라고 할 수 있는데, 양육(養育)에는 충분한 영양공급, 질병으로부터의 보호, 애정에 찬 풍부한 자극(놀이) 등을 통해 부모와 아동의 애착의 형성에 초점을 두어야 한다. 영아기에는 사회적 애착의 확립시기로 안락한 환경에서부터 위험한 환경으로 내어 몰린 상태이기 때문에 엄마의 보호가 절실히 필요할 때이고 이런 애착형성을 통해 기본적인 신뢰감이 형성되어야 한다. 자신을 돌보아 주는 사람과 긍정적인 관계를 확립하여야 한다. 이 때의 경험이 나중의 사회성 발달에 기초가 된다. 영아기 부모는 두 가지 방법으로 중요한 자극을 제공할 수 있다. 하나는 영아와 직접적인 상호작용을 통해서 자극을 제공하는 것이다.

자극에는 시각적 자극으로 눈맞추기, 밝은색, 명암의 대조, 움직임이 있고, 청각적 자극으로 말, 노래, 음악, 풍경소리 등이 있으며, 촉각적 자극으로 포옹, 흔들기, 어르기, 목욕하기, 헝겊, 장난감 등이 있다. 또한 자극과 손과 눈을 연결하는 움직임으로 움직이는 자동차, 장난감 쥐기 등을 촉진하는 활동 등이 있다. 필요한 자극은 양적인 것이 아니라 아이의 발달단계에 맞는 질적으로 적절한 자극이어야 한다. 영아기에는 가능하면 아이의 곁을 떠나지 말고 지켜 줘야 하고 아이는 자기가 전능하다고 느끼지만 현실에 대한 인식이 없다. 아이는 엄마로부터 분리를 시도하지만 동시에 강한 불안감을 느낀다. 엄마가 가까이 어딘가에 있으며 늘 돌보아 줄 것이라는 신뢰감이 있을 때 두려움을 느끼지 않게 된다. 엄마가 가까이 있어 줌으로써 아이는 혼자 세상으로 나아갈 수 있는 자유와 사람을 믿고 의지할 수 있는 기본적 신뢰의 능력을 지닐 수 있게 되며, 분리불안의 문제를 해결할 수 있게 된다.

그러나 영아기 양육의 문제로는 원하지 않는 임신과 원하지 않는 아이, 양육의 거절과 회피, 예를 들면 아동유기나 방임, 학대 등이 있을 수 있고, 또한 요즘 같은 핵가족사회에서는 양육방법의 변화와 혼돈 그리고 맞벌이 가정의 증가로 인해 영아기부터 부모와 떨어져 지내야 하는 문제 등이 있다. 이런 영아기 양육 실패의 후유증으로는 발달정지, 지능저하, 정신지체 등 발달지연 문제와 심하면 반응성 애착장애로 인한 대인관계 회피, 불안정 성격, 의존적 성격, 경계성 성격장애, 자신감 결여, 대인관계 불신, 의심 등이 있다. 또한 분리불안 장애로 성격불안장애, 광장공포증, 공황장애, 섭식장애, 정감없는 병질자(범죄자) 등이 있다.

(2) 걸음마기 아동(1-3세)의 발달

에릭슨에 의하면 이 시기는 아동이 독립심과 자율성을 획득하는 시기로 중요요소는 아동의 운동성 발달이다. 이 시기 유아는 근육발달로 대 · 소변 통제가 가능하고 혼자 걷고 먹을 수 있으며, 간단한 의사소통도 가능해진다.

걸음마기 아동은 자신이 여러 가지를 할 수 있다는 것을 알고 자신감을 갖게 된다. 걸음마기 아동의 발달과제로는 옳고 그름과, 깨끗함과 더러움을 알게 하고,

해야 할 일과 해서는 안 될 일을 구별할 수 있도록 한다. 또한 자기충동(공격성) 조절과 통제, 만족 지연 능력 개발 등을 통해 법과 질서를 익히도록 하고, 이 시기에는 자아존중감, 자기주장, 의지력 등을 습득하게 되고, 부모로부터 분리 개별화, 즉 심리적 자아상과 자율성을 확립하는 시기다.

걸음마기 부모의 역할은 훈육(訓育)이라고 할 수 있다.

훈육(訓育)시기에는 아동을 인격체, 개체로 존중해 줌으로써 자신과 타인의 권리를 존중하도록 하고, 일관성 있는 적당량의 통제를 통해 부모(교사) 통제가 내면화되어 결국에는 자기 자신을 통제할 수 있도록 한다.

이 시기에는 대 · 소변 훈련을 통해 참는 능력과 깨끗함과 더러움을 배우게 되고, 양보와 협조를 할 수 있도록 가르친다. 또한 칭찬과 벌을 적절히 사용하여 해야 할 일과 , 해서는 안 될 일을 구별할 수 있도록 하고, 법과 질서를 배우도록 한다.

이 시기에는 자율성을 시험하고 학습능력을 증진시킬 수 있는 안전한 환경을 제공하여야 하고, 아동의 발달단계에 맞는 다양한 학습 환경을 제공하는 것이 중요하다. 주변에 탐색할 수 있는 것들을 많이 놓아주고, 창의성을 자극하고 탐구심을 불러일으킬 수 있도록 만지고, 누르고, 맛볼 수 있는 놀이교구를 준비하여 준다. 또한 칭찬을 자주해 주고, 활동량이 많은 놀이를 제공해 주되 지치지 않도록 한다. 이 또한 상상력을 발휘해야 하는 놀이를 할 수 있는 환경을 자주 제공해 주고, 다른 친구들과 함께 어울려 잘 놀 수 있도록 격려한다.

걸음마기 훈육의 문제에는 부모중심의 양육방법과 자녀교육관의 혼돈, 자녀수의 격감과 핵가족화를 들 수 있겠다. 이 시기의 훈육의 문제로는 과잉보호, 과잉통제, 조기교육을 들 수 있는데, 과잉보호를 함으로써 자제력 결핍, 버릇없는 아이, 자기중심적, 비사회적, 폭력적인 아이로 자랄 수 있고, 품행장애가 될 수 있으며, 과잉통제로 인해 자율성과 자신감 결여, 수동적, 위축적이 되어 우울, 억제된 분노 등을 표출할 수 있다. 또한 무분별한 조기교육과 공부만 잘하면 되는 성적 만능인 아이로 자랄 수 있다. 훈육 실패의 후유증으로는 과잉보호, 과잉통제, 폭력범죄 증가, 청소년 문제, 반사회적 인격장애, 강박장애 등을 들 수 있다.

(3) 학령전기 아동(4-6세)의 발달

학령전기는 주도성이 형성되는 시기이므로 자기가 무언가를 할 수 있는 주도적인 환경을 만들어 주어야 한다. 이 시기의 아동은 새로운 것을 추구하고 계획하며 과제와 목표수행의 결의를 보인다. 자신이 세운 목표를 달성하기 위해 모든 노력을 동원하고 성공하였다고 느낄 때 아동은 자신이 주도한 일에 대해 자신감을 갖게 된다. 부모가 아동의 주도적인 행동을 지지하고 도움을 주면 주도성이 발달하게 되고 반대로 아동의 행동을 제한하고 질문을 귀찮아하거나 처벌하게 되면 자기가 무엇인가를 잘못되었다는 느낌이 들기 때문에 죄의식이 형성될 수 있다.

학령전기 아동의 발달과제로는 언어가 급성장하게 되고, 상상력과 심리적 세계가 확장된다. 성을 구별하게 되고, 성 역할과 성 가치관, 부부관계, 관찰학습, 여성다움과 남성다움을 알게 되는 시기이므로 이 시기에는 특정한 성에 대한 편견을 최대한 억제해야 한다.

이 시기에는 성 역할에 대한 인식이 생겨 자아개념에 자신의 성을 연결시키게 된다. 자신의 성과 그에 맞는 행동 및 사회적 관계에 관심을 가져서 같은 성의 친구들과 어울리며, 옷차림, 놀이, 직업에 대한 사회적 기대를 의식하고 이를 따르고자 한다. 또한 이 시기에는 전통, 관습, 예의 범절교육을 통해 대인관계와 덕목을 습득하도록 하고, 다양하고 풍부한 경험을 통해 문화적 가치관과 생의 목적을 가지는 아이로 자라도록 해야 한다. 이 시기는 또래와의 관계도 아주 중요한 시기다.

학령전기 부모의 역할은 덕육(德育)이다. 이 시기에는 아이로 하여금 주도성과 자유로운 탐색을 촉진시키고, 이러한 활동을 통해 아동이 자신에 대한 긍정적인 이해와 자신감(긍정적 자아 개념)을 갖도록 돕는 것이 부모의 중요한 과제이다.

이 시기에는 지적 주도성과 탐색에 대한 욕구에 적절한 학습을 경험할 수 있는 놀이는 아주 중요하다. 장난감을 가지고 놀 수 있는 놀이보다는 부모와 아동이 신체접촉을 통한 놀이를 통해서 관계를 형성하고 규칙을 지키게 된다. 엄마, 아빠와 함께 해서 즐기는 가족 놀이문화가 형성되어야 한다.

덕육(德育)시기에는 자기의 일을 스스로 하게 하고, 창의적 사고와 문제해결 능력을 키워 준다. 덕육시기에는 어린이집이나 유치원 등 집단 속에서 활동할 수 있도록 기회를 주어 인간관계를 통한 승승의 기쁨을 느끼게 해야 하고, 심신이 건강한 아이로 키워야 한다. 목표를 계획하고 실천하게 하고, 스스로 선택한 것에 대한 책임을 지도록 해야 한다. 학령전기 덕육의 문제로는 부모 중심사고(욕심, 극성, 지식교육)와 또래접촉이나 다양한 경험의 부족으로 인한 문화결핍증 등을 들 수 있다.

이 시기에 부부 성관계 불화에 노출하게 되면 부정적 성관을 갖게 되고, 성에 대한 자긍심 부족한 아이로 자랄 수 있고, 또한 생의 목적의식이 결여된 아이로 자랄 수 있다.

덕육 실패의 후유증으로는 감성적으로 편협하거나 목적의식이 부족하고, 어른 흉내를 내는 애어른으로 자랄 수도 있고, 문화실조, 결핍증이나, 성과 관련 있는 신경증 또는 생에 대한 가치관과 긍정적 목적의식 결여 등을 들 수 있다.

(4) 학령기(6-12세) 아동의 발달

이 시기의 아동은 에릭슨은 자아성장의 결정적 시기이고, 아동에게 성취감(근면성)과 열등감이 생겨날 수 있는 시기로 보았다. 즉 아동이 열심히 노력하여 목표를 이루거나 아니면 그렇지 못하고 실패하는 시기로 나누어지는 시기이기도 하다. 또 이 시기는 활동 영역을 가족의 울타리 밖으로 넓혀 가기 시작한다. 양육자로서 부모의 역할이 필수적이지만 이 시기부터는 신체적 차원보다는 심리적 차원의 양육이 요구된다. 자녀의 성장과 변화에 따라 부모의 양육태도도 같이 이에 부응하여 변화해 가야 한다. 학령기 아동의 발달과제로는 지적 호기심의 충족, 지식과 기술의 축적과 지적 추구의 보람과 효능감, 성취감 등을 경험하게 된다.

이 시기에는 근면성과 자신감이 생기고 또래관계가 늘어나고, 단체생활을 활발히 하는 시기다. 학령기 부모의 역할은 지육(知育)인데, 지육(知育)으로는 전인교육의 틀을 유지해야 하고, 지식의 축적보다 습득과정을 중시해야 하며, 학습태도와 동기, 학구적 태도를 중시해야 한다. 또한 또래관계와 우정을 중시하며, 단체생활을 통해 협조와 양보, 법질서 개념을 습득하는 시기다. 부모는 이 시기의 자녀에게 논리적으로 설명을 해 줌으로써 바람직한 행동을 유도할 수 있다. 또 부모와 자녀 사이나 친구 간에 문제가 발생하였을 때 자녀들이 이해할 수 있도록 도와주어

억울한 감정을 억압하지 않도록 도와주어야 한다. 부모가 자녀의 입장에서 이해하기보다는 부모의 권위로 무조건 자녀의 복종을 요구한 경우 부모의 비합리적인 행동에 대한 분노를 성장하여도 해결하지 못하는 경우가 많다. 이 시기의 부모의 주된 역할은 격려자의 역할이다. 아동이 학교생활에서 성취감을 획득하고 친구관계나 가정 밖의 사회관계에서 자신감을 가질 수 있도록 돕고, 긍정적인 자아개념을 형성하고, 바람직한 생활습관을 생활화하도록 돕는 것이 부모의 중요한 과제이다.

또한 부모들은 그들이 자신의 세계를 넓혀 가고 부모에게서 독립해 나갈 수 있도록 아이들을 격려해야 한다. 아동이 또래, 교사 등 가정 밖의 타인들에 의해 수용되고 긍정적으로 평가받는 것은 아동의 긍정적 자아발달에 중요한 변수이기 때문에 학교생활에서 과제를 성공적으로 수행하여 자신감과 성취감을 갖게 하여 학습의욕을 고취시키고 성실하게 공부하는 습관을 기르도록 도와주어야 한다. 그러나 이 시기에 공부하는 습관을 기르는 것이 중요하다 하더라도 가장 중요한 것은 자녀의 심리적 건강이라는 사실을 잊지 말아야 한다. 내적 불안이 높은 부모일수록 자녀의 학업성취에 지나치게 집착하여 자녀의 학업에 대한 호기심이나 자발성을 잘라 놓고 능력이 있는 자녀임에도 불구하고 적절한 학업능력을 발휘하지 못하는 경우가 흔하다.

학령기 교육의 문제로는 지적 성취위주, 경쟁적 태도, 교사의 자질 등을 들 수 있다.

학령기 아동의 정신과적 문제로 분리불안과 학교 공포증, 우울증과 강박증, 틱장애, 품행장애, 주의력 결핍/과잉행동, 학습장애 등을 들 수 있다.

정신적으로 건강하지 못한 아동의 모습으로는 다음과 같은 것을 말할 수 있겠다.

- 발달이 뒤지거나 이상이 있다.
- 즐거움이 없고 생기가 없다.
- 잦은 신체증상을 호소한다.
- 자신감이 없고 눈치를 많이 본다.
- 너무 의존적이고 독립심이 부족하다.

- 놀이를 할 줄 모르고 꿈이 없다.
- 또래와 어울리지 못한다.
- 남을 배려하지 않고 자기욕심만 낸다.
- 기분변화가 심하고 공격적이다.
- 현실에 맞지 않는 생각과 행동을 한다.

생각해 볼 문제

1. 아동발달의 특성에 대해 기술해 보시오.
2. 프로이드의 심리성적이론과 에릭슨의 사회심리학이론의 공통점과 차이점에 대해 기술해 보시오.
3. 아동기의 발달단계별 부모역할에서 출생해서 약 1세까지의 시기를 1단계라고 하는데 1단계가 가장 중요한 이유에 대해 기술해 보시오.

제3장

아동과 권리

아동권리는 아동이 가진 인권이며, 최소한의 기본생활과 인간다운 생활을 영위할 수 있도록 아동에게 주어지는 특별한 보호와 관리에 대한 배려이다. 아동복지가 아동의 권리보장을 위한 복지활동과 제도를 의미한다고 보면, 아동의 권리는 아동복지에 있어서 최우선의 조건이 된다.

유엔의 아동권리협약(이하 '아동권리협약'이라 함)에서는 아동은 생계유지에 따르는 최소한의 생활을 보장받을 수 있는 권리뿐만 아니라 특정한 결핍상태에서 벗어나야 함을 강조하고 있다. 아동을 인권의 주체로 인정하고 아동 최선의 이익을 실현하겠다는 국제적 의지의 표현이며, 모든 아동들은 권리적 존재라는 인식이 반영되어 있다.

아동의 권리증진을 위하여 본 장에서는 아동권리의 개념과 기본요소, 아동권리사상의 발달, 한국의 아동권리사상, 아동권리협약 이행성과 및 권고사항, 아동권리 증진을 위한 과제, 아동권리 및 인권교육 프로그램에 관하여 살펴보고자 한다.

1. 아동권리의 개념과 기본요소

권리는 "어떤 일을 행하거나 타인에 대하여 당연히 요구할 수 있는 힘이나 자격"을 말하며, 인간에게 권리란 그 사람이 갖추고 있는 상황이나 조건에 있지 않고 그 자체의 존엄성을 근거로 하고 있다. 인간 존엄성이란 인간의 가치가 어떠한 윤리적 가치나 이념체제보다도 우선되며 개인이 그 생존과 기본적 자유에 있어서 중심주체가 된다는 의미이다. 이 점에서 인권과 권리는 동의어로 볼 수 있다. 다만 인권은 인간의 권리를 총칭하는 말이지만 기존의 제도와 질서에 의하여 권리가 침해당한 상황을 전제하고 있어서 저항적 의미도 내포하고 있다. 반면 권리는 저항적 의미도 없고 모든 상황에 보편적으로 사용될 수 있는 용어이므로 본 장에서는 권리와 인권을 통칭하여 권리라는 용어로 사용하기로 한다.

1) 아동권리의 개념

아동의 권리는 소극적인 수동적 권리와 적극적인 능동적 권리로 구분해 볼 수 있다.

(1) 수동적 권리

수동적 권리란 자신이 하고자 하는 바를 자의적으로 행함에 있어서 타인으로부터 방해 또는 침해받지 않을 권리를 말한다. 아동은 어른의 종속물 또는 보호물로 학대, 빈곤, 노동력 착취, 교육 등에 대한 서비스는 충분히 보장받지만, 아동 자신이 스스로 판단하고 결정하는 기회가 주어지지 않는 대부분 과거 아동에게 보장되었던 소극적 권리이다. 소극적 자유권이 존중되어야 하는 이유는 모든 권리를 향유하고 행사하는 데 초석이 된다는 점이다.

(2) 능동적 권리

능동적 권리란 아동이 권리의 주체로서, 자신의 현재와 미래의 삶에 요구되는 일체의 것을 스스로 계획하고, 결정하고, 선택하고, 표현할 수 있는 적극적 권리이다. 여기에는 적극적인 행동의 자유, 학문의 자유, 의사표현의 자유, 집회 및 결사의 자유, 표현의 자유로 간주되는 두발과 복장의 자유 등이 포함된다. 이러한 모든 적극적 자유권이 갖는 공통적인 특징을 한 마디로 표현하면, 그것은 '선택권'이라고 지칭할 수 있다(김정래, 2002).

2) 아동권리의 기본요소

아동권리협약은 아동권리의 기본요소와 원칙에 관한 가장 권위있는 국제기준을 제시해 주고 있으며, 아동복지제도의 가치, 정책과 서비스를 구성하는 요소이다.

(1) 생존권(Right to Survival)

아동의 생명과 직접 관련된 권리다. 아동이 생명과 건강을 유지하고 영양가 있는 음식을 제공받고 가족과 사회로부터 사랑과 보호를 받을 권리, 의료혜택을 받을 권리, 살아가는데 필요한 기술을 익히고 교육을 받을 권리, 집과 부모를 가질 수 있는 권리, 생존은 물론 삶을 살아가는데 필요한 훈련을 받을 수 있도록 도움을 받을 권리 등을 말한다.

(2) 보호권(Right to Protection)

보호권은 모든 아동이 차별과 위험에서 보호받고 안전할 권리다. 아동이 자신뿐만 아니라 보호자의 성별, 언어, 종교, 출신, 재산, 장애, 출생 및 기타 신분 등의 차별로부터 보호받을 권리, 학대, 방임, 성적 학대로부터 보호받을 권리, 폭력, 고문, 부당한 형사처벌, 과도한 노동, 약물과 성폭력 등 모든 유해한 환경으로부터 보호받을 권리다. 보호권은 훨씬 넓은 의미로 '생존권', '발달권', '참여권'을 포괄하는 의미로 아동보호제도가 특수한 영역에서 보편적인 영역으로 확대될 수 있도록 돕는다.

(3) 발달권(Right to Development)

발달권은 아동이 건강하게 발달할 수 있는 제반사항 등이 제공되고 보장될 수 있는 권리다. 여기에는 교육을 받을 권리, 여가를 즐길 권리, 문화생활을 할 권리, 정보를 얻을 권리, 생각과 양심과 종교의 자유, 정보와 자료 접근권, 표현의 자유를 누릴 권리가 포함된다.

아동권리협약은 교육에 대한 아동의 권리를 재정의하고 모든 나라에서 초등교육을 의무화하고 무상으로 제공하게 하는데 초점을 둔다. 특히 2010년 유네스코 영유아보육 · 교육회의를 개최하여 '보육 · 교육을 위한 모스크바 강령을 채택하였다(노혜련 외, 2015). 이 강령에서는 영유아 교육 · 보육을 "0~8세에 이르는 모든 아동을 위한 돌봄과 교육, 건강, 영양, 보호의 제공"으로 정의하여, 영유아교육 · 보육을 아동의 권리이자 평생교육을 위한 필수조건이라고 하였다.

(4) 참여권(Right to Participation)

참여권은 아동이 국가나 지역사회의 활동에 적극적으로 참여할 수 있는 권리를 의미한다. 여기에는 자신의 의견을 표현할 권리, 자신의 삶에 영향을 미치는 문제들에 대한 발언권, 단체에 가입하거나 평화적인 집회에 참여할 수 있는 권리가 포함된다.

3) 아동권리의 실천원칙

위의 네 가지 기본원칙에서 파생되는 개별권리를 세 개의 유형으로 나눌 수 있으며, 이를 일명 '아동권리의 3P'라고 한다(노혜련 외, 2015).

(1) 공급받을 권리(Provision)

아동에게 필요한 물질을 제공하는 것과 관련된 사항으로 제3세계 아동 빈곤퇴치와 아동의 기본욕구 해결에서부터 선진산업국의 상대적 빈곤문제 해결에 이르기까지 그 관심과 주제가 다양하다. 아동에 대한 교육 · 양육 서비스 제공도 이 영역에 포함된다. 공급받을 권리에는 건강 서비스와 교육, 적당한 생활품목, 음식, 의복, 인간의 품위에 맞는 주거와 사회보장을 공급받을 권리 등이 속한다. 또한 아동의 가장 중요한 권리로 이름 및 출생신고에 대한 권리가 있다. 이는 한 나라의 시민으로서의 법적 지위와 개인 정체성에 대한 권리다(제7조, 제8조, 제23~29조).

(2) 보호권(Protection)

보호는 아동과 관련한 전통적인 주제로 과거에는 '아동구원'이라는 종교적 이데올로기와 노동력 보호차원에서 강조되었고, 이는 가부장사회의 사회통제를 위한 것이기도 했다. 그러나 점차 아동인권에 대한 인식이 발전하면서 아동보호는 아동에 대한 모든 폭력을 반대하고, 동시에 특별한 보호가 필요한 아동의 문제해결과 예방을 강조하는 방향으로 발전하고 있다. 아동은 특별한 보호가 필요하며, 폭력, 학대, 방임, 잔인하고 굴욕적인 대우와 고문, 성, 학대와 경제적 착취로부터 보호받을 권리가 있다. 국가는 아동을 유괴와 매매에서 보호할 의무가 있으며, 전쟁이나 재난 시 특별히 보호해야 한다. 또한 소수 민족 아동을 보호하고, 어떠한 경우라도 아동에게 사형선고를 내려서는 안 된다(제19~22조, 제30조, 제32~38조).

(3) 참여권 (Participation)

아동은 자유롭게 의견을 말하고 언론과 정보를 접하고 스스로 결정할 권리가 있다(제12~14조, 제17조). 국가는 아동의 생각과 종교의 자유에 대한 권리를 보장해야 하며, 아동의 사생활과 명예를 보호해야 한다. 본인 허락 없이 아동의 우편물이나 이메일을 열어 볼 수 없다(제16조). 또한 아동은 문화생활에 참여할 권리와 친구와 만나고 운동하고 휴식을 취하는 등 여가를 누릴 권리가 있다(제3조). 참여에는 아동의회나 민주적 · 정치적 문화교양 프로그램을 통해 전체 시민사회의 민주적 태도를 강화하고 사회의 발달잠재력을 확장하는 것, 성인중심사회에서 아동의 참여를 활성화하여 아동의 생활상을 개선하는 것 등이 포함된다.

2. 아동권리사상의 발달

역사적으로 19세기까지만 해도 세계 각국의 아동복지는 일종의 자선사업으로 여겨졌으며, 아동의 소유는 부모였고 따라서 아동은 소극적 보호를 받으며 소극적 권리만 주어졌다. 20세기에 들어와서야 비로소 아동의 권리와 존엄성에 대하여 관심을 갖기 시작하였고 이러한 노력은 아동권리에 대한 제네바선언으로 시작되어 유엔 아동권리선언과 유엔 아동권리협약으로 발전하게 되었다.

1) 제네바선언

'아동권리 제네바선언'은 영국의 사회개혁가이자 세이브 칠드런(Save the Children) 창시자인 에글란타인 젭(Eglantyne Jebb) 여사로부터 그 출발점을 찾을 수 있다. 그녀는 제1차 세계대전 이후 독일과 오스트리아를 위시하여 서구 사회가 많은 아동들이 빈곤과 기아, 영양실조 등의 문제로 어려움에 처해 있는 현실을 배경으로, 어린이들의 권리에 대한 인식이 필요함을 강조한 발표문을 국제연맹에 제출하였다. 이를 기초로 1924년 9월 제네바에서 개최된 국제연맹회의에서는 '아동권리에 대한 제네바선언' 5개항을 채택하였다. 이는 국제연맹에서 채택된 아동의 권리보호를 중요한 과제로 인식한 최초의 세계적 문서이며, 1979년 국제연합이 채택한 '아동권리협약'의 모태가 되는 아동권리선언이다. 이후 1948년 차별받지 않을 권리와 안정된 가정환경에서 보호받을 권리를 추가한 7개 조항으로 개정 · 선포되었다.

에글란타인 젭(Eglantyne Jebb)의 아동권리 선언문

1. 아동은 그들의 정상적인 발달을 위해서 필요한 물질적 · 도덕적, 그리고 정신적 조건을 공급받아야 한다(발달, 보호).
2. 굶주린 아동은 먹여야 하고 병든 아동은 치료받아야 하며 정신적으로나 신체적으로 장애가 있는 아동은 재활을 위한 교육을 받아야 하고, 고아와 부랑아에게는 안식처를 제공해 주어야 한다(발달, 보호).
3. 재난이 닥칠 경우 아동이 최우선적으로 구제받아야 한다(생존, 보호, 아동최선의 이익).
4. 아동은 사회보장제도와 안전체계의 혜택을 마음껏 누려야 하며 앞으로 생계를 스스로 꾸려나갈 수 있도록 적절한 시기에 교육을 받아야 하는 것은 물론, 모든 형태의 착취로부터 보호받아야 한다(생존, 보호, 발달).
5. 아동은 그들 개개인의 재능이 인류의 발전을 위해서 쓰여야 한다는 것을 이해하도록 양육되어야 한다(발달).

제네바선언 7개항(1948)

제1조 어린이는 인종, 민족, 국적 및 종교적 신조의 문제를 초월하여 보호되어야 한다.
제2조 어린이는 하나의 실체로서의 가정을 존중하며 보호를 받아야 한다.
제3조 어린이는 물질적, 도덕적, 정신적으로 정상적인 발달을 위해 필요한 조건이 충족되어야 한다.
제4조 굶주린 어린이는 먹어야 하며, 병든 어린이는 간호를 받아야 하고, 신체적으로 정신적으로 장애가 있는 어린이는 도움을 받아야 하며, 부적응 어린이는 재교육을 받아야 하며, 고아나 부랑아는 수용, 보호되어야 한다.
제5조 어린이는 위험을 당했을 때 먼저 구조되어야 한다.
제6조 어린이는 사회복지나 사회보장의 해택을 받아야 하며 적절한 시기에 생계를 세울 수 있는 훈련을 받아야 하며 모든 형태의 착취로부터 보호받아야 한다.
제7조 어린이는 그의 능력을 동포를 위해 봉사해야 한다는 자각 속에서 양육되어야 한다.

2) 유엔 아동권리선언

제네바선언에 기초하여 1959년 11월 20일 제14차 유엔총회에서는 10개의 조항으로 확장된 '아동권리선언'을 채택하였다. 이 선언은 비차별, 아동 이익 최우선, 성명과 국적 취득권, 사회보장 및 발달권, 장애아동에 대한 특별한 지원과 교육, 의무교육과 놀이 · 여가 기회제공, 모든 형태의 방임과 착취로부터의 보호, 그리고 모든 상황 속에서 아동은 가장 먼저 구호를 받아야 한다는 원칙을 담고 있다. 이는 아동의 권리를 체계적으로 명시하고, 아동을 권리의 주체로 인정하여 아동의 복지권을 강조하였다는 점에서 큰 의미가 있다(정옥분 외, 2016).

유엔 아동권리선언 10개항 (1959)

제1조 아동은 인종, 피부색, 성, 언어, 종교적 신념, 정치적 견해, 국적 또는 사회적 출신, 재산, 문벌, 기타의 지위로 인하여 처벌받지 않을 권리를 가진다.
제2조 아동은 특별한 보호를 받으며, 건강하고 정상적으로 발달할 수 있도록 법령과 제 수단이 제공되어야 한다. 이 목적을 위해 아동 최선의 이익이 최우선으로 고려되어야 한다.

> 제3조 아동은 출생 시부터 성과 이름 그리고 국적을 가질 권리를 가진다.
> 제4조 아동은 사회보장의 혜택을 받을 권리를 가진다.
> 제5조 장애아동은 필요한 특별한 치료와 교육 및 보호를 받을 권리를 가진다.
> 제6조 아동은 특별한 사유를 제외하고는 부모의 애정과 책임 아래서 물리적 보장이 있는 환경하에서 양육될 권리를 가진다.
> 제7조 아동은 교육을 받을 권리와 놀이 및 오락을 위한 충분한 기회를 제공받을 권리를 가진다.
> 제8조 아동은 모든 상황에서 최우선으로 구조와 보호받을 권리를 가진다.
> 제9조 아동은 모든 형태의 방임이나 학대 및 착취 등으로부터 보호받을 권리를 가진다.
> 제10조 아동은 인종적, 종교적 차별을 포함한 일체의 차별적 행위로부터 보호받아야 하며, 아동의 능력과 역량이 인류에 공헌할 수 있도록 양육되어야 한다.

3) 유엔 아동권리협약

'아동권리협약'은 이제까지 만들어진 권리문서 중 아동의 권리를 가장 구체적으로 실행할 수 있도록 만들어졌다. 아동의 권리선언을 위하여 아동 최선의 이익을 강조하고, 아동의 연령적 범주를 18세 미만의 모든 아동으로 규정하며, 그들이 권리의 주체자로서 경제적 · 문화적 · 사회적 · 정치적 권리뿐 아니라 시민적 권리까지 가지고 있음을 명시하였다.

아동권리협약은 아동권리의 기본이념과 가치 및 배경을 담고 있는 전문과 3부, 총 54개의 조항으로 구성되어 있으며, 1989년 11월 20일 국제연합총회에서 만장일치로 채택되었고, 1990년 10월 2일부터 국제법으로서 그 효력을 발생하게 되었다. 2015년 소말리아가 비준함으로써 미국을 제외한 총 196개국이 비준한 인권협약 중 가장 많은 비준을 받은 국제법이며, 이 협약을 비준한 나라의 정부는 협약에 명시된 아동의 모든 권리를 보장할 의무를 지고 있다.

우리나라는 1990년 9월 25일 서명하고 1991년 11월 20일 국회동의를 받아 비준서를 기탁하여, 올해로 만 27주년이 되었다.

표 3-1 유엔 아동권리협약의 구성과 주요내용

구성	주요내용
전문	아동권리의 기본이념과 가치 및 배경
제1부(제1조~제41조)	아동의 권리와 가입국의 아동보호 및 의무규정
제2부(제42조~제45조)	협약의 이행조치 및 모니터링 규정
제3부(제46조~제54조)	부칙(서명, 가입, 비준서 기탁, 개정절차, 유보, 폐기, 원본규정)

유엔 아동권리협약(Convention on the Rights of the Child)

1989년 11월 20일 유엔총회에서 채택, 1990년 10월 2일부터 국제법으로서 효력 발생

〈전문〉

협약의 당사국들은 다음의 전제에 동의해 유엔 아동권리협약의 조항에 합의했다.

- 유엔헌장의 원칙에 따라 세계 평화와 정의, 자유의 성취는 모든 인류의 존엄성 및 평등하고 절대적인 권리를 인정하는 데 달려 있음을 고려한다.
- 유엔 체제하의 모든 국민들이 인권과 인간의 존엄성에 대한 신념을 유엔헌장에서 재확인하는 한편 충분한 자유를 보장받는 가운데 사회발전과 생활수준 향상을 촉진하기로 결의했음을 유념한다.
- 유엔이 세계인권선언과 국제인권규약을 통해 모든 사람은 인종, 피부색, 성별, 언어, 종교, 정치적 의견, 민족적 · 사회적 출신, 재산, 태생, 신분 등의 차별없이 이 선언과 협약에 규정된 모든 권리와 자유를 누릴 수 있음을 선언하고 동의했음을 인정한다.
- 아동기에는 특별한 보호와 도움을 받을 권리가 있음을 천명한 유엔 세계인권선언을 상기한다.
- 가정은 사회의 기본적인 집단이며 특히 아동의 발달과 행복을 위한 천연의 환경이므로 공동체 안에서 가정이 본연의 책임을 다할 수 있도록 보호와 도움을 받아야 함을 확신한다.
- 조화로운 인격 발달을 위해 아동은 가족적인 환경과 행복, 사랑과 이해 속에서 성장해야 함을 인정한다.
- 아동은 사회인으로서 삶을 살아가기 위한 충분한 준비를 해야 하며, 유엔헌장이 선언한 평화 존엄 · 관용 · 자유 · 평등 · 연대의 정신 속에서 성장해야 함을 고려한다.
- 아동에 대한 특별한 보호의 필요성은 1924년 아동권리에 관한 제네바선언과 1959년 11월 20일 유엔총회가 채택한 아동권리선언에 명시되어 있으며, 세계인권선언, 시민적 · 정치적

권리에 관한 국제규약(제23조 및 제24조), 경제적 · 사회적 · 문화적 권리에 관한 국제 규약(제10조) 및 아동의 복지와 관련된 전문기구와 국제기구의 규정 및 관련문서에서 인정되었음을 유념한다.

- 아동권리선언이 명시하는 바와 같이, "아동은 신체적 · 정신적으로 미성숙하므로 출생이전부터 아동기를 마칠 때까지 적절한 법적 보호를 비롯해 특별한 보호와 배려가 필요하다"는 점에 유념한다.
- 국내외 가정위탁과 입양문제를 명시한 '아동의 보호와 복지에 관한 사회적 · 법적 원칙에 관한 선언'의 제 규정, 소년법 운영을 위한 유엔 최소표준규약(베이징규칙) 및 '비상시 및 무력 충돌 시 여성과 아동의 보호에 관한 선언'을 상기하고, 세계의 모든 국가에는 매우 어려운 상황에서 생활하는 아동들이 있으며, 이 아동들을 특별히 배려해야 함을 인정한다.
- 아동의 보호와 조화로운 발달을 위해 각 민족의 전통과 문화적 가치의 중요성을 충분히 고려하고, 모든 국가, 특히 개발도상국 아동의 생활여건 향상을 위한 국제협력의 중요성을 인정한다.

(1) 아동권리협약의 의의

유엔 아동권리협약은 다음과 같은 의의를 가진다(노혜련 외, 2015; 한성심 외, 2015).

① 아동의 정치 · 경제 · 사회 문화적 권리 등 모든 인권의 영역을 포괄하고 있는 최초의 국제협약이다.

② 국제협약 중 가장 많은 국가의 비준을 받은 협약이다

③ 아동을 권리의 대상이 아닌 권리의 주체로 인식했다.

④ 아동권리협약은 선언의 단계를 넘어 이행의 구속력을 가진다.

⑤ 가입국의 아동정책 및 아동관련법 조항의 제정 및 개선에 대한 내용의 틀을 제공한다.

(2) 아동권리협약의 일반원칙

아동권리협약은 다음과 같은 네 개의 일반원칙을 규정하고 있으며, 일반원칙은 협약의 전반적인 해석과 이행에 있어 지침이 된다.

1 차별금지(Non-Discrimination)의 원칙

모든 국민은 법 앞에 평등하다. 누구든지 성별, 종교 또는 사회적 신분에 의하여 정치적, 경제적, 사회적, 문화적 생활의 모든 영역에 있어서 차별을 받지 아니한다(협약 제2조). 구체적 내용을 살펴보면 협약 당사국은 아동의 부모, 후견인 또는 가족 구성원의 신분, 활동, 견해 또는 신념으로 인한 차별이나 처벌로부터 아동을 보호하기 위한 모든 적절한 조치를 취해야 한다고 규정하고 있다.

2 아동 최선의 이익(Best Interest of the Child)의 원칙

부모는 아동성장에 있어서 가장 중요한 존재이므로, 각 나라의 아동복지 정책은 부모에게 아동양육의 일차적 책임을 부과하고 있다. 국가와 지역사회는 부모가 자녀를 올바르게 키울 수 있도록 지원해야 하며, 아동은 부모의 부적절한 양육이나 학대로부터 보호받아야 한다(협약 제3조). 이를 위해 아동복지법 제3조 2항에는 국가와 지방자치단체는 보호자와 더불어 아동을 건전하게 육성할 책임을 진다고 명시되어 있으며, 아동 이익 최우선의 원칙은 아동과 관련된 정책의 수립에서 우선적으로 고려된다.

3 생명, 생존 및 발달(Survival and Development Rights)의 원칙

아동은 특별히 생존과 발달을 위해 다양한 보호와 지원을 받아야 한다. 생존은 가장 기본적인 인권이다(협약 제6조). 이를 위해 대한민국 헌법 제10조는 "모든 국민은 인간으로서의 존엄과 가치를 가지며 행복을 추구할 권리를 가진다. 국가는 개인이 가지는 불가침의 기본적 인권을 확인하고 보장할 의무를 진다"라고 규정하며, 아동복지법 제1조에서는 "아동이 건전하게 출생하여 행복하고 건강하게 육성되도록" 규정하고 아동복지 정책을 시행하고 있으며, 소년법 제59조는 "18세 미만인 소년이 죄를 범하면 사형 또는 무기징역에 처할 경우에는 15년의 유기징역으로 한다"라고 규정하여 아동의 생명권을 절대적으로 보장하고 있다.

4 참여(Participation Rights)의 원칙

아동은 자신의 능력에 맞게 적절한 사회활동에 참여할 기회를 가지고 자신의 생활에 영향을 주는 일에 대하여 의견을 말할 수 있어야 하며 그 의견을 존중받을 수 있어야 한다(협약 제12조). 이를 위해 친권자는 자녀를 보호하고 교육할 권리와 의무가 있으나, 친권자나 그 대행자가 친권을 남용하거나 현저한 비행이 있을 때, 또는 부적당한 관리로 인하여 자녀의 재산을 위태롭게 한 때에는 친권이 상실되고(민법 제924조), 그 대리권에 대하여도 상실 또는 상실선고를 청구할 수 있다(동법 제925조).

(3) 아동권리협약의 구체적 권리

일반원칙을 토대로 하여 제시되는 구체적 권리는 다섯 가지 유형으로 나눌 수 있다.

표 3-2 아동권리협약의 구체적 권리 및 조항

구체적 권리	구체적 내용(협약 조항)
시민적 권리와 자유	이름과 국적(협약 제7조), 신분의 유지(제8조), 표현의 자유(제13조), 사상, 양심 및 종교의 자유(제14조), 결사 및 집회의 자유(제15조), 사생활의 보호(제16조), 정보 접근권(제17조), 고문 및 기타 비인도적 취급을 받지 않을 권리(제37조 제1항)
가정환경 및 대리보호	부모의 지도와 책임(제5조, 제18조 제2항), 부모로부터의 분리(제9조), 가족의 재결합(제10조), 아동을 위한 양육비 회수(제27조 제4항), 가정환경 상실아동(제20조), 입양(제21조), 불법해외 이송 및 미귀환(제11조), 아동학대, 유기 및 신체적, 심리적 회복과 사회복귀(제19조 및 제39조), 양육 및 보호기관에 대한 심사(제25조)
기초보건 및 복지	생존 및 발달(제6조, 제2항), 장애아동(제23조), 보건서비스(제24조), 사회보장 및 아동보호시설(제26조 및 제18조 제3항), 생활수준(제27조 제1항, 제2항, 제3항)
교육, 여가 및 문화적 활동	교육(제28조), 교육의 목표(제29조), 여가, 오락활동 및 문화적 활동(제31조)
특별보호조치	법적 분쟁상의 아동(제37조, 제39조, 제40조), 착취상황하의 아동(제32조, 제33조, 제34조, 제36조)

3. 한국의 아동권리사상

우리나라에서 본격적으로 아동권리에 관심을 갖게 된 것은 소파 방정환의 아동권리 옹호 운동에서 그 출발점을 찾을 수 있다. 이를 계기로 어린이날이 제정되고 아동권리선언이 채택되었으며 대한민국 어린이헌장과 아동복지법이 제정되었다.

1) 아동의 권리공약 3장

한국은 '제네바선언(1924)'보다 앞선 1923년 '아동의 권리공약 3장'과 '어린이선언문'을 발표하였다. 이는 우리나라 최초의 아동권리선언문이다. 아동권리공약 3장은 비록 선언이 주장하는 내용이 3개항에 불과하지만 유엔의 이동권리선언보다 더 틀을 갖춘 권리선언의 형식을 취하고 있다. 첫째 조항은 아동의 인격적 독립을, 둘째 조항은 아동의 노동금지를, 셋째 조항은 아동의 문화적 권리를 담고 있다. 시대적 상황에 비추어 보면 상당히 진보적인 권리선언임을 알 수 있다(김정래, 2002).

아동의 권리공약 3장

1. 어린이를 재래의 윤리적 압박으로부터 해방하여 그들에 대한 완전한 인격적 예우를 허(許)하라.
1. 어린이를 재래의 경제적 압박으로부터 해방하여 만 14세 이하의 그들에 대한 무상 또는 유상의 노동을 폐(廢)하라.
1. 어린이에게 그들이 고요히 배우고 즐거이 놀 만한 각양(各樣)의 가정 또는 사회적 시설을 행(行)하라.

한편 방정환은 1923년 '어린이 선언문'을 발표하였다. 소파 방정환의 선언문의 내용은 아동을 보호차원을 넘어 아동권리를 적극적으로 주장한 현대의 아동권리사상과 일치한다. 1989년 유엔에서 채택된 유엔 아동권리협약이나 1924년 채택된 아동권리에 관한 제네바선언보다 그 시기가 빠르며, 다양한 활동내용으로 보아서도 방정환은 아동권리운동의 세계적인 선구자로 볼 수 있다.

어린이 선언문

〈어른에게〉

- 어린이를 내려다보지 마시고 치어다 보아주시오.
- 어린이를 가까이 하시어 자주 이야기하여 주시오.
- 어린이에게 경어를 쓰되 늘 보드랍게 하여 주시오.
- 이발이나 목욕, 의복 같은 것을 때맞춰 하도록 하시오.
- 잠자는 것과 운동하는 것을 충분히 하게 하여 주시오.
- 산보와 원족 같은 것을 가끔가끔 시켜 주시오.
- 어린이를 책망하실 때는 쉽게 성만 내지 마시고 자세자세 타일러 주시오.
- 어린이들이 서로 모여 즐겁게 놀 만한 놀이터와 기계같은 것을 지어 주시오.
- 대우주의 뇌신경의 말초는 늙은이에게 있지 아니하고, 젊은이에게도 있지 아니하고, 오직 어린이에게만 있는 것을 늘 생각해 주시오.

〈어린동무들에게〉

- 돋는 해와 지는 해를 반드시 보기로 합시다.
- 어른들에게는 물론이고 당신들끼리도 서로 존대하기로 합시다.
- 뒷간이나 담벽에 글씨를 쓰거나 그림같은 것을 그리지 말기로 합시다.
- 꽃이나 풀을 꺾지 말고 동물을 사랑하기로 합시다.
- 전차나 기차에서는 어른들에게 자리를 사양하기로 합시다.
- 입을 꼭 다물고 몸을 바르게 합시다.

2) 대한민국 어린이헌장과 청소년헌장

아동권리사상의 발달은 어린이헌장(1957년 제정, 1988년 개정, 공포)과 청소년헌장(1990년 제정, 1998년 전면개정)으로 이어졌다.

전문과 11개 조항의 본문으로 이루어진 '대한민국 어린이헌장'은 우리나라가 아동의 권리공약 3장의 정신을 계승하고 한국의 미래를 짊어질 아동의 미래상을 제시하고 그 좌표를 마련했다는 데 의의가 있다. 또한 세계인권선언의 정신을 존중하고 제네바선언, 아동권리공약 3장에 담긴 정신과 내용을 존중함은 물론 유니세프가 권고하는 생존권, 보호권, 발달권, 참여권의 정신과 맥을 같이 한다는데 또 다른 의의가 있다.

대한민국 어린이헌장

대한민국 어린이헌장은 어린이날의 참뜻을 바탕으로 하여, 모든 어린이가 차별 없이 인간으로서의 존엄성을 지니고, 나라의 앞날을 이어나갈 새 사람으로 존중되며, 아름답고 씩씩하게 자라도록 함을 길잡이로 삼는다.

- 어린이는 건전하게 태어나 따뜻한 가정에서 사랑 속에 자라야 한다.
- 어린이는 고른 영양을 섭취하고, 질병의 예방과 치료를 받으며, 맑고 깨끗한 환경에서 살아야 한다.
- 어린이는 좋은 교육시설에서 개인의 능력과 소질에 따라 교육을 받아야 한다.
- 어린이는 빛나는 우리문화를 이어받아, 새롭게 창조하고 널리 펴 나가는 힘을 길러야 한다.
- 어린이는 즐겁고 유익한 놀이와 오락을 위한 시설과 공간을 제공받아야 한다.
- 어린이는 예절과 질서를 지키며, 한겨레로서 서로 돕고, 스스로를 이기며, 책임을 다하는 민주시민으로 자라야 한다.
- 어린이는 자연과 예술을 사랑하고 과학을 탐구하는 마음과 태도를 길러야 한다.
- 어린이는 해로운 사회 환경과 위험으로부터 먼저 보호되어야 한다.
- 어린이는 학대를 받거나 버림을 당해서는 안 되고, 나쁜 일과 힘겨운 노동에 이용되지 말아야 한다.
- 몸이나 마음에 장애를 가진 어린이는 필요한 교육과 치료를 받아야 하고, 빗나간 어린이는 선도되어야 한다.
- 어린이는 우리의 내일이며 소망이다. 나라의 앞날을 짊어질 한국인으로, 인류의 평화에 이바지할 수 있는 세계인으로 자라야 한다.

전문과 5개 조항의 본문으로 이루어진 '청소년헌장'은 인류의 자유와 행복을 이룩할 대한민국의 청소년들이 나아갈 길을 제시하고 있는데, 그 구체적 내용은 다음과 같다.

청소년헌장

청소년은 자기 삶의 주인이다. 청소년은 인격체로서 존중받을 권리와 시민으로서 미래를 열어 갈 권리를 가진다. 청소년은 스스로 생각하고 선택하며 활동하는 삶의 주체로서 자율과 참여의 기회를 누린다. 청소년은 생명의 가치를 존중하며 정의로운 공동체의 성원으로 책임있는 삶을 살아간다.

가정 · 학교 · 사회 그리고 국가는 위의 정신에 따라 청소년의 인간다운 삶을 보장하고 청소년 스스로 행복을 가꾸며 살아갈 수 있도록 여건과 환경을 조성한다.

〈청소년의 권리〉

- 청소년은 생존에 필요한 기본적인 영양 · 주거 · 의료 · 교육 등을 보장받아 정신적 · 신체적으로 균형 있게 성장할 권리를 가진다.
- 청소년은 출신 · 성별 · 종교 · 학력 · 연령 · 지역 등의 차이와 신체적 · 정신적 장애 등을 이유로 차별받지 않을 권리를 가진다.
- 청소년은 물리적 폭력뿐만 아니라 공포와 억압을 포함하는 정신적인 폭력으로부터 보호받을 권리를 가진다.
- 청소년은 사적인 삶의 영역을 침해받지 않을 권리를 가진다.
- 청소년은 자신의 생각과 느낌을 자유롭게 펼칠 권리를 가진다.
- 청소년은 자유로운 의사에 따라 건전한 모임을 만들고 올바른 신념에 따라 활동할 권리를 가진다.
- 청소년은 배움을 통해 진리를 추구하고 자아를 실현해 갈 권리를 가진다.
- 청소년은 일할 권리와 직업을 선택할 권리를 가진다.
- 청소년은 여가를 누릴 권리를 가진다.
- 청소년은 다양한 매체를 통하여 자신의 삶에 필요한 정보에 접근할 권리를 가진다.
- 청소년은 자신의 삶과 관련된 정책결정 과정에 민주적 절차에 따라 참여할 권리를 가진다.

〈청소년의 책임〉

- 청소년은 자신의 삶을 소중히 여기며 자신이 선택한 삶에 책임을 진다.
- 청소년은 앞 세대가 물려준 지혜를 시대에 맞게 되살려 다음 세대에 물려줄 책임이 있다.
- 청소년은 가정 · 학교 · 사회 · 국가인류 공동체의 성원으로서 자신과 다른 삶의 방식도 존중할 줄 알아야 한다.
- 청소년은 삶의 터전인 자연을 소중히 여기고 모든 생명과 더불어 살아간다.
- 청소년은 통일시대의 주역으로서 평화롭게 공존하는 방법을 익힌다.

> • 청소년은 남녀평등의 가치를 배우고 이를 모든 생활에서 실천한다.
> • 청소년은 가정에서 책임을 다하며 조화롭고 평등한 가족문화를 만들어 간다.
> • 청소년은 서로에게 정신적 · 신체적 폭력을 행사하지 않는다.
> • 청소년은 장애인을 비롯한 소외받기 쉬운 사람들과 더불어 살아간다.

3) 아동권리 증진을 위한 법과 조례 제정

(1) 아동복지법

아동복지법은 유엔의 아동권리협약에 기초하여, 아동이 건전하게 출생하여 행복하고 건강하게 양육되고 그들의 인간다운 삶을 보장해 주기 위하여 1961년 12월 '아동복리법'으로 제정되었다.

아동복리법은 한국전쟁을 전후하여 발생한 많은 빈곤아동, 전쟁고아, 부랑자, 비행아 등 사회적 보호를 요하는 아동들을 위하여 제정되었으나 1960년 이후의 경제성장은 사회 전반에 걸쳐 물질적인 복지환경의 향상을 가져왔고, 산업화과정을 거치면서 발생한 이혼, 별거, 학대와 같은 가족해체 현상으로 인하여 새로운 유형의 요보호아동들이 발생하게 되었고, 기혼여성들이 사회에 진출할 수 있는 기회가 확대됨에 따라 일반아동들의 양육문제가 대두되게 되었다.

이에 따라 정부는 1981년 4월 전문을 개정하면서 법률명이 '아동복지법'으로 바뀌었고, 2017년 10월 24일 일부 개정되어 현재 전문 43조와 부칙 4조로 된 이 법은 모든 아동을 대상으로 아동의 적극적 권리를 보호하고 실천하기 위한 법적 실천력과 구속력을 지닌 복지법이다.

(2) 아동권리헌장

1 추진배경

- 유엔 아동권리협약에 근거하여 아동 최우선의 관점에서 우리나라 아동이 처한 현실을 삶의 모든 영역에서 개선하려는 노력
- 우리나라는 1991년 유엔 아동권리협약에 비준하였으나 아동의 삶의 만족도 OECD 최하위, 권리에 관한 인식수준도 낮은 상황임

- 법적 효력은 없으나 아동이 스스로 자신의 권리를 알고 지킬 수 있도록 하고 어른도 아동의 권리를 이해하고 존중하는 인식을 확립할 필요
- 기존 어린이헌장 및 청소년헌장에 유엔 아동권리협약의 내용을 반영하여, 아동의 주체성을 강조하고 아동의 눈높이에 맞추어 기술
- 제1차 아동정책기본계획('15-19')1)의 비전인 "행복한 아동, 존중받는 아동" 실현에 기반이 되며 향후 아동권리교육 강화 시 적극 활용

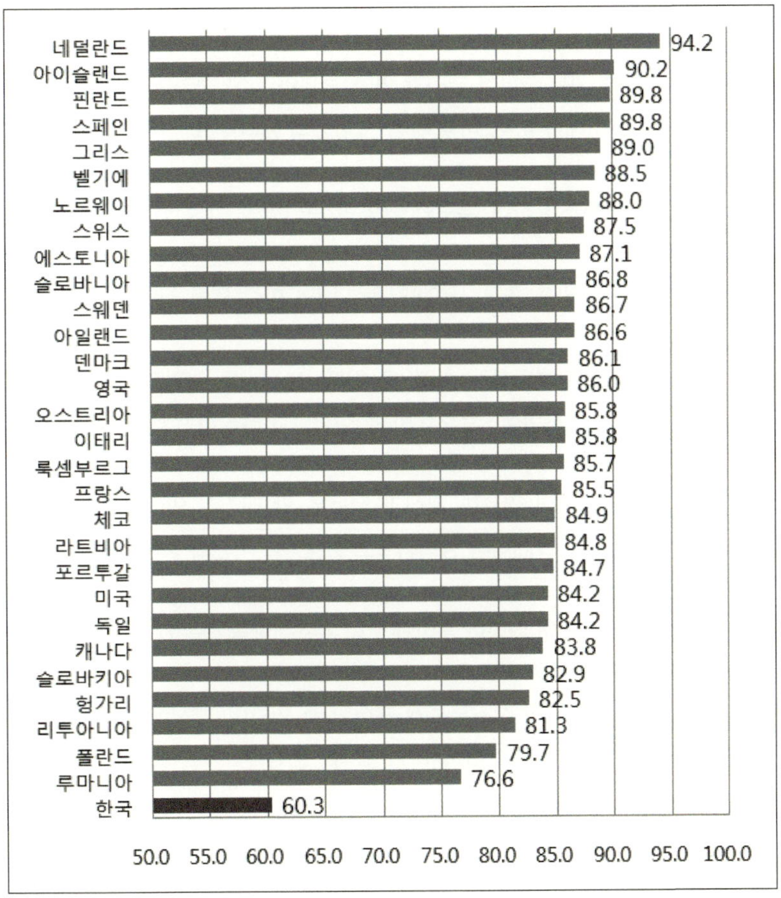

[그림 3-1] OECD 기준 삶의 만족도 국제비교

출처: 보건복지부(2013). 아동종합실태조사. p. 200.

설명: 삶의 만족도를 OECD 기준으로 하기 위해 11, 13, 15세 만을 대상으로 6점 이상의 비율을 분석한 결과, 우리나라의 비율은 60.3점으로 30개국 중 최하위를 차지했다.

1) 출처: 보건복지부(2015). 아동정책보고서〈제1차 아동정책기본계획〉.

2 주요내용

헌장의 전문 및 9개 조항에는 "어린이가 스스로 자신의 권리를 알고 지킬 수 있고, 어른도 어린이의 권리를 이해하고 존중해야 한다"는 취지를 기본으로 학대에서 보호받을 권리, 놀 권리, 표현의 자유와 참여의 권리 등을 실었다.

아동권리헌장

모든 아동은 독립된 인격체로 존중받고 차별받지 않아야 한다. 또한 생명을 존중받고, 보호받으며, 발달하고 참여할 수 있는 고유한 권리가 있다. 부모와 사회, 국가와 지방자치단체는 아동의 이익을 최우선적으로 고려해야 하며, 다음과 같은 아동의 권리를 확인하고 실현할 책임이 있다.

① 아동은 생명을 존중받아야 하며 부모와 가족의 보살핌을 받을 권리가 있다.
② 아동은 모든 형태의 학대와 방임, 폭력과 착취로부터 보호받을 권리가 있다.
③ 아동은 출신, 성별, 언어, 인종, 종교, 사회 · 경제적 배경, 학력, 연령, 장애 등의 이유로 차별받지 않을 권리가 있다.
④ 아동은 개인적인 생활이 부당하게 공개되지 않고 보호받을 권리가 있다.
⑤ 아동은 신체적 · 정신적 · 사회적으로 건강하게 성장하고 발달하는 데 필요한 기본적인 영양, 주거, 의료 등을 지원받을 권리가 있다.
⑥ 아동은 자신이 살아가는 데 필요한 지식과 정보를 알 권리가 있다.
⑦ 아동은 자유롭게 상상하고 도전하며 창의적으로 활동하고 자신의 능력과 소질에 따라 교육받을 권리가 있다.
⑧ 아동은 휴식과 여가를 누리며 다양한 놀이와 오락, 문화 · 예술 활동에 자유롭고 즐겁게 참여할 권리가 있다.
⑨ 아동은 자신의 생각이나 느낌을 자유롭게 표현할 수 있으며, 자신에게 영향을 주는 결정에 대해 의견을 말하고 이를 존중받을 권리가 있다.

2016년 5월 2일

출처: 보건복지부(2016). 아동권리헌장 제정.

(3) 학생인권조례

학생인권조례는 '대한민국 헌법'과 '교육기본법' 제12조 및 제13조, '초 · 중등교육법' 제18조 '유엔 아동권리협약'에 근거해 모든 학생이 인간으로서의 존엄과 가치를 실현할 수 있게 하는 것을 목적으로 한다. 학생의 인권이 학교 교육과정에서 실현될 수 있도록 학생인권조례를 경기도 교육청이 2010년 10월 5일 처음 공포하고 시행했다. 서울특별시는 2012년 1월 26일, 전라북도 교육청은 2013년 7월 12일에 공포해 시행 중이며, 경상남도 교육청이 2012년 추진하다가 무산된 적이 있으며 최근 재추진하고 있다.

학생인권조례는 차별받지 않을 권리, 폭력 및 위험으로부터의 자유, 교육에 관한 권리, 사생활의 비밀과 자유 및 정보의 권리, 양심과 종교의 자유 및 표현의 자유, 자치 및 참여의 권리, 복지에 관한 권리, 징계 등 절차에서의 권리, 권리침해로부터 보호받을 권리, 소수자 학생의 권리 보장 등으로 구성되어 있다.

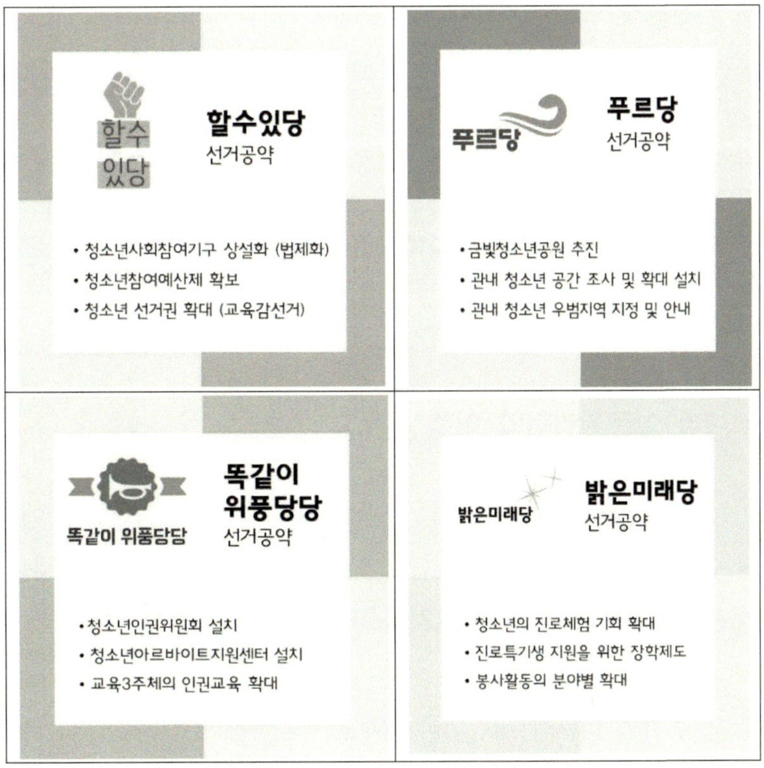

[그림 3-2] 서울특별시 금천구 청소년의회의 정당과 주요공약(2016).

설명: 서울특별시 어린이 · 청소년 인권조례는 어린이 · 청소년 인권위원회(제45~56조항)를 두도록 규정하였다.

학생인권조례에서 보장하는 학생인권은 헌법에서 명시한 기본권인 자유권, 평등권, 참정권, 청구권, 사회권 등과 유사하다. 자유권이란 개인의 자유로운 영역을 국가 권력으로부터 제한 · 침해받지 않을 권리로 신체의 자유와 사생활의 자유, 종교의 자유, 집회 결사의 자유 등이 포함된다. 평등권은 연령, 성별, 소속 등 조건과 관계없이 차별받지 않고 평등한 대우를 요구할 수 있는 권리다. 참정권은 정치에 참여할 수 있는 권리다. 학생인권조례에서는 참정권 대신 자치 활동의 권리와 학칙 등 학교 규정의 제정과 개정에 참여할 권리를 부여한다. 이를 통해 학생은 동아리나 학생회 같은 학생자치조직을 구성해 운영할 수 있으며 학칙의 제정과 개정, 학교 운영 및 교육청의 교육정책 결정 과정에 참여할 권리를 가진다. 학생 대표는 학교운영위원회에 참석해 발언할 수 있으며 학교의 장과 교직원은 면담을 통해 정기적으로 학생의 의견을 듣도록 노력해야 한다(서울특별시 교육청 학생인권교육센터 서울학생인권조례).

4. 아동권리협약 이행성과 및 권고사항

1) 우리나라 아동권리협약 이행상황

유엔 아동권리협약에 비준한 국가는 협약 제44조에서 규정하는 바에 따라 협약을 비준한 이래로 최초 2년 이내에 협약 이행에 대한 국가보고서를 제출해야 하며 그 후부터는 매 5년마다 국가보고서를 제출해야 할 의무가 있다.

1991년 이 협약을 비준한 대한민국 정부는 3년 후인 1994년 11월 아동권리위원회에 최초 보고서를 제출, 1995년 7월 민간보고서를 제출하였고, 대한민국의 1차 보고서에 대해 유엔 아동권리위원회는 1996년 2월 권고문을 전달했다. 그 후 2000년 5월 제2차 정부보고서, 2002년 6월 민간보고서가 제출되었고, 유엔 아동권리위원회는 2003년 3월에 2차보고서에 대한 권고문을 전달했다. 제3 · 4차 정부보고서는 2009년 5월에, 민간보고서와 아동보고서는 2010년 12월에 제출되었으며, 2011년 1월에 정부보고서 추가 제출 후 2011년 9월에 아동권리위원회 심의, 2012년 2월에 권고문을 공표했다. 마지막으로 2017년 6월 19일 제5 · 6차 보고서를 제출하고 심의를 기다리는 중이다.

표 3-3 대한민국의 국가보고서 제출 · 심의 및 위원회의 권고문 공표

일자	내용
1990년 9월 25일	서명
1991년 12월	비준
1994년 11월	제1차 국가보고서 제출
1995 년 7월	민간보고서 제출
1996년 1월	제1차 국가보고서에 대한 심의
1996년 2월	제1차 국가보고서에 대한 위원회의 권고문 공표
2000년 5월	제2차 국가보고서 제출
2002년 6월	제2차 민간보고서 제출
2003년 1월	제2차 국가보고서에 대한 심의
2003년 3월	제2차 국가보고서에 대한 위원회의 권고문 공표
2009년 5월	제3 · 4차 국가보고서 제출
2010년 12월	제3 · 4차 민간보고서와 아동보고서 제출
2011년 1월	제3 · 4차 국가보고서 제출(추가)
2011년 9월	제3 · 4차 국가보고서에 대한 심의
2012년 2월	제3 · 4차 국가보고서에 대한 위원회의 권고문 공표
2017년 6월	제5 · 6차 국가보고서 제출

출처: 보건복지부(2015). 유엔 아동권리협약 이행을 위한 법적 제도화 방안 연구.

2) 협약 이행성과

대한민국 정부는 협약을 비준한 이래로 진행된 세 번의 심의를 통해 아동인권보호 및 증진을 위해 다양한 노력을 해 왔다. 비준 시 유보하였던 제9조 3항 부모와의

면접 교섭권을 2008년 유보 철회, 민법상 호주제 폐지, 남녀 아동의 혼인 연령을 18세로 통일, 여러 차례 아동복지법 개정을 통해 아동 최상의 이익, 비차별 원칙을 반영, 아동학대로부터 아동보호 규정을 강화, 근로기준법의 취업 금지연령을 만 13세에서 만 15세로 조정, 초등교육법 개정으로 교사의 학생체벌에 대한 규정 강화, 장애인에 대한 특수교육법, 다문화가족지원법 등을 개정했다.

제3 · 4차 국가보고서에서 대한민국이 취한 후속조치 및 이룩한 성과

(1) 권고 이행상황

① 2011년 8월 개정된 입양특례법
② 2011년 9월 개정된 민법
③ 2011년 3월 개정된 초 · 중등교육법시행령
④ 2011년 제정된 자살예방 및 생명존중문화 조성을 위한 법률
⑤ 2010년 3월 개정된 가사소송법
⑥ 2011년 제정된 장애아동복지지원법
⑦ 2011년 개정된 아동복지법
⑧ 2011년 개정된 다문화가족지원법

(2) 위원회는 또한 대한민국이 다음의 조약을 비준 또는 이에 가입한 것을 환영한다.

① 2008년 12월 11일 장애인권리협약 비준
② 2006년 10월 18일 여성에 대한 차별철폐에 관한 협약 선택의정서 비준
③ 2004년 10월 아동의 무력분쟁 참여에 관한 선택 의정서 비준, 아동매매, 아동매춘 및 아동 포르노그라피에 관한 선택의정서 비준

(3) 위원회는 또한 다음의 제도적, 정책적 조치를 환영한다.

2010년 제2차 학교폭력 예방 및 대책 5개년 기본계획 수립

(4) 위원회의 권고 중 미비사항

국가인권위원회 산하 아동권리 소위원회 설립, 포괄적인 체벌금지, 학업스트레스를 줄이기 위한 교육정책의 제고

출처: 보건복지부(2011). 유엔 아동권리협약 제3, 4차 국가보고서 심의결과 및 유엔 아동권리위원회 권고사항 자료집.

3) 유엔 아동권리위원회 권고사항

유엔 아동권리위원회는 2011년 9월 21일 열린 제1644차, 제1645차 회의에서 대한민국의 제3, 4차 통합 정기보고서를 심의했으며, 2011년 10월 7일 열린 제1668차 회의에서 다음의 권고사항을 채택하였다.

특히 아동과 밀접한 내용으로는 관련 사안들을 보건복지부, 교육부 등 여러 부처에서 나누어 담당하고 있는 점과 부처 간 연계성이 부재한 것에 우려를 표명했다. 이에 따라 아동정책 조정기능을 수행할 수 있는 아동전담기구의 설립 및 운영에 관한 사항을 비롯하여 독립모니터링 기구의 설치, 안정적인 아동예산의 확보와 같이 협약 이행을 위해 필요한 중요 사항들에 대한 조치가 조속히 이루어지기를 권고하였다. 또한 여가의 확장과 아동참여의 증진, 가정환경 상실아동에 관한 체계 정립과 아동인권 친화적인 소년 사법체계의 구축 등에 있어 국가의 책임있는 협약 이행의무를 권고하였다.

대한민국은 제도 보완과 예산지원, 민간단체들과 협력하여 아동권리 증진을 위한 교육 및 홍보활동을 강화하는 등 다음의 권고사항들을 보완하여 제5, 6차 보고서를 제출하고 심의를 기다리고 있다.

표 3-4 유엔 아동권리협약 권고조항 및 내용

Cluster	유엔 아동권리협약 권고조항 및 내용
이행에 대한 일반조치	• 국가인권위원회 내 아동권리분과 위원회 설치 • 체벌금지 • 아동의 스트레스 감소를 위한 교육정책 검토 • 유보조항(입양허가제, 아동상소권) 철회 • 아동정책조정위원회 복구 및 강화 • 여가부, 복지부 등 관련부처 간, 중앙정부와 지방정부간 아동정책 체계 정립 • 포괄적 통계체계 구축 • 국제 원조목표 달성(2015년까지 국민총생산 0.7%) • 학교 교육과정에 아동권리 및 인권교육 확대 • 아동관련 단체의 협약 관련 연수 실시 • 기업의 해외 사업 시 아동권리 존중

일반원칙	• 차별금지법 제정 • 취약계층, 소수집단 아동에 대한 차별근절 및 예방조치 수립 • 청소년 미혼모를 포함한 모든 미혼모에 대한 충분한 지원 • 자살위험 요인에 대한 연구 및 심리상담 서비스 제공 • 법률, 행정, 사법적 절차, 정책에서 아동 이익 최우선의 원칙 적용 • 아동의 견해 존중과 표현의 자유 존중, 법원에서 아동 청문권 촉진 • 아동의 의견 존중과 참여권에 대한 교육을 부모, 교육기관 등에 제공
시민적 권리와 자유	• 보편적 출생등록 보장 • 사상, 양심, 종교의 자유가 존중되는 학교운영 • 교내외 정치활동 적극 참여 보장 • 체벌 전면금지 및 아동학대 관련 대중 캠페인 실시 • 아동학대 신고의무 강화 및 확대, 신고자 안전보장 체계 마련
가정환경과 대안환경	• 대안 양육시설 내 아동학대 예방 및 신고, 회복, 상담, 진료절차 지원 • 대안 양육시설 아동이 부모와 연락을 지속하고, 부모를 찾을 수 있도록 지원 • 입양과정에서 연령과 성숙도를 고려한 아동 견해 존중 • 청소년 미혼모의 경우 입양 시 미혼모의 동의 절차 확립 • 헤이그 입양 협약 비준 고려할 것
기초보건과 복지	• 모든 장애아동에게 적절하게 지원할 것 • 특수교사 수를 증원 및 교사를 위한 적절한 훈련 제공 • 보건예산 증액 및 저소득 가정의 무상의료 서비스 구축 • 전 지역에 소아과 진료 및 응급진료 제공토록 재정 · 기술 · 인력자원 제공 • 아동 우울증 및 자살 원인에 대한 조사를 통해 아동 정신건강관리정책 개발 • 담배, 알코올, 인터넷 중독 등 건강상의 위험에 대한 인식제고를 위해 교육, 캠페인 확대 • 아동건강에 유해한 식품 판매 규제 추가할 것 • 학교 교육과정에서 성교육 프로그램 체계적 수행 • 아동복지 예산 근거조항 법률에 포함 및 빈곤감소 등을 위한 프로그램에서 평등과 형평성 보장
교육 · 여가 · 문화활동	• 공교육 강화 • 여가, 문화, 오락 활동에 대한 아동권리 보장 • 왕따 예방, 특히 외국출신 아동에 대한 특별한 관심과 따돌림 방지조치

특별보호조치	• 난민자녀 등을 포함한 대한민국에서 출생한 모든 아동의 출생등록 보장 • 아동 구금배제 • 미등록 이주아동을 포함한 모든 이주아동 교육권 보장 • 18세 미만 아동의 야간근무 금지, 최저임금 지급 등 근로조건 엄격히 시행 • 아동의 근로환경 전반을 감독할 수 있는 제도 마련 • 아동 근무환경의 폭력과 성추행 근절을 위한 조치 제공 및 문제 발생 시 책임소재 및 재활을 돕는 제도 마련 • 아동 성폭력 예방을 위한 조치 및 아동 성범죄자에 대한 형사책임 면제 없는 교화 노력 • 학대, 가정폭력, 성적 혹은 경제적 착취, 인신매매 등 범죄 피해자 및 목격자 아동이 협약이 요구되는 보호를 받을 수 있도록 유엔 사법지침 고려 • 소년전문법원 설립 • 형법위반 혐의를 받는 아동에게 충분한 법률 및 기타 지원을 법적 절차에 의해 제공할 것 • 구금시설에 있는 아동이 성인과 함께 구금되지 않고 아동을 배려하는 환경 제공할 것 • 아동의 구금은 최후의 수단으로 사용하고 보호관찰, 상담, 사회봉사, 집행유예 등 대안을 장려할 것

출처: 보건복지부(2011). 유엔 아동권리협약 제3, 4차 국가보고서 심의결과 및 유엔 아동권리위원회 권고사항 자료집.
초록우산어린이재단(2016). 아동권리옹호활동 가이드북. p. 27-28.

5. 아동권리 증진을 위한 과제

제3, 4차 국가보고서를 중심으로 우리나라 협약 이행상황을 점검하였다. 이를 바탕으로 앞으로 아동권리 증진을 위하여 중점을 두어야 할 방향을 다음과 같이 생각해 볼 수 있다(이재연 외, 2007; 김정래, 2002; 보건복지부, 2015; 초록우산어린이재단, 2016).

1) 아동권리 교육 및 홍보

아동에 대한 권리 및 인권교육은 아동들이 자존감을 형성하고, 스스로의 가치를 아는 민주시민의 인격을 갖출 수 있게 한다. 이를 위하여 아동권리에 대한 교육과 홍보는 다른 어떤 정책보다도 우선적으로 고려되어야 한다. 아동권리보장의 실현은 아동권리의 이해와 아동권리 옹호활동에서 시작되기 때문이다.

인권의식의 발달은 각종 권리문서의 발전과 맥을 같이 하므로 아동권리 교육 프로그램에는 각종 권리문서의 내용이 포함되어 인권의 속성과 실체를 확실하게 학습할 수 있도록 해야 한다. 기존의 몇몇 프로그램은 이러한 내용을 아동의 발달단계에 맞게 구성하고 있기는 하지만 좀 더 구체적인 삶의 현장에서 접할 수 있는 아동인권의 실상을 수집·분석하여 아동권리를 보장하는 방법과 아동문제를 중심으로 각 권리 주체간의 권리 상충사례에 관하여 토의하고 해결방안을 강구해 보도록 할 필요가 있다. 아동권리교육은 아동 당사자를 포함한 전 국민을 대상으로 실시되어야 하며, 다만 교육 내용과 방식, 우선순위에 있어 대상별 특수성을 고려해야 할 필요가 있다.

아동을 권리주체로 인식하고 적극적으로 권리를 표현하도록 반영하는 것은 쉽지 않은 일이지만 아동권리협약을 널리 알리고, 교육과정 내에서 권리교육을 강화하는 것이 아동권리 실현의 출발점이 될 것이다.

2) 아동권리 관련법 제정 및 개정

아동권리협약 제3조 제1항은 공공, 민간, 사회복지기관, 법원, 행정당국, 입법기관 등에 의하여 실시되는 아동에 관한 모든 활동에 있어서 아동 최상의 이익이 최우선적으로 고려되어야 함을 언급하고 있으며, 제4조는 협약을 비준한 당사국이 협약에서 인정된 권리를 실현하기 위하여 모든 적절한 입법적·행정적 및 여타의 조치를 취하여야 함을 명시하고 있다. 하지만 우리나라 아동 관련 국내법과 정책, 제도는 사안에 따라 서로 다른 법령과 부처로 분절되어 있어 다양한 정책과 서비스를 총괄하거나 조정·통합하는 기능이 부재한 상황이며, 아동을 수동적인 보호와 양육, 육성의 대상으로 여기며 법 대상자인 아동보다 서비스 공급자나 성인들에게 중점을 두고 있는 상황이다.

아동이 권리주체가 되는 인권기본법 제정을 위해서는 정부의 이행의지가 중요하며, 형식적인 인권정책이 아닌 전반적인 인권정책 내용과 이를 실현하기 위한 절차를 규정하는 것이 우선되어야 하며, 아동인권의 관련 법령 제정은 정부를 포함한 지방자치단체, 아동 관련 전문가 및 민간단체간의 긴밀한 협력체계와 적극적인 논의가 필요한 사항이다.

3) 시설 및 무국적 아동을 위한 실질적인 노력 필요

(1) 시설 아동에 관한 권리 보호 및 보장

협약 제20조에 근거하여 가정 내에서 보호받지 못하는 아동의 경우, 그 책임은 엄연히 국가에게 있다. 시설에서 생활하고 성장하고 있다는 사실이 아동에게 발달에 있어 차별적 요소로 적용되지 않도록 국가의 책무성을 강화할 수 있는 법적인 장치 마련이 필요하다. 국가의 실효성 있는 행정 계획 수립과 실질적인 수행, 그에 대한 명확한 보고 체계와 추후 반영 등에 관한 구체적인 기술이 하나의 방법이 될 수 있으며, 아동인권에 관한 시설 평가기준 마련 및 평가 실시 또한 생각해 볼 수 있다.

(2) 대한민국 국적을 취득하지 못한 아동의 권리 보호 및 보장

현재 대한민국에서는 이주아동, 난민, 불법체류자의 자녀 등 대한민국 국적을 취득하지 못한 아동들에 관한 기본적인 권리 보장과 관련하여 논의가 진행되고 있다. 이 부분에서 우리가 반드시 고려해야 할 것은 협약 〈제2조. 비차별의 원칙〉과 〈제3조. 아동 최상의 이익〉의 원칙이다. 아동과 관련된 사안에 있어서 만큼은 아동 최상의 이익을 고려하여 아동 스스로가 택하지 않은, 어쩔 수 없이 주어진 조건으로 인해 차별받지 않도록 배려하여야 하며, 최소한 그들의 생명과 발달의 권리(협약 제6조)가 보장될 수 있도록 하는 이해당사자들의 합의가 필요할 것이다. 그리고 합의를 이끌어 낼 수 있도록 협약에 기반을 둔 국가의 책무가 구체적으로 명시될 필요가 있다.

4) 아동과 관련된 정보의 보호기능 강화

아동은 분명 주체적인 존재이지만 발달적 특수성에 따라 성인의 특별한 보호를 필요로 하는 부분들이 존재하며 그 중 하나가 아동과 관련된 정보의 이용과 보호의 부분일 것이다. 하지만 '아동'의 정보이기 때문에 성인의 정보와 동일한 무게만큼 중요하고 민감하게 다루어지지 않는 경우가 있으며, 아동 보호 및 서비스 제공의 목적으로 보호되어야 할 아동 개인 정보가 보호되지 못하는 경우들 또한 발생한다.

아동은 성인과 같은 인간으로서 자신의 정보를 보호받아야 할 권리가 있으며 개인 정보 접근과 이용에 있어 아동 당사자의 의견 반영 또한 마땅히 보장받아야 한다. 정보 이용 및 보호에 관한 아동의 의사를 청취하는데 있어서 정보 이용의 목적과 필요로 하는 정보의 정도 등에 관한 상항을 전달해야 할 것이며, 그 방식에 있어서 아동의 연령과 발달적 특성, 그 외 고려해야 할 특수성을 반영해야 할 것이다.

5) 독립모니터링을 위한 옴부즈퍼슨의 다양화 및 활성화

모니터링센터의 역할은 아동권리 옹호뿐만 아니라 권리 침해사례에 대한 보호권 및 국가 아동정책에 대한 조정과 감시활동을 포함한다. 이러한 활동을 적절히 하기 위해서는 독립성이 보장되고 공적 권한이 부여된 아동권리 모니터링 기구가 운영되어야 한다.

이러한 위원회의 활동들이 활성화되고 힘을 가지기 위해서는 인권기구는 반드시 헌법이나 법률 등의 법적 근거 아래에서 설치되어야 하고, 보편적 인권기구의 실체를 가져야 한다. 이에 따라 아동권리협약 이행 법률안에 옴부즈퍼슨 설치를 규정하고, 인권기구로서의 명확한 권리 규제역할을 부여한다. 또한 인권기구의 조직 구성은 사회의 여러 이해관계를 다양하게 반영하여야 하고, 조직 구성 후에도 다양한 시민사회와 지속적인 관계를 형성하며 인권기구를 운영하여야 한다.

6) 예산 확보

유엔 아동권리위원회는 국가 및 기타 예산에서 아동을 위한 자원의 확인과 분석의 중요성을 강조하고 있다. 또한 아동에게 할당된 직·간접 국가 및 기타 예산의 비율을 확인할 것을 권고하였다. 그럼에도 우리나라 아동 예산은 여전히 OECD국가 중 하위에 머물러 있다. 아동 예산의 규모는 아동의 삶과 질과 국가의 아동에 대한 투자정도를 가늠할 수 있는 지표이다. 아동이 경제 정책이나 재정적 침체로부터 권리를 보장받기 위하여 아동 예산의 총액과 비율 확인은 매우 중요한 척도이다. 따라서 아동 예산과 관련된 조항을 명시함으로써 이를 보장하여야 한다.

7) 국제적 협력

아동권리옹호는 우리나라에서 국제사회까지 연계되어 있는 활동으로 현재 대한민국은 국내적 차원에서 더 나아가 국제적 차원에서의 아동권리 사안을 논의하는 위치에 서 있다. 국제적 맥락에서 보다 심도 깊게 논의되고 있는 폭력근절, 빈곤퇴치, 난민, 이주노동자, 아동 인신매매·성매매 등과 같은 특정 주제에 있어 점차적으로 사회적 문제로 대두되고 있는 변화의 흐름을 염두에 두고 국제기구 및 다른 국가와의 협력 체계 구축을 촉진할 수 있는 방안을 마련해야 한다.

8) 아동의 참여권 보장

아동은 자신에게 영향을 주는 사법적, 행정적 절차를 포함한 모든 과정에서 자신의 의견을 말하고 자신의 의견을 존중받을 권리가 있음을 협약 제12조에서 선언하고 있다. 아동권리협약이 권고하는 바와 같이 아동의 참여권이 갖는 중요성은 아동의 이익을 최선의 상태로 그리고 최우선으로 보장하는데 있다.

참여권은 그 자체로 행사자의 현재와 미래의 이익을 도모해 주는 권리다. 그러나 참여의 원칙이 실현되기 위해서 아동은 적절한 방법으로 의견을 표현할 수 있는 준비가 필요하며, 그 이전에 성인은 들을 준비가 필요하다. 아동의 주체성과 독립성이 보장되기 위해서는 누군가는 아동의 목소리를 대변해야 하며, 누군가는 아동들이 직접 참여하여 변화를 도모할 수 있도록 해야 한다. 이를 위해 우리는 아동 의견을 존중하고, 참여를 극대화할 수 있는 환경조성을 지원해야 한다. 그러한 환경에서 아동은 민주적인 삶의 방식을 체험하게 되고 체험의 과정 속에서 자신의 권리뿐 아니라 타인의 권리를 찾고 존중하는 방법을 배우게 될 것이다.

6. 아동권리 교육 프로그램

인권 및 권리교육은 모든 사람을 위한 교육으로 국내에서 이행되어야 한다는 유엔의 권고가 주축이 되어 시작되었다. 국제사회는 인권교육에 대한 구체적인 계획과 가이드라인을 제공하기 위하여 세계 인권교육 프로그램 행동계획 제1기(2005-2007)를 제시하여 초·중등학교과정에 인권의 원칙들이 포함될 것을 권고하여 권리교육의 적극적인 시행을 도왔고, 인권의 가치를 확산하는 인권 친화적 교육환경을 만들기 위하여 제2차 세계인권교육 프로그램(2010-2015)이 시행되면서 고등교육체계에서의 인권교육 및 교사, 공무원, 법집행관, 군인 등에 대한 인권교육 훈련을 촉구하기 시작하였다.

아동의 인식과 태도는 교육을 통해 변화할 수 있기 때문에 학교 교육과정 내에 인권교육을 강화하고, 지속적인 교육을 통하여 아동의 권리를 스스로 지키기 위한 힘을 길러 줄 필요가 있다.

1) 아동권리를 위한 인권교육의 필요성

"사람들이 자신의 인권을 알고 이를 행사할 수 있을 때 인권은 비로소 권리일 수 있다"(Hugh Starkey, 1991)고 한 말처럼 인권을 배워서 아는 것 자체가 권리이며, 인권교육은 아동이 자신의 권리를 지키는데 절대적이다.

아동권리 교육은 아동들이 자신의 권리와 더불어 타인의 권리를 존중하기 위한 교육이며 또한 무엇이 옳은지를 판단할 수 있는 힘을 키워 주고 자신의 정체성에 대해 알 수 있도록 하며 이를 통해 사회적 존재로서의 책임을 깨달을 수 있도록 도와주는 교육이다.

유엔 아동인권협약에서 제시한 아동권리의 원칙을 고려하면서 아동을 위한 학교 인권교육의 필요성을 제시하면 다음과 같다(이재연 외, 2007; 구정화, 2017).

첫째, 아동권리교육은 아동권리협약과 세계인권선언의 권고이다. 세계인권선언의 전문에 모든 개인과 사회구성원은 교육을 통해 인권과 자유에 대한 존중을 증진시키도록 요구하고 있으며, 제26조에서는 교육의 권리를 주장하면서 교육의 목적은 바로 인권과 기본적인 자유에 대한 존중을 강화하는 것이라고 밝히고 있다. 이런 의미에서 학교에서의 인권교육은 선택이 아니라 당연히 이루어져야 할 인권 교육의 기본적인 과정이다.

둘째, 아동기는 권리에 대한 이해가 시작되는 권리교육의 결정적 시기다. 많은 연구자들(Branson & Torney-Purta, 1982; Tonney & Brice, 1982)은 초등학교 수준인 아동 중기가 일상적인 생활문제와 구체적인 인권문제에 대하여 관심을 가질 뿐만 아니라 인간의 권리를 배움으로써 타인을 고려할 수 있는 시기라고 했고, 추상적인 개념인 인권이나 권리의 정의는 정확이 이해하기 어렵지만 인권 자체에 대한 기본적인 인지는 가능하다고 했다.

셋째, 아동의 삶에 권리문제가 내재되어 있다. 일반적으로 아동은 사회적으로 보호받는 존재라고 생각하고 그들의 결정권을 부모에게 위임하는 것이 사회의 일반적인 관행이나 아동은 자신이 가진 권리가 무엇인지 알아야 하고 자신의 삶 중 어떤 점에서 권리 침해를 경험하고 있으며, 또 자신은 타인의 권리를 침해하는 것은 아닌지에 대하여 생각할 수 있는 교육이 필요하다.

넷째, 권리문제는 학교에서 가르치는 다른 내용과 연관되어 있다. 특히 정규교과교육과정에서 행하는 권리교육은 유아시기부터 인권에 대한 지식과 관점을 배움으로 인해 자신의 권리에 대한 인식을 높일 뿐만 아니라 자신이 속한 공동체, 국가,

그리고 상호의존적인 세계에서 견문을 넓히고 활동적인 시민이 되도록 돕는다.

다섯째, 권리교육은 아동에게 비폭력적으로 갈등을 해결하는 기술을 습득하고 사회적 타자에 대한 권리를 존중하는 기회를 갖도록 도와준다. 영국이나 프랑스의 학교에서 인권 및 권리를 강조하는 교육 프로그램을 실시한 연구(Osler and Starkey, 1998; Hudson, 2005)를 보면 권리에 대한 수업을 하게 되면서 학생들은 교사를 포함한 다른 사람의 권리를 이해하게 되었고, 자신의 책임감도 알게 되어 교사와의 관계가 더 개선되었고 학교에서의 갈등에 대한 대응방식도 비폭력적으로 변하였다고 보고한다. 이런 측면에서 인권교육은 아동에게 자신과 타인의 권리를 더욱 잘 이해하게 하고 타인과의 사회적 관계를 긍정적으로 보도록 하는데 도움을 준다.

2) 아동권리 교육 프로그램의 실제

아동권리 교육 프로그램은 아동권리협약 이후 다양하게 개발되고 보급되어, 수업활동에 활용되고 있다. 여기에서는 실제 현장에서 아동권리를 주제로 활용할 수 있는 프로그램을 소개하려고 한다. 이 자료는 국가인권위원회에서 초등학교 아동 인권교육을 위해 개발한 프로그램(2005)과 유아교사를 위한 인권교육 프로그램개발연구보고서(2011)를 참고로 작성한 것이다.

(1) 초등학교 인권교육 프로그램

본 인권교육 프로그램은 아동권리 중심적 프로그래밍(CRP: Child Rights Programing)을 기초로 구성되었다. 아동권리 중심적 프로그래밍이란 아동권리 중심적 접근의 핵심요소로 아동권리협약의 기본개념과 인권협약을 근거로 한 이론이며, 국제 세이브더칠드런연맹(International Save the Children Alliance)에서 개발하여 보급하고 있는 프로그램이다.

표 3-5 초등학교 인권교육 프로그램 구성의 근거

구분	내용	
	저학년(1~3학년)	고학년(4~6학년)
목표	자기존중, 부모와 교사존중, 타인존중	자기존중, 부모와 교사존중, 타인존중 사회적 책임, 시민권, 욕구 · 필요 · 권리의 구분
핵심 개념 가치	규칙, 질서, 존중, 공정, 다양성, 협동, 개인적 책임, 공동체, 의무	규칙, 질서, 존중, 공정, 다양성, 협동, 개인적 책임, 공동체, 의무 개인 · 집단의 권리, 법, 시민성, 공동체 원리, 헌장, 헌법, 자유 · 평등 · 정의, 선언, 사회적 책임행위
행위 목표	공평, 자기표현, 경청, 협동/공유, 소집단 작업, 개별작업, 원인/결과, 이해, 공감, 민주주의, 갈등해소	공평, 자기표현, 경청, 협동/공유, 소집단 작업, 개별작업, 원인/결과, 이해, 공감, 민주주의, 갈등해소 다양성의 존중, 공평, 사실과 의견의 구분, 학교 혹은 공동체 내에서의 봉사, 시민적 참여
세부 목표	가정 · 학교 생활에서의 자기역할 인식, 타인에게 피해 주지 않기, 타인 의견 듣기, 차별하지 않기, 약자와의 공존, 성차별 · 인종차별 문제인식, 공평하게 규칙 정하기	가정 · 학교 생활에서의 자기역할 인식, 타인에게 피해 주지 않기, 타인 의견 듣기, 차별하지 않기, 약자와의 공존, 성차별 · 인종차별 문제인식, 공평하게 규칙 정하기 아동 자신의 권리와 의무, 책임인식, 인간존엄의 정신알기, 개인과 타인의 권리알기, 자신의 인권보호 필요성 인식, 인권침해 발생 시 해결방안 모색, 인권침해의 원인과 고정관념알기, 차이점 존중하기, 자기와 타인의 인권보호하기
인권 표준 · 법제도	교실에서의 규칙, 세계인권선언, 경제적 · 사회적 · 문화적 권리 규약(ICESCR), 아동권리협약, 헌법	교실에서의 규칙, 세계인권선언, 시민적 · 정치적 권리교약(ICCPR), 아동권리협약, 헌법 인권의 역사, 공동체 기준, 세계인권선언, 아동권리협약, 지역 · 국가수준에서의 법체계, 인권의 관점에서 본 지역적 · 국가적 역사, 유네스코, 유니세프, 비정부조직(NGO)들
쟁점 문제	인종차별, 성차별, 불공평, 타인에 대한 상해(신체, 정서)	인종차별, 성차별, 불공평, 타인에 대한 상해(신체, 정서) 차별/편견, 빈곤/기아, 부정의, 자민족 중심주의, 자기중심주의, 수동성

출처: 국가인권위원회(2005). 초등학교 인권교육 프로그램. 누구나 행복할 권리가 있어요. p. 11.

그림으로 배우는 권리, 우리의 권리

- **학습목표:** 자신의 권리를 그림에서 찾아 분류해 봄으로써 기본권에 대해 이해한다.
- **대상:** 초등학교 저학년용
- **준비물:** 활동지, 가위, 풀
- **관련 인권조항:** 아동권리의 모든 조항
- **주안점:** 아동들이 자신들의 권리와 아동인권의 역사를 배우고 자신이 권리의 주체임을 알게 한다.

과정	활동내용	시간	자료 및 유의점
도입	▸ **동기유발** T 우리는 살아가면서 참 다양한 경험을 하지요? T 어떤 경험이 여러분의 기억에 가장 남아 있나요? T 여기 그림카드를 보고 이야기해 보세요.	5분	4명 정도가 한 모둠을 만들어 자리에 앉도록 한다(교실 환경에 맞추어 모둠의 인원을 조절한다).
전개	▸ **권리 그림카드 보고 이야기하기** T 그림카드를 나누어 주고 각자 오리도록 한다. T 그림카드를 보고 모둠에서 한 가지 이야기를 정하도록 돕는다. T 아동들이 특정 상황을 역할극으로 만들어 보도록 한다. 역할극에서 어떤 권리를 말할 것인지 먼저 이야기하게 한다. ▸ **특정 상황에서 권리 찾기** T 역할극을 모둠별로 시연하도록 한다. T 역할극에서 말하고자 하는 상황이 무엇인지 이야기를 듣는다.	25분	활동지 아이들이 자유롭게 자신의 생각을 발표할 수 있도록 자연스러운 분위기를 유도한다.
정리	T 배우고 느낀 권리를 이야기해 본다.	10분	

선생님 이렇게 해 주세요!!

1. 자신과 친구, 선생님 등 개개인 모두가 권리의 주체인 동시에 책임의 주체임을 알고 서고 존중할 수 있도록 해 주세요.
2. 나의 권리를 지키기 위해 타인의 권리를 침해해서는 안 된다는 것도 깨닫게 해 주세요.

3. 1학년의 경우 원활한 수업 진행을 위하여 활동지를 미리 오려서 준비해 주세요.

활동지: 권리 그림카드

출처: 국가인권위원회(2005). 초등학교 인권교육 프로그램. 누구나 행복할 권리가 있어요. p. 21, 52.

(2) 유아 인권교육 프로그램

권리는 무엇일까요?

- **활동목표:** 권리에 대해 흥미와 관심을 가진다.
- **활동형태:** 대 · 소집단
- **활동영역:** 이야기 나누기
- **활동자료:** 권리친구 팡팡이 손인형, 동글이 자석인형
- **활동방법**

1. 동화 속 주인공인 동글이를 소개한다.
   - 나를 어떻게 부르기로 했나요?
   - (조심스럽게) 동글이를 잘 지켜 주고 보호해 주고 사랑해 주면 어떻게 될까요?

2. 권리친구 팡팡이를 소개한다.
- 권리에 대해 이야기를 해 주려고 찾아온 친구가 또 있대요. 우리 권리친구 한번 불러볼까요?

> 권리에 대해 알아본다고요?
>
> 반가워요. 나는 권리친구 팡팡이라고 해요.
>
> 내가 우리 친구들에게 권리가 무엇인지 말해 줄게요. 권리는 우리 모두가 가지고 있는 거예요. 그리고 아이들이 잘 자라는데 꼭 필요한 거죠.
>
> 아이들의 권리를 잘 지켜 주자고 어른들이 약속했어요. 그것이 바로 유엔 아동권리협약이에요. 유엔 아동권리협약에 약속된 우리 친구들의 권리가 무엇인지 내가 앞으로 하나씩 잘 알려 줄게요.
>
> 나는 항상 권리나무에 있을 거예요. 내가 필요할 땐 언제든지 나를 힘차게 불러 주세요. 이렇게요.
>
> 권리친구 나와라, 팡팡!!!

3. 권리에 대해 이야기를 나눈다.
- ▸ 권리에 대해 이야기를 나눈다.
  - 권리를 들어 본 적이 있나요?
  - 동글이와 팡팡이가 권리를 무엇이라고 했나요?
  - 권리는 우리를 잘 자라게 하는데 꼭 필요한 것을 말해요.
  - 권리는 누구도 빠짐없이 우리 모두가 가지고 있어요.
- ▸ 유엔 아동권리협약을 소개한다.
  - 유엔 아동권리협약은 아동의 권리를 지켜 주기 위해 어른들이 약속해 놓은 것이에요.
  - 전 세계의 196개 나라가 유엔 아동권리협약을 약속하고 있어요 우리나라 역시 여러분들의 권리를 지키기 위해 약속했어요.
- ▸ 왜 권리를 배워야 하는지 이야기 나눈다.
  - 권리는 우리들이 소중한 사람이라는 것을 말해 주어요. 그래서 우리 스스로가 잘 알고 있어야 해요.

출처: 이양희 외(2016). 알쏭 달쏭 권리 알 권리. 국가인권위원회. p. 16–17. 유아림.

(3) 유아교사를 위한 인권교육 프로그램

아동인권(wants & needs)

• **활동목표**

1. 아동인권이 무엇인지 언어로 정의 내리기 전에 활동을 통해 배워 본다.
2. 원하는 것(wants)과 필요한 것(needs)의 차이를 알고 이를 아동인권과 관련하여 설명할 수 있다

• **준비물**

- wants & needs 카드 묶음 : 그룹(5-6명)당 카드 1세트
- A4 용지(그룹수대로), 필기도구

• **진행방법**

- 소그룹(5-6명)으로 모둠을 만든다
- 각 그룹에게 20장 카드세트를 한 묶음씩 나누어 준다.
- 진행자는 참가자들에게 지시사항을 알려주며 지시에 따라 카드게임을 하도록 진행한다.

〈카드 지시사항〉

1. 책상 위에 20장의 카드를 펼쳐 놓고 아동에게 필요한 것과 아동이 원하는 것들이 무엇인지 살펴보자.
2. 20장의 카드 이외에 아동이 더 원하는 것 또는 아동에게 더 필요하다고 생각되는 것 4가지(주어진 카드에 없는 것)를 그림카드와 같은 크기의 빈 종이에 그려 보자. 이제 20개의 카드는 24개의 카드로 늘어난다.
3. 현재 아동은 만들어진 카드 24가지 모두 누릴 수 있는 상황이다. 하지만 갑자기 홍수와 지진이 발생(자연재해)하여 8가지를 포기해야만 한다. 참가자들은 가지고 있는 24개의 카드 중 8가지를 버린다. 이제 카드는 24개에서 16개로 줄었다.
4. 자연재해에 이어 전쟁(인재)이 발생하여 아동은 또 다른 어려움에 처하게 되었다. 그래서 남아있는 16개의 카드 중 8가지를 포기해야 한다. 재해가 겹친 상황에서 아동에게 반드시 필요한 것은 무엇일까? 최후의 순간까지 아동에게 반드시 필요한 8개의 카드를 골라 보자. 이제 카드는 16개에서 8개로 줄었다.
5. 아동에게 없어서는 안 될 8가지의 것들이 마지막에 남게 된다.

- 각 그룹은 마지막까지 남긴 8개의 그림카드를 게시판에 붙인다.
- 참가자들은 그룹별로 붙인 8개의 카드를 다른 그룹의 것과 비교하고 검토하여 본다
- 진행자는 아래와 같은 질문을 통해 참가자들의 토론을 촉진하고 이를 비교하고 검토해 보는 것으로 활동을 마무리한다.

• **질문**

1. 우리 사회의 모든 아이들이 이러한 권리를 누릴 수 있는가?
2. 모든 아이들이 인권이 존중받기 위해서는 무엇을 할 수 있고 무엇이 필요할까요?

• **TIP**

- 진행자는 각 참가자가 원하는 것(wants)과 필요하다고 여기는 것(needs)에 차이가 있을 수 있음을 알려 준다.
- 필요한 것에는 유엔 아동권리협약에 의하여 권리를 보호받는 것이다. 반면 원하는 것으로 분류된 일부 항목들은 특정 상황이나 권리로 요구될 수 있다. 예) TV나 컴퓨터에 대한 접근권은 정보수집이나 공유의 중요한 원천이 될 수 있다.
- 진행자는 아동의 권리란 무엇인지, 어떻게 아동의 권리가 보호, 존중, 충족되어야 하는지를 명확히 설명할 수 있어야 한다.

NEED	WANT
▸ 깨끗한 공기(제24조)	▸ 자전거
▸ 깨끗한 물(제24조)	▸ 멋지고 좋은 옷
▸ 가족과 편안한 집(제27조)	▸ 여행과 휴가
▸ 교육(제28조, 제29조)	▸ 원하는 만큼의 돈
▸ 생각을 말하고 들어줄 기회(제12조)	▸ 컴퓨터
▸ 아플 때 치료받을 수 있는 곳(제24조)	▸ 핸드폰
▸ 영양가 있는 음식(제24조)	▸ 패스트푸드
▸ 놀이(제31조)	
▸ 종교, 문화, 언어(제30조)	
▸ 학대와 방임으로부터의 보호(제19조)	
▸ 차별로부터의 보호(제2조)	

출처: 국가인권위원회(2011). 유아교사를 위한 인권교육 프로그램 개발연구 보고서. p. 152–154.

생각해 볼 문제

1. 유엔 아동권리조항(표 3-4) 중 가장 중요하다고 생각하는 조항을 선정해 보고, 그 이유와 학교현장에서 지켜져야 할 상항에 관하여 생각해 보시오.
2. 우리 주변에서 아동 인권침해 사례를 찾아보고 원인이 무엇인지, 책임은 누구에게 있는지, 해결방안은 무엇인지, 특히 우리가 지금 당장 실천할 수 있는 일은 무엇인지 생각해 보시오.
3. 유아교육기관이나 복지시설에서 교사의 말을 거부하고 듣지 않는 아동 또는 거칠고 폭력적인 문제행동이 있는 아동을 어떻게 지도할 것인지 생각해 보시오.

제4장

아동복지 대상과 서비스

아동복지의 대상은 18세 미만의 모든 아동과 부모 및 가족이 포함된다. 아동복지의 대상 분류방법을 보편주의와 선별주의 원칙에 의거하여 구분하면 보호를 필요로 하는 요보호아동과 일반아동으로 구분될 수 있다.

본 장에서는 아동복지 대상을 요보호아동과 일반아동을 구분해 보고, 이들에게 제공되는 서비스의 기능 수행에 따라 아동복지 서비스를 구분하여 살펴보고자 한다. 이에 카두신(Kadushin)의 분류방법인 지지적 서비스, 보충적 서비스, 대리적 서비스에 대해서 살펴보고, 아동복지 서비스를 실천할 때 기준이 되는 기본원칙에 대해서 살펴보고자 한다.

1. 아동복지 대상

아동복지의 대상은 아동복지법에 근거하여 '18세 미만의 아동'은 모두 아동복지의 대상자가 된다. 즉 18세 미만의 모든 아동과 그 부모 및 가정이 아동복지의 대상이라 할 수 있다. 부모 및 가족이 아동복지의 대상에 포함되는 것은 발달특성상 아동의 건강한 발육과 성장을 위해서는 보호·양육의 역할을 담당하는 보호자가 필요하기 때문에 부모 및 가정이 아동복지 대상에 포함되는 것이다. 따라서 아동복지 서비스는 아동뿐만 아니라 부모 및 가족까지 포함하여 아동중심적인 동시에 가족친화적인 서비스로 제공되어야 한다.

아동복지 대상의 구분방법으로는 아동의 연령이나 문제에 따라 구분할 수 있고, 사회복지 서비스 또는 급여의 할당원칙에 의해 보편주의와 선별주의에 의거하여 구분될 수 있다. 기본권으로서 모든 사람이 사회복지급여를 받을 수 있다는 보편주의에 입각할 경우 아동복지의 대상은 모든 아동과 그 부모 및 가정이라 할 수 있다. 모든 아동에 대해 동일한 수준에서 할당이 이루어짐을 의미하며, 낙인의 문제를 최소화하고 사회적 통합을 극대화할 수 있다는 장점을 가지고 있다. 선별주의에 따르면 자신의 욕구를 스스로 충족시키는 것이 불가능한 한계집단에게 집중적으로 급여가 제공되는 것으로 아동복지 대상은 요보호아동과 그 가족이 된다. 본 장에서는 보편주의와 선별주의에 입각하여 아동복지 대상을 요보호아동과 일반아동으로 구분하여 살펴보고자 한다.

1) 요보호아동

아동복지법 제3조 4항에 의하면 '보호대상 아동'은 보호자가 없거나 보호자로부터 이탈된 아동, 또는 보호자가 아동을 학대하는 경우 등 보호자가 아동을 양육하기에 부적당하거나 양육할 능력이 없는 경우의 아동으로 규정하고 있다. 아동복지서비스는 아동의 욕구와 문제를 해결하기 위한 서비스로 아동의 욕구를 충족시키거나 문제를 해결할 가정이 부재한 경우, 개별 가정의 능력으로 해결할 수 없는 경우가 발생하게 되는 상황에 처한 아동을 요보호아동으로 정의할 수 있다.

장인협과 오정수(2001)의 요보호아동 분류를 살펴보면, 다음과 같다.

첫째, 양육환경상의 보호가 필요한 아동 — 가족의 구조와 기능이 결손되어 건강한 양육환경에서 성장하기 힘든 아동들로 구체적으로 빈곤가정아동, 결손가정아동, 부모부재아동 등이 포함된다.

둘째, 신체적 · 정신적 · 정서적으로 문제나 장애를 지닌 아동 — 자신들이 가진 독특한 심신상의 결함으로 정상적인 사회참여에 제한을 받고 있고, 독립적인 인격체로서의 존엄성을 침해당하고 있다. 장애아동을 장애인복지법에 의하면 신체장애아동, 정신장애아동으로 분류되며, 신체장애아동은 외부 신체기능의 장애, 내부기관의 장애, 정신적 장애아동은 정신지체, 정신장애, 발달장애아동으로 구분될 수 있다.

셋째, 사회적 · 법적 보호가 필요한 아동 — 가출아동, 비행아동 등이 포함된다.

넷째, 특별보호를 요하는 아동 — 학대 및 유기된 아동, 미혼모의 아동 등이 포함된다.

이상에서처럼 아동의 욕구를 충족하기 어려운 가정환경상의 문제를 지닌 빈곤가정의 아동, 결손 및 부모부재 가정의 아동, 부부갈등이나 학대와 같은 병리적인 문제를 가지고 있는 가정 등의 아동이 요보호아동의 범주에 포함될 수 있다. 또한 선천적이든 후천적이든 신체적, 정신적 능력의 결여 때문에 스스로 생활하는데 불편함을 경험하는 아동도 요보호아동이며, 미혼모, 가출아동이나 비행아동과 같이 사회적으로 보호를 필요로 하는 아동도 요보호아동의 범위에 포함된다. 다양한 원인에 의하여 보호를 필요로 하는 요보호 대상 아동과 요보호아동을 포함한 가정까지가 좁은 의미의 아동복지 서비스 대상이 된다고 할 수 있다.

2) 일반아동

일반아동이란 아동복지법상의 18세 미만인 사람으로 아동이 속한 가정에서 제공되는 보호 이외의 다른 특별한 보호를 받지 않고 생활할 수 있는 아동들을 의미한다. 일반아동은 현재 심각한 문제가 없다는 개념이 앞으로도 문제를 경험할 가능성이 전혀 없다는 의미는 아니다. 따라서 요보호아동이 경험하는 문제의 예방적 차원에서 아동복지 서비스의 필요성은 일반아동에게서도 충분히 찾을 수 있다. 일반아동은 단지 현재 뚜렷한 문제를 지니지 않고 있다는 것이지 그들의 기본적인 욕구와 더 나은 상태를 위한 욕구가 충족되어 있다고 할 수 없다. 아동의 기본적인 욕구를 충족시키고, 아동의 건강한 발달과 성장을 위해 모든 가족에게 다양한 아동복지 서비스가 제공되어야 하며, 넓은 의미로 볼 때 아동복지 서비스의 대상자는 바로 일반아동과 이들의 가족까지 포함할 수 있다.

2. 아동복지 서비스

아동복지에 있어서 가장 중요한 것은 아동의 욕구가 무엇인지 파악하여 욕구를 충족시킬 수 있는 적절한 아동복지 서비스를 제공하는 것이라 할 수 있다. 아동과 아동을 포함한 가정의 욕구를 충족시키기 위한 아동복지 서비스는 대상이나 장소,

기능에 따라 다양하게 분류할 수 있으며, 대상에 의한 분류는 요보호아동을 위한 서비스, 일반아동을 위한 서비스로 분류될 수 있다. 아동복지 서비스 제공 장소에 의한 분류는 아동이 가정 내에 머물면서 필요한 서비스를 제공받는 가정 내 서비스와 가정을 떠나 다른 가정이나 시설에 머물면서 서비스를 제공받는 가정 외 서비스로 분류될 수 있다. 아동복지 서비스의 기능에 의한 분류는 아동복지 서비스가 가정의 역할 수행에 어떤 기능을 하는가에 따라 3가지로 분류될 수 있다.

이처럼 아동복지 서비스는 매우 다양하게 분류될 수 있으나 여기서는 아동복지 서비스의 기능에 따른 카두신(Kadushin)의 3S모델 분류를 중심으로 살펴보고자 한다. 카두신은 아동복지 서비스 기능을 중심으로 하여 지지적 서비스, 보충적 서비스, 대리적 서비스로 분류하였으며, 이는 아동양육의 일차적인 책임은 부모와 가정에 있음을 전제로 하고 있다. 아동을 양육하는데 부모가 역할을 할 수 있도록 국가와 아동복지 관련기관 및 전문가들이 지지하고, 이를 수행하지 못할 경우 아동양육을 보충, 대리한다고 하였다.

1) 지지적 서비스

지지적 서비스(supportive service)는 부모와 아동의 능력을 지지하고 강화하는 서비스로 부모가 아동 양육에 대한 정보와 기술이 부족한 경우, 부모-자녀관계나 가족관계가 원만하지 못한 경우 부모의 양육기능을 지지, 강화해 주는 서비스이다. 지지적 서비스는 장소를 옮기지 않고 자기 집에 살고 있는 아동과 부모에게 제공되며, 가장 예방적 차원이 강한 서비스라 할 수 있다. 지지적 서비스는 가정이 스트레스 상황에서 아동의 기본적 욕구를 충족시킬 수 없는 위험에 처했을 경우 긴장을 완화시키고, 가족 기능을 회복 · 유지 · 강화시켜 준다(Kadushin, 1988).

지지적 서비스는 예방적 차원이 강하며, 아동복지 서비스의 제1차 방어선으로 부모와 아동이 자율성을 강조하면서 그들의 능력을 지지해 주고 강화시켜 주는 서비스로, 아동복지 관련기관이나 전문가는 부모나 아동이 역할기능을 제대로 수행될 수 있도록 원조하는 역할을 해 준다.

지지적 서비스에는 아동상담소, 가정상담소, 지역사회복지관에서 제공하는 상담 서비스, 부모교육, 아동학대 · 방임을 위한 보호와 예방서비스, 미혼부모를 위한 서비스 등이 있다.

2) 보충적 서비스

보충적 서비스(supplementary service)는 부모의 보호나 양육이 부적절한 경우, 부모가 여러 가지 상황에 의해 아동을 양육하는데 기능을 제대로 수행하기 어려운 경우, 부모의 양육역할을 대신하거나 도와주는 역할을 하는 서비스이다. 부모의 사망, 유기, 이혼, 별거 등으로 인해 부모의 역할이 영구적으로 수행되기 어려울 때, 혹은 교도소 수감, 질병, 직업상의 이유 등으로 인해 일시적으로 부모의 역할수행이 힘들 때 제공될 수 있다(공계순 외, 2003).

보충적 서비스에는 경제적 지원을 위한 사회보험이나 공공부조 등의 소득보완사업, 장애아동이나 비행아동을 위한 복지 서비스, 보육 서비스 등이 있다.

3) 대리적 서비스

대리적 서비스(substitute service)는 아동이 원가정에서 부모와 함께 생활할 수 없을 상황이 발생하거나 부모가 양육역할을 전부 상실했을 경우 부모가 아닌 제3자가 부모의 역할을 대신해 주는 서비스이다. 대리적 서비스는 부모가 양육의 책임을 일시적 또는 영구적으로 포기하고, 아동은 자신의 원가정에서 분리되어 다른 가정이나 시설에서 양육되는 형태이다. 대리적 서비스는 가정위탁 서비스, 입양서비스, 시설보호 서비스 등이 포함되며, 가정위탁 서비스는 타가정에서 일정기간 동안 양육을 제공하는 서비스이다. 입양서비스는 아동양육에 대한 친부모의 권리와 의무가 모두 소멸되고, 타인에게 양육의 권리와 의무가 이양되는 서비스이다. 시설보호 서비스는 제3차 방어선인 시설에서 집단적 양육 서비스를 아동에게 제공하며, 소규모 양육시설인 공동생활가정에서 대규모 양육시설에 이르는 다양한 형태를 가지고 있다.

지지적 서비스	보충적 서비스	대리적 서비스
아동의 욕구를 충족시키기 위한 부모의 능력을 지지, 강화	부적절하거나 제한된 부모의 보호를 보상하거나 아동이 받아야 할 보호를 보충	아동의 개별적 욕구에 따라 부모의 보호를 부분 또는 전체를 대신함
⬇	⬇	⬇
· 아동상담소, 가족상담소, 지역사회복지관에서 제공하는 상담 서비스 · 부모교육 서비스 · 학대, 방임아동을 위한 서비스 · 미혼부모, 한부모를 위한 서비스	· 소득보완사업(공공부조) · 아동수당 · 보육서비스 · 가정봉사원 파견 서비스	· 가정위탁 서비스 · 입양 서비스 · 시설보호 : 그룹홈, 쉼터, 긴급피난처, 아동양육시설, 아동치료보호시설

출처 : Kadushin & Martin(1988) 재구성.

[그림 4-1] 카두신의 아동복지 서비스 유형 분류

3. 아동복지시설

아동복지 서비스 실천은 아동복지와 관련된 전문적인 지식과 현장경험을 바탕으로 한 전문가로부터 제공되어야 한다. 아동복지법(개정 2017년 9월 19일)에서 규정하고 있는 전문가에 의해 서비스가 제공되는 아동복지시설의 종류는 다음과 같다.

표 4-1 아동복지시설의 종류

종류	사업내용
아동양육시설	보호대상 아동을 입소시켜 보호, 양육 및 취업훈련, 자립지원 서비스 등을 제공하는 것을 목적으로 하는 시설
아동일시보호시설	보호대상 아동을 일시 보호하고 아동에 대한 향후의 양육대책수립 및 보호조치를 행하는 것을 목적으로 하는 시설

아동보호치료시설	아동에게 보호 및 치료 서비스를 제공하는 다음 각 목의 시설 가. 불량행위를 하거나 불량행위를 할 우려가 있는 아동으로서 보호자가 없거나 친권자나 후견인이 입소를 신청한 아동 또는 가정법원, 지방법원소년부지원에서 보호위탁된 19세 미만인 사람을 입소시켜 치료와 선도를 통하여 건전한 사회인으로 육성하는 것을 목적으로 하는 시설 나. 정서적 · 행동적 장애로 인하여 어려움을 겪고 있는 아동 또는 학대로 인하여 부모로부터 일시 격리되어 치료받을 필요가 있는 아동을 보호 · 치료하는 시설
공동생활가정	보호대상 아동에게 가정과 같은 주거여건과 보호, 양육, 자립지원 서비스를 제공하는 것을 목적으로 하는 시설
자립지원시설	아동복지시설에서 퇴소한 사람에게 취업준비 기간 또는 취업 후 일정 기간 동안 보호함으로써 자립을 지원하는 것을 목적으로 하는 시설
아동상담소	아동과 그 가족의 문제에 관한 상담, 치료, 예방 및 연구 등을 목적으로 하는 시설
아동전용시설	어린이공원, 어린이놀이터, 아동회관, 체육 · 연극 · 영화 · 과학실험전시 시설, 아동휴게숙박시설, 야영장 등 아동에게 건전한 놀이 · 오락, 그 밖의 각종 편의를 제공하여 심신의 건강유지와 복지증진에 필요한 서비스를 제공하는 것을 목적으로 하는 시설
지역아동센터	지역사회 아동의 보호 · 교육, 건전한 놀이와 오락의 제공, 보호자와 지역사회의 연계 등 아동의 건전육성을 위하여 종합적인 아동복지 서비스를 제공하는 시설
아동보호전문기관	– 국가는 아동학대예방사업을 활성화하고 지역 간 연계체계를 구축하기 위하여 중앙아동보호전문기관을 둔다. – 지방자치단체는 학대받은 아동의 발견, 보호, 치료에 대한 신속처리 및 아동학대예방을 담당하는 지역아동보호전문기관을 시 · 도 및 시 · 군 · 구에 1개소 이상 두어야 한다. 다만, 시 · 도지사는 관할 구역의 아동 수 및 지리적 요건을 고려하여 조례로 정하는 바에 따라 둘 이상의 시 · 군 · 구를 통합하여 하나의 지역아동보호전문기관을 설치 · 운영할 수 있다.
가정위탁지원센터	– 국가는 가정위탁사업을 활성화하고 지역 간 연계체계를 구축하기 위하여 중앙가정위탁지원센터를 둔다. – 지방자치단체는 보호대상 아동에 대한 가정위탁사업을 활성화하기 위하여 시 · 도 및 시 · 군 · 구에 지역가정위탁지원센터를 둔다. 다만, 시 · 도지사는 조례로 정하는 바에 따라 둘 이상의 시 · 군 · 구를 통합하여 하나의 지역가정위탁지원센터를 설치 · 운영할 수 있다.

아동복지법 제52조에서는 아동복지시설은 각 시설 고유의 목적 사업을 해치지 아니하고 각 시설별 설치기준 및 운영기준을 충족하는 경우 다음 각 호의 사업을

추가로 실시할 수 있도록 하고 있으며, 그 내용은 다음과 같다.

1) 아동가정지원사업

지역사회 아동의 건전한 발달을 위하여 아동, 가정, 지역주민에게 상담, 조언 및 정보를 제공하여 주는 사업이다.

2) 아동주간보호사업

부득이한 사유로 가정에서 낮 동안 보호를 받을 수 없는 아동을 대상으로 개별적인 보호와 교육을 통하여 아동의 건전한 성장을 도모하는 사업이다.

3) 아동전문상담사업

학교부적응아동 등을 대상으로 올바른 인격형성을 위한 상담, 치료 및 학교폭력 예방을 실시하는 사업이다.

4) 학대아동보호사업

학대아동의 발견, 보호, 치료 및 아동학대의 예방 등을 전문적으로 실시하는 사업이다.

5) 공동생활가정사업

보호대상 아동에게 가정과 같은 주거여건과 보호를 제공하는 것을 목적으로 하는 사업이다.

6) 방과 후 아동지도사업

저소득층 아동을 대상으로 방과 후 개별적인 보호와 교육을 통하여 건전한 인격

형성을 목적으로 하는 사업이다.

이 외에 아동복지법 제53조에서는 아동전용시설의 설치 기준을 마련하여 '국가와 지방자치단체는 아동이 항상 이용할 수 있는 아동전용시설을 설치하도록 노력하여야 한다'라고 명시하고 있다.

또 동법 제53조의 2항(학대피해아동쉼터의 지정)에서는 시장·군수·구청장은 동법 제52조 제1항 제4호에 따른 공동생활가정 중에서 피해아동에 대한 보호, 치료, 양육 서비스 등을 제공하는 학대피해아동쉼터를 지정할 수 있도록 하고 있다.

4. 아동복지 서비스 원칙

아동복지 서비스를 실천하는 경우 적용되는 기본적인 원칙이 있으며, 각각의 원칙은 독자성을 가지고 있다. 그러나 아동복지 서비스 원칙은 독자성을 지니고 있으면서 서로 유기적 관련을 가지고 적용되어야 더 나은 효과를 기대할 수 있으며, 어떠한 원칙이라도 기본적으로는 아동이 지닌 개인차를 고려해서 조기에 실시되어야 한다. 아동을 위한 복지 서비스는 삼자관계(아동, 부모, 사회)의 조화 속에서 가능하게 된다. 또한 이들 삼자는 각각의 권리와 의무를 지니게 되며 만일 권리와 역할 간에 갈등이 생기게 되면 아동의 복지 서비스는 잘 이루어지지 않게 될 수 있다.

아동복지 서비스 원칙을 권리와 책임의 원칙, 보편성과 선별성의 원칙, 개발적 기능의 원칙, 통합성의 원칙, 전문성의 원칙을 중심으로 살펴보면 다음과 같다(장인협·오정수, 2001).

1) 권리와 책임의 원칙

아동복지의 서비스는 아동, 부모, 국가(사회)의 상호관계를 바탕으로 실시되어야 하며, 아동은 계속적인 균형유지와 상호관계를 지녀야 한다. 이러한 삼자 관계는 항상 권리와 책임을 가져야 하며, 3자의 권리와 책임 간의 조화를 이루어야 하는 것이다. 이들 중 어느 한 부분이라도 권리의 상실이나 부적응, 지나친 요구 등이 야기될 때, 아동복지는 많은 문제점을 도출하게 되는 것이다. 아동복지는 어느 한 주체에서만 책임을 지는 것이 아니라 각자에게 주어진 사회적 역할의 범위 내에서 독자적 책임을 지는 것과 동시에 상호 유기적 관련 하에 서로 책임을 나누어 진다(주정일 · 이소희, 2003).

따라서, 아동은 아동으로서의 권리와 책임을 부여받았고, 부모는 부모로서의 권리와 책임을 감당해야 하며, 그리고 국가(사회)는 국가(사회)로서의 권리와 책임을 충실히 이행할 때 진정한 아동복지 서비스를 실천하게 된다.

(1) 아동의 권리와 책임

아동복지의 주체로서 아동도 독자적인 한 인간으로서의 권리와 함께 일련의 책임이 있다는 원칙이다. 먼저 아동이 지닌 가장 중요한 권리는 세계아동의 권리선언에서처럼 '아동은 가능한 한 양친의 보호책임 아래서 자라날 권리가 있다'는 것이다. 그 밖의 권리는 세계아동의 권리선언 및 아동의 권리를 위한 국제협약 등에 명시되어 있으며, 이러한 권리들은 더욱 강화된 관점으로 각국의 관계법에 규정되고 있다.[1]

또한 권리에 이어 책임도 강조되고 있는데, 비록 아동이라 할지라도 단순히 성인의 보호만을 필요로 하는 의존적 · 수동적인 존재가 아니라, 독립된 개체로서 자신의 삶을 능동적으로 받아들이고 행동해야 한다는 점을 의미한다. 그렇다고 해서 권리에 앞서 책임이 우선이라는 것을 의미하지는 않는다. 왜냐하면 아동은 미성숙할 뿐 아니라, 현실적으로 볼 때 아직도 이 땅의 아동은 물론 세계적 수많은 아동들이 기본적인 생리적 욕구도 충족시키지 못하고 있는 상황을 곳곳에서 발견할 수

1) 우리나라 민법 제837조 7항에 "가정법원은 자(子)의 복리를 위하여 필요한 때에는 당사자의 청구 또는 직권에 의하여 면접교섭을 제한 · 배제 · 변경할 수 있다"고 규정하고 있어, 부모에 대한 아동의 면접교섭권은 보장하고 있지 않은 것으로써, 아동이 원하지 않을 경우 아동의 복지를 위해서는 교섭을 제한 · 배제 · 변경할 수 있다는 것이다.

있기 때문이다.[2)] 예를 들면, 부모나 교사가 충분한 시간을 들여서 적절한 방법으로 교통안전지도에 대해 교육하였을 경우 아동은 이 지도에 따라야 한다. 만약 그렇게 하지 못하여 사고를 당했다면 아동에게도 사고에 대한 책임이 있다는 것이다.

(2) 부모의 권리와 책임

현재사회에서 아동복지에 대한 책임이 사회나 국가로 많이 이양되고 있다고 하지만 자녀양육에 대한 1차적 책임은 부모에게 있을 뿐만 아니라, 현실적으로 볼 때 아동을 위한 사회보장 수준이 미약하기 때문에 그 비중에 있어서도 부모가 사회나 국가보다도 더 많이 차지하고 있다. 특히 부모의 양육책임은 사회주의 성향의 사회보다도 자본주의 성향의 사회에서 더 강하다.

일반적으로 부모는 자녀의 양육에서 책임을 지는 존재로 인식하고 있으며 실제로 양육상의 부모의 책임은 각종 아동복지 관계법에 규정되어 있다[3)]. 그러나 부모는 양육책임뿐만 아니라, 부모된 자로서의 권리[4)]도 지니고 있다(이소희 외, 2004).

부모는 아동의 환경에서 가장 중요한 환경이며, 아동에게 영향을 미치는 중요한 요소라 할 수 있다. 부모가 아동을 안전으로부터 보호하고, 부모와 아동의 상호작용을 통해 기본적인 습관을 형성시켜 주고 나아가 교육에 참여하는 것 등의 다양한 것까지가 부모의 책임으로 인식되고 있다. 시대의 흐름과 사회의 변화에 따라 부모의 권리와 책임에 대한 규정이 변화하지만 부모의 권리와 책임은 아동의 삶에 중요한 요인임에는 분명하다.

---

2) 민법 부칙 제20조(친권)에서는 "성년에 달한 자는 본법 시행일로부터 친권에 복종하지 아니한다"로 명시하여 부모가 정상적인 관점에서 성년이 되기 전까지 충분한 시간을 두고 지도하고자 할 때에는 이 지도에 따를 책임이 있다는 것으로 해석할 수 있다.
3) 아동복지법 제5조(보호자 등의 책무) "아동의 보호자는 아동을 가정에서 그의 성장시기에 맞추어 건강하고 안전하게 양육하여야 한다". 민법 제913조 "친권자는 자를 보호하고 교양할 권리, 의무가 있다"고 규정하여 자녀양육은 권리이자, 1차적 책임자로서 규정하고 있다.
4) 민법 제837조의 2 "자(子)를 직접 양육하지 아니하는 부모의 일방과 자(子)는 상호 면접교섭할 수 있는 권리를 가진다"고 규정하여 별거, 이혼 등의 상황에 처하고 있는 부 또는 모가 그 자녀에 대한 면접교섭권을 보장하고 있다.

(3) 국가(사회)의 권리와 책임

"한 사회의 미래는 그 사회가 어린이를 어떻게 보호하고, 교육하느냐에 의해서 예측할 수 있다"(Moynihan, 1986)는 말은 아동복지에 대한 사회와 국가 책임의 중요성을 단적으로 나타낸 것이라고 볼 수 있는데, 일반적으로 아동에 대한 국가적 책임성은 아동관계법에 명시하고 있다. 그렇지만 아동복지 실천활동에서 사회와 국가의 책임은 아동과 가정이 처한 상황에 따라 달라진다. 즉 상담소나 일시 보호시설을 설치하여 부모역할을 지지하거나, 보육시설이나 각종 보험 및 공적 부조제도를 통해서 부모의 역할을 보충하는 것이 그것이다. 나아가 만약 이러한 부모역할의 지지나 보충만으로는 도저히 부모로서의 양육의 책임을 다할 수 없을 경우에는 사회와 국가가 그 전적인 책임을 진다[5]. 예를 들면, 보호자가 없는 아동을 아동복지 관련법의 규정에 따라 부모역할을 대리할 수 있는 기능을 감당하는 시설에서 양육하는 것이다[6]. 여기에서 책임의 정도는 최저한도의 생활보장을 기본선으로 하고, 궁극적으로는 이성적인 생활을 목표로 삼는다.

국가가 가진 권리는 매우 거시적인 측면에서 파악될 수 있으며, 예를 들면 법률이 정한 바에 따라 국민으로 하여금 납세의 의무를 다하도록 요구할 권리가 그것이다. 왜냐하면 아동복지를 포함한 모든 복지재정은 거의 조세수입에 의해 충당되기 때문에 국민의 복지에 대한 요구는 또한 납세의 의무를 수행함으로써 실현될 수 있고 정당화될 수 있기 때문이다.

2) 보편성과 선별성의 원칙

보편주의는 구체적으로 각종 보편시여제도를 만들어 내게 하였는데 영국의 아동수당, 국민보건 서비스 등이나 많은 국가들이 실시하고 있는 가족수당, 무상의무교육 등을 들 수 있다. 보편시여제도는 전체 세입에서 충당되는 것으로, 이러한 세입

5) 아동복지법 제4조(국가와 지방자치단체의 책무) "국가와 지방자치단체는 아동의 안전 · 건강 및 복지 증진을 위하여 아동과 그 보호자 및 가정을 지원하기 위한 정책을 수립 · 시행하여야 한다"고 명시되어 있다.

6) 우리나라 아동복지법에 규정한 아동양육시설이 여기에 해당된다.

은 대부분 누진적 과세구조를 통해서 거두어지는 것이기 때문에 이 시여책의 재분배 효과는 상당한 것으로 평가된다.

선별주의는 도움을 필요로 하는, 즉 사회가 법적으로 인정하는 요보호 상태에 빠져 있는 자가 도움을 요청하는 경우에 한하여 가장 조속한 시일 내에 자립할 수 있게 하는 방향으로 시혜하는 것을 목적으로 한다.

다시 말하면, 선별주의란 요구가 있는 아동을 대상으로 치료적 서비스를 목적으로 사회가 책임을 지고 문제를 문제별로 분류하여 적절히 대처해 나가는 것이다. 보편주의는 전체 아동을 대상으로 예방적 서비스를 목적으로 사회가 책임을 지고 문제별 의식 없이 제도적으로 설정해 나가는 것이다. 예를 들면 입시제도를 포함한 교육환경 개선이라든가 문화시설, 보건, 건강, 오락시설들의 확충을 의미한다.

과거 아동복지에서는 협의적이며, 선별주의에 입각한 일부 선정된 특수대상만을 위한 대책에만 급급해 왔다. 선별주의 원칙은 예방보다는 치료적 측면이 강하여 아동복지의 근본적인 문제해결에는 제약이 있다. 현재의 아동복지는 선별주의적 접근은 물론 보다 더 거시적이고 기본적인 측면에서 예방과 치료를 모두 고려한 접근이 이루어지는 보편주의적 원칙을 중심으로 아동복지를 실천하기 위해 노력하고 있다. 즉 보호와 치료를 중심으로 하는 보완적 기능의 한계를 탈피하여 전체 아동과 그의 가족을 대상으로 하는 예방과 개발을 중심으로 보편성을 띤 일차적, 제도적 기능이 수행될 수 있는 아동복지가 실천되어야 한다.

3) 개발적 기능의 원칙

아동이 가진 능력을 최대한으로 발휘하도록 하는 것으로 개발적 기능의 원칙에는 아동의 사회적 자립과 함께 사회적 기여의 창출이라는 관점이 내포되고 경제적 이익도 관련이 된다. 아동복지 서비스의 개발적 기능원칙이란 과거의 복지지향적 체계에서 개발지향적 체계로 전환·적용해야 함을 말한다.

개발적 기능이라는 것은 목적에서 적극성을 띠고, 접근방법에서 포괄성을 가지며, 대상인구와 각 부문에 관련돼야 하며, 종전까지의 순수한 치료적 혹은 미시적 수준에서 지역사회적, 국가적, 거시적 수준까지의 제 복지기능의 관여를 의미한다고 할 수 있다. 제도적 변화를 초래하는 것만이 그 개발적 기능의 특성은 아니며, 그것은 국가 전체의 욕구와 문제해결을 위한, 또는 경제개발과 사회개발의 제 조건을 향상시키고 창조하는 일의 기능수행까지 포괄하는 것이다. 이러한 개발적 기능의 원천은 많은 사회 문제들이 기존 사회구조의 성격에서 또는 사회적 · 경제적 변천과정에서 일어난다는 인식에서 연유되고 있는 것이다.

따라서, 보다 적극적으로, 전체적으로 또는 다부문적인 접근시도를 통해서 사회문제를 야기시키는 사회구조나 사회변화에 바람직한 변화를 초래하여 국가적 개발체계와의 보조를 촉진시켜야 하는 것이다.

개발적 내용을 가진 과제는 "경제적 성장, 필요의 발견, 사회계획, 변화와 발전에 대한 많은 사람들의 참여, 지도자의 개발, 기관과 집단간의 조정과 협조의 향상, 직원의 훈련과 감독에 관여하는 일" 등과 같이 그 구체적 사항들을 지적할 수 있다. 우리나라의 아동복지사업은 구호적이며 사후 대책적인 기능이 주가 되어온 것이 사실로써, 고아나, 기아, 특별보호를 요하는 아동들의 시설보호와 일부 거택보호 등이 지배적이었다. 그러나 이러한 기능만 가지고는 국가발전이나 경제개발의 역기능 현상으로 나타나는 부정적 요소들에 대처할 수 없다. 따라서 앞으로는 보다 적극적이며 예방적이며 의도적으로 변화를 가져올 수 있는 개발적 기능이 아동들을 위해 수행되어야 한다. 오늘날 아동문제가 야기되는 현실은 예방적 대책의 부재현상이나 경제개발 과정에서 야기되는 제 문제에 대하여 적극적인 개발기능의 결여로 비롯된다고 볼 수 있다.

4) 포괄성의 원칙

아동의 발달은 신체, 정서, 인지, 사회 발달 등이 각각 분리되어 발달하는 것이 아니라 상호 밀접하게 관련되어 있으므로 아동의 욕구 또한 포괄적인 관점으로 접근하는 것이 필요하다.

아동복지의 기본전제가 되는 요소, 안정된 가정생활, 경제적 안정, 교육기회, 건강유지, 노동, 오락 활동 및 특수보호 등에 대한 프로그램이나 서비스가 포괄적이고 통합적으로 제공되어야 한다. 아동복지 서비스가 상호 보완적으로 적절히 제공되어야 함에도 불구하고, 부분적인 서비스 제공만으로는 아동욕구 충족과 문제를 완전히 해결할 수 없을 것이다. 그러므로 아동복지 서비스는 다양한 아동문제에 접근할 수 있는 통합적인 서비스가 요구되며, 어느 분야에서든 상호간에 의뢰, 조정, 보완함으로써 아동의 전인적인 특성을 고려한 접근이 이루어져야 한다. 즉, 아동뿐 아니라 가족의 다양한 욕구까지도 고려한 서비스 제공이 필요하며, 다양한 욕구를 충족시킬 수 있는 다양한 기관 간의 연계망을 구축하는 것이 필요하다.

5) 전문성의 원칙

전문성의 원칙은 아동복지 서비스가 전문가와 전문기관에 의해서 이루어져야 한다는 원칙이다. 아동복지 서비스의 전문성은 산업화, 도시화, 정보화 사회에 따라 점차 높이 요구되면서, 기존의 단순한 보모활동이나 자원봉사자로서는 당면한 아동문제를 쉽게 해결하는데 도움이 될 수 없다. 이에 아동의 욕구를 충족할 수 있는 전문적인 지식과 기술을 지닌 전문 인력이 요구되고 있다.

따라서 아동복지 서비스를 효율적으로 전개하기 위해서는 아동 및 인간발달을 이해하고 있는 전문적인 인력이 요청되며, 아동 관련 프로그램을 직접 기획하고 실천할 수 있는 능력을 가진 전문가가 필요하다. 또한 기존 전문가에 의한 체계적인 교육과 훈련을 통해서 다양한 아동복지 서비스 분야의 전문가를 양성하고 활용해야 한다.

생각해 볼 문제

1. 아동복지의 대상에 대해서 설명해 보세요.

2. 아동복지 서비스를 기능에 따라 분류하여 설명해 보세요.

3. 아동복지 서비스의 원칙에 대해서 설명해 보세요.

제5장

아동복지 발달사

역사적 발달을 검토하는 것은 단순히 과거를 알아보기 위한 것만이 아니다. 과거의 경험을 분석하고 이해함으로써 현재 아동복지가 겪고 있는 딜레마와 긴장의 원인을 파악하고 미래에 일어날 수 있는 문제를 해결할 분석 토대를 얻기 위함이다(McGowan, 2005). 아동복지 발달사는 각 나라의 경제발달과 문화적 차이, 지배적 가치 등에 따라 차이가 있지만, 큰 틀에서 사회복지 발달과정과 같은 맥락에서 발전해 왔다. 우리나라의 아동복지는 해방 이후 외국의 원조와 밀접한 관련을 맺고 있다. 먼저 영국과 미국을 중심으로 외국의 아동복지 발달사를 살펴보고, 이어서 우리나라의 아동복지 발달사를 살펴보고자 한다.

1. 외국 아동복지의 발달

1) 서구 아동복지의 발달

서구 아동복지의 발달은 현대 자본주의 구조 아래서 전개된 사회복지 발달과정과 맥을 같이하며 발전해 왔다(노혜련 외, 2016).

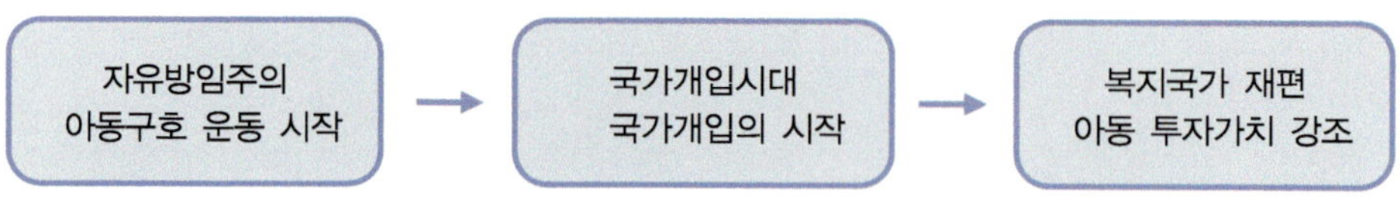

[그림 5-1] 서구 아동복지의 발달

(1) 자유방임주의 시대(19세기 말~20세기 초반)

이 시기 서구 사회는 경제활동의 자유를 최대한 보장하고 국가간섭을 배제하는 자유방임주의 사상이 지배적이었다. 이 사상은 자녀에 대한 부모의 책임을 강화하고 국가개입의 필요성을 약화시켰다. 이는 아동을 부모에게 종속된 인간으로 보던

사회적 분위기에 따라 아동학대와 방임에 대한 사회개입을 막는 역할을 하였다.

그러나 급격한 산업화와 도시화, 19세기 중 · 후반의 기근과 인플레이션으로 빈곤아동과 버려진 아동, 일하는 아동이 증가하는 등 아동의 상황은 더욱 열악해졌다. 이때 계몽주의 사상가를 비롯한 학자들은 빈민법적 아동보호 방식을 비판하기 시작했고, 인본주의 사상이 확대되면서 아동의 교육과 생활조건을 개선해야 한다는 의견이 확산되었다(Cravens, 2014). '아동구호운동(Child rescue movement)'으로 일컫는 아동을 보호하려는 노력은 자선단체와 박애단체를 중심으로 시행되었으며, 영국과 미국 등에서 아동보호를 위한 법이 최초로 성문화되기도 했다.

19세기에 들어와서 미국, 영국과 독일 등 대부분 나라의 아동복지는 '빈민법' 중심의 접근에서 벗어나지 못했으나, 점차 '아동을 구해야 한다'는 사회적 자각이 생겨나기 시작하였다.

(2) 국가 개입시대(20세기 초~중반)

제1 · 2차 세계대전과 세계 대공황을 겪으면서 자유주의적 자본주의는 위기에 빠지고 국가개입주의 경향이 강화되었다. 이 시기에는 전시경제 아래서 경제통제가 전면화되었으며, 그에 따라 국가주도적인 복지정책과 복지제도가 도입되었다. 세계적으로 자본주의하에서의 국가개입은 사회복지의 한 분야인 아동복지 부분에도 큰 영향을 미쳤다.

(3) 복지국가 재편시대(20세기 중반~현재)

자본주의의 장기번영은 1970년대 초에 이르러 한계에 부딪혀 1960년대 말부터 주기적 공황과 달러화의 위기, 1980년대의 석유파동에 따른 경제공황으로 불황에 빠졌다. 따라서 위기 극복을 위해 탈규제와 재정긴축 등 국가의 역할이 축소되었다.

한편 신자유주의 시대의 새로운 경제구조하에서 안정된 삶을 위해 기본적으로 필요한 것은 늘어났으나 안정된 삶의 기회는 더 줄어들었다. 고용불안과 인구구조 변화는 어린 자녀를 둔 젊은 부모와 청소년에게 부정적 영향을 미쳤으며, 특히 실직가정과 한부모가정, 교육수준이 낮은 가정은 장기간 빈곤을 경험할 가능성이 커졌다. 반면 아동은 지식 기반 생산체계에서 국가의 생산성 경쟁을 위해서도 중요한 자원으로 인식되어(한국사회복지학연구회 역, 1999), 신자유주의 시대에 아동에 대한 투자의 가치는 오히려 강조되었다.

2) 영국의 아동복지 발달사

영국의 아동복지 발달은 빈민아동을 위한 사회구호적 복지, 요보호대상 아동을 위한 선별적 복지에서 점차 보편주의적, 권리지향적 복지로 발전하며 다른 나라들에 비해 이른 시기에 발달하게 되었다.

(1) 영국의 구빈법: 아동보호의 원칙

영국은 1601년 엘리자베스 구빈법의 제정으로 아동보호의 원칙이 세워졌다. 그러나 엘리자베스 구빈법의 표면적 의미는 아동보호였으나, 그 이면에는 아동의 노동력을 확보하고자 하였다. 엘리자베스 구빈법에 따라 요보호아동을 양육할 의사가 있는 사람에게 무료나 유료로 아동을 위탁시킬 수 있다는 조치가 마련되었다. 일할 수 있는 아동 · 청소년은 도제로 보내 기술을 연마하든지 가사를 돕게 하였다. 이 법의 의의는 아동복지에 대한 국가의 책임을 최초로 규정함과 빈곤아동을 위해 위탁보호제도와 도제제도를 마련하였다는 점이다(표갑수, 2000).

(2) 영국의 공장법과 아동노동

산업혁명 이후 많은 노동력을 필요로 하는 상황에서 아동은 값싼 노동력을 얻을 수 있는 손쉬운 대상이었다. 열악한 상황에서 노동력을 착취당하는 아동의 노동을 제한하기 위해 1802년 「공장법」과 1847년 「광산법」을 제정하여 부녀자와 아동의 광산노동을 금지하고 법 위반에 대한 처벌을 강화하였다(Kirby, 2007).

〈영국의 아동노동 착취〉

(3) 영국의 리버풀 아동학대 예방협회와 어린이헌장

1883년 리버풀 출신의 은행가인 Agnew가 영국 최초의 아동보호기관인 '리버풀 아동학대예방협회'를 창설하고 이 같은 노력에 힘입어 「아동학대방지법」이 제정되었다. 이 법은 어린이헌장(Children's Charter)'으로 불리는데, 이를 통해 영국에서 부모의 학대와 방임으로부터 아동을 보호하기 위한 법적 개입이 시작되었다(Lamont & Bromfield, 2010).

(4) 영국의 베버리지보고서(Beveridge Report): 보편적 복지의 시작

영국은 제2차 세계대전 이후 1942년 제출된 '베버리지보고서(Beveridge Report)'를 바탕으로 포괄적이고 보편적인 복지제도를 발전시켰다. 베버리지는 사회보장의 성공을 위해서는 '가족수당(Family Allowances)', '포괄적 보건서비스', '완전고용'의 세 가지 기본전제가 필요하다고 주장하였다. 이 제안에 따라 1945년 자녀가 있는 가정의 재정지원을 위한 가족수당제도(Family Allowances Act)가 만들어졌다.

(5) 영국의 커티스위원회보고서(The Curtis Commitee): 아동법의 제정 계기

20세기 들어와 영국의 아동복지는 아동의 권리를 강조하는 방향으로 변화되었다. 정상적인 가정생활을 박탈당한 아동들을 보호하기 위한 목적으로 구성된 커티스위원회는 집단양육시설에서 성장한 아동들이 여러 가지 발달상의 문제를 보일 가능성이 높고, 성인이 되어서도 대인관계 문제나 알코올 의존증, 범죄에 노출될 위험이 높다는 사실을 지적하면서 가정위탁보호가 시설보호보다 우월하다고 주장하였다. 이러한 원칙은 아동에 대한 시설보호가 아동발달에 역기능적인 영향을 미칠 수 있음을 지적한 것이다(김융석 외, 1995). 이 보고서를 기초로 1948년 「아동법」이 제정되었다.

(6) 영국의 「아동법」

1948년 「아동법」은 지방정부가 고아와 방임아동의 보호를 책임지도록 명기하였다. 그 후 분산되어 있던 아동보호와 양육에 관련된 법을 하나로 모아 1989년 「아동법」(The Children Act)을 개정하였다. 「아동법」은 부모의 이혼에 따른 아동의 보호, 요보호아동과 가정에 대한 지원 등을 포함한 제반 관련법을 모은 법이다. 「아동법」에 의하면 부모는 자녀양육의 책임을 지며, 법원이나 지방정부에서 아동보호를 담당하게 될 경우에는 아동의 최선의 이익이 우선적으로 고려되어야 하고 아동의 의견이 존중되고 자신의 미래에 대한 의사결정에 참여할 수 있어야 한다. 아동이 가정을 떠나 양육될 경우, 지방정부는 아동보호시설이 아닌 대리가정에서 보호될 수 있어야 한다는 "아동 권리에 관한 국제협약"의 원칙을 포함하고 있다. 또한 영국의 아동복지는 병원, 보건소, 학교보건서비스 등에 의해 아동 출생 전후의 종합적인 건강보호로부터 시작된다(이배근, 2006).

(7) 영국의 아동수당

아동을 가진 가정에 대한 보편적이고도 일반적인 경제적 지원으로 아동수당(Child Benefit)이 있다. 기존에 가족수당으로 지급되었으나, 1977년 아동수당으로 명칭을 변경하였고, 자녀가 둘 이상 있는 가정에만 지급하던 것을 한 자녀가정에까지 확대하였다. 아동수당은 가정의 경제적 수준이나 기여여부에 관계없이 모든 아동에게 주어지는 소득보장제도로서 1991년부터 첫 번째 자녀에게는 보다 더 많은 혜택이 주어지며, 한부모의 경우에는 급여액이 추가된다(이재완 외, 2006). 그러나 2013년부터는 무조건 모든 가정에 지급해 온 아동수당을 연봉 4만 4천 파운드 이상의 고소득자들에게는 자격을 제한하고, 혜택을 세 명까지 제한하였다(최윤영, 2013).

(8) 영국의 아동과 관련된 재정지원

자녀를 가진 가정에 대한 영국의 독특한 재정적 지원에는 1988년부터 실시되고 있는 가족신용대부(Family Credits)제도가 있다. 이 제도는 주당 16시간 이상의 봉급 생활자와 자영업자를 대상으로 임금과 급여를 합하여 생활수준을 향상시키기 위한 재정지원이다. 지급액은 아동의 수와 연령, 가족의 소득에 따라 차이가 있다. 부모들은 진료, 치과와 안과치료, 안경구입을 위한 가족신용대부를 청구할 수 있으며, 아동들은 학교급식비를 면제받고 영아의 경우에는 우유와 비타민이 제공된다.

또한 법정 출산 수당(Statutory Maternity Pay)이 있는데, 이는 출산에 따른 소득상실 고용주가 보상해 주는 제도로서 동일직장에서 6개월 이상 근무한 저임금 근로여성으로 4개월 이내에 출산이 예상되는 경우에 해당된다. 법정 출산보상의 기간은 18주로서 지급액은 근무기간과 정규직, 임시직에 따라 차이가 있다(이배근, 2006).

(9) 영국의 부모헌장과 아동학대예방협회

아동학대를 예방하기 위해 부모교육을 강화하고 1991년 부모헌장(Parent's Charter)을 제정하여 아동양육에 대한 부모의 명백한 권리, 선택, 책임 등을 강조하고 있다. 영국 아동학대예방협회(National Society for the Prevention of Cruelty to Children, NSPCC)는 24시간 서비스를 제공하는 아동보호 전화를 운영하고 있으며, 심각한 신체적, 정서적 학대, 방임에 이르기까지 가정 내에서 일어나는 다양한 문제들을 처리한다.

(10) 영국의 슈어스타트(Sure Start) 정책

슈어스타트(Sure Start)는 1990년대 말 지역사회를 강화하고 사회배제와 아동 빈곤을 타파하려면 보건과 교육에서 지역기반 접근이 중요하다는 인식하에 개발된 사회정책 중 하나이다. 영국의 하위 20%에 속하는 빈곤지역에서 가족지원과 보건서비스, 아동돌봄, 교육 등을 제공하였다(Bouchal & Norris, 2014). 이 프로그램의 처음 목적은 사회 배제 위험이 큰 집단의 영유아기에 대한 투자를 늘려 아동을 지원하며 그들의 진학을 돕는 것이었다. 그 후 2003년부터는 '슈어스타트아동센터(Sure Sart Children's Center)'체제로 변화하여 취약 가족과 그 아동의 욕구를 충족하는 것 뿐 아니라, 가족의 환경이나 출신 배경과 관계없이 모든 아동이 완벽한 학교 준비를 하도록 돕는 것으로 확대되었다((Bouchal & Norris, 2014).

〈영국의 Sure Start Center〉

(11) 영국의 아동법의 전면개정

영국은 2000년 빅토리아 클림비(Victoria Climbie)가 학대로 사망한 사건으로 기존 아동보호제도의 한계를 인식하고 발간된 'Every Child Matters'를 중심으로 개정되었다. 2004년 개정된 「아동법」(Children Act)에서는 모든 아동은 어떠한 배경이나 상황에서도 건강하고 안전하며 즐겁게 배울 수 있고, 사회에 기여하며, 경제적 역량을 획득할 수 있도록 필요한 서비스가 제공되어야 한다고 규정하였다. 특히 취약계층 아동의 복지에 더욱 관심을 갖고 취약계층 부모지원이 확대되었다.

위에서 살펴본 바와 같이 영국은 제2차 세계대전 이후 베버리지 보고서에 따라 포괄적이고 보편적인 복지제도를 발전시켰다. 그러나 1970년대 세계 경제위기를 겪으면서 복지제도는 큰 폭으로 축소, 재편되었다. 1980년대 이후 선별적 소득보장 방식과 사회 서비스의 시장화 등 자유주의 복지국가로 전환하였다. 그러나 심각한 재정적자는 2011년 복지개혁법안에서 고소득층에 아동수당 등 무상혜택을 축소시켰으며, 정부의 예산삭감으로 2011년 1년 동안 250여 개의 슈어스타트아동센터가 사업을 종료하였다(Lewis, 2011).

이러한 상황에 맞추어 영국정부는 가정자녀양육에서 부모들이 국가의 지원에 의존하기보다는 자신의 힘으로 양육할 수 있도록 권장하기 위해 『가족관계 강화, 부모책임감 장려: 아동 부양의 미래에 관한 자문문서(Consultation Document Strengthening Families, Promoting Parental Responsibility: the Future of Child Maintenance)』를 발간하였다.

3) 미국의 아동복지 발달사

미국의 아동복지제도는 영국의 영향을 많이 받았으며, 노동을 중시하는 청교도적 가치관이 근간을 이루고 있다. 그러므로 빈곤은 개인의 책임이며 근로능력이 있는 아동의 경우는 노동을 통해 구제해야 한다는 인식이 지배적이었다(정옥분 외, 2016).

(1) 미국의 위탁가정운동

미국의 아동복지는 종교단체를 중심으로 이루어진 시설보호가 그 시초가 된다. 1727년의 뉴올리언스의 우슬린 수도원에 인디언에게 부모를 잃은 아동을 위한 보호시설이 최초로 설립되었다.

그 후 19세기 후반에 들어 빈곤으로부터 아동을 보호하는데 시설보다는 가정이 적절하다는 취지의 위탁가정운동이 전개되었다. 1853년 Brace목사는 뉴욕에서 집 없이 거리를 방황하는 아동을 사회적으로 위험한 계층으로 인식하고 그들을 위한 프로그램을 진행할 뉴욕아동구호협회(New York Children's Aid Society)를 설립하였다. 이 협회는 1854년부터 5만여 명의 아동들을 고아기차(orphan trains)를 이용 뉴욕에서 출발하여 서부로 가는 여정에서 각 역에서 아동들을 가정에 배치하는 위탁가정운동을 전개하였다. 그러나 이러한 위탁가정운동은 위탁아동의 특성이나 욕구보다는 위탁가정의 필요와 서부지역에 대한 무료노동력 제공이라는 목적이 우선되었고, 위탁가정 내에서 아동학대가 일어났다는 사실로 비판을 받기도 하였다.

(2) 미국의 「아동보호법」 제정과 뉴욕아동학대방지협회의 설립

1870년대 양부의 지속적인 학대로 고통받던 뉴욕의 10세 소녀 '매리앨런(Mary Ellen)사건'은 「아동보호법」이 제정되는데 촉매역할을 했다. 당시 이러한 잔혹행위를 당한 아동을 보호할 법이 없었으므로, 「동물복지법」에 따라 'Mary Ellen은 인간 동물이므로 학대가 부당하다'는 내용의 심판을 청구했고, 법원은 이를 받아들여 양부를 구금하였다. 이 사건을 계기로 1874년 '뉴욕아동학대방지협회(New York Society for the Prevention of Cruelty to Children)'가 설립되었다(Lamont & Bromfield, 2010). 이 협회는 최초의 아동보호기관으로 협회 활동의 결과 「아동보호법」이 제정되고 '소년법원'이 설립되었다.

(3) 미국의 백악관회의

아동복지에 대한 국가의 책임이 강조되기 시작하였는데, 대표적인 것이 1909년 미국에서 열린 제1차 백악관회의(White House Conference)이다. 이 회의는 대규모의 아동수용시설에서 아동과 양육자간의 애정결핍으로 인해 유발되는 문제의 심각성이 제기되면서 요보호아동 문제와 관련된 200명의 전문가를 초청하여 회의를 열었다. 당시 대통령이었던 루즈벨트는 아동을 위해 부모 역할과 가정생활의 중요성을 언급하였다. 이후 이 회의는 매년 10년마다 개최되며, 아동복지정책을 수립하고 서비스를 제공하는 중요한 계기가 되었다(김성경 외, 2005). 아동을 위한 조치로서 첫째, 가난하다는 이유로 아동을 가정과 분리할 수 없으며, 둘째 가정과 분리할 경우 최소한 가정과 비슷한 위탁가정으로 해야 하고, 셋째 시설보호를 해야 하는 경우에는 소규모의 시설, 다시 말하면 소숙소형(cottage system)의 시설이어야 한다 하였다.

또한 아동복지의 증진을 위한 정부의 책임을 강조하여 1912년 미국 아동국(U.S.

Children's Bureau)을 창설하였다. 미국 아동국의 창설로 미국 전역에서 아동과 그 가족의 복지에 관한 전문적인 권위를 지닌 중심기관으로서의 역할을 수행하였다. 이로서 미국의 아동복지정책이 수립되고 서비스 프로그램이 발달하는 중요한 계기가 되었다.

(4) 미국의 「부양아동가족지원법」(Aid to Families of Dependent Children: AFDC)

경제 대공황 이후 미국은 「사회보장법」을 제정하였으며, 이 법에 따라 「부양아동가족지원법」(Aid to Families of Dependent Children: AFDC)을 제정하여 아동수당을 지급하였다. 이 법은 미국 보건사회복지부가 행정과 재원을 담당한 연방정부의 저소득 가정을 위한 재정지원 프로그램이다. AFDC는 「사회보장법」 제4장에 규정된 바에 따라 부모의 부재, 장애, 실업 등에 의해 양육이 결여된 빈곤아동을 지원하기 위한 현금부조이다. AFDC의 수혜 자격은 18세 미만의 아동을 가진 가정으로 재산과 소득조사를 통해서 결정되며, AFDC 수급자 가운데 취업가능한 자는 주가 실시하는 근로유인 프로그램(Work Incentive Program: WIN)의 적용을 받는 것을 원칙으로 하고 있다(이배근 2006; 이재완 외, 2006).

(5) 미국의 헤드스타트 프로그램

헤드스타트(Head Start) 프로그램은 1965년 미국 정부의 '위대한 사회'와 '빈곤과의 전쟁' 캠페인을 바탕으로 시작되었다. 이 프로그램은 빈곤의 악순환 타파를 목적으로 저소득층 가정의 학령 전 아동에게 정서 · 사회 · 보건 · 영양 · 심리적 욕구를 충족해 주는 포괄적 프로그램이다. 이후 1981년 「헤드스타트법」(Head Start Act)이 통과되며 헤드스타트의 핵심은 저소득층 아동의 사회 인지발달을 통해 이들이 학교에 잘 적응하도록 준비시키는 것이며, 이를 위해 아동과 그 가족에게 보건과 교육, 영양, 사회복지 서비스를 제공한다. 헤드스타트 프로그램은 미국의 빈곤문제를 해결하고자 하는 장기 프로그램으로 정착되었다(Barnett & Hustedt, 2005; Utahca 홈페이지).

출처: brgov.com

〈헤드스타트 광고〉

(6) 미국의 피학대증후군에 대한 관심과 「아동학대보호법」 제정

아동보호의 한 부분을 의사 · 심리학자 등 의료전문가들이 담당하였다. 전문가들이 밝힌 '피학대증후군(Battered-child syndrome)에 대한 관심이 커지면서, 아동보호에 대한 접근방법도 전문성을 강화하는 방향으로 크게 변화하였다. 1963년에는 미국의 50개 주에서 「아동학대신고법」을 제정하였고, 1974년에는 「아동학대 예방과 치료법」을 제정하였다(Fogarty, 2008). 아동보호에 대한 전문화 지향은 다음과 같다. 첫째, 학대나 방임의 발생 여부를 판단하고 원가정에서 아동분리 등을 결정하는 전문가의 역할이 커졌다. 둘째, 아동학대와 방임에 대한 법적 접근이 강화되었다. 셋째, 아동보호기관 직원의 조사와 행정업무가 방대해졌다. 당시 아동학대에 대한 관심이 증가하여 아동보호 서비스 시설과 위탁아동 수가 급격히 증가했지만, 가족지원제도가 부족하여 오히려 취약가족의 해체를 유발했고 많은 아동이 위탁가정을 전전하거나 시설에 입소하는 결과를 초래하기도 하였다(Fogarty, 2008).

(7) 미국의 「빈곤 가족 일시부조(Temporary Assistance for Needly Families: TANF)」

20세기 들어 미국은 1980년대 이후 정부는 아동보호를 위한 정부기금과 비정부지원 서비스를 큰 폭으로 감소시켰다. 아동을 위한 새로운 서비스가 줄고 아동복지 프로그램에 대한 지출도 감소한 것이다. 미국은 아직 아동수당과 같은 보편적 아동복지제도가 없으며 유급출산제도도 갖춰져 있지 않다. 빈곤아동과 가족을 위한 「AFDC」는 엄격한 규준의 「빈곤 가족 일시부조(Temporary Assistance for Needly Families: TANF)」로 대체되었다.

「TANF」는 연방정부가 주정부에 「AFDC」 수급자와 관계없이 정액교부금으로 지급하며, 그 사용에도 여러 제한 규정이 있다. 주정부는 수급자에게 근로를 강제로 하게 하고, 수급기간은 5년을 넘을 수 없다. 또한 이 기금은 이민자나 독립한 미혼부모에게 제공할 수 없다. 이처럼 엄격한 기준의 「TANF」는 「AFDC」가 연방예산에서 차지하는 비중이 크지 않음에도 사회가 이 비용을 낭비로 여긴 미국 주류 사회의 보수적 가치가 숨어 있다(Page & Lamer, 1977).

(8) 미국의 아동보호제도

1980년대 들어서면서 미국의 아동보호제도는 점차 아동을 가족에서 분리하는 접근에서 가족을 지원하는 접근으로 그 초점이 옮겨 갔다. 그러나 미국 아동보호제도는 여전히 GDP에서 차지하는 예산 비율이 낮고 위기가족에 초점이 맞춰졌으며 사후처방 중심이었다. 이는 당연히 가족의 요구에 부응하는 정책의 부재를 초래하였다(Lamont & Bromfield, 2010). 이런 문제점을 해결하기 위해 1980년 「입양지원과 아동복지법(Adoption Assistance and Child Welfare Act)」이 제정되었다. 이 법에 따라 연방정부는 주정부에 원가정의 보호를 방지하고 가족 재결합을 돕거나 영구적인 위탁가정을 찾는 노력을 할 것을 요구하였다. 이 법을 시행한 초기에 이러한 개혁은 현실적으로는 매우 제한적이었는데, 이 같은 제한성은 1993년 「사회보장법」을 개정하여 「가족보존과 가족지원법(Family Preservation and Support Act)」을 만들면서 부분적으로 해결되었다(Schene, 1998).

(9) 미국의 아동보호 서비스

아동복지 서비스의 초점이 아동의 보호에서 가족의 지원으로 전환되는 계기를 마련하였다. 1980년대 이후 복지예산의 삭감 등으로 복지 서비스의 범위가 축소되고 있는 실정이며, 1996년 이후에는 직업을 통해 빈곤에서 벗어나도록 도와주는 생산적 복지로 변화하고 있다. 이에 따라 2003년에는 「아동 및 가족 안전법(Keeping Children and Families Safe Act)」이 제정되어, 가족 지지와 강화를 위한 지역사회기반 프로그램 등 아동학대와 방임 예방과 치료를 위한 다양한 서비스를 지원하고 있다. 최근에는 시민권운동에 자극받아 '아동권리'운동이 등장하였고, 이와 관련해 아동보호재단(Children's Defense Foundation)과 같은 아동관련 단체들이 결성되었다.

위에서 살펴본 바와 같이, 미국은 세계 최강의 경제대국임에도 불구하고 아동과 가족정책에 매우 소극적인 태도를 보여 왔으며, 1996년에 제정된 「개인 책임과 직업 기회조정법」은 많은 한부모들이 직업을 가진 후 원조를 받을 때보다 더 어려운 상황에 처하게 되어 있어 아동복지의 모습이 낙관적이지만은 않은 실정이다. 그 요인으로는 첫째, 정부예산의 삭감이다. 1980년대에 들어오면서 연방정부의 대폭적인 사회복지 예산의 삭감은 아동, 청소년, 가정에 심각한 영향을 미쳤다. 둘째, 아동복지 전반에 걸친 유형별 서비스의 내용과 전체 수혜아동에 대한 통계가 없다는 것이다. 지난 10년간 이에 대한 어떤 종합적인 조사나 연구에 따른 포괄적인 자료가 나오지 않았다. 셋째, 아동 · 청소년과 가정에 관련된 연방정부의 1974년 「아동학대 예방과 치료법」과 1980년 「입양지원과 아동복지법」의 모호성에 있다. 전자는 아동학대와 방임을 발견하고 치료하는 서비스에 대한 연방정부의 지원인데 반해, 후자는 아동학대와 방임을 예방한다는 점에서는 일치하나 심각한 상태의 피학대아동에게 연구적인 대리 보호인 입양을 조장시킴으로써 학대와 방임 아동에 대한 신고는 급증하고 있는 반면, 피학대아동을 위해 치료의 목적으로 선택되어 온 위탁보호 프로그램은 오히려 축소되는 결과를 가져왔다(이배근, 2006; 오정수, 2006).

4) 스웨덴의 아동복지 서비스

스웨덴은 1763년에 제정된 「구빈법」에 의해 고아들을 포함한 요보호자들을 구빈원에 수용하기 시작했으며, 근대적 의미의 사회복지는 1902년 「아동복지법」

제정으로부터 비롯되었고, 1934년 제정된 「청소년보호법」과 함께 아동 및 청소년 복지의 기초가 되었다(이배근, 2006).

스웨덴의 사회복지제도는 아동의 부모와 가정에게 가족이 아동을 건강하게 양육하기 위해 필요한 재정적 지원, 의료보험, 주택수당, 보육 서비스, 출산휴가와 아동양육을 위한 유급휴가제도 등을 제공하는 간접적 재정지원 방식과 아동 · 청소년에게 아동수당, 부모보험보조, 부양대출, 아동연금, 장애아 보호수당 등을 제공하는 직접적 재정지원을 취하고 있으며, 이를 통해 아동문제를 사전에 예방하려는 보편주의적 접근을 취하는 방향으로 발전되어 왔다.

(1) 스웨덴의 아동복지정책

아동의 연령을 18세 이하로 규정하고 있으며, 아동과 가족복지정책은 아동수당, 아동건강보호, 높은 수준의 유아교육 및 학교교육과 같은 일반적인 조치와 요보호 아동 및 가정에 대한 경제적인 지원, 보호와 같은 특별 조치 등으로 되어 있다(이재완 외, 2006). 아동복지의 현안 문제는 스웨덴으로 유입되는 난민아동들이며, 난민들 가운데 50% 이상이 18세 미만의 아동들이다. 이들 아동들은 그들의 고국에서 폭력과 전쟁 등을 경험하였으며, 특별한 보호를 필요로 하는 아동들 가운데는 약물 중독이나 범죄, 질병 또는 심각한 정서적 불안 생태의 부모들에 의해 신체적, 정서적, 성적 학대를 받은 아동들이다(이배근, 2006).

(2) 스웨덴의 아동수당과 아동연금

아동과 청소년을 위한 직접적인 재정지원에는 아동수당, 부모보험부조, 부양대출, 아동연금, 장애아동 보호수당 등이 있다. 아동수당(Child Allowance)은 16세 이하의 모든 아동에게 모두 지급되며 약 100만 가정의 160만 명의 아동들이 아동수당을 받고 있으며, 아동연금(Child Pension)은 부 또는 모 양친이 모두 사망한 경우에 아동에게 지급되는 재정지원으로 아동이 재학 중이거나 기타 기본적인 교육을 이수 중에 있는 경우에는 18세 이상의 학생들에게는 연장지급이 가능하다(이배근, 2006).

(3) 스웨덴의 요보호아동을 위한 아동복지 서비스

요보호아동을 가정으로부터 분리시키는 결정은 부모 또는 후견인과 아동(15세 이상의 경우)의 합의를 기반으로 한다. 또한 19세 이하의 장애아 대부분을 '정상화의 원리'에 따라 가정 내에서 보호하도록 하기 위해 장애아동을 보호하는 가정에게 장애아동 수당을 지급하고 있으며, 여타의 사정이나 이유로 가정에서 보호가 불가능하게 될 경우에는 사회복지위원회가 패밀리홈이나 가정과 비슷한 형태의 소규모 집단 주거형태인 호스텔 등에 배치하고 있다(최순옥 외, 2011). 또한 「청소년특별보호법」에 따라 가정 밖에 배치된 아동을 정기적으로 심사하며, 최소한 6개월마다 심사를 하고 아동들을 계속해서 특별보호를 해야 할 필요가 있는지의 여부에 대해 심의하고 있다.

(4) 스웨덴의 영유아를 위한 보육지원

스웨덴에서는 1995년부터 모든 시 당국이 1-6세의 아동들을 위해 가정탁아 서비스를 제공할 것과 6-12세 아동들을 위한 방과 후 아동보육 서비스를 제공할 것을 의무화하였다. 6세 이하의 맞벌이 부부 자녀를 대상으로 영유아 어린이집에서 교육활동과 함께 하루 2-3회 급식을 포함한 아동보호 서비스가 제공되고 전체 해당 연령 아동의 38%가 가정탁아 서비스의 혜택을 받고 있다. 보육시간은 종일반 또는 반일반, 야간보육 등으로 다양하며, 야간보육은 매우 드물기는 하나 그 욕구는 증가하고 있다. 부모의 보육비는 아동의 보육시간, 부모의 소득, 가정의 자녀 수에 따라 다르다. 대체로 전체 비용의 15%만을 부담한다(윤매자 외, 2016).

(5) 아동학대와 방임에 대한 예방지원

스웨덴에서는 아동학대와 방임의 문제에 관해서 예방적 접근을 취하고 있는데, 우선 거주 지역의 유아학교를 통해 어린 자녀를 가진 부모들을 대상으로 아동학대와 방임에 관한 다양한 예방교육을 실시하고 있다. 부모나 후견인에게 어떤 형태의 체벌이나 정신적 벌이 허용되지 않으며, 아동에게 신체적 손상이나 고통을 주었을 경우에는 최고 2년의 구금형과 벌금형을 받게 되어 있다. 학대행위가 보다 심각할 경우 최고 10년의 구금형에 처할 수 있으며, 아동이 적절한 보호를 받지 못하고 건강 및 발달이 위험한 상태에 처해 있다고 간주될 때에는 아동보호를 위해 시 사회복지위원회의 개입을 의무화하고 있다(이배근, 2006).

위에서 살펴본 바와 같이 아동보호 서비스는 중앙집권적이며, 예산의 책정, 감독, 지침서 작성 등에 대해 시 당국이 아동보호 서비스 계획에 따라 책임을 지고 운영하고 있다. 2000년 중반의 경기침체에도 불구하고 아동과 가족을 위한 정책과 프로그램은 거의 대부분 보존하고 있어 아동과 가족복지에 대한 지속적인 투자와 의지를 보여주고 있다. 오늘날에 와서는 아동복지 서비스를 제공받고 있는 아동수가 증가했으며, 투입되는 예산도 GDP의 2.4%에 달하고 있다(최순옥 외, 2011).

5) 일본의 아동복지 서비스

일본의 「아동복지법」 제1조는 “18세 이하의 모든 어린이는 정신적으로나 신체적으로 건전하게 태어나 양육되어야 하며, 안전과 보호에 동일한 기회”를 갖는다고 명시하고 있다. 제2조에서는 아동의 후견인은 물론 중앙 및 지방정부의 아동 성장에 대한 책임을 규정하고 있다.

(1) 아동의 건전한 출산과 성장

일본은 아동의 건전한 출산과 성장을 돕기 위한 부처간 협의체를 구성하여 보육, 교육 등 요보호아동뿐만 아니라 건전아동 육성을 위한 포괄적인 서비스를 제공하고 있다. 아동양육의 지원 및 상담 프로그램으로 ‘아동 및 가정 긴급 전화상담’, 어머니 없는 가정을 위한 베이비시팅과 야간보호, 지역사회의 아동놀이시설 등의 확대 방안이 제시되었다. 또한 아동학대 관련 정부 당국과 민간단체들의 관심은 비사회적 행동, 특히 등교거부 아동과 아동학대 예방에 대한 정책을 실시하고 있다.

일본은 우리나라와 유사하게 「아동복지법」을 기본법으로 하여 몇 가지 특별법으로 구성된 법률체계를 가지고 있으며, 유교문화적 전통으로 인하여 아동의 권리에 대한 인식과 공적 친권개입에 관한 태도에서 우리나라와 유사한 점이 있다(이혜원, 2006).

(2) 일본의 아동수당

일본의 아동수당제도는 1971년 5월 「아동수당법」이 제정되었고 연금보험, 공적부조와 함께 소득보장에 포함된다. 아동수당의 지급내용은 1986년 6월 대폭적으로 개정되어 지급대상을 종래의 제3자에서 제2자녀도 포함시키는 등 확대시켰다. 2012년 개정안을 보면 3세 미만의 자녀에게는 매월 15,000엔을, 3세 이상의 첫째와 둘째 자녀에게는 월 10,000엔, 중학생 자녀에게는 월 10,000엔을 지급해 주고 있다(윤매자 외, 2016).

2. 우리나라의 아동복지 발달사

우리나라 아동복지의 발달과정은 각 시기별 특성과 중요한 정책을 중심으로 시대별로 구분할 수 있다. 장인협과 오정수(2004)는 우리나라 아동복지의 변천과정을 1950년대까지의 사회구호 단계, 1960-1970년대의 선별주의 단계, 1980년대 이후의 보편주의 지향 단계로 구분하였다. 표갑수(2000)는 먼저, 전통사회, 근대, 현대로 시대구분을 하고, 해방 이후의 시기를 사회구호적 차원의 복지사업(1945-1960년), 요보호 대상자의 복지사업(1961-1980년), 전체 아동 · 청소년 복지사업(1981년 이후)으로 구분하였다. 이처럼 단계 구분이나 이에 따른 명칭에서 다소 차이는 있으나 학자들은 공통적으로 1961년의 「아동복리법」 제정과 1981년의 「아동복지법」 개정을 아동복지의 주요한 전환점으로 간주하고 있다.

먼저 전통사회와 근대사회의 아동복지에 대해 살펴보고, 해방 이후 현재까지의 시기를 사회구호적 복지시기, 선별주의적 복지시기, 보편주의적 복지시기, 권리지향적 복지시기로 구분하여 살펴보고자 한다.

1) 전통사회의 아동복지

전통사회는 삼국시대부터 조선 중기까지의 시기로, 이 시기에는 고아, 기아 등 요보호아동에 대한 구호가 주를 이루었으며 친족부양을 우선하여 요보호아동의 문제를 보통 가족 내에서 해결하도록 했다. 전통사회의 아동보호는 국가의 개입보다는 민간차원에서 이루어진 일시적인 구제책이 주를 이루었으며 진정한 의미의 아동복지가 발달했다고 보기 어렵다.

(1) 신라

'삼국사기'에 의하면, 신라 제2대 남선왕 시기에 백성들이 기근으로 인한 굶주림을 당할 때 국고를 열어 이들을 구휼했다는 기록이 있다. 신라 제3대 유리왕은 환과고독노병(늙고 아내가 없는 사람, 늙고 남편이 없는 사람, 어리고 부모가 없는 아이, 늙고 자식이 없는 사람) 등을 조사하여 무료로 급식과 양육을 왕명으로 하였다.

(2) 고려

고려시대의 사회제도는 신분차별이 있는 계급사회로 고아를 자기 가정의 노비로 삼기도 하고 인신매매, 유괴, 약탈하기도 했다. 제6대 성종 13년에는 왕명에 의해 돌봐 줄 친족이 없고 나이어린 고아는 10세까지는 관에서 수용하되, 10세가 지나면 본인의 희망에 따라 거주토록 하였는데 이것이 우리나라에 있어서 고아를 대상으로 한 수용보호사업의 시초라고 볼 수 있다(주정일 외, 2003).

(3) 조선

조선시대에는 관에서 수용, 보호해야 할 아동이 증가하였는데, 특히 유기 또는 부랑하는 아동의 생명을 절대적으로 보호하기 위해 국가에서 수용보호하거나 또는 민가에서 수양하여 양자녀 또는 노비로 삼는 것을 그 정황에 따라서 허가하는 것을 근본취지로 삼았다.

제18대 현종 2년에는 민간수양시설이 설치되었다. 제22대 정조는 통치 7년(서기 1783)에 수양임시사목과 동사목을 집대성하여 자휼전칙(字恤典則)이라는 법령을 제정하고, 유기 및 부랑걸식아동 보호법을 공표하였다. 이 법령을 통해 서울과 지방에서 흉년이 들어 기근이 심한 해에 유기를 당하여 보호될 곳이 없는 불쌍한 아동, 특히 의 · 식 · 주를 스스로 해결할 수 없는 능력이 없는 아동, 부랑아들을 관가에 유양 또는 민가에 수양하도록 허가하였다(구자헌, 1972).

2) 근대사회의 아동복지

근대사회는 봉건사회 조직이 붕괴하고 민주주의, 자본주의 체제가 형성된 사회로, 우리나라의 경우 동학혁명이 일어난 후부터 시작되었다고 할 수 있다. 1923년에는 부랑걸식아동이나 고아들을 위한 구호시설을 법제화한 '조선감화령'이 발표되었는데, 이는 우리나라 최초의 아동복지관련법이라고 할 수 있으며, 1944년 '조선구호령'으로 확대되었다. 그러나 이 법은 사회복지적 관점의 법령이기보다 일제 강점기에 식민통치의 안정과 사회통제를 위해 제정된 것이었다(노혜련, 2016).

근대사회에서 우리나라 아동복지의 발전에는 외국 선교사들이 기여한 바가 크다. 1854년 파리외방전교회의 Maistre신부는 '조선영해회'를 설립하여 버려진 아이들을 교우의 집에서 위탁, 양육하는 최초의 아동복지사업을 시작하였다. 1885년에는 프랑스 신부 Blanc이 '영해원'이라는 고아원을 설립하여 23명의 고아를 돌보기 시작하였으며, 우리나라 최초의 근대적 의미의 아동복지 시설로 볼 수 있다. 1888년 9월 8일 정식으로 '천주교 고아원'을 인수받았다. 이 때의 고아는 남아가 80명, 여아가 65명이었다(샬트르 성 바오르 수녀회, 1991). 그 외에도 미국인 선교사 Underwood는 1886년 고아들을 대상으로 예수학당, 구세학당을 시작하였고, 1892년에 영국인 선교사 Randis가 고아들을 대상으로 양육사업을 시작하였다.

또한 1905년에 이필화에 의해 '경성고아원'이 설립되었고, 그 후 '제생원'으로 개칭하였다. 1921년에는 미국 감리교 선교사들에 의해 태화사회관이 설립되었으며, 태화진료소를 중심으로 아동건강진단, 가정방문을 통한 위생교육, 육아법 보급, 빈곤아동을 위한 탁아사업, 무료 목욕사업과 우유급식사업이 실시되었다.

한편 이 시기에는 아동권리 향상을 위한 민간차원의 운동이 전개되기도 하였다. 천도교 소년회를 중심으로 발족한 '조선소년운동협회'는 우리나라 최초의 '아동권리선언'이라고 할 수 있는 '어린이 권리공약 3장'을 발표했고, 각 지역에서도 소년단체를 조직하여 아동의 성장, 발달에 장애가 되는 요인을 제거하려는 소년운동을 전개하였다(정옥분 외, 2016). 또한 소파 방정환은 일제강점기에 제대로 인권을 인정받지 못한 아동의 비참한 현실을 타파함과 동시에 민족운동의 일환으로 아동문학 운동을 통해 아동의 권리 향상을 위해 노력하였다.

3) 현대사회의 아동복지

(1) 사회구호적 복지단계(해방 이후-1960년): 절대적 빈곤의 시설화

사회구호적 차원의 아동복지 사업은 아동의 생존을 위한 의 · 식 · 주의 기본적인 욕구를 충족시켜 주는 물질적 자원의 분배에 치중하였으며, 한국전쟁으로 가족을 잃은 요보호아동들을 대상으로 최소한의 가정생활을 영위할 수 있도록 수용수설을 제공하는 복지정책이 주를 이루었다.

1 시설수용보호 중심의 아동복지

한국전쟁을 전후하여 요보호아동을 위한 복지는 시설수용보호를 중심으로 이루어졌으며, 1945년 42개소이던 아동시설은 1959년 475개소로 증가하였다. 이처럼 수용시설 수와 수용되는 아동의 수는 증가하였으나 수용시설의 질은 열악한 상태였다. 이에 정부에서는 1950년 '후생시설 설치기준'을 마련하여 모든 시설의 설비 강화를 촉구하였다. 또한 1949년의 「교육법」, 1953년의 「근로기준법」을 중심으로 불우아동을 위한 초보적인 규정과 사업을 선보였다(박보희, 2002).

2 민간과 외국 원조기관의 요보호아동 구호사업

이 시기에는 국가주도적인 전문적인 아동복지 서비스가 이루어졌다고 볼 수 없으며, '기독교아동복리회(이후 한국어린이재단으로 명칭 변경)', '선명회(이후 '월드비전'으로 명칭 변경)' 등의 민간기관이나 외국 원조를 중심으로 요보호아동을 위한 구호사업이 주를 이루었다. 전쟁고아들에 대한 정부의 책임회피와 우리나라의 혈통중시 사상이 맞물려 '홀트아동복지회'나 '국제사회봉사회' 등을 중심으로 혼혈아동을 대상으로 고아 해외 입양사업이 활발하게 전개되었다. 이 기관들은 국내외 입양문제뿐 아니라 장애인 관련업무, 미혼모 상담업무 등 다양한 복지 서비스를 병행하였다(http://www.holt.or.kr).

〈당시 입양되던 아동들 모습〉
출처: 홀트아동복지회

3 대한민국 어린이헌장 선포

1957년 5월 5일에는 한국동화작가협회에서 기초한 '대한민국 어린이헌장'이 선포되었다. 어린이헌장의 이념은 아동복지정책에 직접적으로 반영되지는 않았지만 아동애호 사상의 함양에 정부가 앞장섰다는 점에서 그 의의를 찾을 수 있다.

(2) 선별주의적 복지단계(1961-1980년): 제도적 기반 마련

1961년 「아동복리법」 제정 이후부터 1980년까지는 선별주의적 복지단계로 아동복지의 제도적 기틀을 마련하였다.

1 「아동복리법」 제정으로 아동복지 기틀 마련

「아동복리법」은 아동복지에 대한 국가와 사회의 책임을 최초로 명시했다. 이를 계기로 정부차원에서 아동복지정책이 수립되고 다양한 복지사업의 제도화를 통해 아동복지의 기틀을 마련하게 되었다.

1961년에는 아동을 비롯한 생활무능력자의 보호를 위한 「생활보호법」, 시설아동을 위한 「고아의 후견업무에 관한 법률」, 「고아입양특례법」이 제정됨으로써 아동복지를 증진시키기 위한 제도적 기반이 마련되었다.

2 위탁보호사업의 전개

이 시기에는 기존의 시설보호보다는 가정보호의 중요성을 인식하였다. 정부에서는 불가피하게 가족과 살 수 없는 아동에게 대안가족을 형성하게 함으로써 가족간 유대감을 경험하게 해 주었다. 1962년부터 정부에서 실시한 위탁보호사업, 1976년부터 추진해 온 국내 입양사업과 불우아동건전육성대책은 바로 이와 같은 탈시설정책의 일환으로 볼 수 있다. 정부에서는 대한양연회로 하여금 시설에 수용된 아동을 국내가정에 입양 또는 위탁보호사업을 전개하는 등 적극적인 개입을 하였다(이혜경, 1993). 이러한 변화는 이 시기에 외국 민간단체의 철수로 지원이 감소함과 동시에 정부재정은 불충분으로 아동복지에 대한 정부의 부담을 줄이기 위해 나타난 결과이다.

3 아동상담사업을 통한 예방사업 실시와 탁아사업

불우아동 발생을 예방하기 위한 목적으로 아동상담사업과 저소득층 맞벌이 가정을 위한 탁아사업과 결연사업 등 다양한 사업이 활발하게 이루어졌다. 1965년 1월부터 실시된 아동상담사업은 상담과 지도를 통해 요보호아동의 발생을 사전에 예방하는 사업이라고 볼 수 있다. 아동상담소는 입양이나, 위탁, 상담 등 아동복지와 관련된 여러 가지 업무를 수행함으로써 정부차원의 아동복지전문기관의 시초가 되었다. 1967년 탁아소는 그 명칭이 어린이집으로 변경되었고, 탁아사업은 일반가정 아동의 복지를 위한 보편적인 방법으로 발전되기 시작하였다. 1976년 정부차원에서 전국적으로 불우아동결연사업을 전개하였다. 결연사업은 자발적인 후원자보다는 정책적인 후원자가 주를 이루었다는 점에서는 한계가 있으나 결연사업을 통해 단순히 물질적 지원뿐만 아니라 서신왕래나 만남을 통한 정서적 지원이 이루어졌다는 점은 높이 평가할 수 있다. 이는 아동을 단순한 물질적 구호의 대상이 아니라 건강한 성장과 발달을 보장받아야 하는 보호의 대상으로 인식한 것임을 보여주는 것이다.

(3) 보편주의적 복지단계(1981-1999년): 아동복지 발전의 발판

1981년 「아동복지법」은 한국전쟁 전후의 전쟁고아, 빈곤아동 등 요보호아동을 구제하기 위한 목적으로 제정된 「아동복리법」을 넘어 대상을 요보호아동에 국한시키지 않고 모든 아동으로 규정함으로써 아동복지의 보편주의를 표방하였다. 이 시기에는 산업화과정에서 나타나는 가족해체에 따른 자녀양육 문제와 맞벌이가족의 자녀양육 문제가 중요한 이슈로 부각되었다. 이에 따라 가정위탁사업이나 결연사업과 같은 요보호아동을 위한 복지뿐 아니라 어린이집의 확충과 같은 일반아동을 대상으로 한 보편적인 아동복지의 필요성이 강조되었다. 또한 이 시기에는 1982년 「유아교육진흥법」 제정을 시작으로 1986년 「모자복지법」 제정, 1987년 「청소년육성법」 제정, 1991년 「영유아보육법」 제정, 1999년 「청소년보호법」 제정 등 여러 아동복지 관련 법률이 제정되었다.

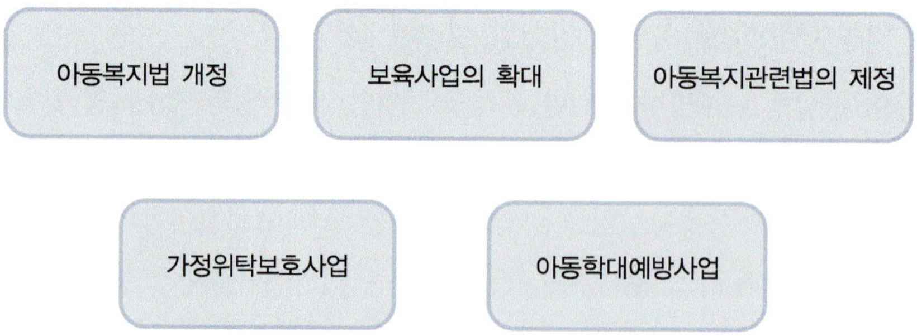

[그림 5-2] 보편주의적 아동복지의 특징

1 보육사업의 확대

보육사업은 저소득층 빈민아동 대상에서 점차 일반아동으로 그 대상이 확대되면서 이 시기의 보편주의 복지이념을 반영하는 대표적인 사업이다. 초기의 보육사업은 어디까지나 여성의 사회 참여와 여성 노동력의 활용이 우선적인 목표였고 아동의 권리 보장은 미미했다. 그러나 보육사업은 가족을 지원하고 부모의 권리를 보호함으로써 간접적으로 아동의 복지를 실현한다는 지지적 사업으로서 그 기능을 높이 평가할 수 있다(Kadushin, 1974).

2 선가정 후시설 보호정책 수립

이전에는 요보호아동이 발생했을 때 시설보호와 입양을 통한 보호에 초점을 맞추었으나 1985년부터 정부는 '선가정 후시설 보호'정책을 도입하였다. 1990년대에는 소년소녀가장세대 보호사업이 대안으로 추진되어 모든 사회모금의 중심으로 부각되었다.

또한 1986년 아시안 게임과 1988년의 올림픽을 통해 해외입양의 문제점이 지적되면서 국내입양의 활성화와 아울러 입양의 대안으로 가정위탁 보호사업이 활성화되기 시작하였다. 아동학대에 대해서도 사회적 관심을 보이기 시작하였다.

3 아동학대고발센터의 설립

학대피해아동을 위해 1979년 한국사회복지협의회에서 아동학대고발센터를 설립하였으며, 이후 한국복지재단에서 1989년 전국적으로 아동학대 신고전화를 개설하고, 1992년부터는 아동학대 예방사업을 통해 학대피해아동에 대한 격리보호와 의료 서비스는 물론 그들 가족을 대상으로 상담과 부모교육 등을 실시함으로써 아동학대 문제에 효과적으로 대처해 나갈 수 있도록 지도하였다. 그리고 아동학대 관련조항이 포함된 아동복지법 개정안 서명운동을 전개함으로써 2000년의 「아동복지법」 개정에 큰 영향을 미쳤다.

4 유엔아동권리협약 서명

우리나라는 1990년 9월 25일에 「유엔아동권리협약」에 서명하고 11월 20일 이를 비준함으로써, 1991년부터 「유엔아동권리협약」의 당사국이 되었다. 1994년에는 아동권리에 관한 국가보고서를 유엔에 제출함으로써 우리나라도 국제수준의 아동복지를 시행해야 하는 단계에 이르렀다.

(4) 권리지향적 복지단계(2000-현재)

정부는 1991년 「아동권리협약」을 비준함에 따라 국제협약의 기준을 반영한 「아동복지법」 개정 작업을 시작하고, 1996년 OECD에 가입하면서 여러 가지 사회복지제도를 선진국 수준에 맞게 재편하는 노력을 가속하였다(정옥분 외, 2016). 그러한 노력의 결과로 2000년「아동복지법」을 전면 개정하고 아동을 단순한 보호의 대상이 아닌 권리의 주체로 보고, '무차별 원칙', '아동 이익 최우선 원칙', '안정된 가정환경에서 양육할 필요성' 등 「아동권리협약」의 내용을 적용하였다. 따라서 현재의 이슈는 복지대상의 선별성, 보편성 문제에서 나아가 아동학대나 안전과 같은 전반적인 아동의 권리가 중요한 이슈로 등장하게 된 시기이다.

1 아동보호전문기관의 설립

아동학대와 아동 안전에 관한 규정을 대폭 확대하였다. 아동학대의 정의, 아동학대 관련 업무를 담당하는 아동보호전문기관 설치에 관한 규정, 아동학대 신고 의무와 절차 등 구체적인 절차를 마련했고, 아동복지시설과 아동용품에 대한 안전 기준을 정하였다. 아동권리 보호와 아동학대 예방을 위한 사업이 활성화되기 시작하였다. 2001년 아동학대 관련업무와 정책을 총괄하기 위한 중앙아동학대예방센터가 설립되고, 2006년에는 중앙보호전문기관으로 그 명칭이 변경되어 2016년 현재 전국에 60개의 아동보호전문기관이 설립되어 있다.

2 「영유아보육법」 전면 개정을 통한 보육 서비스의 질적 향상

한편, 21세기에 들어서면서 저출산이 심각한 사회문제로 대두되고 여성의 노동시장 참여가 확대되자, 정부는 2004년 「영유아보육법」을 전면 개정하여 어린이집의 종류와 종사자 자격 기준을 명확히 하는 등 보육 사업에 대한 기본틀을 마련하였다. 「영유아보육법」 제30조에 근거하여 보육 서비스의 질적 향상을 도모하기 위한 어린이집 평가인증제도 도입의 근거를 마련하여 평가인증사업을 실시하였다.

또한 2013년에는 전격적으로 0-5세 무상보육을 시행하였다. 이는 부모의 경제력과 재산에 관계없이 우리나라 모든 영유아의 보육비용을 국가가 보장하는 아동복지를 보편주의 원칙을 기초로 확장하려는 사회추세를 반영한 것이다. 이와 아울러 보육과정의 개편을 통해 2012년 3월부터 5세아 누리과정을 실시하고 3세, 4세 누리과정으로 확대하였다.

3 다양한 가정의 아동에 대한 지원

외국인 근로자와 결혼이민자, 북한이주민의 이주가 증가하면서 이들 '다문화가정' 자녀의 아동복지 서비스에 대한 관심이 고조되었다. 특히, 현 정부정책의 주요 초점이 되고 있는 결혼이민자 가족의 학령기 자녀의 수가 증가함에 학교에서의 다문화교육과 학습 지원, 부모 역할 지원, 이중언어 역량 개발 등의 지원이 시급하므로 그 대책이 요구되고 있다(김성경 외, 2009).

또한 건강한 출생과 성장을 위한 종합적 아동 정책의 수립을 강조하고, 아동복지시설의 종류에 공동생활가정과 지역아동센터를 추가하여 가정 중심, 지역사회 중심의 아동복지 정책이 추진될 수 있도록 보완하였다.

4 아동권리 행사를 위한 법률적 지원 노력

2000년 전부 개정된 「아동복지법」이 2011년 다시 전부 개정되었고 2016년 3월 일부개정(법률 14085호)에 이르기까지 수차례의 일부개정이 이루어지고 있다.

2011년 8월 전부 개정된 「아동복지법」은 아동종합실태조사 결과를 바탕으로 아동정책기본계획을 수립하고 아동학대의 예방과 방지에 초점을 맞추었다. 이는 아동복지 서비스의 안정적 추진과 아동정책을 효과적으로 수행하여 아동이 건강하고 행복하게 자랄 수 있도록 하려는 목적으로 개정되었다.

또한 2015년 3월 일부 개정된 「아동복지법」은 아동학대 사건이 발생한 경우 피해아동의 가족구성원 파악을 통한 사후조치를 실효성 있게 하도록 아동보호전문기관의 장의 권한을 강화하였다. 또한 아동학대 의무신고자에 대한 신고의무고지 및 교육을 강화하며, 아동에 대한 체벌 등의 금지를 명시하려는 목적으로 일부 개정되었다.

2016년 3월 일부 개정된 「아동복지법」은 아동이 원가정에서 성장하도록 지원하는 등 아동보호 서비스의 원칙을 명시하고 보호대상 아동에 대한 보호조치를 강화하였다. 아동의 심리안정을 도모하고 2차 피해를 방지하기 위해 아동보호전문기관 내 진술녹화실을 설치와 학대피해아동쉼터의 법적 근거를 마련하였다.

이상으로 우리나라 아동복지 변천과정을 정리해 볼 때, 「아동복지법」을 비롯하여 다양한 관련법안의 제정과 변화의 시도에도 불구하고, 실제 아동복지는 여전히 요보호아동의 문제에 대응하는 사후적이고 잔여적인 성격의 사업으로 이루어지고 있다. 이에 국가는 아동복지에 대한 인식의 전환과 요보호아동에 국한되지 않는 보편적이며 포괄적인 아동권리 중심의 아동복지정책의 수립이 필요하다.

생각해 볼 문제

1. 영국과 미국의 아동복지 발전과정과 우리나라 발전과정의 차이를 생각해 봅시다.

2. 우리나라에서 아동복지의 발달을 확인할 수 있는 사례를 생각해 봅시다.

3. 전체적인 우리나라 아동복지 발달사를 정리해서 요약해 봅시다.

제6장

아동복지정책과 관련법 및 행정

이 장에서는 아동복지정책, 아동복지 관련법 그리고 아동복지행정에 대해 설명하고자 한다. 아동복지정책은 아동복지제도와 서비스 등을 계획하고 총괄하는 활동으로 아동복지 관련법들을 근거로 한다. 즉, 아동복지정책은 아동복지법 및 아동복지 관련법이라는 형식으로 표현되며, 아동복지 관련법은 아동복지와 관련된 다양한 정책과 활동을 규정하고 명시한다. 아동복지행정은 아동복지정책을 구체적 아동복지 서비스로 옮기는 과정으로 정책과 관련법들이 원활히 집행될 수 있도록 예산을 마련하고, 인력을 구성하고, 조직체계를 구성하는 활동을 의미한다. 이러한 아동복지정책, 관련법, 행정은 서로 유기적으로 연결되어 함께 변화하고 발전해 가야 한다.

1. 아동복지정책

1) 아동복지정책의 개념

아동복지는 아동이 성장하고 발달하는 과정에 영향을 줄 수 있는 사회, 가정환경을 포함한 삶의 질 전체와 관련이 있다. 정책은 행위에 대한 어떤 명시적인 행위방침을 의미한다(Gilbert & Terrell, 2005). 즉 아동복지정책이란 아동복지의 목표를 이루기 위해 필요한 행동에 관한 원칙으로서 아동의 보호와 가족의 유지를 목표로 한다. 따라서 아동복지정책의 목표를 이루기 위해서는 그 대상인 아동이나 가족의 욕구에 기초하여 정책결정이 이루어져야 할 것이다(문선화 외, 2009).

또 다른 정의에 의하면 아동복지정책이란 주어진 사회가 아동의 안녕과 행복을 증진하기 위하여 집합적으로 채택하고 실천하는 구체적인 정책 및 프로그램 체계를 의미한다(이혜경, 1993). 주정일과 이소희(2003)는 아동복지정책의 그 수준은 현실적으로 국가의 성격과 복지이념이 정해진 기준에 의해 결정된다고 보았다. 과거 우리나라의 아동복지정책은 요보호아동을 위한 사후적 정책들이 주를 이루었으나,

최근에는 보편주의적 아동복지정책으로 확대되는 경향이다.

2) 아동복지정책의 결정이슈

아동복지정책을 결정할 때 아동의 올바른 성장과 발달을 위한 국가와 사회의 가치관이 포함되어 있다. 현대사회에서 아동 개인의 기본적 권리 보장과 국가의 개입정도, 아동의 최우선 이익의 원칙들, 아동에 대한 부모와 그 가족의 권리와 책임 등은 아동복지정책을 결정하기 전에 생각할 이슈들이다(Pecora 외, 2000).

(1) 아동보호와 가족보존의 균형이다.

아동의 권리를 우선하는 정책은 아동을 가족으로부터 분리시켜 부모가 없는 보호의 상태에 놓일 수 있다. 반면에 가족보존에 초점을 둔다면 위험이 발생할 가능성이 높은 가정에 아동을 그대로 정착시킴으로써 해서 아동을 위험에 빠뜨릴 수도 있는 것이다. 따라서 가족에게 필요한 지지를 제공하는 예방적 활동을 통해 개별아동을 보호할 필요가 있다. 그러나 아동과 부모의 권리 간에 균형을 이루는 것은 쉬운 문제가 아니다.

(2) 보편주의와 선별주의의 균형이다.

특정한 문제를 가진 위험집단에만 서비스를 제공하면 한정된 자원으로 큰 효과를 이룰 수 있지만, 반면 일반아동이나 가족의 포괄적인 욕구충족에는 소홀하게 될 수 있다(이재연 외, 2015). 또한 아동학대예방을 위한 아동보호 서비스 제공 등 제한된 집단에만 치중하다 보면 모든 아동과 가족에게 필요한 사회의 기본적 지원(주거, 취업프로그램, 산전관리와 산후관리 등)을 위한 정책이 취약해지는 결과를 초래하기도 한다(Kamerman & Kahn, 1995).

(3) 재가가족중심 프로그램과 가족외부의 가족 대체 프로그램과의 균형이다.

아동복지 서비스를 위한 접근으로 아동을 가정 내에서 보호할 것인가, 아동을 가정 외에 배치시켜 보호할 것인가의 논점이다. 아동을 위한 서비스는 아동위탁 서비스, 시설보호 서비스, 가족중심 서비스 등 다양한 접근이 있는데 가족과 아동의 다양한 욕구에 맞는 다양한 서비스를 제공하는 것이 중요하다. 그리고 이와 관련하여 아동이 일시적으로 가정을 떠나 보호를 받는 경우에라도 가족을 지원하는 정책들은 계속 실천되어야 한다.

(4) 전문가 집단과 비전문가 집단 활용의 균형이다.

아동복지 문제해결 과정에서 전문가적 지식의 강조는 서비스의 중심이 아동의 문제에만 초점을 두는 방향으로 치우치기도 한다. 따라서 아동학대와 같은 문제에 대한 대응에서 자원봉사자, 자조집단, 가족이나 친지 등 비공식적 조직의 강점을 잘 활용할 수 있어야 한다.

(5) 예방 대 치료의 균형 문제이다.

아동복지 서비스가 아동이 이미 피해를 입은 후 개입하면 사후 문제해결에 치중하며 지원 내용의 부족과 표적화된 서비스를 제공하는 한계가 있다. 최근의 아동복지정책은 예방을 강조하는 방향으로 전환되고 있다. 그러나 예방적 서비스는 서비스를 필요로 하지 않는 가족에게 제공되는 경우도 있다. 그러므로 제한된 자원으로 예방 서비스와 치료 서비스 간의 균형을 이루는 것이 중요하다(Pecora et al., 2000).

(6) 현재의 비용지출과 장기적 결실과의 균형이다.

아동복지 서비스 실천은 현재의 비용을 지출하여 당장의 결과를 만들어 낼 수는 없지만 장기간 후에 그 효과가 나타나는 것이 대부분이다. 따라서 정책을 결정하는데 있어 현재 지출해야 할 재정과 나중에 얻게 될 결실과의 균형을 이루는 것은 중요하다.

이와 같이 아동복지정책을 결정할 때 아동과 가족을 보호, 보존을 목표로 각 이슈간의 균형 유지가 필요하다.

3) 아동복지정책의 목표

원래 아동을 위한 건전한 육성정책은 아동 자신, 부모와 가족, 사회 등 세 주체의 권리와 책임의 확립에 기반을 두고 있어야 한다. 즉 아동 자신은 한 인간체로서 부모와는 상관없이 독자적 권리를 지니고 태어났다는 사실과 보호와 지도를 받아야 하는 아직 미성숙한 인간이지만 성인과 사회의 기대에 부응해야 하는 책임도 갖고 있다. 아울러 부모와 가족, 사회도 아동복지를 위해 권리와 책임을 지게 되는데, 특히 아동들을 위해 국가가 해야 할 일은 무엇보다도 부모-자녀에 개입하는 일이다(Costin, L., & Down, S., 1991). 따라서 바람직한 아동복지정책의 목표는 가족단위를 고려하는 가족정책과 관련하여 정책목표를 명시적으로 갖추어 가야 한다.

구체적으로 살펴보면 다음과 같다.

첫째, 아동복지정책의 책임은 아동 자신, 가족, 지역사회, 국가 모두에게 있지만, 이중에서도 국가의 책임이 우선되기 때문에 국가의 전반적인 특히 가족정책과 관련하여 정책의 목표가 검토되어야 한다.

둘째, 아동복지정책의 목표는 아동을 정책수혜자로만 볼 것이 아니라 아동이 주체가 되어 정책 프로그램에 자발적이고 능동적인 참여를 할 수 있도록 유도하는 방향으로 추진되어야 한다.

셋째, 중·장기 목표는 문제아동 발생을 막기 위한 예방사업에 두고, 단기 목표는 문제아동의 문제해결과 사회복귀에 둔다. 예방을 위해서는 무엇보다도 가족정책의 수립이 필요하다.

4) 아동복지정책의 영역

아동복지정책의 영역을 살펴보면, 아동 및 가족을 위한 사회보험, 공공부조, 아동복지 서비스 정책 등이 포함된다. 이 외에도 아동수당과 소득세공제 제도, 정부의 아동정책 등도 포괄적 아동복지정책에 포함된다. Laird와 Hartmana(1985)에 따르면 아동의 입장에서 볼 때 가족은 아동을 위해 사회적, 교육적으로 건강한 보호요구를 충족시키는 1차적 사회 서비스의 대행자이다(정옥분 외, 2016). 따라서 아동복지는 가족을 기초하여 실제적인 참여, 보호를 지원한다. 사회보험과 공공부조는 저소득층 아동들의 가족 소득(생계)을 보완하고 보장함으로써 간접적으로 아동의 복지 수준 향상을 꾀하려는 것이라 할 수 있다.

즉 아동복지정책은 아동만의 복지를 목표로 하는 전통적인 정책에서 아동 및 가족의 삶의 질 향상, 아동이 살고 있는 가정의 복지를 지향하는 아동 및 가족복지 정책으로 전환되고 있다(Kamerman & Kahn, 1985).

5) 제1차 아동정책 기본계획('15–'19)

2015년 5월 "행복한 아동, 존중받는 아동"을 비전으로 하는 '제1차 아동정책 기본계획('15-'19)'은 아동분야에서 처음 수립되는 중기계획이다. 2013년 '아동종합실태조사' 등에서 나타난 우리나라 아동정책의 취약부분을 근본적으로 개선하고, 「유엔아동권리협약」 및 유엔아동권리위원회의 권고사항을 정책으로 제시하였다. 또한 아동정책의 기본 방향과 정책 과제는 정부부처 및 지방자치단체에서 아동 관련 사업들과 상호 연계하여 종합적으로 추진한다.

제1차 아동정책 기본계획의 비전은 "행복한 아동, 존중받는 아동"으로, 생애주기에서 아동기가 가장 행복한 시기가 될 수 있도록 하고, 모든 영역에서 아동을 권리의 주체로 인정하여 아동의 권리를 온전하게 실현되도록 한다는 의미이다. 이를 위해 아동의 '삶의 만족도'와 '주관적 행복지수'를 10년 내 OECD 국가 평균 수준으로 향상시키고, 유엔아동권리협약의 중요 원리인 '아동 최우선의 원칙'을 실현시킬 수 있는 기반을 조성하는 것을 핵심 목표로 설정하였다. 아동정책 기본계획은 미래를 준비하는 삶, 건강한 삶, 안전한 삶, 함께하는 삶의 4개 영역으로 나누었다.

각 부문별 주요 정책과제는 다음과 같다.

- 미래를 준비하는 삶 영역에서는 아동의 성장 · 발달과정에 영향을 미치는 내용에 대해 아동 스스로 의견을 충분하게 표현할 수 있는 권리를 보장한다. 학업과 놀이 · 여가 간 불균형을 해소할 수 있도록 놀 권리헌장을 선포하고, 이를 구체

적으로 실현할 수 있는 제1차 놀이정책을 마련한다.

- 건강한 삶 영역에서는 아동이 가장 많은 시간을 보내는 생활공간(가정, 어린이집·유치원, 학교)을 기반으로 아동 건강을 통합 관리하는 체계를 구축한다. 생활습관형 질병 및 아동기 다빈도 질병 관리 등 아동의 발달주기에 따른 예방형 건강관리 대책을 마련한다.
- 안전한 삶 영역에서는 가정·학교 등 아동의 주된 생활공간에서 위험 요인을 줄인다. 범죄예방, 환경 설계 확산 등 아동에서 안전한 환경 조성을 위한 지역사회의 적극적 실천을 이끌어 나간다.
- 함께하는 삶 영역에서는 빈곤, 장애, 범죄, 가출, 다문화가정, 이주아동 등 다양한 사유로 사회적 보호나 지원이 필요한 아동에 대해 종합적인 보호 대책을 수립하고 이행·관리하는 방안을 제시한다.

아동정책 기본계획 실행기반 조성을 위해서 아동정책조정위원회(위원장: 국무총리)를 활성화하고, 아동영향 평가를 도입하며, 아동과 관련하여 관련부처에서 매년 생산하는 각종 실태조사 및 통계를 체계적으로 관리할 수 있는 방안을 마련하였다. 아동정책조정위원회는 기본계획의 이행상황, 정책성과 등을 주기적으로 보고·평가·공개한다.

2. 아동복지 관련 법률

아동복지 관련법에는 「아동복지법」과 「영유아보육법」, 「청소년기본법」,「한부모가족지원법」 등이 포함된다. 아동복지 관련법은 아동복지를 보장하기 위한 사회적 책임을 명문화한 것으로서, 아동복지사업 실시의 근거가 된다.

1) 아동복지 관련법의 체계

일반적으로 아동복지 관련법은 아동만을 대상으로 하는 법, 아동이 그 대상으로서 포함되는 법과 아동복지를 지원해 주기 위한 행정 및 조직에 관한 법으로 나뉜다. 현재 우리나라 아동복지 관련법은 다음과 같다.

표 6-1 아동복지 관련법의 분류

분류	법 명
아동복지일반법	아동복지법, 청소년기본법
빈곤아동 및 가정보호, 한부모아동	사회복지사업법, 국민기초생활보장법, 한부모가족지원법, 보호시설에 있는 미성년자의 후견직무에 관한 법률, 입양특례법
사회보험	국민연금법, 국민건강보험법
아동건강	모자보건법, 지역보건법, 학교보건법, 학교급식법
근로종사아동	근로기준법
아동교육 및 보호	교육기본법, 유아교육법, 영유아보육법
비행아동 및 우범아동	소년법, 보호소년 등의 처우에 관한 법률, 보호관찰 등에 관한 법률
아동건전육성 및 보호	청소년기본법, 청소년보호법, 청소년의 성보호에 관한 법률, 성폭력 범죄의 피해자보호 등에 관한 법률, 특정 범죄자에 대한 위치 추적 전자장치 부착 등에 관한 법률, 가정폭력방지 및 피해자보호 등에 관한 법률

2) 아동복지법

1961년 「아동복리법」이 처음 제정된 후, 1981년에 「아동복지법」으로 명칭 개정과 함께 전문 개정되었다. 초기의 「아동복리법」은 구호적인 성격의 복지제공에 중점을 두고 있어 경제 · 사회의 발전에 따른 사회적 복지요구에 부응하지 못하였다. 이후 요보호아동뿐만 아니라 일반아동을 포함한 전체아동의 복지를 보장하고 특히 유아기에 있어서의 기본적 인격, 특성과 능력 계발을 위한 여건을 조성하기 위하여 1981년 4월에 「아동복지법」으로 바꾸었다. 개정된 주요 내용은 첫째, 보호대상 범위를 요보호아동 위주로 되어 있던 것을 전체아동으로 확대하고, 둘째, 아동의 보호 · 육성책임을 국가 · 지방자치단체 및 보호자가 공동으로 지도록 하였다. 셋째, 5월 5일을 어린이날로 삼고 이에 대한 법적 근거를 마련하였다. 넷째, 아동복지지도원을 별정직으로 하여 전문직 확보가 용이하도록 하였다, 다섯째, 새마을부녀회 직영 어린이집 등 무료탁아시설은 신고제로 운영이 가능하게 하였다. 여섯째, 아동복지시설장의 자격을 강화하였다. 일곱째, 아동복지 증진을 위하여 아동복지시설을 설치한 법인에 대하여 국유, 공유 재산을 무상으로 대여할 수 있도록 하였다.

그 이후에도 「아동복지법」은 2016년 5월까지 2회의 전문개정과 여러 차례의 일부개정이 있었다. 2000년에 전문개정한 내용은 점차 사회 문제화되는 학대피해아동에 대한 보호 및 아동안전에 대한 제도적 지원을 공고히 하고 아동복지지도원을 사회복지전담공무원으로 그 신분을 변경하였다. 아동학대에 대한 정의와 금지유형을 명확히 규정하고, 아동학대에 대한 신고를 의무화하였다. 그리고 2011년 8월에 전문개정을 통해 아동종합실태조사를 시행하여 그 결과를 바탕으로 아동정책 기본계획을 수립 · 시행하고, 아동학대의 예방과 방지, 아동학대행위자의 계도를 위한 교육 등에 관한 홍보영상을 제작하여 방송할 수 있도록 하였다.

(1) 아동복지법의 구성내용

「아동복지법」은 총 7장 75조로 이루어졌으며 총칙, 아동복지정책의 수립 및 시행, 아동에 대한 보호 서비스 및 아동학대 예방 및 방지, 아동에 대한 지원 서비스, 아동복지전담기관 및 아동복지시설, 보칙, 벌칙으로 구성되어 있다.

표 6-2 아동복지법의 구성

장	구 분	주 요 내 용
1장	총칙	목적, 기본이념, 정의, 국가와 지방자치단체의 책무, 보호자의 책무, 어린이날 및 어린이 주간
2장	아동복지정책의 수립 및 시행	아동정책 기본계획의 수립, 연도별 시행계획의 수립 · 시행 등, 계획수립의 협조, 아동정책조정위원회, 아동종합실태조사, 아동복지심의위원회, 아동복지전담공무원, 아동위원

3장	아동에 대한 보호 서비스 및 아동학대의 예방 및 방지	보호조치, 보호대상 아동의 퇴소조치 등 금지행위, 친권상실 선고의 청구 등, 아동의 후견인의 선임청구 등, 아동의 후견인 선임, 보조인의 선임 등, 아동학대 예방과 방지 의무, 아동학대 신고의무자에 대한 교육, 아동학대 등의 홍보, 사후관리 등, 아동학대 정보시스템, 피해아동 및 그 가족 등에 대한 지원
4장	아동에 대한 지원 서비스	안전기준의 설정, 아동의 안전에 대한 교육, 아동보호 구역에서의 영상 정보처리기기 설치 등, 아동안전 보호인력 등, 아동긴급 보호소 지정 및 운영, 건강한 심신의 보존, 보건소, 취약계층 아동에 대한 통합 서비스 지원, 자립지원, 자립지원 계획의 수립 등, 자립지원 전담기관의 설치, 운영 등, 아동자립지원추진협의회,
5장	아동복지 전담 기관 및 아동복지시설	아동복지전담기관의 설치, 아동보호전문기관의 업무, 아동보호전문기관의 성과 평가 등, 가정위탁지원센터의 설치 등, 가정위탁지원센터의 업무, 아동복지시설의 설치, 휴업 · 폐업 등의 신고, 아동복지시설의 종류, 아동전용시설의 개선, 사업의 정지, 시설의 폐쇄 등, 아동복지 전담기관 및 아동복지시설의 장의 의무, 아동복지 단체의 육성
6장	보칙	비용보조, 비용징수, 보조금의 반환명령, 국유 · 공유재산의 대부 등, 비밀유지의 의무 · 조사 등
7장	벌칙	벌칙, 상습범, 미수범, 양벌규정, 과태료

출처: http://www.law.go.kr

(2) 아동복지법의 목적과 기본이념

표 6-3 아동복지법의 목적과 이념

구분	주 요 내 용
목적	아동이 건강하게 출생하여 행복하고 안전하게 자라나도록 그 복지를 보장함을 목적으로 한다.
이념	• 아동은 자신 또는 부모의 성별, 연령, 종교, 사회적 신분, 장애유무, 출생 지역, 인종 등에 따른 어떠한 종류의 차별도 받지 아니하고 자라나야 한다. • 아동은 완전하고 조화로운 인격발달을 위하여 안정된 가정환경에서 행복하게 자라나야 한다. • 아동의 보장과 복지증진을 위하여 이에 관한 모든 활동에 있어서 아동의 이익이 최우선적으로 고려되어야 한다. • 아동은 아동권리보장과 복지증진을 위하여 이 법에 따른 권리와 지원을 받을 권리를 갖는다.

출처: http://www.law.go.kr

(3) 책임주체

「아동복지법」 제4조와 제5조에서 모든 국민은 아동의 권익과 안전을 존중하여야 하며, 아동을 건강하게 양육할 책임을 진다. 또한 국가와 지방자치단체도 보호자와 더불어 아동을 건강하게 양육할 책임을 진다고 규정함으로써 아동을 안전하게 양육할 보호자일 뿐만 아니라 모든 국민과 국가, 지방자치단체의 공동 책임임을 명시하고 있다.

표 6-4 아동복지법의 책임주체

제4조 (국가와 지방자치단체의 책무)

① 국가와 지방자치단체는 아동의 안전 · 건강 및 복지 증진을 위하여 아동과 그 보호자 및 가정을 지원하기 위한 정책을 수립 · 시행하여야 한다.
② 국가와 지방자치단체는 보호대상 아동 및 지원대상 아동의 권익을 증진하기 위한 정책을 수립 · 시행하여야 한다.
③ 국가와 지방단체는 아동이 태어난 가정에서 성장할 수 있도록 지원하고, 아동이 태어난 가정에서 성장할 수 없을 때는 가정과 유사한 환경에서 성장할 수 있도록 조치하며, 아동을 가정에서 분리하여 보호할 경우에는 신속히 가정으로 복귀할 수 있도록 지원하여야 한다(신설 2016. 3. 22).
④ 국가와 지방자치단체는 장애아동의 권익을 보호하기 위하여 필요한 시책을 강구하여야 한다.
⑤ 국가와 지방자치단체는 아동이 자신 또는 부모의 성별, 연령, 종교, 사회적 신분, 재산, 장애유무, 출생 지역 또는 인종 등에 따른 어떠한 종류의 차별도 받지 아니하도록 필요한 시책을 강구해야 한다.
⑥ 국가와 지방자치단체는 「아동의 권리에 관한 협약」에서 규정한 아동의 권리 및 복지증진 등을 위하여 필요한 시책을 수립 · 시행하고, 이에 필요한 교육과 홍보를 하여야 한다.
⑦ 국가와 지방자치단체는 아동의 보호자가 아동을 행복하고 안전하게 양육하기 위하여 필요한 교육을 지원하여야 한다.
(시행일: 2018. 3. 23)

제5조 (보호자 등의 책무)

① 아동의 보호자는 아동을 가정에서 그의 성장 시기에 맞추어 건강하고 안전하게 양육하여야 한다.
② 아동의 보호자는 아동에게 신체적 고통이나 폭언 등의 정신적 고통을 가해서는 아니 된다(신설 2015. 3. 27).
③ 모든 국민은 아동의 권익과 안전을 존중하여야 하며, 아동을 건강하게 양육하여야 한다.

출처: http://www.law.go.kr

(4) 아동에 대한 보호 서비스

아동의 보호와 관련된 내용으로는 「아동복지법」 제15조에 시 · 도지사 또는 시장 · 군수 · 구청장은 그 관할지역 안에서 보호를 필요로 하는 아동을 발견하거나 보호자의 의뢰를 받은 때에는 아동의 최상의 이익을 위하여 대통령령이 정하는 바에 의하여 필요한 보호조치를 하여야 한다.

표 6-5 아동에 대한 보호 서비스

제15조 (보호조치)
1. 전담공무원 또는 아동위원에게 보호를 필요로 하는 아동 또는 그 보호자에 대한 상담 지도를 수행하게 하는 것 2. 보호자 또는 대리양육을 원하는 연고자에 대하여 그 가정에서 보호 · 양육할 수 있도록 필요한 조치를 하는 것 3. 아동의 보호를 희망하는 자에게 가정 위탁하는 것 4. 보호를 필요로 하는 아동에게 적합한 아동복지시설에 입소시키는 것 5. 약물 및 알코올 중독 · 정서장애 · 발달장애 · 성폭력피해 등으로 특수한 치료나 요양 등의 보호를 필요로 하는 아동에 대하여 전문치료기관 또는 요양소에 입원 또는 입소시키는 것 6. 「입양특례법」에 따른 입양에 관련하여 필요한 조치를 하는 것 (시행일: 2018. 3. 23)

출처: http://www.law.go.kr

또한 아동의 건전한 보호와 육성을 위해 누구든지 아동에게 피해를 입히는 다음과 같은 행위를 해서는 안 된다고 규정하고 있다.

표 6-6 아동에 대한 금지행위

제17조 (금지행위)
1. 아동을 매매하는 행위 2. 아동에게 음란한 행위를 시키거나 이를 매개하는 행위 또는 아동에게 성적 수치심을 주는 성희롱 등의 성적 학대행위 3. 아동의 신체에 손상을 주거나 신체의 건강 및 발달을 해치는 신체적 학대행위 4. 아동의 정신건강 및 발달에 해를 끼치는 정서적 학대행위 5. 자신의 보호 · 감독을 받는 아동을 유기하거나 의식주를 포함한 기본적 보호 · 양육 · 치료 및 교육

을 소홀히 하는 방임행위
6. 장애를 가진 아동을 공중에 관람시키는 행위
7. 아동에게 구걸을 시키거나 아동을 이용하여 구걸하는 행위
8. 공중의 오락 또는 흥행을 목적으로 아동의 건강 또는 안전에 유해한 곡예를 시키는 행위 또는 이를 위하여 아동을 제3자에게 인도하는 행위
9. 정당한 권한을 가진 알선기관 외의 자가 아동의 양육을 알선하고 금품을 요구 또는 약속하는 행위
10. 아동을 위하여 증여 또는 급여된 금품을 그 목적 외의 용도에 사용하는 행위

출처: http://www.law.go.kr

(5) 아동에 대한 지원 서비스

「아동복지법」 제30조에 의하면 국가는 대통령령이 정하는 바에 따라 아동복지시설과 아동용품에 대한 안전기준을 정하고 아동용품을 제작·설치·관리하는 자에게 이를 준수하도록 하여야 한다. 또한 제31조에서는 아동복지시설, 영유아어린이집, 유치원, 초·중·고등학교의 장은 성폭력 및 아동학대예방, 실종·유괴의 예방과 방지, 감염병 및 약물의 오남용 예방 등 보건위생관리, 재난대비 안전, 교통안전을 실시한 후 실시 결과를 매년 1회 보고하도록 하였다.

(6) 아동복지전담기관과 아동복지시설

아동보호전담기관은 학대받은 아동의 발견, 보호, 치료에 대한 신속한 처리 및 아동학대예방을 전담하는 기관이다(제45조). 지방자치단체는 학대받은 아동의 발견, 보호, 치료에 대한 신속한 처리 및 아동학대예방을 담당하는 지역아동보호전문기관을 시·군·구에 1개소 이상 두어야 한다. 이 경우 아동보호전문기관의 설치기준과 운영, 상담원 등 직원의 자격과 배치기준 등에 필요한 사항은 대통령령으로 정한다. 아동보호전문기관의 업무는 다음과 같다.

표 6-7 아동보호전문기관의 업무

제46조(아동보호전문기관의 업무)
① 중앙아동보호전문기관은 다음의 각 호의 업무를 수행한다.
1. 지역아동보호전문기관에 대한 지원
2. 아동학대 예방사업과 관련된 연구 및 발간 자료
3. 효율적인 아동학대 예방사업을 위한 연계체제 구축
4. 아동학대예방사업을 위한 프로그램 개발 및 평가
5. 상담원, 직무교육, 아동학대 예방 관련 교육 및 홍보
6. 아동보호전문기관 전산시스템 운영 및 구축

출처: http://www.law.go.kr

누구든지 아동학대를 알게 된 때는 아동보호전문기관 또는 수사기관에 신고할 수 있다. 특히 교원, 의료인, 어린이집의 교직원, 유치원의 교직원, 아동복지시설의 교직원 등은 아동학대 신고의무자(제26조)로서 그 직무상 아동학대를 알게 된 때에는 즉시 아동보호전문기관 또는 수사기관에 신고하여야 한다.

또한 국가 또는 지방자치단체는 아동복지시설을 설치할 수 있다. 그러나 민간단체의 경우 관할 시장 · 군수 · 구청장에게 신고하고 아동복지시설을 설치할 수 있다. 「아동복지법」 제52조에 따른 아동복지시설의 종류는 다음과 같다.

표 6-8 아동복지시설의 종류

시 설	정 의
아동양육시설	보호를 필요로 하는 아동을 입소시켜 보호, 양육하는 것을 목적으로 하는 시설
아동일시 보호시설	보호를 필요로 하는 아동을 일시보호하고 아동에 대한 향후의 양육대책 수립 및 보호조치를 행하는 것을 목적으로 하는 시설
아동보호 치료시설	• 불량행위를 하거나 불량행위를 할 우려가 있는 아동으로서 보호자가 없거나 친권자나 후견인이 입소를 신청한 아동 또는 가정법원, 보호위탁된 19세 미만인 사람을 입소시켜 그들을 선도하여 건전한 사회인으로 육성하는 것을 목적으로 하는 시설 • 정서적 · 행동적 장애로 인하여 어려움을 겪고 있는 아동 또는 학대로 인하여 부모로부터 일시 격리되어 치료받을 필요가 있는 아동을 보호 · 치료하는 시설

공동생활가정	보호대상 아동에게 가정과 같은 주거여건과 보호, 양육, 자립지원 서비스를 제공하는 것을 목적으로 하는 시설
자립지원시설	아동복지시설에서 퇴소한 사람에게 취업준비 기간 또는 취업 후 일정 기간 보호함으로써 자립을 지원하는 것을 목적으로 하는 시설
아동상담소	아동과 그 가족의 문제에 관한 상담, 치료, 예방 및 연구 등을 목적으로 하는 시설
아동전용시설	어린이 공원, 어린이 놀이터, 아동회관, 체육, 연극, 영화, 과학실험전시시설, 아동휴게숙박시설, 야영장 등 아동에게 건전한 놀이 · 오락 기타 각종 편의를 제공하여 심신의 건강유지와 복지증진에 필요한 서비스를 제공하는 것을 목적으로 하는 시설
지역아동센터	지역사회 아동의 보호 · 교육, 건전한 놀이와 오락의 제공, 보호자와 지역사회 연계 등 아동의 건전육성을 위하여 종합적인 아동복지 서비스를 제공하는 시설

출처: http://www.law.go.kr

아동복지시설은 종합시설로 설치할 수 있으며, 아동전용시설에는 국가와 국민의 책임을 추가로 규정하고 있는데, 즉 국가와 지방자치단체는 아동이 항상 이용할 수 있는 아동전용시설을 설치하도록 노력하여야 한다(제53조).

3) 영유아보육법

현재 우리나라는 산업화 · 도시화에 따라 핵가족화 현상과 기혼 여성의 사회 참여율이 점점 증가하여 가정에서의 자녀양육 기능이 약화되고 있으며, 이에 따라 영유아의 보호와 교육이 사회적 관심의 대상이 되고 있다.

1991년 「영유아보육법」이 독립적으로 제정 · 실시되었다. 보육사업이 종전 단순한 탁아 기능에서 보호와 교육을 통합한 보육으로 확대 · 실시됨으로써 아동에 대한 교육, 영양, 건강, 안전 등 보호와 교육뿐만 아니라 부모에 대한 서비스와 지역사회와의 교류까지 포괄하는 종합 서비스를 제공하였다. 이후 계속적인 개정을 통해 영유아가 사회구성원으로 성장될 수 있도록 보육환경의 질을 높였다.

목적	보호자가 근로 또는 질병, 기타 사정으로 인하여 돌보기 어려운 영유아를 심신의 보호와 건전한 교육을 통하여 건강한 사회구성원으로 육성함과 동시에 보호자의 경제적 · 사회적 활동이 원활하도록 도움으로써 궁극적으로는 가족복지 증진에 기여

기본이념	영유아의 이익을 최우선적으로 고려하여 제공되어야 하며 영유아가 안전하고 쾌적한 환경에서 건강하게 성장할 수 있도록 하여야 한다. 영유아는 자신이나 보호자의 성별, 연령, 종교, 사회적 신분, 재산, 장애 및 출생 지역 등에 따른 어떠한 종류의 차별도 받지 아니하고 보육되어야 한다는 것
대상	보육이 필요한 영유아를 원칙으로 함. 필요시 만 12세까지 연장하여 보육할 수 있음
전달체계	보육정책조정위원회, 보육정보센터, 보육개발원, 어린이집연합회, 어린이집(국 · 공립 · 법인 · 가정 · 부모협동 · 민간어린이집), 어린이집 교직원
내용	보호와 교육을 통합한 보육 서비스로서 적절한 영양, 건강, 안전관리가 이루어져야 함
재정	국가와 지방자치단체는 국민기초생활보장법에 의한 수급자와 여성가족부령이 정하는 일정소득 이하 가구의 자녀 등의 보육에 필요한 비용의 전부 또는 일부를 부담하여야 함. 정부는 보육사업에 소요되는 비용의 전부 또는 일부를 보조함

- 「영유아보육법」의 구성내용

「영유아보육법」에서의 영유아는 6세 미만의 취학 전 아동을 의미하고, 어린이집은 보호자의 위탁을 받아 영유아를 보육하는 곳을 의미한다. 여기에서 보호자는 친권자, 후견인 또는 기타 영유아를 현재 보호하고 있는 자를 말하고, 보육교직원은 어린이집에서 영유아의 보육, 건강관리와 보호자와의 상담, 기타 업무를 담당하는 자를 말한다.

표 6-9 영유아보육법의 주요내용

장	구분	주 요 내 용
1장	총칙	목적, 정의, 보육이념, 책임, 보육조정위원회, 보육정책위원회, 육아종합지원센터, 보육개발원, 보육실태조사
2장	어린이집의 설치	어린이집의 종류, 보육계획수립 및 시행, 어린이집 또는 어린이집 용지확보, 국 · 공립어린이집의 설치 등, 국 · 공립어린이집 외의 어린이집의 설치, 직장어린이집의 설치 등 어린이집 설치기준 결격사유
3장	보육교직원	보육교직원의 배치 · 직무 · 임면 · 결격사유, 어린이집의 원장 또는 보육교사의 자격, 어린이집의 원장 또는 보육교사 자격증의 교부, 보수교육
4장	어린이집의 운영	어린이집의 운영기준 등, 어린이집운영위원회, 취약보육의 우선실시 등, 어린이집 이용대상, 보육의 우선제공, 보육과정, 어린이집 생활기록, 어린이집 평가인증
5장	건강 · 영양 및 안전	건강관리 및 응급조치, 어린이집 안전공제사업 등, 치료 및 예방조치, 급식관리, 어린이집 차량안전관리

6장	비용	무상보육, 양육수당, 보육 서비스 이용권, 비용지원의 신청, 조사 · 질문, 금융정보 등의 제공, 비용의 보조 등, 사업주의 비용부담, 보육료 등의 수납, 세제지원, 비용 및 보조금의 반환명령, 보육비용 지원액의 환수
7장	지도 및 감독	지도와 명령, 보고와 검사, 어린이집의 폐지 · 휴지 및 제개 등의 신고, 시정 또는 변경 명령, 어린이집의 폐쇄, 행정제재처분 효과의 승계, 어린이집 원장의 자격정지, 보육교사의 자격정지, 어린이집의 원장 또는 보육교사의 자격취소, 청문
8장	보칙	경력의 인정, 권한의 위임, 도서 · 벽지 · 농어촌지역 등의 어린이집, 어린이집연합회
9장	벌칙	벌칙, 양벌규정, 과태료

출처: http://www.law.go.kr.

4) 한부모가족지원법

「한부모가족지원법」은 1989년 4월 「모자복지법」으로 처음 제정되고, 이후 2003년 「모부자복지법」으로 다시 2007년 10월 「한부모가족지원법」으로 개정되어 2008년부터 시행되고 있다.

목적	한부모가족이 건강하고 문화생활을 영위할 수 있게 함으로써 한부모가족의 생활안정과 복지 증진에 이바지함을 목적으로 하고 있음
대상	한부모가족과 그 모 또는 부에 의하여 양육되는 18세 미만(취학 중일 때는 22세 미만)의 아동 여기서 모 또는 부에 해당하는 배우자와 사별 또는 이혼하거나 배우자로부터 유기된 자, 정신 또는 신체의 장애로 인해 장기간 노동 능력을 상실한 배우자를 가진 자, 미혼자(사실혼 관계에 있는 자는 제외) 65세 이상의 고령자들과 손자녀로 구성되어 있는 조손가정과 대한민국 국민과 혼인하여 대한민국 국적의 아동을 양육하고 있는 국내체류 외국인으로서 대통령이 정하는 사람
전달체계	모자가족 복지시설, 부자가족 복지시설, 미혼모가족 복지시설, 일시지원 복지시설, 한부모가족 복지상담소
내용	생계비, 아동교육지원비, 직업훈련비 및 훈련기간 중 생계비, 아동양육비 이외에도 국가와 지방자치단체는 모 · 부자가정의 생활안정과 자립을 촉진하기 위해 복지자금을 대여할 수 있다고 되어 있음. 이외 고용의 촉진과 가족지원 서비스, 국민주택 분양 및 임대에 대한 조치가 있음
재정	국가와 지방자치단체는 대통령령이 정하는 바에 의하여 한부모가족복지사업에 소요되는 비용을 보조할 수 있다고 되어 있음

• 「한부모가족지원법」의 구성내용과 한부모가족복지시설

「한부모가족지원법」은 총 5장 31조로 구성되어 있으며, 총칙, 복지의 내용과 실시, 한부모가족복지시설, 비용, 보칙의 내용이 담겨 있다. 한부모가족시설의 종류는 다음과 같다.

표 6-10 한부모가족복지시설의 종류

시 설	정 의
모자가족 복지시설	모자가족에게 다음 각 목의 어느 하나 이상의 편의를 제공하는 시설 • 기본생활지원: 생계가 어려운 모자가족에게 일정 기간 동안 주거와 생계를 지원 • 공동생활지원: 독립적인 생활이 어려운 모자가족에게 일정 기간 동안 공동생활을 통하여 자립을 준비할 수 있도록 주거 등을 지원 • 자립생활지원: 자립욕구가 강한 모자가족에게 일정 기간 동안 주거를 지원
부자가족 복지시설	부자가족에게 다음 각 목의 어느 하나 이상의 편의를 제공하는 시설 • 기본생활지원: 생계가 어려운 부자가족에게 일정 기간 동안 주거와 생계를 지원 • 공동생활지원: 독립적인 생활이 어려운 부자가족에게 일정 기간 동안 공동생활을 통하여 자립을 준비할 수 있도록 주거 등을 지원 • 자립생활지원: 자립욕구가 강한 부자가족에게 일정 기간 동안 주거를 지원
미혼모가족 복지시설	미혼모가족과 출산 미혼모 등에게 다음 각 목의 어느 하나 이상의 편의를 제공하는 시설 • 기본생활지원: 미혼 여성의 임신 출산시 안전 분만 및 심신의 건강회복과 출산 후의 아동의 양육 지원을 위하여 일정 기간 동안 주거와 생계를 지원 • 공동생활지원: 출산 후 해당 아동을 양육하지 아니하는 미혼모 또는 미혼모와 그 출산아동으로 구성된 미혼모자가족에게 일정 기간 동안 공동생활을 통하여 자립을 준비할 수 있도록 주거 등을 지원
일시지원 복지시설	배우자(사실혼 관계에 있는 사람을 포함)가 있으나 배우자의 물리적 · 정신적 학대로 아동의 건전한 양육이나 모의 건강에 지장을 초래할 우려가 있을 경우 일시적 또는 일정 기간 동안 모와 아동 또는 모에게 주거와 생계를 지원하는 시설
한부모가족 복지상담소	한부모가족에 대한 위기 · 자립 상담 또는 문제해결 지원 등을 목적으로 하는 시설

출처: http://www.law.go.kr

5) 청소년기본법

「청소년기본법」은 1991년 12월 31일 제정된 후 2016년까지 15차례에 걸쳐 일부 개정되었다.

목적	청소년의 권리 및 책임과 가정, 사회, 국가 및 지방자치단체의 청소년에 대한 책임을 정하고 청소년 육성정책에 관한 기본적 사항을 규정하기 위함
기본이념	청소년이 사회구성원으로서 정당한 대우와 권익을 보장받음과 아울러 스스로 생각하고 자유롭게 활동할 수 있도록 하고, 보다 나은 삶을 누리며 유해한 환경으로부터 보호될 수 있도록 함으로써 국가와 사회가 필요로 하는 건전한 민주시민으로 자랄 수 있도록 하는 것
대상	청소년의 범위를 9세 이상 24세 이하로 규정
전달체계	여성가족부(청소년정책위원회), 교육부, 고용노동부(근로청소년), 법무부와 행자부(비행청소년), 각종 수련시설
내용	청소년 수련활동, 청소년 교육활동, 청소년 복지, 청소년 문화, 청소년 상담, 청소년 지도사 및 청소년 상담사, 청소년 시설
재정	국가 및 지방자치단체는 예산의 범위 안에서 경비의 일부를 보조할 수 있음

• 「청소년기본법」의 구성내용

「청소년기본법」은 총 10장 66조로 구성되어 있으며, 총칙, 청소년정책의 총괄·조정, 청소년시설, 청소년지도자, 청소년단체, 청소년활동 및 복지, 청소년육성기금, 보칙, 벌칙에 관한 내용이 담겨 있다. 그리고 청소년 활동이란 청소년의 균형있는 성장을 위해 필요한 활동과 이러한 활동을 소재로 하는 수련활동, 교류활동, 문화활동 등 다양한 형태의 활동을 의미한다. 한편, 청소년 복지는 청소년이 정상적인 삶을 누릴 수 있는 기본적인 여건을 조성하고 조화롭게 성장·발달할 수 있도록 제공되는 사회적·경제적 지원을 말한다.

또한 「청소년기본법」에는 청소년 육성에 관한 기본계획을 5년마다 수립하도록 하였다(제13조). 또한 청소년지도사 및 상담사의 전문성과 자질이 향상되도록 자격연수를 의무화하며, 청소년수련시설에서 사고가 발생할 경우 시설 이용자에게 적절한 피해보상이 성립되도록 수련시설 운영자에 대해서 손해보험 가입을 의무화하고, 사회적 문제 대상인 가출청소년을 임시 보호하고 선도하기 위한 청소년 쉼터를 설치 운영하여 한국청소년상담원의 특별법인 설립 등기를 위한 규정을 신설하는 것 등의 조항을 포함하고 있다.

표 6-11 **청소년기본법의 주요내용**

장	구 분	주 요 내 용
1장	총칙	목적, 기본이념, 정의, 다른 법률과의 관계, 청소년의 권리와 책임, 청소년의 자치권 확대, 가정의 책임, 사회의 책임, 국가 및 지방자치단체의 책임
2장	청소년정책의 총괄 · 조정	청소년정책의 총괄 조정, 청소년정책위원회, 지방청소년 육성위원회의 설치, 청소년특별회의의 개최, 청소년 육성에 관한 기본계획의 수립, 연도별 시행계획의 수립, 계획수립의 협조, 청소년의 달
4장	청소년시설	청소년시설의 종류, 청소년시설의 설치 · 운영, 청소년시설의 지도 · 감독
5장	청소년지도자	청소년지도자의 양성, 청소년지도사, 청소년상담사, 청소년지도사 · 청소년상담사의 배치 및 채용 등, 청소년육성전담공무원, 청소년육성전담기구의 설치, 청소년지도위원
6장	청소년단체	청소년단체의 역할, 청소년단체에 대한 지원 등, 수익사업, 한국청소년단체협의회, 지방청소년단체협의회
7장	청소년활동 및 복지	청소년활동의 지원, 학교교육 등과의 연계, 청소년 복지의 향상, 청소년 유익환경의 조성, 청소년 유해환경의 규제
8장	청소년 육성기금	기금의 설치, 기금의 조성, 기금의 사용, 지방청소년 육성기금의 조성
9장	보칙	국 · 공유재산의 대부, 조세감면, 감독, 포상, 유사명칭의 사용금지, 권한의 위탁 위임
10장	벌칙	벌칙, 과태료

출처: http://www.law.go.kr.

3. 아동복지행정

아동복지정책을 잘 수행하기 위해서는 공공과 민간의 조직에 의한 효율적인 전달체계의 활동 및 그 법적인 보장, 전문가의 개입 등이 필요하다. 아동복지의 급여와 서비스 전달은 아동복지행정 분야에서 이루어진다.

따라서 아동복지정책의 일관성과 효율적인 아동복지 서비스를 제공하기 위한 중앙정부로부터 지방행정체계에 이르기까지 정책 서비스 전달체계가 확립되어야 한다. 아동문제를 다루는 상담심리전문가, 사회복지사, 교육전문가 등의 전문가를 양성하는 체계가 구축되어, 이들에 대한 아동과 부모들의 접근이 용이하도록 하는 전달체계의 확립이 필요하다.

1) 아동복지행정의 개념

아동복지행정이란 아동복지 조직과 아동복지 전문 인력들이 아동복지 서비스를 효과적으로 기획 · 실천 · 평가하도록 지원해 주는 것을 의미한다. 아동복지행정체계는 아동복지 서비스가 아동복지 관련법과 아동복지정책에 근거하여 공공과 민간 조직 등 다양한 조직을 통해 복지 대상자에게 효과적으로 제공하는 데 기여하는 것을 목적으로 한다. 따라서 아동복지행정은 아동복지정책으로 표현된 추상적인 것을 실제적인 아동복지 서비스로 전환하는 공공과 민간의 전 과정을 의미하며 아동복지 조직을 관리 · 운영하는 독특한 성격을 지니고 있다.

2) 아동복지행정의 원칙

아동복지행정체계에서 우선 '누구'에게 '어떤' 서비스를 제공할 것인가가 정해지면 그것을 '어떻게' 전달할 것인가를 정해야 한다. 따라서 서비스 전달체계는 서비스가 기획되어 최종적으로 수급자에게 전달되기까지의 구조와 과정이라고 할 수 있다(김영종, 2010). 아동복지 서비스 전달체계 과정에서 고려할 주요한 원칙에 대해서 살펴보면 다음과 같다(Gilbert & Terrel, 2005).

(1) 전문성의 원칙

아동복지 서비스의 제공 업무 중 핵심적인 주요업무는 반드시 전문가가 담당해야 한다. 아동복지 분야의 종사자는 전문성의 정도에 따라서 전문가, 준전문가, 비전문가인 자원봉사자로 구분된다. 이외에 의사, 간호사, 보육교사, 물리치료사, 작업치료사, 영양사 등 여러 분야의 전문가들도 아동복지 분야에 참여하고 있다.

(2) 적절성의 원칙

아동복지 서비스는 그 양과 질, 그리고 제공하는 기간이 클라이언트나 소비자의 욕구충족과 서비스의 목표달성에 충분해야 한다. 그러나 이 원칙은 재정 형편상 제대로 지키기 어려운 경우가 많으며, 적절성의 수준에 대해서 많은 논란이 있다.

(3) 포괄성의 원칙

아동의 욕구는 다양할 뿐만 아니라 한 가지 문제는 다른 여러 가지의 문제와도 유기적으로 관련되어 있다. 따라서 다양한 욕구와 문제를 동시에 또는 순서적으로 해결하기 위해 다양한 서비스를 필요로 한다. 서비스의 포괄성을 달성하기 위해서는 한 사람의 전문가가 여러 문제를 다루거나 아니면 각각 다른 전문가가 한 사람의 각각의 문제를 다룰 수도 있고 또는 여러 전문가들이 한 팀이 되어 문제를 해결할 수도 있다.

(4) 지속성의 원칙

아동 개인의 문제나 욕구를 해결하는 과정에서 아동 개개인에 따라 필요한 서비스의 종류와 질이 달라져야 하는 경우가 있다. 이러한 경우에 차등이 필요한 다양한 서비스들이 상호연계되어 제공되어야 한다. 이 원칙이 잘 적용되기 위해서는 같은 조직 내의 서비스 프로그램 간에 상호협력이 잘 이루어져야 할 뿐만 아니라 지역사회 내의 아동복지 서비스 조직간에도 유기적인 연계가 잘 이루어져야 한다.

(5) 통합성의 원칙

아동이 해결해야 할 문제들은 복합적이고 상호 연관되어 있기 때문에 이러한 문제해결을 위한 서비스도 서로 연관되어야 한다. 그러므로 서비스가 통합적으로 제공되기 위해서는 한 행정책임자 아래 서비스들이 제공되고 서비스 제공 장소(조직)들이 지리적으로 상호 접근되고 서비스 프로그램 간 또는 조직 간에 상호유기적인 연계와 협조체계가 갖추어져야 한다.

(6) 평등성의 원칙

특별한 경우를 제외하고는 성별, 연령, 소득, 지역, 종류, 지위에 관계없이 모든 아동에게 아동복지 서비스를 제공해야 한다.

(7) 책임성의 원칙

아동복지 조직은 사회가 아동의 권리로 인정한 복지 서비스를 전달하도록 위임받은 조직이므로 서비스의 전달에 대하여 책임을 져야 한다. 책임을 져야 할 주요내용은 서비스가 수혜자의 욕구에 적절히 대응하는 것인가, 서비스의 전달 절차가 적합한가, 서비스가 효과적이고 효율적인가, 서비스 전달과정에서의 불평과 불만의 수렴장치는 갖추어져 있는가, 최종적으로 서비스에 책임을 지는 자는 누구인가에 대한 검토가 필요하다.

(8) 접근용이성의 원칙

아동복지 서비스는 그것을 필요로 하는 사람들이면 누구나 쉽게 받을 수 있어야 하기 때문에 아동이 쉽게 서비스에 접근할 수 있어야 한다.

3) 아동복지행정의 전달체계 현황

아동복지 전달체계를 보면, 공적 전달체계로서는 특별시, 광역시, 도 · 시 · 군 · 구, 읍 · 면 · 동, 아동복지 수혜자로 구분되며, 민간 전달체계로는 민간단체 민간시설-아동복지 수혜자로 전달된다. 아동복지에 관한 국가의 정책은 국가와 지방자치단체, 민간조직의 전달체계를 통하여 집행되어 대상자에게 급여나 서비스가 제공된다. 아동복지의 실천주체는 국가, 지방자치단체, 민간단체, 단체, 시설 또는 지역주민들이 포함된다. 아동복지행정과 서비스 전달체계는 보건복지부-인구정책실-아동인구정책관-아동복지정책과로 되어 있다.

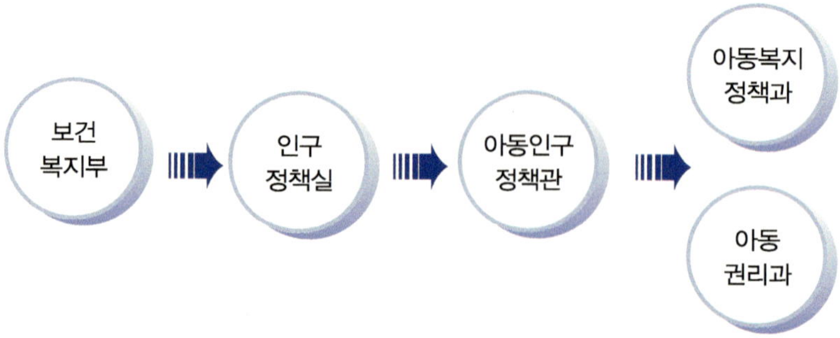

[그림 6-1] 중앙정부 아동복지 서비스 전달체계

보건복지부 아동복지정책과의 주요 업무 담당업무는 다음과 같다.

① 아동복지에 관한 정책 총괄 및 종합계획의 수립 · 시행
② 아동복지법령 제정 · 개정에 관한 사항
③ 아동정책조정위원회에 관한 사항
④ 아동복지 서비스 조사 · 연구 · 홍보 및 통계에 관한 사항
⑤ 아동복지 관련 업무의 중앙부처 및 지방자치단체 협의 · 조정
⑥ 빈곤아동종합대책의 수립 및 조정
⑦ 가정위탁, 소년소녀가정에 관한 사항
⑧ 아동복지시설, 그룹홈 등 운영 · 지원에 관한 사항
⑨ 입양특례법령 제정 · 개정에 관한 사항
⑩ 국내외 입양제도 개선 및 활성화 종합대책 수립 · 시행에 관한 사항
  10의 2. 국내외 입양 실태조사 · 연구 · 홍보 및 통계에 관한 사항
  10의 3. 헤이그국제아동입양협약에 관한 사항
  10의 4. 중앙입양원 및 입양기관 · 단체에 관한 사항
⑪ 아동발달지원 계좌에 관한 사항
⑫ 아동관련 법인 및 단체에 관한 사항
⑬ 한국아동복지협회, 한국아동그룹홈협의회에 관한 사항

지방정부차원에서는 특별시 · 광역시 도단위의 여성가족정책관 산하에 아동복지 업무를 담당하는 부서가 있으며, 구체적인 서비스 제공은 읍 · 면 · 동으로 전달되어 주로 사회복지 전담공무원이 행정적 역할을 하고 있다.

표 6-12 주요시의 아동복지 담당

시 · 도	담당국	담당과
서울	여성가족정책실	가족담당과
부산	여성가족국	아동청소년과
대구	여성가족정책관	출산아동팀
인천	여성가족국	아동 · 청소년과
광주	여성청소년정책관실	저출산아동담당
대전	보건복지여성국	여성가족청소년과

4) 아동복지 예산

보건복지부에서 집행하는 아동 · 청소년 예산을 살펴보면 다음과 같다.

2016년 보건복지부 일반회계 예산에서 운용되는 보육 관련 예산을 제외한 아동복지 관련 예산(3,125억 원)과 아동 관련 보건의료 부분 예산(188억 원)을 포함한 아동복지 관련 예산의 총합은 3,313억 원으로 전체 보건복지예산 55조 5,653억 원(일반회계 예산 32조9,160억원) 대비 0.60%에 해당한다. 아동 보건의료 부분 예산을 제외한 아동복지 관련 복지예산은 약 3,125억 원으로 전체 보건복지예산 55조 5,653억 원의 0.56%에 불과하며, 보건복지 일반회계 예산 32조 9,160억 원 대비 0.95%에 해당하였다.

이번 보건복지부 예산안에서 아동 · 청소년 분야 예산은 전년 대비 약 2.8% 증가한 편성으로 사회복지예산 증가율 3.8%에 비해 상대적으로 낮은 증가율을 보였다.

구분	장애인	노인	영유아	아동
복지예산(원)	6475억3900	3조7145억1000	2조4783억8000	1691억5400
인구 수(명)	242만7천	436만5218	299만9461	844만9567
1인당 복지비	26만6806원	85만0933원	82만6275원	2만19원

[그림 6-2] 2011년 우리나라 복지사업 대상별 1인당 복지예산 비교

자료: 국회 보건복지위원회 '예산안 및 기금운용계획안 검토보고'

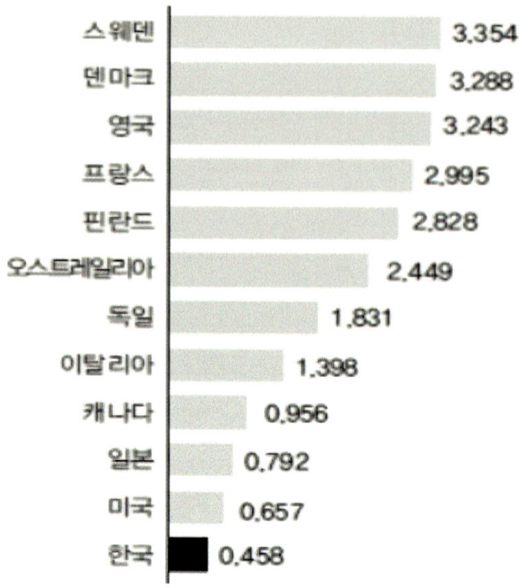

[그림 6-3] OECD 회원국의 GDP 대비 아동가족복지 지출 비율
자료: 경제협력개발기구(OECD) (단위: %)

표 6-13 2016년 보건복지부 아동 · 청소년 예산(안)

(단위: 백만 원, %)

구분	'15예산		'16예산		증감	
	본예산	추경(A)	요구	조정(B)	(B−A)	%
총계 : (1)+(2)	322,862	322,329	532,171	331,330	9,001	2.8
일반회계 아동복지 부문(소계) (1)	303,395	303,466	513,308	312,554	9,088	3.0
1. 요보호아동보호육성	18,382	18,382	43,688	19,232	850	4.6
청소년한부모자녀아동수당지원	−	−	7,200	−	−	−
지역아동보호전문기관설치 및 운영	−	−	14,875	−	−	−
요보호아동자립지원	1,021	1,021	1,000	1,000	△21	△2.0
실종아동보호 및 지원	992	992	1,092	992	−	−
중앙입양원 및 입양단체 등 사후관리지원	4,390	4,390	5,287	4,791	401	9.1
가정위탁지원 · 운영	1,232	1,232	1,402	1,232	−	−
아동발달지원계좌보조	10,747	10,747	12,832	11,217	470	4.4
2. 아동복지지원	284,165	284,165	468,619	292,321	8,156	2.9
지역아동센터지원	137,717	137,717	142,713	141,579	3,862	2.8
취약계층아동 등 사례관리	65,783	65,783	79,894	66,834	1,051	1.6

장애아동가족지원 5	75,665	75,665	82,819	73,908	△1,757	△2.3
저소득층기저귀조제분유지원	5,000	5,000	20,480	10,000	5,000	100.0
3. 아동청소년정책	848	919	1,001	1,001	82	8.9
아동정책조정 및 인권증진	494	494	666	666	100	17.7
아동안전사고예방사업	354	353	335	335	△18	△5.1
보건의료 부문(소계) (2)	19,467	18,863	18,863	18,776	△87	△0.0
영유아사전예방적 건강관리 (국민건강증진기금)	17,737	17,737	17,737	17,737	–	–
영유아검진사업 (국민건강증진기금)	1,730	1,126	1,126	1,039	△87	△7.7

자료: 보건복지부. 『2016년 보건복지부 소관 예산안 및 기금운용계획안 예비검토자료』. 9월.

생각해 볼 문제

1. 아동복지정책의 가장 중요한 장기적 목표는 무엇이어야 하는지 생각해 봅시다.

2. 우리나라 「아동복지법」에 추가해야 할 내용이 있다면 무엇이 있을지 제안해 봅시다.

3. 아동복지 서비스 중 긍정적 평가를 할 수 있는 서비스에 대해서 생각해 봅시다.

제7장

빈곤아동과 아동복지

1. 빈곤아동
2. 빈곤아동 문제
3. 빈곤아동을 위한 복지서비스
4. 빈곤아동을 위한 복지서비스 발전 방향

빈곤이란 기본적인 욕구 충족을 위해 경제적, 사회문화적인 차원에서 결핍이나 부족된 상태를 의미하며, 빈곤아동은 사회 환경에 따라 다양한 형태로 발생되고 있다. 특히 우리나라의 경우 IMF 경제 위기 상황과 이혼의 증가 등으로 인해 빈곤아동이 증가하였고, 이후 실업 및 사회전반의 경제적 어려움으로 지속적으로 증가하고 있다.

빈곤아동의 경우 신체발달 뿐 아니라 인지, 정서, 행동문제 등의 다양한 문제를 경험하고 있어 사회적인 개입이 절실한 실정이다. 따라서 본 장에서는 빈곤아동의 복지 서비스 현황을 살펴보고, 이를 중심으로 빈곤아동을 위한 복지 서비스 방향에 대해서 살펴보고자 한다.

1. 빈곤아동

1) 빈곤의 개념

빈곤의 사전적 의미는 기본 욕구를 충족시킬 수 있는 생활수단이 부족한 상태 또는 자원의 결핍으로 인해 기본적인 물질적인 욕구를 충족시킬 수 없는 상태를 말한다. 일반적으로 개인의 일차적인 욕구인 의식주를 생각하였으나 최근에는 경제적인 개념을 벗어나 교육, 건강, 사회, 기회, 문화 등의 사회적 조건과 자원의 결핍상태를 의미하는 경향이 있다. 경제적인 빈곤부터 문화적 빈곤, 인간적 삶의 질에 영향을 미치는 요인이 결핍된 인간적 빈곤까지 다양한 형태로 구분되어진다. 즉, 빈곤의 개념은 인간의 욕구가 변화하듯이 빈곤의 기준도 시대와 시회변화에 따라 변화되어 가고 있다.

절대적 빈곤이란 객관적으로 결정한 절대적 최저한도보다 미달되는 상태를 말하는데, 흔히 의식주 등 기본적 욕구를 해결하지 못하는 상태로 보고, 절대빈곤선 개념을 토대로 생존의 의미를 강조한다. 따라서, 절대적 빈곤은 실질 경제성장이 계속되어 그 사회의 전반적인 생활수준이 향상되면 빈곤선 이하의 생활을 하는 사람의 숫자도 감소하게 된다. 즉 절대적 빈곤이란 최저생활에 필요한 기본수용을 추정하는 빈곤선을 중심으로 한 가구의 소득(또는 지출)이 최저생활을 유지하는데 필요한 생계비에 미달했을 때를 의미하는 것이다. 우리나라의 경우 최저생계비에 따라 기초생활수급대상자 선정과 급여의 수준을 결정하고 있다.

상대적 빈곤이란 동일 사회 내의 다른 사람과 비교하여 적게 가지는 것을 말하는데, 이는 특정 사회의 전반적인 생활수준과 밀접히 관련된 개념이어서 경제, 사회 발전에 따라 정책적으로 중시되며, 상대적 박탈과 불평등의 개념을 중시한다. 따라서, 상대적 빈곤선은 특정 사회의 구성원 대다수가 누리는 생활수준에 못 미치는 수준을 말하는데, 이것은 특정사회의 사회적 관습과 생활수준에 따라 크게 달라진다. 상대적 빈곤이란 한 사회의 기존 생활수준과 직접 비교하여 정의하는 빈곤이다.

상대적 빈곤을 추정하는 방법으로는 첫째, 순수상대빈곤은 전체 사회의 계층별 소득순서에서 하위층에 해당되는 일정한 비율을 빈곤층으로 정의하며, 예를 들어 소득순으로 하위 20% 또는 하위 40% 이하일 때 빈곤층으로 구분된다. 둘째, 전체 사회에서 평균소득에 해당되는 일정한 비율을 빈곤층으로 정의하는 유사상대빈곤 방식이 있다. 예를 들어 개발도상국의 경우 평균 소득의 1/3을 빈곤계수로 정의하는 것이 유사상대빈곤 방식인 것이다.

2) 빈곤아동의 개념

빈곤아동이란 빈곤한 가정의 18세 미만의 아동으로 정의할 수 있다. 절대적 빈곤의 개념에 입각하여 우리나라의 최저생계비 이하의 소득을 가진 가정의 아동으로 국민기초생활수급권 가정의 18세 미만의 아동을 빈곤아동으로 정의할 수 있으며, 빈곤아동에는 소년소녀가정의 아동 및 빈곤한 한부모가정 아동이 포함된다.

2018년 현재 우리나라의 최저생계비를 살펴보면 다음과 같다.

표 7-1 2017~2018년 최저생계비

구 분	1인 가구	2인 가구	3인 가구	4인 가구	5인 가구	6인 가구	7인 가구
2017년 (원/월)	991,759	1,688,669	2,184,569	2,680,428	3,176,307	3,672,187	3,672,187
2018년 (원/월)	1,672,105	2,847,097	3,683,150	4,519,202	5,355,254	6,191,307	7,027,359

※ 8인 이상 가구의 기준 중위소득: 1인 증가시마다 836,052원씩 증가(8인 가구: 7,863,411원).

또한 상대적 빈곤의 개념에 따라 정의하면, 빈곤아동은 우리나라 평균가구 소득의 하위 20% 이하에 포함되는 가정의 아동을 의미한다. 차상위계층의 아동까지 빈곤아동으로 볼 때에는 평균가족 소득의 하위 50% 이하에 포함되는 가정의 아동을 의미한다(김성경 외, 2009).

(1) 소년소녀가정 아동

소년소녀가정이란 부모가 모두 사망했거나 가출로 인해 가장 역할을 하는 경우, 부모가 장애를 가지고 있어 생활에 어려움이 있는 경우, 이혼한 경우, 부모의 가출 및 행방불명 또는 수감 중인 경우 등의 원인으로 인해 가장의 역할을 하는 경우를 말한다. 국민기초생활보장법에서는 직접적으로 소년소녀가정에 대한 언급은 없지만 만 18세 미만의 자는 근로소득이 없는 것으로 가정하여 부모의 사망, 질병, 심신장애, 가출, 이혼, 복역 등으로 인해 소년소녀가 실질적인 가장이 되어 가계를 책임지는 세대로서 국가의 보호, 지원을 필요로 하는 세대로 정의된다.

소년소녀가정의 법적인 의미로는 부모나 기타 친척 없이 미성년자인 아동이 한 가구의 가장 역할을 하는 경우를 말하지만, 최근에는 부모가 있더라도 아동이 적절하게 보호받지 못하는 경우 또는 아동이 조부모나 일가 친척과 생계를 같이 하지만 그들의 노령이나 질환 등으로 인해 실질적으로 가장 역할을 해야 하는 경우도 이에 포함된다(박정란 외, 2001).

소년소녀가정 제도는 아동에게 위험을 초래할 수 있고 UN 등에서도 폐지 권고하여 소년소녀가정 추가 지정을 금지하고 있어 우리나라에서도 2000년 소년소녀가정 지정을 금지하고 기존의 소년소녀가정은 가정위탁보호로 전환 추진하고 명칭도 소년소녀가정이라는 표현으로 사용하고 있다.

(2) 한부모가정 아동

한부모가족은 '편부모가족', '모부자가정', '결손가정'이라는 용어로 사용되어 오다가 2007년 한부모가족지원법이 개정됨에 따라 '한부모'라는 용어로 사용되고 있다. 한부모가족의 발생 원인은 부모의 이혼, 별거, 사망, 유기 등의 다양한 원인에 의하여 양친 중 한쪽과 그 자녀로 이루어진 가정을 의미한다. 양육자에 따라 어머니가 양육하는 경우 여성 한부모가정, 아버지가 양육하는 경우 남성 한부모가정, 그 외 조손가정이 한부모가정의 범위에 포함되고 있다.

2. 빈곤아동 문제

빈곤이 아동발달에 미치는 영향은 아동의 전반적인 영역에서 나타난다. 빈곤은 아동이 정상적 발달과업을 성취하는데 장애를 가져올 뿐만 아니라 그 장애들이 누적되어 성인이 되어서까지 부정적 영향을 미쳐 빈곤이 세대 간에 대물림되는 결과를 낳기도 한다. 빈곤이 아동에게 미치는 영향을 신체발달 문제, 정서 및 행동 문제, 학업적 문제로 나누어 살펴보고자 한다.

1) 신체발달 문제

빈곤아동과 일반아동을 비교해 볼 때 가장 심각하게 큰 차이를 보이는 점은 신체적 건강으로 빈곤아동은 출생 시부터 신체적 건강에서 부정적 결과를 보이고 있으며, 발달과정에서도 낮은 성취를 보이고 있다(김성경 외, 2005). 또한 빈곤상태에서 생활하는 아동의 경우 전염병을 얻을 위험성도 더 높고, 전염성 때문에서 어려움을 겪을 위험성 또한 더 높다. 뿐만 아니라 빈곤아동은 시각, 청각, 치과와 관련된 건강 문제도 더 많이 나타난다(Chafel & Hadley, 2001).

2) 정서 및 행동 문제

빈곤아동은 비빈곤아동에 비해 우울 및 충동성, 행동 문제 등을 더 많이 경험하는 것으로 나타나고 있다. 미국의 경우에는 빈곤아동이 비빈곤아동에 비해 정서 및 행동 문제의 발생률이 1.3배 높은 것으로 나타났으며, 청소년 임신은 3.1배 높은 것으로 나타났다(Duncan & Brooks-Gunn, 2000). 빈곤가정의 한 형태인 한부모가정 아동의 경우에는 한부모가정에 대한 부정적인 인식으로 인해 한부모가정 아동의 자아존중감을 상실시켜 열등감, 고립감, 우울, 불안감 등 각종 심리적인 스트레스를 경험하는 것으로 나타났다(권영미, 2000; 동승자, 2000).

3) 학업적 문제

빈곤아동인 경우 비빈곤아동에 비해 상대적으로 자원이 부족하기 때문에 인지능력이 떨어지고, 학업성취가 낮으며 학년유급 및 학교 중퇴가 높아 전반적으로 학교 적응이 떨어지는 경우가 많은 것으로 나타나고 있다(오승환, 2000; 최선희, 2003). 빈곤아동의 경우 학교환경에 대해 스트레스를 많이 경험할 수 있으며, 이로 인해 학업성취에도 많은 어려움이 있음을 알 수 있다.

이 외에도 빈곤아동의 경우에는 비빈곤아동에 비해 가족과의 관계에서 많은 어려움을 경험하게 된다. 양육자의 부재로 인해 양육환경의 부족, 상호작용, 의사소통 등에서 어려움을 경험할 수 있게 되고, 이로 인해 또래관계와의 어려움, 타인과의 관계의 어려움으로 이어질 수 있다. 또한 가족, 이웃, 사회의 지원과 지지를 받지 못하는 현실에서 사회에 적응하기 어려우며, 사회적인 편견으로 인해 자신의 역량을 발휘하지 못한다는 것이 더 큰 문제로 나타나고 있다.

3. 빈곤아동을 위한 복지 서비스

1) 소년소녀가정 지원사업

(1) 지원대상

2000년 9월부터 소년소녀가장이라는 표현이 소년소녀가정(youth family)으로 변경되었으며, 소년소녀가정 제도는 아동에게 위험을 초래할 수 있어 UN 등에서도 폐지를 권고하고 있어 소년소녀가정 지정을 제한하고 가정위탁보호로 전환하는 것을 추진하고 있다(보건복지부, 2016).

소년소녀가정은 국민기초생활보장법에 의한 수급자(가구) 중 만 18세 미만(출생일 기준)의 아동이 실질적으로 가정을 이끌어 가고 있는 세대이며, 그 대상은 다음과 같다(보건복지부, 2016).

① 만 18세 미만의 아동으로만 구성된 세대이다.

② 만 18세 미만의 아동이 부양능력이 없는 부모와 동거하는 세대이다. 18세 미만의 아동이 국민기초생활보장법상 부양의무자(부모제외)와 동거하는 경우에는 아동복지법 제15조 제1항 제2호의 대리양육(친인척위탁 포함)가정으로 선정하고, 부양의무자가 아닌 사람과 동거하는 경우에는 아동복지법 제15조 제1항 제3호의 가정위탁으로 선정한다.

③ 15세 미만의 아동으로만 세대를 구성할 경우 소년소녀가정 지정을 제한하고 가정위탁이나 시설(그룹홈)입소 등 아동복지법 제15조에 따른 보호조치를 실시한다. 다만, 형제, 자매가 1인 이상 포함된 세대로서 당해 아동이 지역사회 내에서 독립적으로 오랫동안 생활해 왔고, 동거하지 않으나 주변에 친, 인척 등이 거주하여 수시로 보호를 받고 있어 가정위탁이나 시설(그룹홈)입소가 적절하지 않다고 판단되는 때에는 예외적으로 지정한다.

④ 그 외 지원아동이 만 18세 이상이나 중 · 고등학교에 재학 중인 경우에는 졸업시(졸업하는 날이 속하는 달)까지 지원 가능하다.

(2) 지원내용

1 생계 및 교육급여

소년소녀가정에게는 국민기초생활보장에 의한 생계급여 및 교육급여를 제공한다. 주거급여 제외 대상자를 제외한 모든 수급자에 대하여 최저생계비 중 최저주거비를 분리하여 주거급여로 지급하고 있다. 주거급여는 가구별 0원~최저주거비까지 정률급여로 지급하며, 해당하는 수급자에게 가구별 현금급여액에 해당하는 금액을 차감한 나머지를 주거 현금급여로 지급한다.

표 7-2 소년소녀가정 생계급여

(단위: 원/월)

1인가구	2인가구	3인가구	4인가구	5인가구
501,632	854,129	1,104,945	1,355,761	1,606,576

교육급여의 경우에는 고등학생은 입학금(학교장이 고지한 금액 전액, 입학시 1회), 수업료(학교장이 고지한 금액 전액, 분기별 지급), 교과서대, 학용품비(5만 7천원/인, 학기당 2만 8천 5백원씩 연 2회)를 제공한다. 중학생의 경우 부교재비(10만 5천원/인 연 1회), 학용품비(5만 7천원/인, 학기당 2만 8천 5백원 연 2회)를 제공한다. 초등학생은 부교재비(6만 6천원/인, 연 1회), 학용품비(5만 원/1인, 학기당 2만 5천원씩 연 2회)를 지원한다.

2 의료급여

의료급여법에 의한 의료급여를 제공한다.

3 부가급여

1인당 월 200,000원 이상(2018년 기준, 지방이양) 지급된다.

부가급여액은 소년소녀가정이 결정일이 포함된 달의 전액을 지급하며 중지가 결정된 달까지 지급함을 원칙으로 한다.

4 전세자금 지원(국토교통부)

가구당 월평균 소득이 전년도 도시근로자 가구당 월평균 이하로서 무주택인 소년소녀가정에게 임차전용면적 $85m^2$ 이하인 주택의 전세자금과 일반주택 전세자금 및 공공임대주택 임대보증금 대출지원을 제공한다.

5 정서적 후원

아동만으로 구성된 세대에 대해서는 이웃에 거주하는 아동위원, 종교인, 지역여성지도자, 공무원, 대학생 멘토 등을 후견인으로 지정하여 고충이나 애로 사항을 상시 의논, 해결하도록 한다. 이는 후원자는 결연기관과 협조체계를 구축하여 후원금을 제대로 사용할 수 있도록 지도하여 후원금의 부적절한 사용을 방지하고자 하고 있다.

정부에서는 정서적 후원의 방법으로 결연기관(초록우산 어린이재단)과 협조체계를 강화하도록 하고 있다. 시 · 군 · 구청장은 소년소녀가정 책정 후 초록우산 어린이재단에 관련자료 통보, 초록우산 어린이재단의 소년소녀가정을 위한 프로그램을 활용하여 중복지원이 발생하지 않도록 하고 있다.

2) 한부모가족 지원사업

(1) 지원대상

2017년 한부모가족지원사업안내에 의하면 다음에 해당하는 세대주인 어머니 또는 아버지와 그에 의하여 양육되는 만 18세 미만(취학시 만 22세 미만)의 자녀, 조손가족, 청소년 한부모가족으로 이루어진 가정이 지원대상이 된다.

지원대상을 자세히 살펴보면, 다음과 같다.

1 한부모가족(모자가족 및 부자가족)

- 배우자와 사별 또는 이혼했거나 배우자로부터 유기된 자
- 정신 또는 신체장애로 인하여 6개월 이상 장기간 근로(노동) 능력을 상실한

배우자를 가진 자(경제활동으로 소득이 있는 경우는 제외, 공적자료로 파악)

- 미혼모 또는 미혼부(사실혼 관계에 있는 자는 제외) 배우자의 생사가 분명하지 않은 자
- 가정폭력 등에 의한 배우자 또는 배우자 가족과의 불화 등으로 인하여 가출한 자
- 배우자의 군복무로 인하여 부양을 받을 수 없는 자
- 배우자의 장기복역으로 인하여 부양을 받을 수 없는 자
- 국내에 체류하고 있는 외국인(출입국관리법 제31조에 따른 외국인 등록을 마친 자) 중 대한민국 국민과 혼인하여 대한민국 국적의 아동을 양육하고 있는 경우로서 위의 조건을 갖춘 자(미혼모 또는 미혼부〈사실혼 관계에 있는 자는 제외〉 제외)

2 조손가족

부모로부터 사실상 부양을 받지 못하는 아동(이혼, 유기, 행방불명, 실종, 사망, 경제적 사유 등)을 (외)조부 또는 (외)조모가 양육하는 가족

3 청소년 한부모가족

한부모가족으로서, 모(母) 또는 부(父)의 연령이 만 24세 이하인 가족

(2) 지원내용

모부자복지법이 2007년 한부모가족 지원법으로 개정되면서 다양한 지원사업을 제공하고 있으며, 2017년 현재 한부모가족지원사업은 다음과 같다.

표 7-3 한부모가족 지원사업

구분	지급기준	내용
한부모가족 양육비 등 지원사업	가구단위	생활보조금
	개인단위	아동양육비, 추가 아동양육비, 학용품비
청소년한부모 자립지원사업	가구단위	자립촉진수당
	개인단위	아동양육비, 검정고시학습비, 고교생학비

한부모가족을 대상으로 하는 복지급여는 한부모가족 자녀 양육비 등 지원과 청소년한부모 자립지원의 세부사업으로 분리되어 있으며, 양성평등기금과 지자체 보조사업으로 지원이 이루어진다.

표 7-4 지자체 한부모가족 지원 예산

(단위: 백만원)

저소득 한부모가족 아동양육비 등 지원					청소년 한부모 자립지원			
아동 양육비	추가 아동 양육비	학용품비	생활 보조금	합계	아동 양육비	검정고시 학습비	자립지원 촉진수당	합계
87,058	1,080	4,175	132	92,445	1,308	131	104	1,543

1 아동양육비 지원

저소득 한부모가족(조손가족 포함)이 가족기능을 유지하고 생활안정과 복지증진 유지를 위해 아동양육비, 아동교육 지원비 등을 지원한다.

표 7-5 한부모가족 아동양육 관련 급여

구분	지원조건	지원내용
아동양육비	저소득 한부모가족의 만 13세 미만 아동	자녀 1인당 월 12만원

추가 아동양육비	저소득 조손가족 및 만 25세 이상 미혼 한부모가족의 만 5세 이하 아동 (만 24세 이하 미혼 한부모의 경우 청소년 한부모로써 월 15만원의 아동양육비를 지원하므로 제외)	만 5세 이하 자녀 1인당 월 5만원
중 · 고등학생 학용품비	저소득 한부모가족의 중학생 및 고등학생 자녀	자녀 1인당 연 5,41만원
생계비 (생활보조금)	한부모가족복지시설에 입소한 저소득 한부모가구	가구당 월 5만원

아동양육비는 저소득 한부모가족(조손가족 포함) 아동양육비를 지원함으로써 아동의 건강한 성장을 도모하고 아동 양육환경 조성에 기여하고자 한다. 만 14세 미만 아동에게 1인당 매월 130,000원의 아동양육비를 지원한다(2018년 기준).

2 추가 아동양육비

저소득 조손가족 및 미혼 한부모가족의 만 5세 이하 아동의 양육지원 강화를 목적으로 지원하고 있다. 만 5세 미만의 아동에게 아동 1인당 매월 50,000원의 추가 아동양육비를 지원한다.

3 아동교육지원비(중 · 고등학생 학용품비)

저소득 한부모가족(조손가족 포함) 중 · 고등학생 자녀의 학습지원 강화를 목적으로 중 · 고등학생 자녀 1인당 년 54,100원의 아동교육지원비를 지원한다.

4 한부모가족 복지시설 입소 가구 생활보조금

한부모가구는 한 명의 부모가 생계와 가족 부양을 책임지므로 양부모 가구에 비해 경제활동, 가사활동, 자녀의 양육 · 교육 등과 관련한 욕구가 높은 것으로 나타나 이러한 특성으로 인해 저소득 한부모가족의 생활비의 일부를 보조하고 있다. 한부모가족 복지시설(일시지원복지시설 포함)에 입소한 가족으로서 소득인정액이 기준 중위소득 52% 이하인 한부모가족 및 조손가족, 소득인정액이 기준 중위소득 52% 이하인 청소년한부모 가족이 지원대상이 된다. 지원대상 조건을 만족하는 복지시설에 입소한 한부모가족에게 가구당 월 50,000원을 생활보조금으로 지원한다.

5 청소년 한부모 자립지원

청소년 한부모는 어른 한부모가 겪는 빈곤과 자녀양육 · 생계 · 가사 부담 외에 학업 중단 · 취업훈련 부족 등과 같은 어려움도 느끼므로, 자녀 양육환경 개선과 자립기반 마련을 위한 지원 필요성이 높다. 따라서 청소년 한부모 가족에게 아동양육비(월 18만원), 검정고시 학습비(연 154만원 이내), 고교생 교육비(실비 지급), 자립촉진수당(월 10만원)을 지원한다.

6 양육비 이행 지원 종합서비스

미성년 자녀를 양육하고 있는 이혼 · 미혼 한부모가족 등이 미성년 자녀를 양육하고 있는 이혼 · 미혼 한부모가 자녀를 키우지 않는 비양육부모로부터 양육비를 받지 못하고 있는 경우 2015년 양육비이행관리원을 설치함으로써 양육비 이행과 관련한 맞춤형 서비스를 지원하고 있다.

3) 드림스타트

드림스타트 사업은 가족해체에 따른 가족기능 약화 · 사회양극화 등에 따라 빈곤 대물림이 심화되고 있으나, 밀착형 서비스가 필요한 빈곤층 취약아동에 대한 집중 관리는 미흡하고, 국가 성장 잠재력 제고를 위한 선제적 인적투자로서 아동에 대한 투자 필요성으로 사업이 추진되었다. 즉 취약계층 아동에게 맞춤 통합 서비스를 제공하여 아동이 건강한 성장과 발달을 도모하고 공평한 출발기회를 보장함으로써 건강하고 행복한 사회구성원으로 성장할 수 있도록 지원하는 것을 목적으로 하고 있다.

드림스타트 사업의 대상은 0세(임산부)부터 만 12세(초등학생 이하) 아동 및 가족으로 만 12세 이상 아동 중 초등학교 재학 아동을 포함한다. 또한 수급자 및 차상위계층 가정, 보호대상 한부모가정(조손가정 포함), 학대 및 성폭력 피해아동 등에 대한 우선지원을 원칙으로 하고 있다.

드림스타트 사업은 아동복지법 제37조, 아동복지법시행령 제37조에 근거하여 보건복지부에서 사업총괄을 하며, 각 시 · 군 · 구에서 아동통합서비스지원기관(드림스타트) 설치, 운영하고 있다. 2007년부터 시작된 드림스타트 사업은 16개소에서 2015년 이후 전국 229개소가 운영되고 있다.

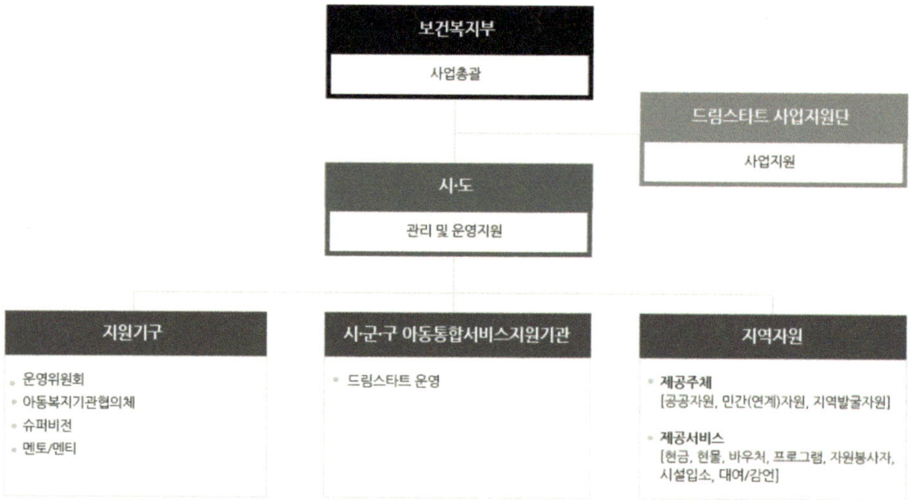

[그림 7-1] 드림스타트 사업 추진체계

(1) 주요업무

드림스타트 사업은 대상자의 복합적인 욕구를 파악하여 지역자원과 연계한 맞춤형 통합 서비스를 제공한다. 이를 위해서 인적 조사 및 사정을 통해 대상자의 욕구 및 문제를 파악하여 보건, 복지, 보호, 교육 등 필요한 서비스를 종합적으로 지원하고 주기적인 모니터링을 실시한다. 나아가 대상자에게 필요한 서비스를 제공할 지역자원 발굴 및 관리를 통해 통합적인 서비스를 제공하게 된다.

드림스타트 사업의 주요업무는 지원기구 구성 및 운영, 통합 사례관리, 자원관리, 아동복지 서비스 통합 및 조정으로 나누어 살펴볼 수 있다.

1 지원기구 구성 및 운영

시 · 군 · 구 드림스타트 지원기구 구성 · 운영을 통해 사업 운영에 대한 자문 및 지원을 한다.

- 운영위원회 : 드림스타트 사업 전반 운영 관련 자문(연 1회 이상)
- 아동복지기관협의체 : 아동복지기관 간 정보 공유 및 서비스 연계 · 조정을 통해 지역 내 아동복지 서비스 통합 조정 역할 수행(분기별 1회 이상)
- 수퍼비전 : 실무자의 사례관리 및 업무능력 향상을 위한 자문 및 지원(연 4회 이상)
- 멘토-멘티체계 : 사업운영과 관련된 노하우 및 우수사례 제공

2 통합 사례관리

아동의 건강한 성장과 발달을 위해 지역사회 내 자원 연계를 통해 아동의 문제 및 욕구별 맞춤형 통합 서비스를 제공한다.

- 가정방문 상담을 통한 사례관리 대상아동(위기아동 등) 발굴
- 취약계층 아동(가구)에 대한 문제 및 욕구 파악을 통한 서비스계획 수립
- 아동별 맞춤형 통합 서비스 제공(서비스 연계) 및 점검
- 사례관리 기초기록 관리 및 아동별 데이터베이스 구축

3 자원관리

대상자에게 필요한 서비스 제공을 위해 주기적 자원 현황파악 및 신규 자원을 발굴한다.

- 사회보장정보시스템(행복e음) 내 등록된 해당 지역자원에 대한 승인, 반려, 종료 처리 및 수정 등 등록자원 총괄 관리

4 아동복지 서비스 통합 및 조정

타 사업간(지역아동센터, 희망복지지원단, 아동보호전문기관 등) 사례관리 협력체계 구축을 통한 서비스 통합 및 조정을 한다.

- 아동복지 서비스 연계 및 조정 강화를 위한 기타 업무 수행

(2) 사업내용

드림스타트 사업은 취약계층 아동에게 맞춤형 통합 서비스를 제공하여 아동의 건강한 성장과 발달을 도모하고 공평한 출발 기회를 보장함으로써 건강하고 행복한 사회구성원으로 성장할 수 있도록 지원하고 있다. 드림스타트 사업 지원대상은 0세(임산부)~만 12세(초등학생 이하) 아동 및 가족을 대상으로 하며, 국민기초수급 및 차상위계층 가정, 법정 한부모가정(조손가정 포함), 학대 및 성폭력 피해아동 등에 대해서는 우선적 지원대상이다.

표 7-6 드림스타트 사업내용

구분	세부 내용
신체 · 건강	아동의 건강한 성장과 신체발달 증진 건강한 생활을 위한 건강검진 및 예방, 치료 아동 발달에 필요한 신체/건강 정보 제공
인지 · 언어	아동의 의사소통 및 기초학습 능력 강화 맞춤형 인지/언어 서비스를 통한 아동의 강점 개발
정서 · 행동	자아존중감 및 긍정적 성격 형성을 위한 정서발달 서비스 제공 사회성 발달 및 아동 권리 신장을 위한 교육
부모 · 가족	부모-자녀 상호작용 및 적합한 교육환경을 위한 부모 역량 강화 부모의 유능감 및 자존감 강화 부모의 양육기술지원 임산부의 건강한 출산 및 양육 지원

출처 : 드림스타트 http://www.dreamstart.go.kr

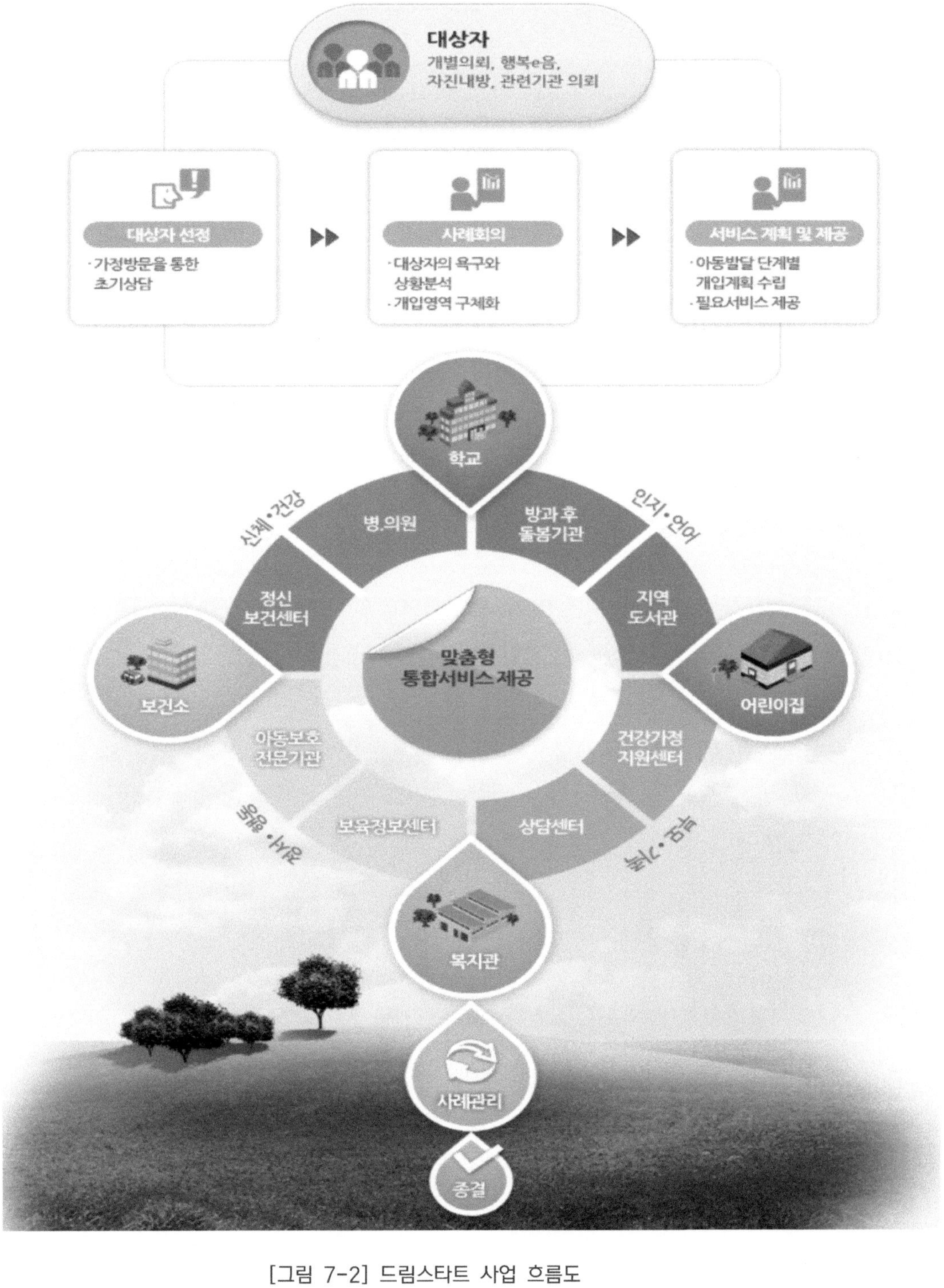

[그림 7-2] 드림스타트 사업 흐름도

4) 급식지원

저소득 가정의 아동들이 건강하게 자랄 수 있도록 급식지원을 통해 결식예방 및 영양개선을 위해 2000년 아동급식지원 사업(석식지원)이 실시되었다. 이후 2001년 조식지원, 2004년에는 방학, 토·공휴일 중 중식지원이 이루어졌고, 그해 말에는 방학 중 중식지원으로 확대되었다. 2005년 아동급식지원사업이 지방이양되었고, 2009년과 2010년에는 경제 위기로 인한 결식아동 증가에 따라 한시적 국비지원이 이루어지게 되었다. 아동급식지원은 「아동복지법」 제35조(건강한 심신의 보존) 제2항 제3호, 국가와 지방자치단체는 아동의 건강증진과 체력 향상을 위하여 급식지원 등을 통한 결식예방 및 영양개선에 관한 사항을 지원하여야 한다.

급식지원은 18세 미만의 취학 및 미취학 아동(18세 미만인 경우 탈락아동도 지원)을 대상으로 하고 있으며, 18세 이상인 경우에도 고등학교에 재학 중인 아동은 지원 대상에 포함하고 있다.

급식지원사업 내용으로는 첫째, 미취학아동인 경우 조·중·석식 중 아동별 특성에 따라 급식 형태 선택을 지원한다. 둘째, 취학아동은 조·중·석식 중 아동별 특성에 따라 급식 형태 선택 지원을 하되 조·석식은 지방자치단체에서 연중지원하고, 학기 중 중식은 교육청(학교급식)에서 지원한다. 학기 중 토·일·공휴일 중식은 시·도 교육비 특별회계를 지원받아 지방자치단체에서 지원하고, 방학 중 중식은 지방자치단체에서 지원하도록 하고 있다.

5) 디딤씨앗통장

2007년 4월부터 저소득층 아동의 사회진출 시 학자금·취업·창업·주거마련 등에 소요되는 초기비용 마련을 위한 자산 형성을 적극적·장기적으로 지원하기 위하여 아동복지시설 아동, 가정위탁 아동 등을 대상으로 아동발달지원계좌(CDA : Child Development Account)를 지원하고 있다. 2009년부터 CDA는 국민들에게 쉽게 다가가기 위하여 명칭 공모전을 거쳐 선정된 '디딤씨앗통장'으로 명칭을 사용하고 있다.

디딤씨앗통장의 지원대상은 보호대상 아동과 기초생활수급가구 아동, 가정복귀 아동이 대상이 된다.

표 7-7 디딤씨앗통장 대상

구분	내용
보호대상 아동	– 만 18세 미만의 아동복지시설 · 공동생활가정 · 장애인시설 아동, 가정위탁 · 소년소녀가정 아동
기초생활수급가구 아동	– 맞춤형 급여체계 개편에 따른 중위소득 40% 소득 수준(생계, 의료 급여 수급가구) 가구아동 중 신규 선정
가정복귀 아동	– 중도에 가정으로 복귀하는 보호대상 아동도 계속 지원 – 요보호아동이 가정복귀하면 중도 해지가 아니라, 보호구분을 '가정복귀'로 변경하여 지원 – 기초생활수급가구 아동 또한, 해당 가정이 중위소득 40%를 초과해도 계속 지원

디딤씨앗통장사업은 아동이 후원자 또는 보호자의 도움 등으로 적립 시 국가(지자체)가 월 4만 원 내에서 1 : 1 매칭하여 지원한다. 기본매칭 최고한도 4만 원을 적립한 아동(보호자, 후원자 등)은 월 46만 원(연간 552만원) 내에서 추가 적립 가능하며, 추가 적립액에 대한 국가 매칭은 없다.

디딤씨앗통장의 사업용도는 아동의 자립을 위한 목적으로만 사용되며, 대학(대학원) 학자금, 기술자격 및 취업훈련비, 창업지원금, 주거비, 의료비, 결혼자금 등으로 사용될 수 있다. 적립금은 만 18세(만기) 이후 학자금, 기술자격 및 취업훈련비용, 창업지원금, 주거마련 지원 등 자립을 위한 용도에 한하여 사용 가능하고, 만 24세까지 학자금 · 기술자격취득 · 주거마련 등 자립사용 용도가 발생하지 않은 경우, 만 24세 도달시 사용용도에 제한 없이 아동 적립금 및 정부매칭지원금의 지급이 가능하다.

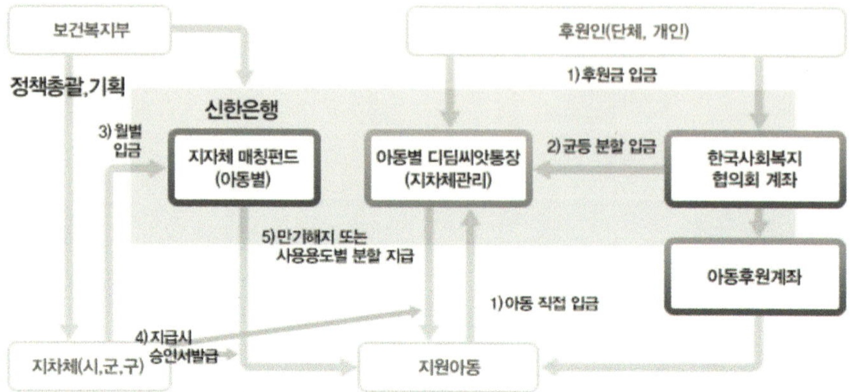

[그림 7-3] 디딤씨앗통장 운영절차

6) 결연사업

결연사업은 시설보호아동, 가정위탁세대 아동, 소년소녀가정 등의 아동과 지역사회 이웃과의 결연으로 물질적, 정서적 지원을 하여, 이웃사랑의 사회기풍을 조성하고 아동의 건전한 육성을 도모하고자 하는 목적의 아동복지사업의 일환이다.

결연사업은 '불우아동건전육성대책'이 수립된 1976년 이후 1977년 정부 주도로 사회인사와 시설보호아동과의 결연사업이 실시되었고, 1981년부터는 민간사업으로 전환됨에 따라 사회복지법인 한국복지재단(현 어린이재단)에 위탁하여 실시하게 되었다. 1992년에는 불우이웃 결연사업으로 대상을 확대하였고, 2005년에는 지방자치단체로 이양하여 사업을 지속하고 있다.

2017년 현재에는 사회복지법인 초록우산 어린이재단에서 운영하고 있으며, 시설보호아동, 가정위탁보호아동, 소년소녀가정 아동, 기타 빈곤세대 아동을 대상으로 후원금을 지원하고 있다. 후원금은 결연후원자가 결연대상자에게 제공한 후원금이며, 후원금은 후원자의 요청에 따라 증감이 가능하다.

7) 지역아동센터

지역아동센터는 방과후 돌봄이 필요한 지역사회 아동의 건전육성을 위하여 보호 · 교육, 건전한 놀이와 오락의 제공, 보호자와 지역사회의 연계 등 종합적인 복지 서비스를 제공하는 것을 목적으로 한다.

지역아동센터는 지역 내 빈곤 · 학대 · 방임 가정, 한부모 · 조손, 맞벌이 · 이혼가정의 아동 · 다문화가정 아동 등 돌봄이 필요한 아동들을 적극 발굴 · 보호하여 아동방임 예방을 목표로 한다. 또한 지역아동센터는 지역사회 서비스 및 자원체계를 개발 · 연계하여 아동에게 필요한 서비스를 지원할 수 있도록 노력해야 한다. 사례관리가 필요한 아동에 대해서는 드림스타트 또는 지역사회 전문기관에 의뢰하고, 지속적이며 종합적인 서비스 제공을 위해 사례관리기관에서 요청하는 아동정보 등을 제공하고 협조해야 한다.

지역아동센터는 심화평가나 진입평가 결과를 바탕으로 기본운영비는 아동정원 및 법정종사자 수에 따라 월 414~577만원을 차등 지원되고, 특성별 운영비가 지원된다.

지역아동센터의 운영시간은 월~금요일을 포함하여 주 5일, 1일 8시간 이상 상시 운영을 원칙으로 하고 있다. 다만, 학기 중 필수 운영 시간은 14:00~19:00, 방학 중 필수운영 시간은 12:00~17:00까지로 필수 운영 시간을 포함하여 8시간 이상 운영해야 한다.

지역아동센터의 대상은 중위소득 100% 이하 지역사회의 방과후 돌봄을 필요로 하는 18세 미만의 아동이며, 서비스 영역은 보호와 교육, 문화, 정서지원, 지역사회 연계의 5개 영역 11개 세부 영역으로 서비스가 제공된다.

표 7-8 지역아동센터 서비스 영역

영역	세부 영역	세부 프로그램
보호	생활	일상생활관리 위생건강관리 급식지도
	안전	생활안전관리 안전귀가지도 5대 안전의무교육

교육	학습	숙제지도 교과학습지도
	특기적성	예체능활동(미술/음악/체육) 적성교육(진로/독서/요리/과학 등)
	성장과 관리	인성 · 사회성 교육 자치회의 및 동아리 활동
문화	체험활동	관람 · 견학 캠프 · 여행
	참여활동	공연 행사(문화/체육 등)
정서지원	상담	연고자 상담 아동 상담
	가족지원	보호자 교육 행사 · 모임
지역사회 연계	홍보	기관홍보
	연계	인적연계 기관연계

4. 빈곤아동을 위한 복지 서비스 발전 방향

1) 예방을 위한 정책

빈곤아동을 위한 정책은 예방에 초점을 맞추어서 실시되어야 한다. 빈곤아동들은 비빈곤아동들에 비하여 가정적으로 열악한 환경에 처해 있으며 문화경험의 기회도 박탈되어 있다. 따라서, 빈곤아동의 건강한 성장 · 발달을 위해 포괄적인 서비스가 예방차원에서 제공되어야 하며, 빈곤아동을 위한 복지 서비스도 개인의 특성, 가족환경, 또래집단, 학교환경, 지역사회 영역 전반을 다룰 수 있는 포괄적이며 통합적인 접근이 이루어져야 한다.

2) 다양한 서비스와의 통합 및 연계

빈곤아동들의 성장·발달에 맞추어 문화적인 서비스나 교육적인 서비스를 지역사회의 다양한 기관들을 통하여 제공받을 수 있어야 한다. 현재는 빈곤아동들의 문화적인 경험이나 지지가 대부분 복지관을 통해서 제공되고 있지만 아동들이 청소년기로 진입하면 복지관이나 이외 다른 기관들과의 연계를 통해 다양한 활동에 참여하도록 하여야 한다. 이를 위해 각 영역을 전문적으로 다루는 기관들이나 가족, 학교, 지역사회가 아동의 건전한 발달을 위해 통합·조정되어야 한다. 각 영역의 서비스가 가족 내의 아동, 학교 내의 아동, 지역사회 내의 가족 등에 초점을 맞추어 발달적, 맥락적 관점을 유지하며 전문가에 의하여 접근되어야 한다.

3) 빈곤아동의 발달 단계에 따른 체계적 건강관리 필요

빈곤가정의 아동의 경우 건강상태가 좋지 않고 발달정도가 부진하며 정서 및 행동문제에서 일반아동에 비해 우울 및 충동성, 행동문제 등을 더 많이 경험하고 있다. 따라서, 빈곤아동의 건강한 성장을 보장하기 위한 체계적 지원이 필요하며 이를 위해 어린이집 및 학교에서 건강관리를 강화하여 아동의 성장과정에 따른 주기적·체계적인 건강관리를 지원해 주는 서비스를 제공해야 한다.

4) 빈곤아동을 위한 보육 및 교육 서비스의 확대

빈곤계층의 생계비 보조가 더 넓은 빈곤계층을 포괄하도록 개선되어야 하며, 이와 함께 아동이 있는 빈곤계층에 대해서는 아동양육과 관련된 비용을 추가로 지원해 주어야 한다. 또한 장애가정과 한부모가정의 특별한 자녀양육 부담을 고려하는 섬세한 정책안의 마련이 필요하다. 이때 고려해야 할 대상 아동은 현재와 같은 6세 미만 영유아가 아니라 고등학교 재학생 수준 이하로 확대되어야 할 것이다. 보육이나 교육 등과 같은 서비스 지원과 함께 현금지원이나 세제혜택과 같은 직접적 지원 그리고 주거지원이나 의료지원 등의 사회보장적 지원 등 제공되는 급여의 종류와 내용도 내실화하여야 할 것이며 급여액도 적절한 수준까지 증가시킴으로써 어떤 형편의 가정에 태어나든 최소한의 양육환경을 누릴 수 있는 기반을 마련해 나가야 한다.

생각해 볼 문제

1. 빈곤아동에 대한 개념을 절대적 빈곤 개념 측면에서 생각해 보세요.

2. 빈곤아동의 예방 대책에 대해서 생각해 보세요.

3. 빈곤아동의 유형에 따른 사후대책에 대해서 생각해 보세요.

제8장

아동학대와 아동복지

오늘날 현대사회에서는 산업화, 도시화와 같은 변화와 더불어 가치관의 변화로 인한 다양한 핵가족화, 해체가정의 증가를 초래하였다. 가족구조의 변화와 함께 부모의 욕구와 동시에 자녀의 욕구를 만족시켜야 하는 어려움에 당면한다. 자녀의 욕구와 부모의 권리가 상충될 때 부모들은 자녀의 욕구를 만족시키지 못한다는 두려움과 자녀를 보살펴야 한다는 불안감을 갖게 되는데 과거의 아동학대는 학대당하는 아동에게 치명적인 신체적, 심리적 발달의 손상을 주는 매우 심각한 현상임에도 불구하고 남편의 아내에 대한 폭력과 같이 가족과 관련된 기록의 일로써 매우 사적인 영역 내에서 이루어진다는 특수성으로 인해 그 문제의 해결을 사회적인 차원으로 확대시키기보다는 가정 내 개인적인 문제로 방치된 채 은폐되어 거의 공개되지 않았다.

최근에는 매스컴이나 인터넷을 통해 심각한 아동학대의 사례가 종종 보도되고 있으며 아동학대를 예방하기 위한 제도적 기반으로 2000년 아동복지법을 개정하여 법적 근거의 토대를 형성하였다.

이 장에서는 아동학대의 정의 및 유형, 원인 및 영향, 아동학대의 현황, 아동을 보호하기 위한 아동보호 서비스과정을 살펴보고 학대아동 보호사업의 문제점과 아동학대 예방사업의 향후과제를 제시하고자 한다.

1. 아동과 아동학대

1) 아동학대의 정의

아동학대라는 용어는 1961년 미국에서 최초로 사용되었으며, 법적 근거가 마련된 것은 2000년도에 아동복지법 개정을 통하여 학대를 받는 아동에 대한 국가차원의 학대피해 아동보호 서비스라고 할 수 있다. 아동학대는 자기 신변보호 능력이 없는 아동에게 학대로 인하여 아동의 신체 및 정서, 사회적 발달을 저해하며 그로 인한 부작용이 일생 동안 지속될 수 있기에 현대국가들은 공권력을 통해서 개입하고 있다.

오늘날 아동학대는 학대행동의 의도성 유무, 학대로 인한 가시적인 발달적 손상 유무 및 손상부위, 학대의 빈도와 지속성 여부 등의 몇 가지 기준에 의해 정의하고 있다. 협의의 정의는 신체적 학대의 문제에만 국한하고 광의의 정의는 학대와 방임을 구분하지 않고 학대에 방임을 포함시켜 아동의 권리를 보호하고 예방적 개입을 지지할 수 있다는 면에서 보다 바람직한 정의라고 볼 수 있다(이순형 외, 2008).

세계보건기구(WHO)의 아동학대 정의를 보면 '아동의 양육에 책임을 지고 있거나, 신뢰관계에 있거나 권위를 가진 사람에 의한 모든 형태의 신체적 · 정서적 가혹한 처사, 성학대, 방임 또는 보호의 태만 및 상업적이거나 다른 형태의 착취결과 아동의 건강, 생존 발달 및 존엄성에 실제적인 해를 끼치거나 그러한 가능성을 초래하는 것'으로 이는 아동에게 가해진 실제적인 해 이외에 잠재적인 해까지 포함하는 포괄적인 정의로 보았다. 이처럼 오늘날 아동학대의 정의는 광의의 개념으로 받아들여지고 있다(김성경 외, 2010).

아동복지법에서는 아동학대는 보호자를 포함한 성인이 아동의 건강 또는 복지를 해치거나 정상적 발달을 저해할 수 있는 신체적 · 정신적 · 성적 폭력이나 가혹행위를 하는 것과 아동의 보호자가 아동을 유기하거나 방임하는 것으로 정의하고 있다.

2) 아동학대의 유형

(1) 신체적 학대(physical abuse)

신체적 학대는 아동에게 신체적 손상을 입히고, 우연한 사고가 아닌 고의적인 의도로 신체적인 손상을 입도록 허용하는 모든 행위를 말한다. 신체적 학대는 학대의 신체일부(손, 주먹, 발 등)를 사용하거나 도구를 이용하여 신체에 직접 손상을 가하거나 고통을 주는 것을 말한다.

아동학대와 신체적 체벌은 명확히 구분하기 힘들며 우리나라에서는 훈육이라는 이름으로 체벌이 허용되어 왔으나 국제사회에서는 이러한 체벌도 금지하자는 움직임이 일고 있으며, 신체적인 손상을 입히는 체벌은 신체적 학대에 포함된다.

신체적 학대행위

* 아동에게 물건을 던지는 행위
* 아동을 떠밀고 움켜잡는 행위
* 아동을 차고 물어뜯고 주먹으로 치는 행위
* 아동의 빰을 때리는 행위
* 벨트 등의 물건을 이용하여 아동을 때리거나 위협하는 행위
* 아동을 발로 차거나 물어뜯고 주먹으로 치는 행위
* 아동의 팔과 다리 등을 심하게 비틀어 쥐어짜는 행위
* 아동을 무기(칼, 도끼, 망치 등)로 위협하거나 아동에게 무기를 사용하는 행위
* 아동에게 뜨거운 물체, 담뱃불 등으로 화상을 입히는 행위

(2) 정서적 학대(emotional abuse)

정서적 학대는 언어적, 정신적, 심리적 학대라고 불리우며 다른 학대에 비해 정의를 내리기가 매우 어렵다.

아동의 정신건강 및 발달에 해를 끼치는 학대행위로 아동을 언어적 · 정서적으로 위협하고 의식적 또는 무의식적으로 거부하는 행동이나 표정 등 부정적 태도로 대하는 것을 말한다.

이러한 학대는 쉽게 눈에 띄지 않고 당장 후유증이 나타나지 않기 때문에 학대에 관한 보고가 가장 낮고 따라서 그 문제는 더욱 심각하다 할 수 있다.

정서적 학대행위

* 아동의 인격, 존재, 감정, 기분을 심하게 무시하거나 모욕하는 행위(아동의 머리를 완전히 깎거나 아동에게 걸려온 전화를 바꿔 주지 않는 행위)
* 아동을 좁은 공간에 장기간 혼자 가두어 놓는 행위
* 아동에게 경멸적으로 언어폭력을 하는 행위(아동에게 욕설을 퍼붓는 행위나 아동을 집 밖으로 내쫓겠다고 하는 행위)
* 아동을 다른 아동과 부정적으로 비교하는 행위
* 아동의 발달수준에 적절하지 않은 비현실적인 기대로 아동을 괴롭히는 행위
* 아동이 보는 앞에서 부부싸움을 하는 행위

(3) 성적 학대(sexual abuse)

성학대는 성인의 성적 충족을 위하여 아동을 성적으로 이용하거나 아동과 함께 하는 모든 성적인 행위를 말하며, '아동에게 성적 수치심을 주는 성희롱, 성폭행 등의 학대행위와 아동에게 음행을 시키거나 음행을 매개하는 행위'라고 아동복지법에 명시되어 있다.

아동 성학대는 두려움이나 강압적인 힘을 사용하며, 놀이를 통해 아이를 혼란시키고, 착각에 빠지게 하여 학대를 가장하기도 한다.

성적 학대행위
* 놀이를 통해 아동을 착각하게 만든다. * 성인이라는 권위를 내세워 아동에게 성적 학대를 강요한다. * 성인이 아동의 성기를 만지거나 아동에게 성인 자신의 성기에 접촉을 요구하는 행위 * 성인이 아동 앞에서 옷을 벗으며 성인 자신의 성기를 만지는 행위 * 성인이 아동을 강제로 애무하거나 키스하는 행위 * 성인이 아동의 옷을 강제로 벗기는 행위 * 성인이 어린 아동의 나체를 보는 것을 즐기거나 포르노 비디오를 아동에게 보여주는 행위 * 성인이 아동과 강제적으로 성적 관계를 맺는 행위 * 아동을 대상으로 매춘하거나 아동의 성을 매매하는 행위 * 포르노물을 판매하는 행위

(4) 방임(neglect)

방임이란 고의로 또는 방심으로 인하여 반복적으로 아동양육 및 보호를 소홀히 함으로써 아동의 건강과 복지를 저해하거나 정상적 발달을 저해할 수 있는 모든 행위를 말한다.

아동복지법에서 방임은 '자신의 보호, 감독을 받는 아동을 유기하거나 의식주를 포함한 기본적 보호, 양육 및 치료를 소홀히 하는 행위'로 정의하고 있다.

방임은 물리적 방임, 교육적 방임, 의료적 방임, 정서적 방임으로 구분할 수 있다.

방임의 구체적 행위	
물리적 방임	* 아동에게 의식주를 제공하지 않는 행위 * 아동을 장시간 위험하고 불결한 주거 환경에 그대로 방치하는 행위
교육적 방임	* 아동이 학교를 특별한 이유없이 결석하여도 고의적으로 방치하는 행위 * 아동이 학교에 다닐 나이가 되었음에도 불구하고 학교에 보내지 않는 행위 * 저학년 아동의 숙제와 준비물을 챙겨 주지 않는 행위
의료적 방임	* 아동에게 예방접종을 제때 해 주지 않는 행위 * 아동에게 필요한 의료적 처치를 소홀히 하는 행위
정서적 방임	* 아동이 필요로 하는 애정 표현과 적절한 정서적 지지를 제공하지 않는 행위(아동과 대화하지 않거나 아동을 안아 주지 않는 것) * 아동과의 신체적 접촉을 피하는 행위 * 아동과 약속한 것에 대해 관심을 가지지 않는 행위 * 아동에게 정서적으로 결핍을 주는 행위

3) 아동학대의 원인

아동학대 발생 원인에 관한 가장 핵심적인 관련법인의 초점은 학대자인 부모나 피학대자인 아동 각각의 특성과 둘 사이의 관계에 있다고 본다. 이는 아동학대를 가정 내에서 발생하는 부모에 의한 자녀학대라고 보는 시각이기 때문이다.

이러한 관점에서 아동학대를 유발하는 원인으로 아동요인, 부모요인, 부모-자녀 관계 요인, 부모 불화도 요인이 있다.

(1) 아동관련 요인

아동학대가 정신적 · 정서적 · 신체적으로 건강하지 못한 부모로부터 비롯된다고 보는 정신병리학적 접근을 제외하고 모든 접근에서 아동은 중요한 변인으로 다루어지고 있다. 이것은 부모-자녀 관계를 능동적 행위자-수동적 수용자로 본 과거의 관점에서 탈피하여 아동 자신의 특성도 아동학대와 관련된다고 보기 때문이다. 아동학대와 관련된 아동요인으로 Gil(1970)은 연령, 성, 부모의 출산 희망여

부, 문제아동, 형제관계를 Gelles(1973)는 원하지 않았던 아동, 질병을 가진 아동, 지진아-불구아 및 생활훈련이 잘되지 않는 문제아동을 발달론적 접근에서는 성, 출생환경, 발달단계 등을 제시하고 있다.

1 아동의 성(性)

Justice와 Justice(1976)는 아동의 성별은 아동학대를 설명하는 중요변수가 아니라고 밝혔다. 이에 반하여 Gelles와 Straus(1979), 그리고 Kinard(1979)는 모든 연령층에서 여아보다 남아가 학대의 대상이 된다고 밝혔으며, 남아의 경우 강하게 키우겠다는 일념에 의한 지나친 훈육이 학대로 발전될 가능성이 많다고 보았다.

우리나라의 경험적 연구결과 역시 일관성을 보이지 않고 있는데 일반아동의 경우 정서적 학대는 아동의 성별에 따라 유의한 차이가 없다는 연구결과(고성혜, 1989; 신영화, 1986)에 비해 아동의 성은 심리적 학대와는 관련이 없다는 연구결과(Claussen & Crittenden, 1991)와 남아의 경우 여아에 비해 언어적 공격을 더 많이 받았다는 연구결과(Straus, 1979)가 있다. 그리고 신체적 학대에 해당하는 구타를 중심으로 한 연구에 의하면 남아와 여아의 비율이 74.1%, 25.9%로 남아가 훨씬 많지만 심한 손상의 경우는 여아가 더 많다고 하였다(안동현 · 홍강의, 1980).

2 아동의 연령

학대받는 아동은 모든 발생단계에서 발생하므로 그 연령층이 매우 다양하다. 우리나라에서는 경험적 조사 자체가 아동기에 집중되어 있어 학대와 아동의 연령을 일반화하기 어렵다(김광일 · 고복자, 1986).

정서적 학대를 받은 아동의 연령이 신체적 학대를 받은 아동의 연령보다 평균적으로 높다는 연구결과(Mario, 1983)는 신체적 · 정서적 학대에 따라 학대아의 연령이 다르며, 신체적으로 성숙한 자녀는 신체적 학대보다 정서적 학대를 받을 가능성이 높다고 하였다.

13세 아동이 10세 아동보다 신체적 학대는 적게, 방임은 많이 경험하며(연진영, 1992) 신체적 학대는 연령이 높을수록 상관이 낮아지고 있으며, 방임은 4학년(11살)

이 가장 높게 나타났다는 연구결과(황영희, 1984)도 보고되었다.

그러나 아동의 연령은 학대와는 전혀 상관없이 관련이 없음을 보고한 결과도 있다(Claussen & Critten, 1991).

3 아동의 출생순위

아동의 출생순위와 관련있는 아동의 형제수에 대한 연구에서는 형제수가 적을수록 신체적 · 정서적 학대를 많이 경험한다는 결과(고성혜, 1992)를 나타낸 연구가 있는 반면 형제수가 많을수록 정서적 학대의 경험이 높게 나타난다는 연구결과(신영화, 1986)도 있다. 아동의 출생순위에 관한 연구에서 출생순위에 따른 학대의 차이는 방임과 정서적 학대인 경우 첫째와 셋째 이상의 자녀에게서 높게 나타났고 신체적 학대에 있어서는 첫째 자녀에게서 높게 나타났으며 유의한 차이는 없다고 하였다(서은주, 1993)

4 아동의 건강상태

아동에게 질병이나 결함이 있을 때 부모는 이를 부정적으로 지각하거나 과도한 양육책임으로 신체적 · 심리적 부담감을 느끼게 되므로 긴장감이 발생된다. 특히 장애아가 있는 경우, 부모에게 자녀양육을 위한 부가적인 에너지가 요구되므로 가족의 평형이 깨어지기 쉽고 스트레스와 긴장감으로 인해 아동에게 폭력적인 행동을 보일 수 있다고 하였다(윤종희, 1991).

심신장애아동이나 고질적인 질병을 가지고 있는 아동은 학대받거나 방임되기 쉽다고 하였다(Faller, 1981).

(2) 부모관련 요인

아동학대가 아동의 발달 특성 및 여러 조건에 의해 발생된다는 발달론적 접근을 제외하고 부모는 모든 접근에서 의미있는 변인으로 다루어지고 있다(이소희, 1989).

Gil(1970)은 부모요인으로 연령, 성, 교육정도, 취업유무, 양육 경험 등을, Kempe와 Helfer(1974) 등은 관련 변인으로 부모의 정서상태, 연령, 성, 사회 · 경제적 지위

등을 제시하고 있다.

1 부모의 연령

일반적으로 아동을 학대하는 부모의 연령은 낮으며, 20~30세에 집중되어 있다는 연구결과(Faller, 1981; Kinard, 1980; Leventhal, 1981)는 부모의 낮은 연령은 정신적인 미성숙과 양육 경험의 부재에서 학대와 관련이 있다고 보여 준다.

부모의 연령과 아동학대 관계를 다룬 연구는 가출아동의 경우 아버지의 연령이 낮을수록 신체적 · 정서적 학대 경험이 높다(신영화, 1986; 김혜영, 1990)고 하였다.

2 부모의 교육수준

어머니의 경우 교육수준이 낮은 어머니가 교육수준이 높은 어머니보다 아동학대를 많이 한다는 결과가 일반적이다(주영희, 1984).

그러나 서은주(1993)의 연구결과에서는 아버지의 경우 교육수준이 낮은 집단일수록 학대가 높은 것으로 보고되나 어머니의 경우에서는 교육수준이 높은 어머니의 경우 학대가 더 많다는 상반되는 결과를 보이고 있다.

부모의 교육수준 변인은 아동발달에 관한 지식정보와 양육기술과 관련이 있고 스트레스 대처 능력과도 관련되는 변인이지만 아동학대와 관계연구에 있어서 일치된 결과를 보이지는 않고 있다.

3 부모의 직업

부모의 직업은 직업수준이 낮고(김광일 · 고복자, 1987; 신영화, 1986; 주영희. 1984) 아버지가 실직한 경우(Browne & Saqi, 1988)에 아동학대가 많이 일어난다고 하였다. 어머니의 취업유무와 아동학대와의 관계를 다룬 연구결과에 의하면 취업모는 과중한 부담으로 아동에게 신체적 학대를 가할 위험성이 있다고 하였다(Fontana, 1973). 어머니의 취업유무보다는 직종을 고려하는 것이 타당하다고 보는 견해도 있다(고성혜, 1992).

4 부모의 건강상태

부모의 건강과 신체적 학대는 밀접한 상관이 있어 학대부모는 일반적으로 건강이 좋지 않거나 질병을 앓고 있으며(황영희, 1987), 부모 또는 가족의 심한 질병 및 부상으로 인한 건강에 관련된 스트레스는 학대와 관련이 있다고 하였다.

또 아동을 학대하는 부모는 건강이 좋지 않고 과로한 경우가 많다는 연구결과도 있다(Smith, 1984).

(3) 부모-자녀 관계 요인

아동학대의 중요한 변인 중 하나가 가족 내 상호작용으로 학대행동 직전에 선행되는 사건과 직후의 결과에 관심을 가짐으로써 잘못된 양육패턴을 이해하려는 연구가 시도(곽영숙 · 홍강의, 1989)되고 있으며 그 배경은 역동적이고 상호적 관계인 부모-자녀 관계로 설명될 수 있다.

상호적인 강화 그리고 반응을 통해서 이루어지는 양방적인 관계로 학대를 자극하는 아동의 특성과 부적절한 부모의 양육태도와 관련이 있다고 보는 입장이다.

아동학대 가정의 부모-자녀 관계에서는 아동에 대한 부모의 위협, 불평 등의 부정적 행동이 많으며 특히 부모의 지배적인 특성이 두드러진다(김혜영, 1990)고 하였다.

1 부모의 양육태도

부모의 양육태도란 하나의 문화양식으로써 부모가 자녀를 기르는 양태이며, 양육활동에 대한 경향성과 반응양식을 말한다. 부모의 양육태도는 부모-자녀 관계의 규명이라는 차원에서 연구되었으며 연구의 배경은 아동학대가 일면 부모와 자녀관계에서 비롯되며 학대를 자극하는 아동의 특성과 부모의 역할 수행상의 문제와 관련 있다고 보기 때문이며 주로 부정적인, 바람직하지 못한 양육태도를 중심으로 이루어지고 있다.

부모의 양육태도를 신연호(1993)는 허용적 태도, 적대적 태도, 통제적 태도, 안일한 태도, 비합리적 태도로 구분하였다.

허용적 태도는 자녀를 양육함에 있어서 부모의 자녀에 대한 관심, 보호, 지지, 수용 등이 수반된 애정어린 양육태도를 말한다.

적대적 태도는 부모의 애정어린 양육태도에 대응하는 것으로써 자녀라는 존재를 무시, 경멸, 부인하는 것을 의미한다. Burgess(1978)에 의하면 아동방임과 학대가 일어난 가정에서는 어머니의 애정적이고 지지적인 태도가 대조군에 비해서 40%가 적었으며, 위협과 불평등적인 행동은 60%나 많았다고 보고하였다.

통제적 태도는 자녀를 미숙한 존재로 혹은 부모의 소유물로 간주하는 데서 비롯되는 것으로 설명되어질 수 있다. 또한 부모가 자녀의 행동을 통제하기 위해 권위적이며, 지나치게 간섭하거나 금지, 강요하는 행동을 말하기도 한다.

안일한 태도는 아동의 성장을 위해 필요한, 또 아동으로부터 요구되는 일련의 자원이나 심리적 지원과 신체적 수고를 하지 않는 것을 말한다.

비합리적 태도는 아동에 대한 과잉보호나 무조건적인 허용 및 지나친 기대나 요구를 하거나 일관성이 없는 양육태도를 말한다. 이소희(1986)는 적대적 태도와 비합리적 태도는 정서적 학대와, 통제적 태도는 신체적 학대와 안일한 태도는 밀접한 관계를 갖는다고 하였다.

2 부모-자녀 놀이요인

부모-자녀 놀이변인은 부모와 자녀 사이의 상호작용을 나타내는 것으로 부모와 자녀간의 상호작용과 애정적이고 친밀한 관계를 보여주는 변인으로서, 학대 부모들은 자녀에게 애정의 표현뿐 아니라 언어적 자극도 부족하고(Herrenkohl, 1983) 아동들과의 관계에서 상호보완성이 결여되어 있다고 하였다. 관련된 선행 연구결과는 부모-자녀의 상호작용과 관계에 초점을 두는 것이 중요하다고 하였다(홍강의, 1987).

3 부모-자녀의 대화요인

부모-자녀의 대화변인은 놀이변인과는 달리 신체적인 접촉을 물어 보는 것이 아니라 자녀의 고민이나 걱정에 대해 부모와 상의하고 이야기를 얼마나 자주 대화의 기회를 갖느냐 하는 것을 묻는 것이다.

한국청소년연구소의 연구조사(1994)에 의하면 매를 맞지 않은 집단은 40.41%가 경하게 맞은 집단은 31.7%, 심하게 맞은 집단은 25.3%가 아버지와 대화가 많다고 응답하였다. 한편 어머니와의 대화는 매를 맞지 않은 집단은 60.9%, 경하게 맞은 집단은 56.8%, 심하게 맞은 집단은 52.1%가 '많다'고 응답하였다.

전체적으로 아버지와 대화가 많다고 응답한 아동은 33.1%에 비해서 57.3%가 어머니와 대화가 많다고 답하여 아버지의 자녀와의 대화가 부족한 형편이라는 결과를 보인다.

아동을 학대하는 부모의 경우 강압적인 처벌의 사용과 함께, 자녀에게 많은 통제를 하면서 대화는 거의 허용하지 않는다는 선행 연구결과도 보고되었다(Mussen, 1979).

(4) 부모 불화도관련 요인

부모의 불화도는 가정의 분위기와 가정환경에서의 폭력 존재 정도를 보는 변인으로서 부모의 결혼생활 상태나 부부관계가 좋지 않은 경우, 부모의 생활 만족도가 낮은 경우에 아동을 학대한다고 하였다(서은주, 1992).

또한 부부간의 갈등과 불화로 인한 스트레스와 폭력의 사용이 부모-자녀 관계로 옮겨져 아동학대로 표면화되기도 한다(Steinmentz & Straus, 1974)고 하였다.

부부간의 불화도가 높은 경우, 가족의 하위체계인 부부체계가 건강하지 못함으로 인해 다른 하위체계에까지 부정적 영향을 미치게 되어 가족 내 문제는 전이되고 순환되며 자녀는 부부간의 불화의 희생양이 되어 학대에 노출되기 쉽다고 하였다.

또한 부부간의 불화도가 심한 경우, 어머니는 경제적 · 심리적 스트레스를 받아 자녀를 학대하게 된다고 하였다(고성혜, 1992).

황영희(1987)는 부부의 결혼 만족도와 아동학대와의 상관관계를 조사한 연구에서 학대받는 아동의 부모는 대부분 그들 결혼 생활이 만족한 상태가 아니었으며 아동의 신체적 학대는 결혼 만족도의 하위변인인 건강과 부정적 상관관계를 나타냈으므로 건강에 대한 만족도가 낮은 부모가 신체적인 학대를 많이 한다고 보고했다.

4) 아동학대의 영향

아동학대가 심각한 사회문제로 간주되는 것은 아동학대가 초래하는 부정적인 결과, 즉 후유증이다. 아동기의 경험은 인간의 발달에 큰 영향을 미치는데 아동학대가 아동에게 미치는 영향은 매우 다면적이며 또한 오래 지속된다.

학대로 인한 결과는 아동에게 학대가 일어났던 연령, 학대의 심각성, 학대받은 기간 및 학대의 유형에 따라 다양하다. 일반적으로 학대받은 연령이 낮을수록, 기간이 오래될수록, 그리고 학대 정도가 심할수록 그 후유증은 더욱 심각하다(김성경 외, 2010).

아동학대의 결과는 시간이 지나면 아물게 되어 상처가 없어지는 멍이나 타박상과 같은 신체손상에 그치는 것이 아니라 심각한 뇌손상이나 정신지체, 언어장애를 초래하기도 하고 심한 경우 사망에 이를 수 있다.

학대를 받을 경우 아동은 아동의 신체적, 정서적, 인지적 발달을 포함하는 거의 모든 발달영역에서 심각한 손상을 입게 된다(정익중 · 박현선 · 구인회, 2006).

아동학대의 유형에 따라 학대의 영향을 살펴보면 다음과 같다.

(1) 신체적 학대의 영향

신체적 학대를 당한 아동은 단순한 타박상, 골절, 내부 장기의 손상, 발달지연, 정신지체, 자아기능의 손상, 또래관계의 어려움을 경험할 수 있으며 그 외에 학교부적응과 과잉행동, 우울증, 어휘가 부족하고 언어발달이 늦으며 주의집중 시간이 짧은 특징을 보인다.

가출아동의 경우 일반아동보다 신체적 학대를 받은 경험이 많다는 보고가 있다(신영화, 1986).

(2) 정서적 학대의 영향

정서적 학대를 당한 아동은 언어발달이 지체되고 또래관계에서 사회적 기술이 매우 부족하며 타인의 관심과 환심을 사려고 하는 지나친 애정의 욕구를 필요로 하는 수동적이고 순종적이거나 공격적이고 도전적일 수 있으며 자아존중감이 낮아지고 감정표현이 적어진다.

부모로부터 존중받지 못하고 학대를 받은 아동은 자신을 무능하다고 생각하며, 자신에 대한 나쁜 감정을 느끼며, 자신은 타인으로부터 사랑받을 가치가 없는 사람으로 생각하며, 자신을 함부로 다루며, 스스로를 통제하고자 하는 능력도 낮아진다. 심각한 정서적 학대는 반사회적 행동장애나 경계성 인격장애를 일으키기도 한다.

(3) 성적 학대의 영향

성적 학대는 다른 학대와는 상이한 신체적 후유증을 유발한다. 성적 학대는 요로감염, 생식기 관련 감염이나 손상, 성병감염, 그리고 원하지 않은 임신으로 나타날 수 있다. 성적 학대는 시간의 경과에 따라 행동의 변화를 보이는데 학대를 받은 직후에는 수면장애와 불안증세가 두드러지며 시간이 경과되면 연령에 맞지 않는 성행동과 이성의 관심을 몰기 위한 선정적 행동을 보이기도 한다.

어린시절 성적 학대의 경험은 낮은 자아존중감, 죄책감, 불안, 우울, 신체증상, 대인관계에서의 문제, 성문제, 약물남용 등의 다양한 정신병리 증상과 관련이 있다는 연구결과가 발표되고 있으며, 성학대 사실을 알게 된 가족들의 반응이 어떠하였는가에 따라 그 상흔의 정도가 달라진다.

가족이나 주변사람들이 부정적인 측면에서 죄의식이나 수치심을 학대당한 아동에게 연결시켜 의사소통을 하게 되면 아동이 학대로 인하여 받은 상흔은 더욱 강해진다(공계순 외, 2009).

(4) 방임의 영향

방임 중 특히 영아기의 방임은 적절한 양육의 부족이나 소홀로 아동은 성장·발달이 지연되는 등 성장지체로 지속적인 고통을 받게 된다. 적절한 자극의 부족으로 의사소통과 관련된 사회성이 부족하고 또래 아동에 비해 신체적 발달과 성장이 지체될 수 있다.

학령기 아동의 방임은 학교생활에 낮은 적응력을 보이고 수동적이며 위축되어 있거나 반대로 공격적 성향을 많이 나타내기도 하는 등 학교생활에 부적응을 보이기도 한다.

2. 학대아동을 위한 복지 실천방법

아동학대의 효율적인 예방과 치료대책을 세우기 위해서는 아동학대의 실태를 정확히 파악하는 일이 중요하다. 보건복지부가 발간한 「2017년 전국아동학대 현황보고서」를 바탕으로 전반적인 아동학대의 현황을 파악해 보고자 한다.

1) 아동학대 현황

2017년 전국 60개 아동보호전문기관을 통해 아동학대 신고로 접수된 사례는 총 34,169건으로 응급아동학대 의심사례 및 아동학대 의심사례는 30,923건(90.5%), 동일신고는 292건(24.6%), 일반상담은 2,951건(8.6%), 해외발생 사례는 3건(0.0%)이다.

아동학대로 판단된 22,367건을 대상으로 피해아동의 성별을 살펴보면 남아 11,110건(49.7%), 여아 11,257건(50.3%)으로 여아가 0.6% 많았다. 피해아동의 연령은 만 13~15세의 아동이 22.9%로 가장 많았고, 그 다음으로는 초등학교 고학년에 해당하는 만 10~12세가 20.9%, 초등학교 저학년인 만 7~9세 아동이 17.6%로 나타났다. 피해아동의 가족유형은 친부모가족 12,489건(55.8%), 친부모가족 외 형태 8,078건(36.1%), 대리양육 형태와 기타는 각각 311건(1.4%), 137건(0.6%)의 양상을 나타냈다.

아동학대 발생장소를 살펴본 결과 가정 내에서 발생한 사례가 전체 아동학대 사례의 80.4%에 해당되는 17,989건으로 압도적인 수치를 보였고, 그 외에 어린이집, 학교, 유치원 사례는 각각 843건(3.8%), 1,344(6.0%), 269건(1.2%)으로 전체 사례 중 11%에 해당하고, 복지시설은 아동복지시설 254건(1.1%), 기타 복지시설 45건(0.2%)에 해당한다.

아동학대 유형별 건수를 살펴보면 중복학대가 10,875건(48.6%)으로 가장 많았고, 정서학대 4,782건(21.1%), 방임 2,787건(12.5%), 신체적 학대 3,285건(14.7%), 성학대 692건(3.1%) 순으로 나타났다.

2) 아동보호 서비스

아동보호 서비스 과정은 상담 및 신고접수단계, 현장조사 및 사례판정단계, 조치결정단계, 서비스제공단계, 사례평가 및 종결단계, 사후관리단계로 이루어진다.

(1) 상담 및 신고접수단계

24시간 112를 통하여 신고전화는 운영되며 전국 아동보호전문기관은 신속한 위기개입과 조치를 위해 24시간 아동학대 의심사례가 상담 및 접수를 하고 있다.

(2) 현장조사 및 사례판정

신고접수 시 응급한 아동학대 상황으로 의심되어 아동의 안전확보를 위해 12시간 이내에 현장조사를 실시해야 된다고 판단되는 사례는 응급아동학대 의심사례를 말하며 아동학대 의심사례는 신고접수 후 아동보호전문기관 상담원들이 72시간 내에 현장조사를 실시하는 경우를 의미한다.

아동학대가 의심되어 현장조사를 실시한 결과 잠재위험사례, 아동학대사례, 일반사례로 구분하여 사례판정을 한다.

(3) 조치결정

아동학대사례 판정 후 피해아동과 학대행위자에 대한 조치가 결정되는데 고소·고발, 격리보호, 원가정보호, 타기관 의뢰 조치가 취해진다.

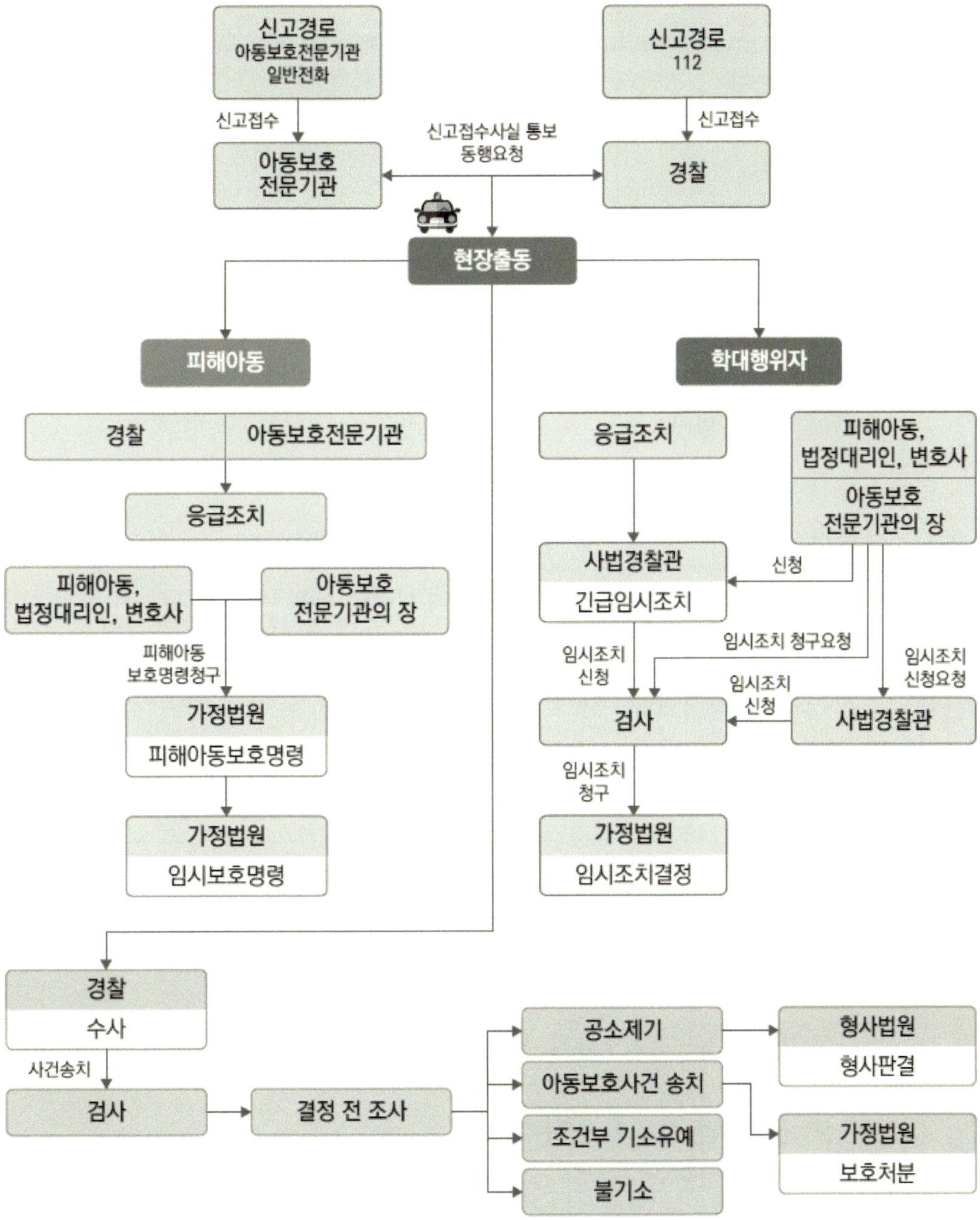

[그림 8-3] 아동학대 사례 업무진행도

(4) 서비스 제공

피해아동과 학대행위자, 부모 및 가정을 위한 가장 효과적이고 적절한 서비스를 제공하기 위하여 일시보호 서비스, 교육 서비스, 상담 서비스, 의료 서비스 등이 제공된다. 그 외에 심리치료 서비스, 가족기능 강화 서비스 등의 다양한 서비스를 제공한다.

(5) 사례평가 및 종결단계

아동학대에 대한 개입 목표달성과 가능성이 희박하다고 사례 평가되는 경우 사례는 종결된다.

(6) 사후관리

사후관리는 가족의 안정유지와 학대재범의 예방을 목적으로 하며 주기적으로 학대 재발생 여부를 확인하여 도움이 필요하면 언제든지 상담원을 통해 필요로 하는 도움과 자원을 제공받을 수 있다.

3. 학대아동 복지의 문제점 및 과제

1) 학대아동 보호사업의 문제점

(1) 신고발견 체계의 인식부족

우리나라는 아동학대 신고와 인식 부족, 아동학대 신고의무자의 신고비율이 낮다는 현황으로 비추어 볼 때 실질적인 아동학대 예방기능과 치료기능이 충족되지 못하고 있는 실정이다.

(2) 아동보호전문기관 서비스 제공체계의 미흡

1989년 아동학대예방협회가 설립을 시작으로 전국적으로 아동보호전문기관에서 서비스를 실시, 운영 중에 있으나 홍보부족과 심층적이고 다양한 서비스의 부족으로 많은 효과를 보지 못하고 있는 실정이다.

(3) 국가의 소극적 지원

아동학대예방 서비스는 사법기관, 행정기관, 사회복지기관 등 다양한 연계와 통합적인 체계구축과 지원이 필요하나 기관과의 연계와 지원이 부족한 실정이다.

2) 학대아동 보호사업의 과제

(1) 아동학대 신고율 향상과 조기발견을 위한 방안 모색

[1] 신고의무자 신변보호를 위한 제도적 장치 마련

신고의무자가 비록 법적으로 신고 의무를 지니고 있다 하더라도, 아동학대를 발견하였을 때 실제 신고하기까지는 개인적, 환경적 요인들에 의해 영향을 받기 마련이다. 이러한 요인들 가운데 신고의무자가 학대신고를 꺼려하는 가장 큰 요인은 신고 이후 자신의 업무가 과중되거나 직장에서 좋지 않은 이미지를 지닐 수 있다는 점과 함께, 신고자의 신분노출로 인해 아동학대행위자로부터의 협박, 업무방해 등과 같은 신변보호 문제가 발생되는 것이 중요한 요인으로 보여진다. 신고의무자들은 아동학대 의심사례 신고 이후 공격적인 학대행위자로부터 실제적으로 신변위협을 당했거나, 행위자의 보복과 협박, 업무방해 등과 같은 상황이 발생할 수 있다는 두려움, 위협적인 행위자로부터 보호받을 수 있는 제도적 장치가 부실하다는 사회적 안전망에 대한 불신 등으로 인해 신고를 망설이는 경우가 많다.

그러므로 신고의무자의 아동학대 신고의식을 고취시킬 수 있는 활발한 홍보와 더불어 개인 신상정보가 노출되지 않고 보완이 잘 이루어질 수 있으며, 학대행위자로부터 신변을 보호받을 수 있는 제도적 안전장치가 현실적으로 마련되어야 할 것이다. 또한 신고자에게 위협을 가하거나 업무를 방해할 때 처벌받을 수 있다는 사실을 인지시키고 전달할 필요가 있다. 신고의무자의 적극적인 신고행위는 아동학대를 조기에 발견하여 아동을 학대위험 상황으로부터 신속히 구출하고 생명과 안전을 담보하는데 중요한 통로가 될 수 있으며, 결국 이는 아동보호체계를 더욱 공고히 만들어 가는데 촉진제 역할을 하게 될 것이다.

2 아동보호전문기관 서비스 확대와 전문성 강화

아동학대 신고율을 높여 학대를 신속히, 조기에 발견하고 위험에 노출된 사각지대의 아동들을 파악하고, 안전하게 보호하기 위해서는 아동보호전문기관의 서비스와 전문 인력이 필요하다.

아동학대 신고율을 높여 피해아동을 조기에 발견할 뿐만 아니라, 상담원의 전문성 강화를 통한 아동학대 사례관리의 효과성과 질적인 향상을 꾀할 수 있다는 면에서도 중요한 일이다. 그러므로 정부는 지방자치단체에서 각 시 · 군 · 구마다 실제적으로 아동보호전문 치료기관이나 시설을 확대 설치할 수 있도록 적극적으로 현실적인 방안을 모색하여야 할 것이다.

3 아동학대 신고발견 체계강화

학대피해아동에 대한 보호 서비스는 피해아동의 발견이 중요하고 아동학대 신고체계를 강화하여 발견율을 높이는 것이 중요하다. 그러므로 아동학대 의심사례에 대하여 현재 112번 상담전화를 통해 상담신고를 접수받기 위해서는 지속적으로 홍보하고 사회기관 연계를 통한 조기발견 체계를 강화시키는 일이 더욱 효과적이라 할 수 있다.

4 아동 본인의 능동적인 신고 참여를 위한 교육 및 홍보 활성화

아동학대 신고율을 높이기 위한 방안으로 아동학대 신고와 신고의무자를 통한 상담접수 등을 알려, 아동이 자신의 문제와 위기상황을 외부에 알리고 도움을 요청할 수 있는 아동보호전문기관에 아동의 접근성을 높이는 방법을 생각해 볼 수 있다.

이에 아동 본인의 상담 참여율을 높일 수 있도록 아동학대 예방에 대한 활발한 교육 및 홍보활동이 필요하다. 예를 들어 아동학대 교육용 홍보동영상을 초·중·고 아동연령 및 특성에 맞게 제작하여 홍보하고 이를 통해 각 학교에서 아동학대 예방교육을 정기적으로 시행한다면 학대에 대한 아동 인식이 증진되어 학교 상담교사 혹은 아동보호전문기관에 아동 스스로 활발히 신고 및 상담을 할 수 있는 토양이 마련될 수 있을 것이다. 더불어 아동이 편안하게 자신의 문제를 털어놓을 수 있는 방안으로, 비슷한 또래친구에게 아동학대를 상담할 수 있는 환경을 만들어 아동들의 접근성을 높이는 방안도 고려해 볼 수 있다.

(2) 효과적인 아동학대 사례 관리체계 마련

1 사례관리를 위한 상담원 인력 보강

효과적인 아동학대 사례관리를 위해 아동보호전문기관 내에 아동학대 업무체계를 세분화하여 각각의 업무를 전담할 수 있는 팀을 구성하고, 세분화된 전담 업무를 수행할 수 있는 상담원을 배치할 수 있도록 인력을 보강해야 할 것이다.

2 가족보존을 위한 재통합·회복 프로그램 개발 및 전문 인력 양성

아동학대 예방사업의 궁극적인 목적은 학대 피해아동을 안전하게 보호할 뿐만 아니라 행위자와 가족의 기능을 강화시키고, 학대 발생 위험이 높은 환경을 개선함으로써 피해아동을 가정에 재통합시켜 가족을 보존하는 데 있다. 이를 위해서는 피해아동과 학대행위자, 피해 부모 및 가족 모두의 회복과 재통합을 위한 사회적 지원, 프로그램 개발 등이 이루어져야 하며 서비스 실천 현장에서 프로그램을 운영할 수 있는 전문 인력이 양성되어야 한다. 아동의 입장에서 최선의 양육 환경은 가정 친화적인 환경이기 때문이다.

아동보호전문기관 상담원들이 피해아동과 행위자를 포함한 가족의 욕구를 사정하여 각 사례의 특성에 맞는 전문적 서비스를 제공하고 프로그램을 직접 운영할 수 있도록 상담원 대상의 전문 교육 강화 및 정례화, 전문 인력 양성에 필요한 재정지원이 정부로부터 적극 이루어져야 할 것이다.

3 학대 피해아동 보호를 위한 대안 양육체계 개발 · 확대

유엔 아동권리협약의 권고사항에도 가정과 분리된 아동의 시설양육에 대한 대안으로 그룹홈과 대안양육체계의 숫자를 지속적으로 확대하라는 내용이 언급되어 있다. 이에 정부는 2004년 아동복지법 개정을 통해 공동생활가정(그룹홈)을 아동복지시설의 종류에 추가하고, 2005년 가정위탁지원센터 설립의 법적 근거를 마련, 위탁가정을 대상으로 양육보조금, 아동상해보험료, 전세자금 등의 재정지원을 추진해 왔다.

지금까지 정부에서 보호를 필요로 하는 아동이 가정적인 환경에서 양육될 수 있도록 관련법을 정비하고 환경을 개선하고자 노력을 기울여 왔으나, 아동학대 피해아동은 일반 요보호아동과는 달리 대인관계 형성의 어려움, 문제행동, 공격적 성향 등 특수성을 지닌 만큼, 전문교육과 훈련을 통해 학대 피해아동의 특성을 이해하고 이에 적합한 양육과 보호를 제공할 수 있는 위탁가정을 발굴, 전문 그룹홈 등을 확대해 나가는 것이 반드시 필요하다. 특별히 성학대 피해아동의 경우에는 아동학대의 여러 유형 중 가장 심각하고 만성적인 정신적 후유증을 남기므로 한시적으로 보호되면서 치료받는 것이 아니라 장기적으로 보다 집중적이고 전문화된 치료 서비스를 제공받아야 한다. 또한 성학대 피해아동이 일반 다른 아동들과 함께 장기적으로 보호될 경우 성학대 피해아동의 후유증으로 나타나는 유사 성행위, 성놀이 등으로 인하여 함께 거주하는 아동들에게 부정적인 영향을 미칠 수 있으므로 성학대 피해아동의 특성을 고려한 전용 치료보호쉼터가 반드시 설치되어야 할 것이다.

(3) 아동 최선의 이익을 위한 사법제도 개선

1 보호처분 및 친권개입 제도 마련

아동학대의 재발 방지를 위해서는 단순히 학대행위자를 형사적으로 처벌하는데 그치는 것이 아니라, 행위자의 성행을 교정 · 치료하여 재학대를 가하지 않도록 변화를 꾀하는 일과, 학대위험 수위가 심각한 경우에는 행위자의 친권을 일시적으로 제한하거나 상실시키는 조치가 수반되어야 한다.

한편 기존의 아동복지법에는 친권제한 및 상실에 관한 조항이 있었으나 이에 관한 처벌기준과 범위가 구체적으로 명시되어 있지 않고, 관련 절차와 지원체계도 미흡하여 부모가 친권을 남용하는 상황에서도 친권행사의 제한 또는 친권상실 선고가 거의 이루어지지 않았다. 아동보호전문기관에서 2000년부터 2008년 9월까지 아동학대 행위자가 자녀를 적절히 보호할 능력이 없고, 지속적인 학대발생 위험으로 인해 친권제한 및 상실이 필요하다고 판단되어 이를 청구 · 판결받은 사례는 총 9건이며, 이 중에서 아동복지법에 의해 지자체장이 청구한 경우는 단 1건에 불과하다. 이러한 현황은 행위자에 대한 친권개입의 사법적 지원과 실행 기반이 매우 취약하고 현실적인 제약이 따르고 있음을 반영하는 것이라 볼 수 있다.

이런 맥락에서 미국, 호주 등 해외 선진국의 경우와 같이 아동격리를 비롯한 강제적인 친권개입과 아동보호조치가 아동학대를 전담하는 법원판결을 통해 이루어지는 것도 효과적인 아동보호방안 중 하나로 생각해 볼 수 있다. 우리나라는 아동학대 사례를 전담하는 법원이 부재할 뿐만 아니라, 법원 내에 아동학대 문제를 전문적으로 다루는 전담팀도 구성되어 있지 않아, 아동학대에 관한 사법적 대응체계가 매우 취약하다. 그러므로 아동학대 사례를 전문적으로 다룰 수 있는 전담법원 제도 도입과 같은 사법적 시스템 마련에 대하여 진지한 고민이 필요하다.

(4) 아동학대 사례 정보관리 통합시스템 구축

1 아동학대 정보 누수 방지를 위한 통합 관리 시스템 구축

아동학대 관련 통계는 매우 중요한 국가 데이터이므로 관련 기관에서 개입하고 있는 모든 아동학대 사례를 취합하여 정부가 누수되지 않도록 관리할 수 있는 통합적인 전산망이 아동보호전문기관 내에 구축되어야 할 것이다. 그리고 지역사회 내의 아동 · 청소년 복지관련기관들과 아동보호전문기관 간에 아동학대 사례관리 시 각 기관의 역할분담이 중첩되지 않고 효과적으로 이루어질 수 있도록 긴밀한 협력관계를 조성하여야 할 것이다.

2 학대행위자 정보 종합 관리 시스템 구축

해외 선진국의 경우에는 입양, 가정위탁 부모를 선정할 때에 부모가 될 사람의 학대경력을 파악할 수 있는 정보망이 구축되어 있어, 아동을 보다 안정적인 환경에서 대리양육시킬 수 있다. 그러므로 행위자 정보를 종합적으로 관리할 수 있는 전산시스템 구축은 아동에게 안전한 보호망을 마련해 주기 위해 반드시 추진되어야 할 매우 중요한 과제라 하겠다.

학대행위자에 관한 정확한 정보관리 시스템이 구축된다면, 행위자 특성에 맞는 재학대 예방프로그램 개발과 이에 관한 아동학대 예방정책 수립이 효과적으로 이루어져 결과적으로 재학대 발생률을 감소시킬 수 있으리라 기대된다.

(5) 단계별 아동학대 예방정책 수립 및 교육 · 홍보 활성화

아동학대 예방교육 및 홍보의 활성화는 학대를 예방하기 위해 매우 중요한 과제라 할 수 있다. 그러므로 아동학대 발생의 위험 정도에 따라 대상군별로 그에 적합한 단계별 예방정책을 수립하고 이를 실행할 수 있는 지역사회 내의 인프라 구축과 정부의 예산지원이 필요하다.

예방정책에 관한 단계별 방안을 제안하면 다음과 같다.

우선 아동학대 1차 예방정책으로는 만 30~40대 남성 학부모들을 중심으로 한 아동학대 예방프로그램 개발 및 실행과 지역사회 내에서 부모교육 활성화, 홍보사업을 통한 일반 국민들의 아동학대 인식개선 및 신고의식 고취 등을 생각해 볼 수 있다.

또한 아직 결혼하지 않은 미혼 남녀, 청소년과 예비부모를 대상으로 사전에 부모교육을 실시할 수 있는 시스템을 마련하는 것도 아동학대 예방을 위해 매우 중요한 과제라 할 수 있다.

아동학대 예방을 위한 홍보활동으로는 공익광고, 다양한 홍보 매체를 통해 일반

국민 대상으로 아동학대에 관한 경각심을 일깨우는 동시에, 아동학대 예방이 결국은 아동의 행복과 안전을 보장하는 매우 중요한 일임을 긍정적인 메시지로 전달하여 국민들의 관심과 아동학대 예방에 대한 공감대를 형성해 나가야 할 것이다. 또한 아동들을 대상으로 학대예방 video, 만화책 등을 제작 · 보급하여 아동의 눈높이에 맞는 홍보전략을 펼쳐 나가는 것도 필요하다.

다음으로 아동학대 2차 예방정책은 아동학대 고위험군 집단을 대상으로 집중적인 예방활동을 펼치는 단계라 할 수 있는데 아동학대 현황 분석 결과 고위험군 대상 범주 안에 매년 전체 아동학대 사례의 40% 이상을 차지하는 한부모가정과 빈곤가정, 부모가 알코올 · 약물중독 및 질환을 지닌 경우 등이 해당되었다.

이러한 고위험군 가정에서 발생될 수 있는 아동학대를 미연에 방지하기 위해서는 자녀양육부담 및 경제적 어려움으로 인해 초래되는 스트레스를 감소시킬 수 있는 다양한 서비스 자원을 지역사회 내에서 발굴, 연계하고 아동학대 예방을 위한 부모교육을 집중적으로 실시하여야 할 것이다.

생각해 볼 문제

1. 최근 우리 주변에서 발생하고 있는 아동학대의 유형은 무엇인지 살펴보자.

2. 학대를 당한 아동의 심리, 치료적 접근방법에 대해서도 알아보자.

3. 아동학대 서비스 사례관리 체계에 대하여 살펴보자.

제9장

아동보육 및 방과후 아동지도

최근 현대사회의 산업화 및 도시화로 인한 핵가족화 현상은 과거 전통적인 대가족제도로부터 가족의 기능 및 구조, 가족구성원의 역할과 가족 수, 가치관의 변화를 초래하였다. 특히, 기혼 여성들의 경제활동 참여 증가 및 부모의 이혼 또는 미혼부 · 미혼모가 늘어나면서 아동양육에 대한 책임이 개인적인 문제가 아니라 사회적인 문제로 야기되고 있다.

2017년 12월 27일에 발표한 제3차 중장기보육 기본계획을 통해 우리나라는 아동권리협약 이행과 아동이익 최우선 관점에서 158개 정책과제를 마련하였고, 아동보육 및 양육지원을 위해 다양한 서비스를 제공하며 영유아의 행복한 성장을 위해 함께하는 사회를 만들고 있다.

본 장에서는 영유아를 위한 아동보육 및 초등학생들을 위한 방과후 아동지도, 그리고 우리나라 보육의 문제점 및 과제에 대하여 자세히 살펴보고자 한다.

1. 아동보육

1) 아동보육의 개념

보육이란 영유아를 건강하고 안전하게 보호 · 양육하고 영유아의 발달특성에 적합한 교육을 제공하는 사회복지 서비스를 말한다(영유아보육법 제2조).

1991년 우리나라 영유아보육법이 제정되기까지는 단순히 맡아 준다는 의미의 '탁아'라는 용어가 보편적으로 사용되었다. 아동을 '위탁한다'는 의미의 기존의 탁아 개념은 전통적으로 어머니의 역할로 여겨지는 아동의 양육을 개별적인 사유로 어머니가 아닌 다른 대상에게 위임시키는 것으로 어머니가 자녀를 양육할 수 없는 경우 보호자의 위탁을 받아 아동을 보호하는 보충적 · 개별적 서비스의 의미였다(이순형 외, 2000 : 21). 즉, 보육서비스의 초기개념은 여러 가지 이유로 낮 동안 그들의 친부모가 아닌 다른 사람들에 의해서 보호를 받아야 하는 아동들에게 주어지는 보호라고 정의되었다(Frederckson, 1957).

보육 용어의 한자를 살펴보면 '保育'으로서, 보(保)는 '지키다, 편안하게 하다, 돕다' 이며, 육(育)은 '기르다'의 의미이다. 일반적인 사전적 의미는 영유아를 보살펴 기르고, 정상적인 발달을 목적으로 베푸는 교육이다(김경희 외, 2006). 그러나 보육이란 아동에게 있어야 할 교육과 발달이라는 넓은 개념에서 놓고 보아야 하며, 동시에 보육의 초점으로 아동을 고려해야 한다(Clarke-Stewart, 1993).

우리나라에서 현재 사용되는 보육이라는 용어는 영어의 'care'와 'education' 양쪽 모두를 의미하는 것으로서, care는 보호 · 양육으로 해석되고, education은 교육으로 해석되어 사용되고 있다. 즉 보육은 보호와 교육을 모두 포괄하는 의미이며(한미현 외, 2007), 현대사회의 보육은 단순히 아동을 보호하는 것이 아닌, 아동의 전 영역에 걸쳐 아동발달을 위한 아동의 환경에 대한 적극적인 개입 및 이에 대한 프로그램을 기획, 실행하는 서비스이다. 이러한 보육의 일차적 기능은 아동의 보호에 있다고 볼 수 있으나, 보육의 대상이 성장 · 발달과정에 있어서 결정적 시기에 있는 아동들이므로 전인적 발달을 위한 포괄적 프로그램을 제공하는 개념으로 변화되고 있다(김진이, 1999 : 42).

1960년 이전 시기의 아동보육은 요보호 아동의 단순보호의 기능을 담당하였으며 1961년부터 1981년까지는 '아동복리법'에 근거한 아동복지 서비스로서의 보육 기능을, 1982년부터 1990년까지 '유아교육진흥법'에 의한 유아교육 기능을, 1991년부터 현재까지는 '영유아보육법'에 의한 복지와 교육의 통합적 보육 서비스로 변화하였다(이덕희, 2018 : 166).

2) 아동보육의 필요성

(1) 기혼 여성의 경제활동 참여 증가

사회가 산업화되면서 여성들의 경제활동의 증가로 출산과 육아의 문제가 사회문제로 등장하게 되었으며, 특히 기혼 여성들의 비율이 더욱 증가하고 있는 추세다.

통계청(2014) 보고에 의하면 〈표 9-1〉에서와 같이 여성인구가 2000년 9,101,000

명에서 계속 증가하여 2012년 현재 10,609,000명으로 여성의 경제활동참가율은 약 50%를 차지하고 있으며, 2011년(49.7%)에 비해 0.2%p 상승하였고, 남성의 경제활동참가율은 73.3%로 여성과는 23.4%p의 차이를 보인다.

또한 〈표 9-2〉를 살펴보면 2012년 현재 여성의 연령별 경제활동참가율은 25~29세가 71.6%로 가장 높게 나타나 2000년(55.9%)에 비해 15.7%p 증가하였다. 그러나 결혼 · 육아 등으로 30~39세는 56%대 수준으로 크게 하락하였다가, 40대 초반부터 다시 노동시장에 진출하는 여성인구가 증가하는 경향을 보인다.

즉, 20대 후반에는 경제활동참가율이 높았으나, 30대에 출산과 육아시기에 감소, 40대에 다시 증가하는 유사한 M자 패턴을 보이며, 50~54세 여성의 경제활동참가율은 62.5%로 2000년에 비해 7.2%p 늘어난 것을 알 수 있다.

특히 [그림 9-2]에서와 같이 현재 교육정도별 경제활동참가율은 대졸 이상이 남녀 모두 가장 높게 나타났으며, 대졸 이상 여성의 경제활동참가율은 63.9%로 2000년에 비해 3.0%p 증가하였으나, 대졸 이상 남성의 경제활동참가율(89.5%)보다 25.6%p 낮게 나타났다.

한편, 2012년 15~54세의 기혼여성은 974만 7천명 중 취업을 하고 있지 않은 여성은 404만 9천명이었으며, 이 중 결혼, 임신 및 출산 등 경력단절 사유가 발생하여 직장을 그만둔 경력단절여성은 197만 8천명으로 기혼여성 중 20.3%를 차지하였고 전년대비 7만 8천명(4.1%) 증가한 것으로 나타났다. 즉, 경력단절여성(197만 8천)이 직장(일)을 그만둔 사유를 살펴보면, 결혼(46.9%), 육아(24.9%), 임신 · 출산(24.2%) 순으로 나타났다.

표 9-1 우리나라 경제활동 인구 및 성별 참가율

(단위: 천명)

	전 체		여 성		남 성		남녀 차이 (참가율)
	경제활동 인구	참가율	경제활동 인구	참가율	경제활동 인구	참가율	
2000	22,134	61.2	9,101	48.8	13,034	74.4	25.6
2005	23,743	62.0	9,860	50.1	13,883	74.6	24.5
2006	23,978	61.9	10,001	50.3	13,978	74.1	23.8

2007	24,216	61.8	10,092	50.2	14,124	74.0	23.8
2008	24,347	61.5	10,139	50.0	14,208	73.5	23.5
2009	24,394	60.8	10,076	49.2	14,319	73.1	23.9
2010	24,748	61.0	10,256	49.4	14,492	73.0	23.6
2011							
2012	25,501	61.3	10,609	49.9	14,891	73.3	23.4

* 자료 : 통계청, 「경제활동인구연보」 각년도.

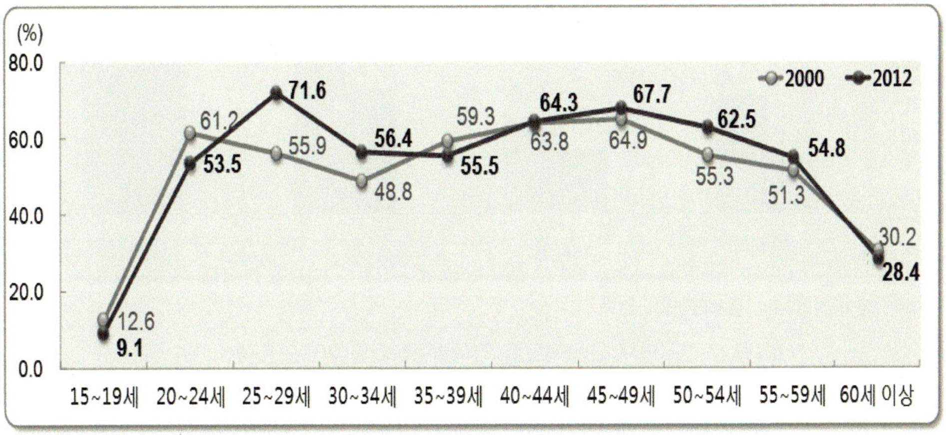

* 자료: 통계청, 「경제활동인구연보」 각년도.

[그림 9-1] 여성의 연령별 경제활동참가율(단위: %)

표 9-2 여성의 연령별 경제활동참가율

(단위: %)

	전체	15~19	20~24	25~29	30~34	35~39	40~44	45~49	50~54	55~59	60세 이상
2000	48.8	12.6	61.2	55.9	48.8	59.3	63.8	64.9	55.3	51.3	30.2
2005	50.1	10.3	62.6	66.1	50.2	59.0	65.6	63.1	58.3	49.1	28.1
2006	50.3	8.9	59.1	67.5	53.1	59.6	65.6	64.4	58.5	49.7	28.3
2007	50.2	8.1	56.4	68.2	53.7	58.6	66.6	65.0	59.3	50.6	28.7
2008	50.0	7.5	54.6	69.3	53.3	58.5	65.9	65.8	60.3	52.5	27.9
2009	49.2	7.5	53.0	69.0	51.9	56.3	65.4	65.4	60.9	52.0	27.4

2010	49.4	8.5	53.5	69.8	54.6	55.9	65.9	65.6	61.3	53.3	26.9
2011	49.7	9.0	52.3	71.4	55.4	55.6	65.7	66.8	62.3	54.0	27.1
2012	49.9	9.1	53.5	71.6	56.4	55.5	64.3	67.7	62.5	54.8	28.4

* 자료 : 통계청, 「경제활동인구연보」 각년도.

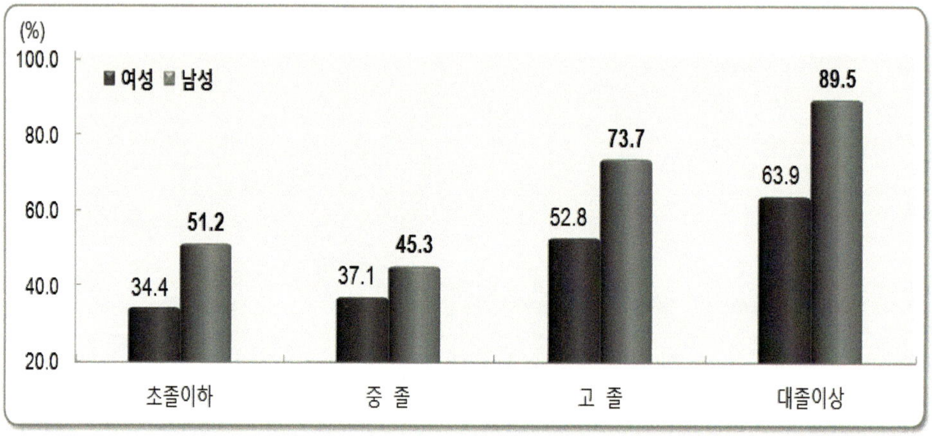

* 자료 : 통계청(2014), 「경제활동인구연보」.

[그림 9-2] 현재 교육정도별 경제활동참가율(2012)(단위: %)

또한 [그림 9-3]에 의하면 여성의 취업에 대해 긍정적으로 인식하고 있는 것을 알 수 있다. 미취학 자녀가 있는 여성 10명 중 9명(90.9%)은 "직업을 가지는 것이 좋다"는 견해를 가지고 있었으며, 또 취업시기에 대해서는 38.0%가 '가정 일에 관계없이' 계속 취업해야 한다고 응답했다.

한편 미취학 자녀가 있는 워킹맘은 93.8%가 "직업을 가지는 것이 좋다"고 응답했으며 취업시기에 대해서는 워킹맘은 '가정 일에 관계없이'가 52.5%로 가장 많았고, 전업맘은 '출산 전과 자녀 성장 후'가 41.8%로 가장 많았다.

[그림 9-4]를 살펴보면 여성의 취업을 어렵게 하는 가장 큰 요인으로는 바로 미취학 자녀가 있는 여성의 72.8%가 '육아부담'에 응답했다. 워킹맘 4명 중 3명(74.5%)과 전업맘 71.7%가 이에 해당되었으며, 미취학 자녀가 없는 여성은 '육아부담(51.0%)', '사회적 편견 · 관행(17.6%)', '불평등한 근로여건(11.3%)' 순으로 응답했다.

또한 미취학 자녀가 있는 여성 2명 중 1명(49.0%)은 향후 필요하거나 늘려야 한다고 생각하는 공공시설은 [그림 9-5]에서와 같이 '국 · 공립어린이집'이라고 응답한 반면, 미취학 자녀가 없는 여성은 '보건의료시설(27.9%)', '사회복지시설(21.8%)', '국 · 공립어린이집(11.1%)' 순으로 응답했다.

마지막으로 미취학 자녀가 있는 여성이 향후 가장 필요하거나 늘려야 한다고 생각하는 복지서비스는 '어린이 양육지원 및 돌봄서비스(57.4%)'로 나타났다.

이상과 같이 살펴본 결과 현대사회에 있어서 기혼여성의 경제활동 참가는 아동보육을 어렵게 하는 요인으로 사회적 대책이 더욱 절실함을 알 수 있다.

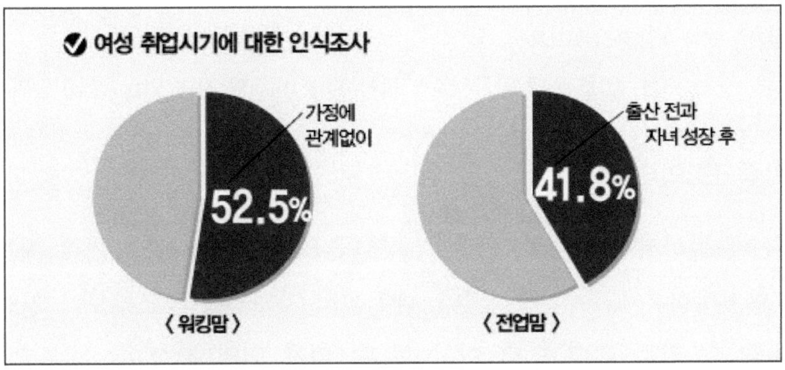

* 자료: 통계청 2014 여성의 삶 보고서.

[그림 9-3] 여성 취업시기에 대한 인식(단위: %)

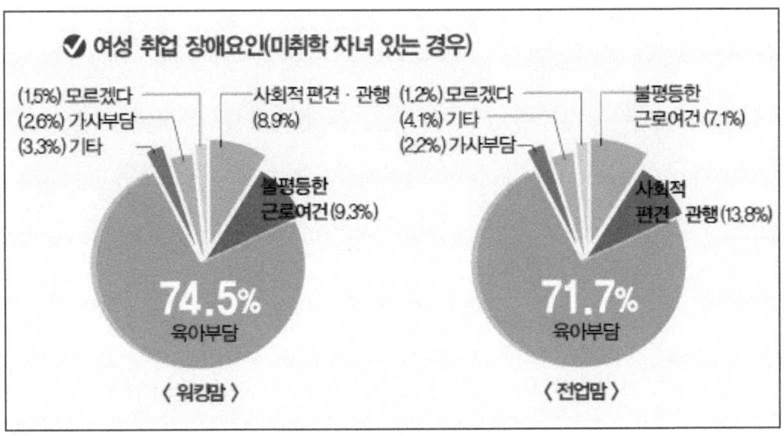

* 자료: 통계청 2014 여성의 삶 보고서.

[그림 9-4] 여성취업 장애요인(단위: %)

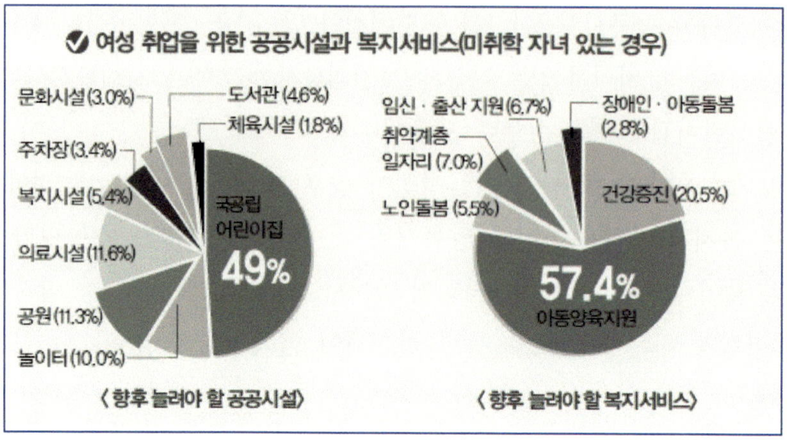

* 자료: 통계청 2014 여성의 삶 보고서.

[그림 9-5] 여성취업을 위한 공공시설과 복지서비스(미취학 자녀 있는 경우)(단위: %)

(2) 가족구조의 변화

21세기에 들어서며 도시화, 산업화는 우리나라의 전통적인 대가족 체제를 무너뜨리고 핵가족화를 더욱 향상시켰다. 예전처럼 자녀양육을 조부모나 친인척이 함께 돌봐줄 수 있는 기대는 더 이상 할 수 없게 되었다.

통계청(2014) '맞벌이 가구 현황 보도자료'를 보면 〈표 9-3〉에서와 같이 2013년 10월 유배우 가구는 1,178만 가구이고, 이 중 맞벌이 가구는 505만 5천 가구로 유배우 가구의 42.9%를 차지하였으며, 맞벌이 가구 중 8.8%(44만 7천 가구)는 부부가 같은 가구 내에 거주하지 않는 '비동거 맞벌이 가구'인 것으로 나타났다.

특히 외벌이 가구는 497만 1천 가구로 유배우 가구의 42.2%를, 기타 가구는 175만 3천 가구로 유배우 가구의 14.9%를 각각 차지하였다.

이것은 부모의 이혼이나, 별거, 부모사망, 미혼모, 미혼부 등 편부모 가정과 함께 조손가정 및 노인가구가 점점 늘어나는 추세와도 관련되며, 이러한 사회적인 현실은 가족의 역할과 기능을 더욱 약화시키고 있다.

또한 여성들의 취미생활 및 자원봉사 활동 또한 점점 증가함으로써 아동양육을 더욱 어렵게 하고 있어 보육이 더욱 절실해지고 있다.

표 9-3 유배우 가구 현황

(단위: 천가구, %)

유배우 가구	맞벌이 가구	비동거 맞벌이	외벌이 가구	기타 가구
11,780 (100.0)	5,055 (42.9)	447 (3.8)	4,971 (42.2)	1,753 (14.9)

* 자료: 통계청(2014) 맞벌이 가구 현황 보도자료.

(3) 가치관의 변화

현대의 부모는 전통적인 부모역할에서 벗어나 자신의 편안함이나 사생활을 중요시하는 자기중심적인 경향이 높아지고 있다.

과거에는 자녀가 부모의 노후를 돌보아 주고 가정의 대를 이어가는 존재로서도 중요시되었다. 그런데 이제는 자녀가 그저 키울 때의 재미요, 보람이지 커서 부모를 부양하는 것은 기대하지 않는다는 부모가 많아졌고 또 자식도 부모부양에 대한 책임을 그리 심각하게 여기지 않는 경향이 있다(서영숙 외, 2010). 심지어는 친자식을 유기하거나 학대 · 방임하여 치명적인 상처를 주고도 무엇을 잘못했는지를 모르는 부모가 있는가 하면, 친부모를 유기하고 살해하는 사례까지 보고되어 세인들을 놀라게 하고 있다.

국민권익위원회는 최근 2014년 6월 9일부터 7월 9일까지 '국민신문고'와 '미디어다음'에서 942명을 대상으로 '1인 가구 증가 원인'에 대한 설문조사를 진행한 결과, 전체 응답자들은 '가족 가치의 약화(28.8%)', '개인주의 심화(23.6%)', '미혼자 증가'(23.0%), '고용불안 및 경제여건 악화'(20.3%) 순서로 답했다. 그러나 설문조사 결과 세대별 구분차가 뚜렷해 이유는 연령별로 서로 다른 의견을 보였다.

즉, 1인 가구 증가 원인을 연령별로 구분하면 30대 이하 청년층은 '미혼자의 증가(30.1%)', '고용불안 · 경제여건 악화(26.5%)' 등 현실적인 문제를 지적하는 응답자가 많았으나, 중 · 고령층은 '가족가치 약화'(31.4%)나 '개인주의 심화'(26.7%) 등 가치관의 변화를 주된 원인으로 꼽았다(헤럴드POP. 2014. 8. 12).

(4) 저출산 현상의 심화

현대사회는 갈수록 저출산 현상이 심화되어 가고 있어서 새로운 사회문제로 대두되고 있다. 젊은 부모들은 적은 수의 자녀를 낳고 맞벌이를 하면서 부부중심의 핵가족 형태를 원한다(이소희, 2005).

한국보건사회연구원(2014)은 보고서를 통해 '초저출산과 향후 인구동향'에서 합계출산율은 <표 9-4>와 같이 현재의 1.2명으로 유지되면 한국 인구는 2026년 5,165만 명에서 정점을 찍은 뒤 2100년 2,222만 명으로 감소할 것이라고 밝혔다. 합계출산율은 여성 1명이 가임기에 낳게 될 평균 자녀수를 뜻하는 말로, 한국은 2001년 이래 1.2명대 초저출산율을 보이고 있다.

초저출산 현상이 지속되면 생산가능인구(15~64세)는 2016년 3,722만 명으로 정점에 도달한 뒤 2100년 984만 명까지 감소할 것으로 전망됐다. 반대로 전체 인구 중 65세 이상 노인이 차지하는 비율은 2050년 39.4%, 2100년엔 48.2%까지 상승할 것으로 예상된다. 젊은층의 노인부양 부담이 시간이 흐를수록 커지는 셈이다.

연구원은 그러나 2045년까지 합계출산율을 2.1명으로 끌어올려 유지한다면 인구 구조는 한결 나아진다고 전망했다.

저출산이 확대되는 원인에는 우선 맞벌이로 인한 육아문제가 있을 뿐만 아니라 아이를 양육하는데 드는 경제적 비용에 대한 부담이 있기 때문이다. 또한 개인주의적 생각이 팽배하여 자녀 양육으로 인해 본인의 시간과 경제적 비용을 빼앗기고 싶지 않은 부모 자신의 이기심 때문이기도 하다. 이러한 생각은 결혼 적령기에 있는 젊은이들로 하여금 결혼을 늦게 하거나 급기야는 결혼을 하더라도 자녀출산을 하지 않으려는 기피현상을 자아내기도 한다.

갈수록 한 자녀를 가진 부모들이 점점 늘어나고 있으며, 이들은 자녀에게 집중적인 투자를 원함과 동시에 돌봐 줄 다른 가족이나 형제 없는 아이들을 위해 질 좋은 어린이집을 필요로 한다.

표 9-4 현재 합계 출산율 1.2명 유지 시 한국의 미래인구 전망

(단위: 명)

	2010년	2030년	2050년	2070년	2100년
총인구	4941만	5154만	4632만	3604만	2222만
65세 이상 인구 비율	11%	24.8%	39.4%	45.9%	48.2%
생산가능 인구(15~64세)	3598만	3301만	2421만	1668만	984만

* 자료: 한국보건사회연구원(2014). '초저출산과 향후 인구동향'.

3) 아동보육의 목적과 기능

(1) 아동보육의 목적

우리나라 '영유아보육법' 제1조에 의하면, '영유아의 심신을 보호하고 건전하게 교육하여 건강한 사회 구성원으로 육성함과 아울러, 보호자의 경제적 · 사회적 활동이 원활하게 이루어지도록 함으로써 가정복지 증진에 이바지함을 목적으로 한다'고 규정하고 있다.

(2) 아동보육의 기능

영유아보육법에서 '보육'이란 '보호'와 '교육'을 의미하므로 아동보육 서비스는 신체적 보호와 교육을 동시에 제공하는 발달상 적절한 환경을 제공해야 하는 아동복지이며 일차적으로 취업모나 부모의 질병 또는 아동의 장애여부에 따라 가정양육기능을 보완하기 위한 여성복지, 가족복지 서비스를 수행한다.

4) 아동보육의 유형

영유아를 위한 어린이집은 크게 보육장소, 운영주체, 보육시간, 보육대상 등 법령에 따라 다음과 같이 다양하게 계획 · 운영되고 있다.

(1) 보육장소에 따른 유형

보육이 이루어지는 장소에 따라 가정보육, 시설보육, 직장보육, 대학 또는 연구소 부설 보육, 교회부설 보육 등으로 다양한 분류가 가능하다.

1 가정보육

가정보육은 시설이 아닌 가정집에서 이루어지는 보육의 형태로 영유아가 부모가 아닌 다른 성인에게 보육을 받는 것을 말한다. 가정이라는 환경에서 이루어지므로 대개 적은 수의 영유아가 보육받으며, 보육받는 영유아의 나이도 시설에 비해 낮은 편이다.

가정보육은 크게 자기 집 보육과 타가정보육으로 나눌 수 있다. 즉, 자기 집 보육은 영유아가 자신의 집에서 가족이나 친지 또는 동네 사람, 보육도우미 등에 의해 보육되는 것을 말한다. 이는 아동이 형제들과 함께 있을 수 있으며, 자기 집에서 보육이 이루어지기 때문에 아동의 건강과 정서를 고려할 때 가장 좋은 형태가 된다. 반면에 타가정보육은 개인이 가정 또는 그에 준하는 곳에 설치·운영하는 시설로써 예전에는 놀이방'이라고 알려져 왔고 2005년부터 '가정어린이집'으로 명칭이 개편되어 사용되어지고 있다.

Howes & Hamilton(1993)은 시설보육과 가정어린이집에 다니는 아동의 발달상의 차이를 밝힌 연구의 검토를 통해 보육 프로그램의 유형에 따른 차이는 결국 유형 그 자체에 의한 것이 아니라, 성인 대 유아의 비율이나 집단 크기 및 교사의 특성 등에 의한 질적인 것임을 밝혔다. 가정어린이집의 장점과 단점은 〈표 9-5〉와 같다.

표 9-5 가정어린이집의 장점과 단점

장점	단점
• 가정적인 분위기 때문에 환경변화가 있더라도 아동이 덜 두려워한다. • 아동이 혼합연령으로 구성되어 있어 다양한 연령	• 보육받기 위해 다른 집으로 이동을 해야 하는 번거로움이 있다. • 시설보육에 비해 체계적이지 못하고 일관성

층의 아동과 매우 긴밀한 접촉을 하여 형제간의 경험과 유사한 경험을 할 수 있고 운영시간도 융통성이 있다. • 아동의 가정과 비슷한 환경 속에서 편안함을 느낄 수 있다. • 아동의 가정과 가까운 곳을 선택할 수 있어 편리하다. • 어머니의 스케줄에 따라 시간을 융통성 있게 조절할 수 있다.	이 없다. • 시설이나 교재 · 교구가 시설보육에 비해 다양하지 못하다. • 시설보육에 비해 보육공간이 제한되어 있다. • 시설보육에 비해 보육교사의 전문적인 지식과 기술이 부족할 수 있다. • 영아가 대부분이고 소인원이라 야외학습의 기회가 적다.

2 시설보육

시설보육은 가정이 아닌 독립된 건물에서 보호와 교육이 이루어진다. 반드시 시청이나 구청으로부터 인가를 받아야 하고 적어도 2명 이상의 직원이 있어야 한다. 원장 및 보육교사 외에도 보육인원에 따라 영양사, 간호사, 조리사, 기사 등 다양한 인력을 포함하여 포괄적인 프로그램을 운영한다. 우리나라 어린이집은 종일제 운영을 원칙으로 하고 있으며, 휴일을 제외하고 연중 계속 운영된다.

시설보육의 장 · 단점을 살펴보면 다음 〈표 9-6〉과 같다.

표 9-6 시설보육의 장점과 단점

장 점	단 점
• 정식으로 인정을 받았고, 관련 관청의 허가와 감독 · 지도를 받는다. • 운영시간이 일정하고 안정성이 있다. • 아이들에게 다양한 교육적 경험을 제공한다. • 풍부한 교구 및 자료를 갖춘 안정된 환경에서 다른 아이들과 상호작용할 기회를 많이 가지게 한다. • 체계적이고 일관된 보육서비스를 제공한다. • 보육교사가 법적 요건을 갖추고 있고 지속적인 보수교육을 받는다.	• 많은 수의 아동이 보육되므로 아동들이 교사 및 다른 아동으로부터 질병과 전염병에 노출되어 있다. • 교사 대 아동의 비율이 높아 교사와 상호작용할 수 있는 기회가 적다. • 개별아동의 욕구와 흥미를 파악하기가 어렵다. • 아동이 낯선 환경에 적응해야 하기 때문에 초기에는 정서적 안정감을 갖기 어렵다. • 또래와 집단생활을 해 나가야 하므로 지나치게 경쟁적으로 될 수 있다.

3 직장보육

사업주가 사업장의 근로자를 위하여 단독 또는 공동으로 사업장 내 또는 그에 준하는 인근지역과 사원주택 등 사업장 근로자 밀집 주거지에 지역주민의 자녀를 대상으로 설치 · 운영하는 시설이다.

○ 영유아보육법 시행령(제14조 제1행)은 '상시 근로자 300인 이상을 고용하는 사업장'에서 직장어린이집을 의무화해 놓고 있다.

4 대학이나 연구소 부설 보육

대학 및 연구소 부설 보육은 보통 대학교나 연구기관 내에 있으며, 보통 해당 학교나 연구기관으로부터 일부 재정적 지원을 받는다. 입소순위는 재학생이나 교직원 자녀에게 우선권이 있으며 결원이 있을 경우 그 지역의 아동을 받을 수 있다.

보통 학교마다 자기 대학 또는 연구소 나름의 교육과정을 개발하여 보육 및 교육을 제공하며 관련학과 학생들의 실습장으로 종종 제공되기도 한다.

5 기타 종교시설 보육

일반적으로 기독교, 천주교, 불교 등 종교적인 포교차원으로 교회나 절 안의 교육관에서 비영리적으로 아동보육과 교육이 이루어지는 것을 말한다. 입소는 동일한 종교를 가진 사람들의 자녀를 우선순위로 하며, 자신들의 종교철학을 함께 가르친다. 또한 보육교실은 때로 종교기관의 학습실로 이용되기도 한다.

(2) 운영주체별 보육유형

영유아보육법에 의하면 보호자의 위탁을 받아 영유아를 보육하는 기관을 '어린이집'으로 정의하며 어린이집은 설립, 운영주체, 규모에 따라 국 · 공립 어린이집, 법인 · 단체어린이집, 민간어린이집, 부모협동어린이집, 직장어린이집, 가정어린이집 등으로 나눌 수 있다.

1 국 · 공립어린이집

국가와 지방자치단체가 설치 · 운영(위탁운영 포함)하는 시설로서 지역주민 자녀를 보육아동 정원의 50% 이상 보육하는 시설로서 규모 및 인원은 상시 영유아 11인 이상을 보육할 수 있는 시설을 말한다(영유아보육법 시행규칙 제9조).

배치기준은 주로 저소득층 밀집지역 및 농어촌지역 등 취약지역과 어린이집이 부족한 지역에 우선적으로 설치하는 등 지역별로 균형 있게 배치함을 원칙으로 한다(영유아보육법 제12조).

2 법인 · 단체어린이집

상시 영유아 21인 이상 보육할 수 있는 규모를 갖추고 각종 법인이나 단체 등이 설치 · 운영하는 어린이집을 말한다.

3 민간어린이집

사회복지법인이 아닌 비영리법인, 비영리단체 또는 개인이 설치 · 운영하는 시설로서 직장어린이집, 가정어린이집 또는 부모협동어린이집이 아닌 시설을 말한다.

규모는 상시 영유아 21인 이상을 보육할 수 있는 시설을 갖추어야 하며, 설치는 관할 시장 · 군수 또는 구청장에게 사전에 인가를 받는다.

4 부모협동어린이집

부모협동기관은 보육아동을 둔 보호자 15인 이상이 상호 출자하여 공동으로 어린이집을 설치 · 운영할 것을 약정함으로써 그 효력이 발생한다.

규모로는 상시 영유아 11인 이상이어야 하며, 부모들이 기관의 기본이념과 목표에 직접 참여한다.

보육교사 대 아동의 비율이 낮은 반면, 저렴한 보육료로 인해 우수한 프로그램을 제공하기 힘들고 보육프로그램의 내용에 있어서 일관성이 없다.

5 직장어린이집

직장어린이집은 사업주가 사업장의 근로자를 위하여 사업장 내에 설치하는 것으로 규모는 상시 영유아 5인 이상을 보육할 수 있는 시설을 말한다.

보육 정원의 1/3 이상이 직장어린이집을 설치한 사업장의 근로자의 자녀이어야 하는 것을 원칙으로 하며, 직장어린이집은 사업주가 소속 근로자의 자녀 양육지원을 목적으로 설치 · 운영하는 시설이므로 지역 보육수요로 제한할 수 없다.

6 가정어린이집

개인이 가정 또는 그에 준하는 곳에서 설치 · 운영하는 시설을 말하며, 규모는 상시 영유아 5인 이상 20인 이하를 보육하여야 하고 명칭은 "○○어린이집"으로 한다.

설치는 관할 시장 · 군수 또는 구청장에게 사전에 인가를 신청하여야 하며, 원장은 보육교사 겸직이 가능하고 영아가 상당수를 차지한다.

가정어린이집은 대부분 소규모적이어서 설치가 다른 어린이집에 비해 비교적 용이한 반면, 폐쇄 또한 용이하여 안정성이 저하되고 보육의 질적 편차가 큰 편이다.

(3) 보육시간에 따른 유형

과거에는 주로 보육시간이 주간에 많이 이루어졌으나 최근에는 산업구조의 변화에 따라 어머니의 출퇴근 시간이 다양화되었다. 이에 따라 보육시간도 종일제, 반일제, 시간제, 야간제, 방과후, 24시간제, 휴일보육 등 다양화되었다.

1 종일제 보육

종일제 보육은 우리나라에서 가장 보편적으로 이루어지는 유형으로 맞벌이 부모들을 위해 보통 오전 7시 30분부터 오후 7시 30분까지 12시간 동안 주간에 이루어진다. 또한 종일제 보육은 부모의 출퇴근 시간이나 개인적 요구에 따라 융통성 있게 이루어진다.

최근 일부 젊은 부모들 중에는 맞벌이를 하지 않아도 양육의 어려움을 덜기 위하여 종일제를 원하는 경우가 늘어나고 있다.

2 반일제 보육

반일제 보육은 하루 중 6시간 또는 그 이하로 운영되며, 오전 · 오후가 있으나 주로 오전에 실시하는 경우가 대부분이다. 예전에는 유치원 프로그램이 주로 반일제로 이루어졌으나, 최근에는 맞벌이 부모가 늘어남에 따라 유치원도 점점 종일제 보육아동이 증가하는 실정이다.

3 시간제 보육

시간제 보육은 부모의 개인적 욕구에 따라 일시적이고 부정기적으로 아동을 돌봐주는 형태이다. 예를 들어 쇼핑센터나 식당, 백화점이나 문화센터, 병원 대기실 등 부모들의 편의를 위해 주로 무료로 이용된다.

급격한 사회변화에 따른 가정생활의 역동성으로 시간제 보육욕구가 늘어나고 있으며, 영유아보육법에도 가능하도록 조치되어 있다.

4 야간보육

야간보육은 주로 야간에 이루어지는 보육형태로 최근 시간연장형 보육과 유사하다. 야근을 필요로 하는 특수직종에 종사하는 부모나 밤늦게 퇴근하는 업종에 있는 부모들을 위한 것으로 보통 밤 10시까지 보육하는 경우가 많고 잠은 집에 가서 자게 한다.

시간연장형 어린이집에서는 야간 전담 보육교사가 있으며, 정부로부터 인건비 보조와 아동보육료 일부를 지원받기도 한다.

5 24시간 보육

24시간 보육은 말 그대로 24시간 동안 아동을 보육하는 형태로 주로 야근 또는 밤늦게까지 일하거나 새벽에 출근하는 경우, 출장이 잦은 직업에 있는 경우의 부모들이 이용한다.

24시간 보육은 숙박시설이 있으며 보육교사는 주로 3교대로 근무하게 된다. 아동들의 연령은 주로 혼합형이며, 낮에는 교육 및 보육 프로그램을 실시하지만 야간에는 보호를 원칙으로 한다.

6 방과후 보육

방과후 보육은 주로 초등학교 아동을 대상으로 하고 있으며, 등교 전이나 방과후에 돌봐 줄 수 있는 성인이 없는 경우 부모 대신 적절한 인가를 받은 기관에서 아동의 교육과 보육을 담당하는 서비스이다.

우리나라는 주로 민간 공부방, 초등학교, 어린이집, 사회복지관 등에서 보육이 이루어지고 있다.

(4) 특수보육대상별 유형

보육아동의 연령이나 특성에 따라 영아보육, 유아보육, 방과후 보육, 장애아보육 등으로 나눌 수 있다.

1 영아전담어린이집

영아전담 어린이집으로 지정받았거나 국고보조금으로 영아전담 시축비를 지원받은 어린이집을 말한다.

영아보육의 아동 대 보육교사의 비율은 0세는 1 : 3명, 만 1세는 1 : 5명, 만 2세는 1 : 7명이다.

2 장애아전문 어린이집

장애아동복지지원법 제32조에 따라 요건을 갖추고 상시 12명 이상의 장애아동을 보육하는 어린이집으로, 미취학 장애아동 9명 이상을 포함하는 어린이집을 말한다.

3 방과후 어린이집

방과후 보육은 초등학교 아동을 대상으로 만 12세까지 보육하며, 등교 전과 방과 후 보육이 있다. 프로그램은 주로 학교 숙제지도, 보충학습, 특기적성 활동, 생활지도, 자율학습지도 등 다양하게 이루어진다.

4 장애통합 어린이집

정원의 20% 내에서 장애아종일반을 편성 · 운영하거나 장애아종일반을 별도로 편성하지 않은 채 미취학 장애아를 3명 이상 통합보육하고 있는 어린이집을 말한다.

5) 우리나라 아동보육의 현황

2016년 보건복지부 보육통계 현황에 나타난 보육시설 유형별 보육아동 및 보육시설 현황은 보육 서비스를 받는 아동은 국 · 공립 175,929명, 사회복지법인 99,113명, 민간 745,663명, 법인 · 단체 45,373명, 가정 328,594명, 협동 4,240명, 직장 52,302명으로 나타났다. 어린이집 이용자는 꾸준히 증가하고 있는 추세이나 질적인 보육제공이 적절하게 이루어지고 있는지, 보육의 공공성 강화와 관련된 측면에서도 여러 가지 방안제시가 필요한 상황이다.

따라서 이제는 영유아의 전인적인 발달을 위해 양질의 보육 서비스를 위한 연령별로 적합한 보육프로그램의 개발과 우수한 보육교사의 배출 등 질적인 측면에 대해 끊임없는 노력을 기울여야 할 것이다.

(1) 어린이집 현황

우리나라 보육사업은 1991년 영유아보육법이 제정된 이후 비교적 활발히 추진되어 왔다. 그리하여 1995년부터 1997년까지 보육사업 확충 3개년 계획이 실시된 후 어린이집이 지속적으로 증가되어 왔다.

우리나라 어린이집 일반현황 〈표 9-7〉과 연도별 설치현황 〈표 9-8〉을 살펴보면,

1,993년도 5,490개소에서 해마다 증가되어 2013년 말 현재 전국의 어린이집이 43,770개소로 약 8배 증가하였다. 유형으로는 가정어린이집이 54%로 가장 많고, 다음으로 민간어린이집이 33.7%, 국·공립어린이집이 5.3%, 사회복지법인어린이집이 3.3%, 직장어린이집 및 부모협동어린이집이 가장 적다.

아동수도 민간어린이집이 전체의 52.6%로 절반 이상을 차지하고 있으며, 가정어린이집이 23.8%, 국·공립어린이집이나 법인은 각각 95%, 7.8%를 차지하고 있다.

이러한 사실은 우리나라 어린이집의 대부분이 민간에 의해 운영되어짐을 알 수 있다.

표 9-7 어린이집 일반현황

(단위: 개소, 명, %)

구분			계	국·공립 어린이집	사회복지법인 어린이집	법인·단체 등 어린이집	민간 어린이집	가정 어린이집	부모협동 어린이집	직장 어린이집
어린이집 수	개소		43,770	2,332	1,439	868	14,751	23,632	129	619
어린이집 수	(비중)		100.0	5.3	3.3	2.0	33.7	54.0	0.3	1.4
아동 수	정원		1,782,459	170,050	139,669	62,820	937,632	423,533	3,972	44,783
아동 수	(비중)		100.0	9.5	7.8	3.5	52.6	23.8	0.2	2.5
아동 수	현원	계	1,486,980	154,465	108,834	51,684	770,179	364,113	3,226	34,479
아동 수	현원	남	768,523	79,934	57,048	26,670	397,270	187,899	1,735	17,967
아동 수	현원	여	718,457	74,531	51,786	25,014	372,909	176,214	1,491	16,512
아동 수	(비중)		100.0	10.4	7.3	3.5	51.8	24.5	0.2	2.3
아동 수	정현원비율		83.4	90.8	77.9	82.3	82.1	86.0	81.2	77.0
보육 교직원	인원	계	301,719	26,750	18,765	8,703	136,180	102,731	730	7,860
보육 교직원	인원	남	13,182	806	1,768	672	8,304	1,534	18	80
보육 교직원	인원	여	288,537	25,944	16,997	8,031	127,876	101,197	712	7,780
보육 교직원	(비중)		100.0	8.9	6.2	2.9	45.1	34.0	0.2	2.6
어린이집 1개당 아동 수			34	66	76	60	52	15	25	56
보육교직원 1인당 아동 수			4.9	5.8	5.8	5.9	5.7	3.5	4.4	4.4

* 자료: 보건복지부(2014). 보육통계.

표 9-8 어린이집 연도별 설치현황(2013년 12월 31일 현재)

(단위: 개)

구분	계	국·공립 어린이집	사회복지법인 어린이집	법인·단체 등 어린이집	민간 어린이집	가정 어린이집	부모협동 어린이집	직장 어린이집
2013	43,770	2,332	1,439	868	14,751	23,632	129	619
2012	42,527	2,203	1,444	869	14,440	22,935	113	523
2011	39,842	2,116	1,462	870	14,134	20,722	89	449
2010	38,021	2,034	1,468	888	13,789	19,367	74	401
2009	35,550	1,917	1,470	935	13,433	17,359	66	370
2008	33,499	1,826	1,458	969	13,306	15,525	65	350
2007	30,856	1,748	1,460	1,002	13,081	13,184	61	320
2006	29,233	1,643	1,475	1,066	12,864	11,828	59	298
2005	28,367	1,473	1,495	979	12,769	11,346	42	263
2004	26,903	1,349	1,537	966	12,225	10,583	미분류	243
2003	24,142	1,329	1,632	787	11,225	8,933	미분류	236
2002	22,147	1,330	1,633	575	10,471	7,939	미분류	199
2001	20,097	1,306	1,991	313	9,490	6,801	미분류	196
2000	19,276	1,295	2,010	324	8,970	6,473	미분류	204
1999	18,768	1,300	1,965	266	8,327	6,703	미분류	207
1998	17,605	1,258	1,927	227	7,468	6,541	미분류	184
1997	15,375	1,158	1,634	150	6,388	5,887	미분류	158
1996	12,098	1,079	1,280	69	4,688	4,865	미분류	117
1995	9,085	1,029	928	22	3,175	3,844	미분류	87
1994	6,975	983	807	17	2,267	2,864	미분류	37
1993	5,490	837	624	19	1,776	2,205	미분류	29

* 자료: 보건복지부(2014). 보육통계.

(2) 보육아동 현황

보건복지부 통계(2014)에 의하면 보육서비스를 받는 아동은 〈표 9-9〉와 같이 1993년 153,270명에서 2013년 12월 말 현재 1,486,980명으로 약 10배 가량 증가하였다. 이것은 어린이집이 양적 팽창에 있어서 어느 정도 성과를 이루었음을 알 수 있으나 질적 보육제공이 적절하게 이루어지지 않는 점도 많아 다양한 보육문제를 야기하고 있다.

또한, 전국 어린이집에 있는 보육아동의 연령별 현황은 〈표 9-10〉에서와 같이 만 2세가 28.6%로 가장 많고 그 다음으로 만 1세 21%, 만 3세(17.2%), 만 4세(12.4%), 만 5세(10.8%) 순이며, 0세도 10%를 차지하고 있으며, 특히 예전에 비해 2세 미만의 영유아가 많이 늘어난 것을 알 수 있다. 이러한 현상은 2013년 새로워진 정부의 양육수당 및 보육비 지원정책과 함께 영유아를 둔 신세대 엄마들의 자아실현 추구에 대한 결과이기도 하다.

따라서 이제는 영유아의 전인적인 발달을 위해 양질의 보육서비스를 위한 연령별로 적합한 보육프로그램의 개발과 우수한 보육교사의 배출 등 질적인 측면에 대해 끊임없는 노력을 기울여야 할 것이다.

표 9-9 어린이집 연도별 보육아동 현황

(단위: 명)

구분		계	국·공립 어린이집	사회복지법인 어린이집	법인·단체 등 어린이집	민간 어린이집	가정 어린이집	부모협동 어린이집	직장 어린이집
2013	계	1,486,980	154,465	108,834	51,684	770,179	364,113	3,226	34,479
	남	768,523	79,934	57,048	26,670	397,270	187,899	1,735	17,967
	여	718,457	74,531	51,786	25,014	372,909	176,214	1,491	16,512
2012	계	1,487,361	149,677	113,049	51,914	768,256	371,671	2,913	29,881
	남	769,573	77,321	59,562	26,867	397,021	191,722	1,572	15,508
	여	717,788	72,356	53,487	25,047	371,235	179,949	1,341	14,373
2011	계	1,348,729	143,035	112,688	50,676	706,647	308,410	2,286	24,987
	남	699,806	73,850	59,408	26,341	366,164	159,878	1,248	12,917
	여	648,923	69,185	53,280	24,335	340,483	148,532	1,038	12,070
2010		1,279,910	137,604	114,054	51,126	671,891	281,436	1,898	21,901
2009		1,175,049	129,656	112,338	52,718	623,045	236,843	1,655	18,794
2008		1,135,502	123,405	113,894	53,818	615,647	210,438	1,491	16,809
2007		1,099,933	119,141	118,211	55,906	612,484	177,623	1,444	15,124
2006		1,040,361	114,657	120,551	58,808	582,329	148,240	1,238	14,538
2005		989,390	111,911	125,820	56,374	552,360	129,007	933	12,985
2004		930,252	107,335	135,531	48,414	507,398	119,787	미분류	11,787
2003		858,345	103,474	140,994	37,911	461,640	103,935	미분류	10,391

2002	800,991	103,351	142,035	30,289	425,647	90,939	미분류	8,730
2001	734,192	102,118	161,419	16,483	369,044	77,247	미분류	7,881
2000	686,000	99,666	157,993	15,949	336,625	67,960	미분류	7,807
1999	640,915	99,866	151,652	13,195	301,630	67,294	미분류	7,278
1998	556,957	91,260	141,616	9,290	250,000	58,968	미분류	5,823
1997	520,959	89,002	123,567	6,727	227,951	68,467	미분류	5,245
1996	403,001	85,121	99,119	2,735	153,990	58,440	미분류	3,596
1995	293,747	78,831	77,187	591	92,634	42,116	미분류	2,388
1994	219,308	70,937	63,466	759	55,743	27,427	미분류	976
1993	153,270	55,133	44,026	854	35,520	17,012	미분류	725

* 아동 수: 현원(종일, 양간, 24시간, 방과후) 기준.

* 남/녀 구분: 아동의 주민등록번호의 7번째 자릿수가 홀수이면 남, 짝수이면 여 - 이후 남/녀 구분 동일한 조건.

* 자료: 보건복지부(2014). 보육통계.

표 9-10 연령별 보육아동 현황

(단위: 명)

구분			설립주체별							
			계	국·공립 어린이집	사회복지법인 어린이집	법인·단체 등 어린이집	민간 어린이집	가정 어린이집	부모협동 어린이집	직장 어린이집
전국	계	계	1,486,980	154,465	108,834	51,684	770,179	364,113	3,226	34,479
		남	769,523	79,934	57,048	26,670	397,270	187,899	1,735	17,967
		여	718,457	74,531	51,786	25,014	372,909	176,214	1,491	16,512
	만 0세	계	148,273	3,595	2,958	1,131	35,713	103,347	190	1,339
		남	77,458	1,928	1,555	,589	18,813	53,768	103	702
		여	70,815	1,667	1,403	5,742	16,900	49,579	87	637
	만 1세	계	325,921	19,791	14,597	6,114	128,165	150,603	438	6,213
		남	167,767	10,180	7,577	3,167	65,927	77,438	242	3,236
		여	158,154	9,611	7,020	2,947	62,238	73,165	196	2,977
	만 2세	계	400,781	33,508	26,244	11,162	215,115	105,795	806	8,151
		남	206,949	17,231	13,650	5,807	111,165	54,387	427	4,282
		여	193,832	16,277	12,594	5,355	103,950	51,408	379	3,869
	만 3세	계	255,786	34,118	23,893	11,531	174,854	2,922	649	7,819

		남	132,167	17,711	12,532	5,985	89,948	1,553	334	4,104
		여	123,619	16,407	11,361	5,546	84,906	1,369	315	3,715
	만 4세	계	184,513	31,836	19,865	10,230	114,934	760	592	6,296
		남	95,320	16,476	10,400	5,238	59,241	402	321	3,242
		여	89,193	15,360	9,465	4,992	55,693	358	271	3,054
	만 5세	계	161,877	29,887	19,005	9,409	97,943	579	534	4,520
		남	83,576	15,500	9,949	4,802	50,404	298	297	2,326
		여	78,301	14,387	9,056	4,607	47,539	281	237	2,194
	만 6세 이상	계	9,829	1,730	2,272	2,107	3,455	107	17	141
		남	5,286	908	1,385	1,082	1,772	53	11	75
		여	4,543	822	887	1,025	1,683	54	6	66

* 자료: 보건복지부(2014). 보육통계.

(3) 보육교직원 현황

전국의 보육교직원은 〈표 9-7〉에서 살펴보면, 전체가 301,719명이며, 그 중 민간시설이 136,180명으로 45%를 차지하며, 가정시설이 102,713명(34%), 국·공립시설 26,750명(8.8%), 사회복지법인시설 18,765명(6.2%), 법인·단체 등 시설 8,703명(2.8%), 직장어린이집 7,860명(2.6%), 부모협동어린이집 730명(0.2%)의 순으로 나타났다. 주로 민간 및 가정어린이집에 종사하는 교사들이 대부분을 차지하고 있음을 알 수 있다.

2. 방과후 아동지도

1) 방과후 아동지도의 개념

2016년 전국 보육실태조사에 의하면 취업모의 1일 평균 근로시간은 9.4시간이나, 어린이집 이용시간은 7.6시간으로 2.2시간 정도의 보육공백이 존재하고 있으며 취업모의 평일 근로시간은 2009년 8.0시간, 2012년 9.2시간, 2015년 9.4시간으로 점차 길어지고 있는 추세이다.

따라서 아동보육은 양육과 보호 및 교육을 통합하는 개념으로 아동과 취업모를 위한 사회적 지원 서비스로 필요성과 보육 수요는 증가하고 있다.

방과후 아동지도는 방과후 보육, 공부방, 방과후 교실, 방과후 아동센터, 방과후 아동보호 등 다양한 용어로 혼용되어 사용되고 있다. 주로 사용되는 용어인 방과후 아동지도와 방과후 아동보육의 정의를 살펴보면 약간의 차이가 있다. 방과후 아동지도는 연령이 높아질수록 보호적 차원보다 교육적 차원을 강조하는 측면이 있고, 방과후 아동보육은 아동의 교육적 측면을 강조하기보다는 복지적 차원에서 보호해야 한다는 점에서 약간의 차이가 있을 수 있다(김재인 · 이향란, 2004). 두 가지가 유사한 것처럼 보이지만 실제적인 현상을 고려해 보면 방과후 아동보육은 방과후 아동지도보다 더 넓은 개념으로 이해될 수 있다(이소희, 2005). 그러나 최근에는 방과후 보육이라는 용어보다 교육적 측면을 강조하는 방과후 아동지도라는 용어가 더 많이 사용되어지고 있으며 그 개념을 자세히 살펴보면 다음과 같다.

방과후 아동지도의 개념은 학교의 정규 교육과정 이외의 각종 교육활동에 참여하는 것으로 보는 광의의 개념과 보육서비스를 일차적인 목적으로 하는 협의의 개념으로 나눌 수 있다. 즉, 광의의 방과후 아동지도는 정규수업 외에 이루어지되, 교육적 관점이 강조된 각종 프로그램으로 학교에서 방과후에 원하는 아동은 누구나 참여하는 특별활동이나 스카우트 활동과 학교 밖에서 주로 열리는 캠프나 지역사회 학교, 취미클럽 활동, 학원 등 다양한 기관에서 학령기 아동이 방과후에 참여하는 활동이다. 또한 협의의 개념으로서 방과후 아동지도란 학교 수업이 없을 때 성인의 적절한 보호를 받을 수 없는 학령기 아동을 허가받은 정규기관에서 정기적으로 돌보아 주는 것이다(서영숙 외, 1997).

방과후 아동지도가 이루어지는 장소도 매우 다양하다. 학교 수업이 끝난 뒤 교실이나 학교 안의 공간에서 이루어지는 방과후 아동지도가 있고 학교 밖의 장소, 즉 학원이나 지역아동센터, 공부방, 어린이집 등 다양한 장소에서 이루어지는 것이 있다.

방과후 활동내용 또한 장소에 따라 다양하다. 간단한 기초공부나 숙제지도와 함께 급식 및 간식지도가 이루어지는 곳이 있는가 하면 다양한 특기활동 및 참여활동으로 이루어지기도 한다.

방과후 아동지도를 누가 책임지고 있는가 하는 것도 개념을 이해하는데 주요한 요소이다. 즉, 방과후 아동지도 활동을 친인척이나 일반 성인이 하는 것인지, 방과후 아동 전문가 교육을 받은 교사가 하는지에 따라 방과후 아동지도의 성격이 달라지기 때문이다.

그러므로 방과후 아동지도란 공식적인 학교교육이 이루어지지 않는 방과 전후나 방학 때와 같은 시간 동안 아동이 건강하고 행복하게 생활할 수 있도록 아동지도 전문가가 정규적으로 일정시간 동안 학교를 포함한 공적으로 인정받은 기관이나 장소에서 보호 · 교육하는 것을 말한다(서영숙 외, 2010).

2) 방과후 아동지도의 필요성 및 목적

(1) 방과후 아동지도의 필요성

현대사회가 빠르게 변화하면서 나타난 가족구조의 다양성과 핵가족화, 그리고 여성인구의 사회활동 참여증가와 기혼 여성의 취업률 증가 등의 현상은 가족기능의 약화를 초래하면서 아동의 보호적 양육에 커다란 위협이 되고 있다. 특히 최근 전국 보육실태조사에 의하면 취업모의 평균 근로시간이 점차 길어지고 있는 추세이며 별도의 양육도우미를 활용하고 있는 것으로 나타났다(2016년 보육실태조사).

일하는 어머니의 영유아 자녀가 부모의 돌봄을 받지 못할 경우 양육공백을 대부분 혈연관계에 의존하거나 학원 등에 의존하는 경우가 많다.

방과후 아동지도의 필요성에 대해 서영숙(2010)은 다음과 같이 크게 네 가지 영역으로 나누었다.

1 가정 양육 환경의 변화

- 기혼여성의 경제활동 참여증가
- 자녀양육 기능의 약화와 양육 취약 가정의 증가
- 형제 자매 수의 감소와 가족 구성원의 단순화
- 여성의 개인 활동 욕구의 증가
- 가족 가치관의 변화와 자녀 가치관의 변화
- 부모의 자녀성취에로의 몰입

2 교육 환경의 변화

- 건강하고 우수한 미래 인적 자원 양성에 대한 국가적 투자
- 부모의 자녀학업 보충 요구 증가
- 과도한 사교육비 부담
- 교육 격차의 양극화 심화

3 사회 환경의 변화

- 유해환경에의 노출 증가
- 아동권리 인식 증가
- 시민공동체 인식과 지역사회 참여증대
- 방과후 아동지도의 공공성에 대한 인식 증가

4 경제 환경의 변화

- 저출산, 노령화의 확산과 여성노동력 수요증대
- 자녀의 방과후 안녕을 걱정하는 근로자의 스트레스
- 사회적 일자리로서의 방과후 아동지도

그러므로 방과후 아동지도는 학교와 가정의 기능을 보완하며, 아동을 안전하게 보호하고 아동이 정서적 · 사회적 · 신체적으로 건전하게 발달할 수 있도록 하는데 중요한 의의가 있다고 하겠다(서영숙 외, 2010).

(2) 방과후 아동지도의 목적

방과후 보육의 일차적 목적은 방과후에 성인의 보호 없이 지내는 아동을 위험하고 유해한 환경으로부터 보호하는데 있다. 또한 방과후 보육은 방과후의 아동을 보호하고 교육함으로써 학교의 교육적 목적과 가정의 자녀보호, 교육의 기능을 보완하고 지원 · 확장하며 학교와 가정, 아동을 효율적으로 연결시키는 것(남기라, 1996 : 최명희, 2004)으로 아동의 건전한 정서적 · 사회적 발달에 기여하는 것이라고 할 수 있다.

한국여성개발원(1996)에서는 방과후 아동지도의 목적을 다음 네 가지로 제시하고 있다.

- 아동을 안전하게 보호한다.
- 학교교육을 보완하여 아동의 흥미와 욕구를 충족시키는 활동이나 생활지도 등을 통하여 아동의 건전한 사회 · 정서적 발달을 도모한다.
- 학업성취 능력 향상의 기회를 제공한다.
- 아동의 부모 및 가족 전체의 안정되고 건전한 생활을 지원한다.

한편 김재인(1996)은 방과후 보육 프로그램의 목적을 다음과 같이 제시하였다.

- 방과후의 아동을 안전하게 보호
- 방과후의 집단적 생활을 통해 사회적 · 정서적 발달 도모
- 학교교육의 보충 기능
- 특별활동을 통한 아동의 능력 개발
- 가족의 엄선된 생활지원

그러므로 방과후 아동지도는 다음과 같이 크게 보호적 측면과 교육적 측면을 목적으로 가진다고 할 수 있다.

1 보호적 측면

- 아동을 다양한 위험으로부터 안전하게 보호한다.
- 아동을 각종 질병으로부터 예방 · 보호한다.
- 아동에게 적절한 급 · 간식지도를 통해 건강관리를 도와준다.
- 아동의 정서적 · 심리적 안정감을 도와준다.
- 아동의 긍정적인 자아개념 형성을 도와준다.
- 아동에게 질서 · 청결 · 협동 등 기본생활습관 및 올바른 태도형성을 도와준다.

2 교육적 측면

- 학교교육의 보충기능을 한다.
- 다양한 특기활동 프로그램을 제공한다.
- 다양한 문화체험, 학습경험을 할 수 있도록 도와준다.
- 학교생활에 대한 긍정적이고 적극적인 태도를 기르게 한다.
- 적절한 시간관리 능력을 도와준다.
- 또래와의 적절한 상호작용 및 협동심을 길러 준다.

3) 방과후 아동지도의 유형 및 현황

(1) 방과후 아동지도의 유형

방과후 아동지도는 그 대상과 목적에 따라 여러 가지 방법으로 프로그램화하여 진행되어야 한다. 학령기 아동들은 다각적인 측면에서 성장이 이루어져야 하므로 방과후 아동보육 활동의 다양성이 필요하다.

방과후 아동지도는 성인의 지도 유 · 무, 서비스 시간, 운영주체 및 재정 원천별, 아동지도 활동의 특성 등에 따라 다음과 같이 나누어 볼 수 있다.

1 성인의 지도 유무에 따른 유형

성인의 지도 유무에 따라 성인 지도 부재형과 성인지도형으로 나눌 수 있는데,

먼저 성인지도 부재형은 아동이 혼자 지내는 자기 보호(self-care)와, 아동이 필요할 때 전화를 통해 도움을 요청하는 전화협조선, 먼 거리에서 부모가 이웃을 통해 아동의 안전을 확인하는 안전확인 프로그램 등이 있으며, 성인지도 유형으로는 설치장소에 따라 아동의 집부터 초등학교 방과후, 영유아 어린이집, 지역사회복지관, 공공시설, 종교시설 방과후 등이 있다.

2 서비스 시간 및 기간에 따른 유형

서비스 시간 및 기간에 따른 유형은 방과 전 프로그램, 방과후 프로그램, 방학이나 휴일보육 프로그램 등이 있다.

3 운영주체 및 재정 원천별 유형

운영주체 및 재정 원천별 유형으로는 정부나 공공기관형, 민간형, 정부나 공공기관이 민간에게 위탁한 경우가 있다.

4 아동지도 활동의 특성에 따른 유형

아동지도 활동의 특성에 따라 특별활동 중심형, 학습활동 중심형, 보육활동 중심형, 상담활동 중심형 등으로 나누어 볼 수 있다.

(2) 우리나라 방과후 아동지도 배경

우리나라 방과후 아동지도는 1970년 저소득층을 대상으로 한 공부방을 형성시켰고, 1985년 '산돌공부방'으로 시작되어, 부스러기 선교회와 이대부속종합사회복지관, YMCA 숙대아동연구소, 한국여성개발원에서 방과후 아동보육 프로그램 개발이 활성화되기 시작하였다. 방과후 아동지도에 대한 정책적 관심이 나타난 것은 보육의 공공성에 대한 관심과 여성 사회참여 활성화를 위한 자녀양육 지원에 대한 사회적 요구가 증가함에 따라 1993년 한국여성개발원이 방과후 아동지도사 교육 프로그램 개발 연구를 선두로 가시화되었다. 이 연구결과를 바탕으로 한 시범 운영을 통해 방과후 아동지도사 66명을 수료시키고 방과후 아동지도란 명칭으로 방과후 활동의 정책적 제도화와 관련된 논의가 시작되었다.

그 후 대통령 자문기구인 세계화추진위원회가 1995년 '여성참여 확대 10대 과제' 중의 하나로 초등학령기 자녀를 둔 가정의 자녀양육 지원을 위해 방과후 아동지도 제도도입을 정책으로 채택하였다. 더불어 여성취업의 증가와 저출산율 문제에 대한 대책으로 방과후 자녀를 둔 여성에 대한 자녀양육 서비스 차원과 소득 양극화 극복 차원에서 방과후 활동의 중요성이 사회적으로 부각되기 시작하였다(서영숙, 2006).

정부에서는 1996년 1월 영유아보육법 개정을 통해 '특별한 경우에는 만 12세까지 보육을 할 수 있다'라는 근거 조항 삽입(제16조)으로 법적 근거를 갖추고, '방과후 아동지도'를 보육교사 양성과정 및 재교육과정의 한 교과로 삽입하고 방과후 아동지도시설 설치규정의 시행세칙을 마련하면서부터 우리나라의 방과후 아동지도 제도가 첫발을 내딛게 된 것이다. 이러한 영유아보육법 시행규칙 개정으로 정부차원의 방과후 아동지도가 시행되었으며, 보육교사 1인당 20인의 아동을 보육할 수 있도록 규정하였고 취학아동의 방과후 표준보육료는 3세 이상 유아보육료의 50%를 적용하게 되었다(보건복지부, 1999).

방과후 활동이 공식적으로는 주로 어린이집, 지역사회복지관, 초등학교, 청소년 공부방 등 방과후 교실에서 담당해 왔으며, 비공식적으로는 공부방을 통해 이루어져 왔다. 과거에는 주로 대상이 저소득층이었다면 최근에는 일반 아동까지 확대하여 다양한 형태의 방과후 아동지도가 이루어지고 있는 실정이다.

(3) 우리나라 방과후 보육정책

최근에는 보건복지부가 제2차 저출산 · 고령화사회기본계획으로 '새로마지플랜 2015'를 발표하였다. 취학아동 방과후 돌봄 서비스 지원확대 세부내용을 살펴보면 다음과 같다.

1 현황

• 아동(6~15세) 620만 명 중 방과후 나홀로 아동*은 240만 명으로 추정되며 이 중 국가지원이 필요한 대상(중위소득 이하)**은 약 90만 명으로 추산된다.

* 가정 내 보호자가 없는 아동

** 초등학생 45만 명, 중학생 45만 명 (한국청소년정책연구원, '08. 12월)

• 현재 지역아동센터, 초등돌봄교실 등을 통해 약 25.5만 명(90만명의 28.3%) 지원

※ 이외 엄마품 대학생 멘토링(5만 명), 아이돌보미(34만건), 방과후학교(약 271만 명) 등을 통해 부분적인 돌봄 서비스 제공

• 아직 부족한 저소득층 아동에 대한 지원을 늘려 나가는 한편, 비용부담 능력은 있으나 믿고 이용할 만한 서비스가 없어 애로를 겪고 있는 맞벌이 중산층 가정에 대한 대책도 필요하다.

※ 돌봄 서비스를 제공하는 사설업체의 경우 관련법령의 적용을 받지 않아 '일반 사업자'로 등록 운영(월 이용료 30~50만 원)된다.

2 추진 계획

① 방과후 돌봄 서비스 공적 지원확대

• 저소득층 취약계층의 수요를 감안, 지역아동센터 확대 및 내실화

- 방과후 학교와의 중복 서비스 방지, 취약계층 발굴 등을 위해 교과부와 돌봄 연계 시범사업 공동추진

- 법령 정비를 통해 지역아동센터 설치 및 시설기준 개선

- 평가지표 개선 등 양질의 돌봄 서비스 제공을 위한 운영체계 개선

• 청소년 방과후 아카데미 지속 확대

- 다문화 청소년, 맞벌이가정 청소년 등 다양한 사회적 지원이 필요한 '나홀로 청소년'의 공적 서비스를 위한 개소수 지원확대

- 방과후 아카데미를 나홀로 청소년의 다양한 수요에 맞게 모델 개발, 운영

• 학교여건 및 지역적 특성을 고려, 수요자 맞춤형 "초등돌봄교실" 확대

- 학교가 '정규수업+방과후 활동+가정돌봄'의 3가지 기능을 야간까지 지원

※ '09년 4,146개 초등학교에서 4,622교실 운영

• 대학, 지역사회 기관 등과 연계, 학업능력과 학생 수요 등을 고려, 다양한 방과후 학교 강좌 개설

- 수준별 수업, 자기주도적 학습, 특기계발 등 특색있고 다양한 프로그램 개발 운영
- 학부모 참여 활성화를 통한 수요자 맞춤형 방과후학교 운영

※ 방과후학교 개설시 수요자 수요조사 실시

• 학생교육의 창의적 체험활동 개발지원을 위해 예술강사 파견 확대 및 문화예술 콘텐츠 확대

※ 초등학교 수혜율 확대 : '12년까지 초등학생 173만 명(50%) 수혜

※ 초 · 중 · 고 예술강사 : '11년 4,200명, 이후 점차 증원

② 민간 돌봄 서비스 시장 창출을 위한 인프라 구축

• 사회적 기업 육성, 보습학원 전환, 소규모 가정 돌봄 등 민간 돌봄 서비스 시장 창출을 위한 인프라 구축

- '방과후 돌봄기관 지정제'를 통해 공급기관 품질관리 및 인센티브 부여
- 보육 · 학습지도, 급식, 역량개발 등 토털서비스 제공

• 보육교사, 사회복지사 등 유휴인력을 활용, 돌보미 자격인증제 · 등록제를 통해인력수급 조절

• 운영자 자격인증, 이용료 한도, 설치기준 등 서비스 표준화를 위한 법적 근거 마련

③ 나홀로 아동 방과후 돌봄 서비스 추진

• 유망사회 서비스로서 '나홀로 아동 방과후 돌봄 서비스' 모델을 마련, 지자체사업 개발 지원 ('11년)

※ '나홀로 아동 방과후 돌봄 서비스' 구성(안)

• 서비스 내용 : 안전 하교 지원(학원 등하원 포함), 일상생활(씻기, 식습관 지도 포함) 지원, 방과후 학습지원 등

• 서비스 기간 : 1년(주 5일, 회당 6시간 기본형/추가 시간은 본인부담)

- 서비스 대상 : 전국 가구 월평균소득 100% 이하 초등학생 아동
- 서비스 제공방식 : 1 : 1 보육부터 1 : 2, 1 : 3 등 그룹형 서비스까지 가능
- 제공인력 : 보육교사, 유치원 정교사, 독서지도사 등 아동관련 자격증 소지자
- 이용자와 서비스 제공인력이 직접 연결이 가능하도록 온라인 매칭 시스템 구축(제공인력 학력, 경력, 범죄기록 등 공개 및 예약제 실시), 초등돌봄교실

(4) 우리나라 방과후 활동 현황

현재 방과후 활동은 교육부, 보건복지부, 여성가족부, 국가청소년위원회의 네 부처에서 담당하는 방과후학교 및 방과후학교지원센터, 지역아동센터, 방과후 보육교실, 청소년 아카데미 등 4개 사업이 실시되고 있다.

그 내용을 자세히 살펴보면 다음과 같다.

1 방과후학교

초등학교에서 실시하고 있는 방과후학교는 교육부의 주관 아래 학생 · 학부모를 중심으로 운영하는 정규 수업 이외의 학교 교육활동 기존의 특기 · 적성교육, 초등학교의 방과후 교실, 고등학교의 수준별 보충학습 등으로 사용된 각각의 명칭과 프로그램을 2006년부터 방과후학교로 통합하여 실시하고 있다.

① 방과후학교의 운영체계

방과후학교의 운영체계는 비전제시, 목적, 전략으로 다음의 [그림 9-6]과 같다.

② 방과후학교의 목적

- 다양한 프로그램 운영으로 학교의 교육 기능 보완 · 확대
- 학교를 통한 다양한 학습 및 보육을 통해 사교육비 부담 완화
- 계층간, 지역간 교육격차를 완화하여 실질적인 교육복지 구현
- 방과후학교를 구심점으로 지역사회와 함께하는 학교공동체 실현
- 돌봄기능 확대

③ 방과후학교 운영방침

㉮ 운영관리

- 학교운영위원회의 심의(자문)를 거쳐 학교장 중심 자율 운영
- 수요자의 선택에 의한 자율적 참여를 원칙으로 운영(강제참여 유도 금지)
- 방과후학교 활동내용의 체계적 관리

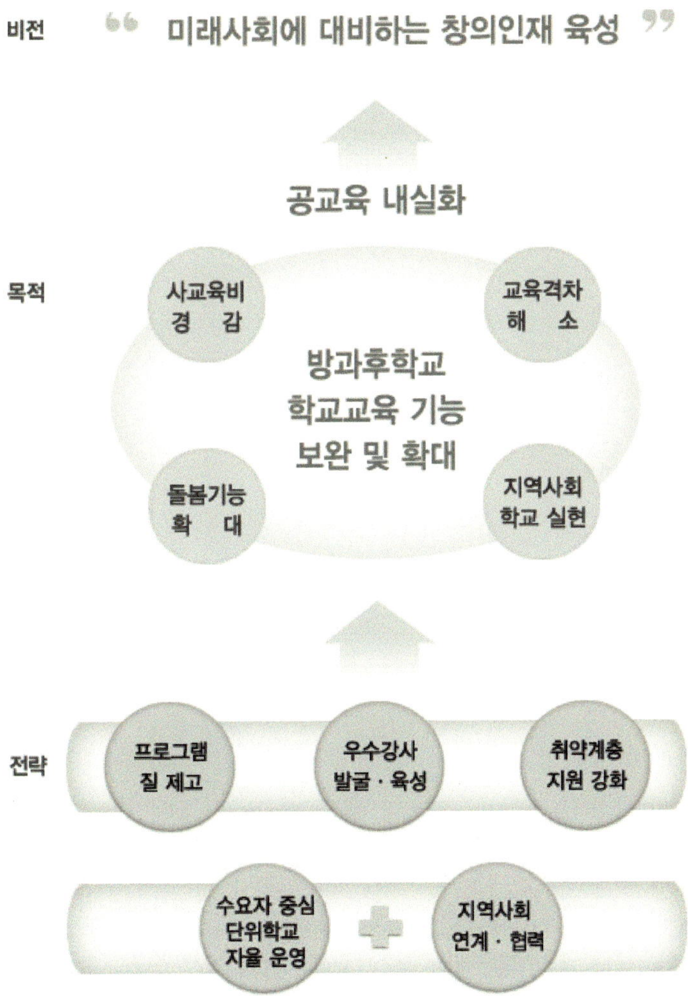

* 자료: 서울특별시 교육청 방과후학교

[그림 9-6] 방과후학교의 운영체계

㉯ 교육대상 및 장소

- 희망하는 해당 학교 학생뿐만 아니라 타교생까지 확대 가능
- 학교 및 지역사회의 다양한 시설 연계 활용

㉰ 운영기간 및 시간

- 운영기간은 학교여건에 따라 기(期)별 운영 계획을 수립하여 운영하되, 외부강사 및 민간 위탁운영 계약은 기(期)별 운영기간과 일치
  예시) 1기 : 2014. 3. 2~5. 31 또는 2014. 3. 2~6. 30 등
- 민간 위탁운영 계약은 동일 기관과의 계약이 1년을 경과하면 재공모 절차를 거쳐야 함
- 방과후학교 소위원회는 민간 위탁운영에 한하여 구성 운영
- 운영 시간은 정규수업 이외의 시간을 활용하여 운영하되, 학생의 건강이나 정규 교육과정의 정상적 운영을 저해하지 않도록 수익자 부담 교육 프로그램을 정규 수업 전 또는 늦은 시간까지 운영하는 사례 금지

- 학생, 학부모의 수요에 따라 방과후 뿐 아니라 토요일, 휴업일, 방학 등을 활용하여 운영

- 학교별 실정에 맞게 학년 초 정규수업의 시작과 함께 방과후학교 운영

㉱ 프로그램

- 학생의 꿈과 끼를 키우는 교과 및 특기 적성 프로그램의 조화로운 방과후학교 운영
- 학생과 학부모의 수요조사 및 선호도가 높은 분야를 고려하여 프로그램 개설
- 학생 학부모의 요구와 수준에 맞는 질 높은 프로그램 제공의 조화로운 운영

- 소질 적성 및 진로에 따른 개인역량 계발에 중점을 두고 개설
- 지속적인 수강이 가능하도록 단계별 프로그램 개설
- 수준별 맞춤형 프로그램 개설 뿐만 아니라 주문형 프로그램 운영

- 학생 수요에 따라 토요일, 휴업일 및 방학 중에도 운영하여 지속성 유지
- 프로그램 종료 후 만족도 조사 실시 및 조사결과 환류 강화
- 모든 프로그램 운영에 돌봄 및 철저한 학생관리(출결 관리, 진로 진학상담 등)를

기본으로 운영

※ 교과 진도 나가기, 수업내용을 교과학습발달 상황평가에 반영하는 등 정규 교육과정의 정상적 운영을 저해하는 프로그램 운영 금지

㉲ 지도강사

• 프로그램을 담당할 자질과 능력이 있다고 단위 학교 또는 교육청(교육지원청)에서 인정한 현직교원, 외부강사, 자원봉사자 등 우수한 인적 자원을 최대한 확보하여 활용

- 본청 및 지역교육청 홈페이지에 방과후학교 우수강사 인력풀 구축 운영

• 학교운영위원회의 심의(자문)를 거쳐 학교장과 강사 개인 간의 프로그램 운영 계약에 의해 강사로 활용 가능하며, 외국인을 강사로 활용할 경우 출입국 관리법 준수

- 계약사항에 강사료, 담당 시간, 해약 관련 사항, 강사료 지급 기한 등 명시
- 계약기간은 기(期)별 프로그램 운영기간과 일치해야 하고, 계약을 취소할 경우 사전에 서면으로 통보해야 하며, 재계약 시에는 프로그램 및 강사 평가 결과를 참고로 학교운영위원회 사전 심의를 받아야 함

* 총 계약기간이 2년을 초과할 경우에는 공개모집 절차를 다시 거쳐야 함

- 강사를 프로그램 운영기간 중에 부득이 교체할 때는 사후 승인도 가능

• 강사료는 학교 자율로 결정하되, 강의시간 뿐 아니라 학생 수에 비례하는 것을 원칙으로 하고, 적정 수준의 강사료 지급

- 가급적 교내교사와 타교교사, 외부강사 간 차별이 없도록 유의

• 현직 교원의 경우 정규수업, 교무업무 등에 지장이 없도록 과도한 프로그램을 담당하는 것을 지양

• 강사의 질 제고를 위한 노력 및 강사관리 철저

- 외부강사 연수 실시, 학생 및 학부모 대상 강사 및 프로그램 평가 등 학교별 강사검증시스템을 구축하여 운영

㉳ 학습관리

• 학습관리는 개별학생의 학습이해도 파악, 학습 진도관리, 학습결과에 대한

피드백 제공 등을 포함함

• 학생종합관리시스템 구축 운영을 통한 만족도와 신뢰도 제고 노력

- 참여 학생의 출결관리, 생활지도, 학습관리, 진로지도 등

㉳ 회계관리

• 투명한 회계관리

- 학교운영위원회 심의(자문)를 거치고 예산 편성 집행 결과 공개
- 수강료 책정, 강사료 지급, 수강료 환불 등 회계 관련 기준 마련

※ 모든 회계는, 국립 유치원 및 초・중등학교 회계규칙, 서울특별시 공립학교 회계규칙, 사학기관 재무 회계규칙에 따름

• 수익자부담을 원칙으로 하되, 저소득층 자녀 등 소외계층에 대한 지원강화
  - 수강인원의 10%만큼 저소득층 자녀에게 무료수강 기회 제공 권장
  - 지자체와의 협력, 외부지원금 확보 등을 통해 저소득층 지원 확대 노력

• 수강료는 강사료와 수용비 등으로 구성되어 있으며, 수강료에 대한 소득공제 가능
  - 수강료는 수강하지 않는 경우 환불하는 것이 원칙이며, 수강변경 및 취소가 일어나지 않도록 필요조치를 강구하여 학생지도

• 수요자가 부담하는 전체 수강료의 10% 이내에서 방과후학교 운영에 필요한 수용비 지출 가능
  - 수용비는 필요 금액(추정도 가능)을 산정한 후에 수강 학생들에게 징수하는 것임
  - 수용비 내용 : 전화・전기료, 냉난방비, 복사기 및 정수기 사용료, 인쇄비, 학생 관리를 위한 SMS 문자 사용료, 방과후학교 보조인력 인건비, 기타 소모품 구입

  ※ 수용비에서 업무담당자, 수납, 청소, 인쇄요원 수당 지급 불가(2012. 3. 1부터 시행)

④ 방과후학교 지원센터 운영

㉮ 사업 목적

- 방과후학교 온라인관리시스템 활용 지원으로 업무담당 교사 행정업무 경감
- 다양하고 질 높은 프로그램 및 우수강사, 우수 운영사례 발굴 · 보급
- 학생과 학부모, 학교가 원하는 다양한 정보 제공

㉯ 현황

- 방과후학교 홈페이지 운영
- 방과후학교 운영 지원을 위한 콜센터 운영
- 방과후학교 업무담당 부장 교사 및 외부강사 연수
- 방과후학교 길라잡이 제작 · 보급

㉰ 2014년 추진 계획

- 방과후학교 On-line 지원 활동
  - 방과후학교 홈페이지 운영 : http://afterschool.sen.go.kr
  - 방과후학교 온라인관리시스템 운영 지원
- 방과후학교 Off-line 지원 활동
  - 방과후학교 지원을 위한 콜센터 운영(☎ 3999-034~5, 3999-410 FAX 3999-747)
  - 우수 강사풀 구축 운영 : 연 1회
- 방과후학교 업무담당 부장 및 외부강사 전문성 신장을 위한 연수 지원
  - 각 교육지원청별 별도 계획에 의거 실시
- 방과후학교 길라잡이 제작 · 보급 : 교당 2부
- 방과후학교 지원센터 운영 결과 자체 평가

㉱ 추진 방향

- 방과후학교 지원센터 운영을 위한 계약제 직원 3명(팀장, 전산담당, 사무원)과 업무담당 장학관 및 장학사 등 5명으로 운영
- 효율적인 업무 추진을 위해 본청 방과후학교팀에 설치 · 운영
- 정기적인 협의회를 통해 추진 상황에 대한 자체평가 등 업무개선 노력 지속

⑤ 방과후학교 현황

한국교육개발원(2012) 교육통계자료 분석에 의하면 전국의 방과후 참여학교는 〈표 9-11〉과 같이 2008년에는 11,076개였으나 2012년 11,361개로 해마다 조금씩 증가한 것을 볼 수 있다.

참여학생수는 2012년 현재 총 4,840,000명으로 초등 5,887개(2,099,000명), 중등 3,178개(1,260,000명), 고등 2,296개(1,481,000명)이며 초등학교가 제일 많이 참여하고 있음을 알 수 있다.

방과후학교 프로그램 현황을 보면 〈표 9-12, 표 9-13〉과 같이 초 · 중 · 고 모두 주로 교과 관련 과목이 우선시되고 영어, 음악, 체육, 미술, 컴퓨터 등 다양한 특기적성 과목을 다루고 있다.

표 9-11 방과후학교 운영학교 및 참여학생 현황

(단위: 개, %, 천명)

구분	2012년도				과년도 현황			
	초	중	고	계	2011	2010	2009	2008
운영학교 수(교)	5,887	3,178	2,296	11,361	11,307	11,226	11,149	11,076
비율(%)	100	100	99.8	99.9	99.9	99.9	99.9	99.9
참여학생 수(천명)	2,099	1,260	1,481	4,840	4,559	4,573	4,276	4,096
비율(%)	71.1	67.6	77.3	71.9	65.2	63.3	57.8	54.3

* 자료: 한국교육개발원(2012). 교육통계분석자료집.

표 9-12 방과후학교 프로그램 운영현황

(단위: 개, %)

구분		초	중	고	계	과년도 현황			
						2011	2010	2009	2008
교과	수(개)	97,246	966,00	173,179	367,025	355,158	338,891	161,348	117,534
	비율(%)	38.8	66.2	84.6	60.9	66.9	68.5	56.4	51
특기적성	수(개)	154,783	49,387	31,435	235,605	175,492	156,074	124,581	112,805
	비율(%)	61.4	33.9	15.4	39.1	33.1	31.5	43.6	49
계	수(개)	252,029	145,987	204,614	602,630	530,650	494,965	285,929	230,339

* 자료: 한국교육개발원(2012). 교육통계분석자료집.

표 9-13 방과후학교 내용별 프로그램 운영현황

(단위: 개, %)

구분	프로그램수(%)				비율	과년도현황(비율%)			
	초	중	고	계		2011	2010	2009	2008
국어	12,222	15,669	37,267	65,158	11	14	14.5	11.7	11.8
수학	31,200	22,397	40,855	94,452	15.7	17.2	17.7	14.8	7.8
사회	2,779	14,236	26,302	43,317	7.2	9	10.6	7.5	13.1
과학	17,395	17,467	26,112	60,974	10.1	14.4	12.1	9.9	10.3
영어	29,837	23,848	41,361	95,046	15.7	17.1	17.5	16.2	15.9
제2외국어	3,813	2,183	1,282	7,278	1.2	1.4	1.4	2.3	3
음악	28,146	10,855	2,834	41,835	6.9	3	5.2	7	9.5
미술	23,979	4,100	1,779	29,858	5	4.6	4.3	5.7	7.5
체육	36,138	16,375	5,622	58,135	9.6	5.7	4.5	5.9	6
컴퓨터	26,299	1,810	3,808	31,917	5.2	5.7	6.3	8.7	6.3
독서논술	9,699	3,828	3,884	17,411	2.8	–	–	–	–
기타	30,522	13,219	13,508	57,249	9.5	7.9	5.9	10.3	9.8
계	252,029	145,987	204,614	602,630	100	100	100	100	100

* 자료: 한국교육개발원(2012). 교육통계분석자료집.

⑥ 방과후학교의 장 · 단점

방과후학교의 장점은 학교 안에 있기 때문에 이동거리가 없어 안전하게 맡길 수 있고 다양한 시설 및 기자재가 있으며 프로그램이 풍부하다. 또한 학교 선생님과의 연계학습이 잘 이루어질 수 있다. 반면에 단점으로는 아동이 하루 종일 학교에 있어야 하기 때문에 지루할 수 있고 교사 대 아동의 비율이 높아 개인지도가 어렵다. 게다가 방과후 특기적성 및 학원수강 등으로 혼란스러우며 학교장의 방과후 아동지도에 대한 이해가 부족하여 원장이 바뀔 때마다 혼선을 빚을 수 있다.

2 방과후 어린이집

보건복지부가 지원하는 방과후 어린이집은 초등학생을 대상으로 방과후 보육서비스를 제공하는 시설인 영유아어린이집을 말한다(여성가족부, 2006).

보건복지부는 영유아보육법 제27조에 어린이집 이용대상 연령을 만 12세까지

연장하여 어린이집에서 방과후 지도가 이루어질 수 있도록 법적 근거를 마련하였으며, 이 근거법에 의거하여 24조에서는 어린이집운영위원회를 두고 이 위원회에서 보육시간을 심의하도록 하였다.

방과후 보육은 주로 초등학생 중에서 맞벌이 부부 등 아동을 맡길 곳이 없는 가정을 우선적으로 하여 시설 정원 범위 내에서 정원의 20%를 초과할 수 없도록 하고 있다.

① 방과후 보육 운영

- 방과후 아동지도 : 보육교사가 담당하되, 방과후 관련 교과목을 30시간 교육 이수 및 보수교육을 받아야 하며 영유아 교실을 이용한다.
- 보육정원 : 시설정원의 20%까지 가능 (단, 농·어촌 등 방과후 보육수요가 많은 지역은 지자체 재량에 따라 20%~50%까지 가능하다)
- 교육시간 : 오후 12 : 30~오후 6시(월-금)
- 프로그램 : 숙제지도, 기초학습지도, 생활지도, 종이접기, 컴퓨터, 한자, 영어 등

② 방과후 보육비

■ 2014학년도 방과후 보육료 지원 계획

- 방과후학교 자유수강권 사업 내에 '방과후 보육료 지원'을 세부별도사업으로 편성
- 지원대상(만 12세 이하 취학아동)
  - 차상위계층 이하(법정 저소득층 포함) 취학아동이 방과후에 어린이집을 일일 4시간 이상 이용하는 경우

※ 방과후 어린이집 이용시간의 계산은 아동이 '어린이집에 도착한 시간부터 마치는 시간까지'만을 산정하며 어린이집에서 제공하는 셔틀버스 이용시간은 포함하지 않음

- 1인당 지원금액 : 월 100,000원(일일 4시간 미만 이용시 미지원)

■ 교육청과 지자체가 보육료 분담비율에 따라 매칭하여 지원

■ 해당 회계연도의 전전년도의 최종예산에서

- 사회복지비 지수가 25 이상이면서 재정 자주도가 80 미만인 기초자치단체는 국가 또는 시 · 도 교육청 부담률 10% 인상
- 사회복지비 지수가 20 미만이면서 재정 자주도가 85 이상인 기초자치단체는 국가 또는 시 · 도 교육청 부담률 10% 인하

■ 시 · 도와 시 · 군 · 구 간의 부담 비율은 지방재정법시행령 제33조 제1항의 규정에 의한 지방자치단체 경비부담의 기준 등에 관한 규칙에 따른 비율을 준용한다.

- 방학기간에는 만 4세아 정부지원 단가의 100% 지원하되, 이용 일자에 따라 일일계산하여 지원

(예: 10일 이용시, 지원단가×10일/26일 지급)

- 예산 지원
  - (교부방법)지자체에서 시교육청으로 예산 신청(지원인원 및 지원금액 등 포함) 후, 교육청에서 지자체에 예산 교부
  - (교부시기)월별로 교부

  ※ 단, 예산 신청서는 분기별로 제출
  - (정산)예산신청시(2월, 4월, 7월, 10월) 전분기 정산보고서 제출
  - (집행잔액)4분기 정산 완료 후 집행잔액은 교육청으로 반납
- 지원절차
  - '14년 방과후 보육료 지원예산 교부요청(지자체)→ 지자체로 어린이집 이용료 교부(교육청)→ 어린이집 이용료 예산(교육청교부금 +지자체 예산)으로 대상자 지원 → 정산 보고(지자체)
- 예산교부 신청서 제출 (지자체→교육청)

표 9-14 예산교부 신청시기

구분	1/4분기	2/4분기	3/4분기	4/4분기
예산신청	2.11	4.10	7.15	10.17

* 자료: 서울교육청(2014). www.sen.go.kr

③ 방과후 어린이집 현황

2013년 12월 말 기준 현재 일반어린이집 방과후 어린이집은 〈표 9-15〉와 같이 전국 475개소(4,123명)이며, 그 중 경기도가 72개소(534명)로 가장 많고, 다음으로 대구 62개(468명), 경북 58개소(635명), 경남 57개소(405명), 전북 49개소(547명), 서울 36개소(179명)로 나타났으며, 인천 및 충청권, 강원도는 약 15개소 정도로 부진했으며, 특히 제주도와 세종시는 시설이 거의 없는 것을 알 수 있다.

표 9-15 일반어린이집 방과후 현황 (2013. 12. 31 현재)

(단위: 개, 명)

구분	어린이집 수								보육아동	
	총계	국·공립 어린이집	사회복지법인 어린이집	법인·단체 등 어린이집	민간 어린이집	가정 어린이집	부모협동 어린이집	직장 어린이집	방과후(현원)	
계	475	30	110	14	287	23	2	9	계	4,123
									남	2,360
									여	1,763
서울	36	6	3	4	20	2	0	1	계	179
									남	108
									여	71
부산	46	0	13	0	31	1	0	1	계	410
									남	241
									여	169
대구	62	1	17	2	41	1	0	0	계	468
									남	275
									여	193
인천	15	1	0	1	10	1	1	1	계	54
									남	24
									여	30
광주	14	1	8	0	5	0	0	0	계	197
									남	129
									여	68
대전	5	2	2	0	1	0	0	0	계	36
									남	27
									여	9
울산	10	2	3	0	3	1	0	1	계	152
									남	102
									여	50

세종	0	0	0	0	0	0	0	0	계	0
									남	0
									여	0
경기	72	4	7	1	50	7	1	2	계	534
									남	269
									여	265
강원	12	0	3	1	7	1	0	0	계	166
									남	92
									여	74
충북	9	0	6	0	1	0	0	2	계	71
									남	51
									여	20
충남	15	4	4	0	6	1	0	0	계	125
									남	62
									여	63
전북	49	0	12	3	33	1	0	0	계	547
									남	304
									여	243
전남	11	0	5	0	6	0	0	0	계	96
									남	55
									여	41
경북	58	3	14	0	40	0	0	1	계	635
									남	361
									여	274
경남	57	6	9	2	33	7	0	0	계	405
									남	231
									여	174
제주	4	0	4	0	0	0	0	0	계	48
									남	29
									여	19

* 자료: 보건복지부(2014). 보육통계.

④ 방과후 어린이집의 장 · 단점

방과후 어린이집의 장점으로는 학교보다 규모가 작고 아늑한 느낌을 주어 아동들이 가정 다음으로 편한함을 느끼고 아동중심적인 교육활동을 제공하기 때문에 아이들이 좋아한다. 또한 아동들이 학교에 들어가기 전 다니던 곳이라 낯설지 않고 교사와의 상호작용이 용이하며, 다양한 교재 · 교구 및 놀이기구가 많다. 반면에 단점은 기존의 어린이집을 이용함으로 별도의 공간이 없어 불편함이 있고 교사의 전문성이 부족하며 교육비가 유아보육료의 50% 수준이라 재정적인 어려움이 있다. 게다가 시설이 영유아에 맞게 되어 있기 때문에 교구 수준이나 책 · 걸상이 초등학생에게는 적합하지 못하며, 학부모나 초등학생들의 인식이 전문적이지 못하다고 느끼는 사람이 많아 주로 1, 2학년 등 저학년이 대상인 경우가 많다.

⑤ ○○방과후 어린이집 운영사례

어린이집 운영현황은 방과후 교사 1명과 보조교사 1명이 아동 27명을 방과후에 생활지도, 숙제지도, 학습 및 특별활동을 지도한다.

일일교육 프로그램 구성은 〈표 9-16〉과 같다.

표 9-16 일일교육 프로그램

<table>
<tr><th>시 간</th><th colspan="5">프로그램 내용</th></tr>
<tr><td>12 : 30~1 : 30</td><td colspan="5">등원 및 인사나누기, 가방정리, 옷 정리, 양치질</td></tr>
<tr><td>1 : 30~2 : 00</td><td colspan="5">자유선택활동</td></tr>
<tr><td rowspan="2">2 : 00~2 : 30</td><td>월</td><td>화</td><td>수</td><td>목</td><td>금</td></tr>
<tr><td>파닉스영어</td><td>조형활동</td><td>대근육활동</td><td>파닉스영어</td><td>논술</td></tr>
<tr><td>2 : 30~3 : 30</td><td colspan="5">숙제지도 및 개별학습지도</td></tr>
<tr><td>3 : 30~4 : 00</td><td colspan="5">오후 간식</td></tr>
<tr><td rowspan="3">4 : 00~5 : 00</td><td colspan="5">특기교육 및 요일별 대/소그룹 활동</td></tr>
<tr><td>월</td><td>화</td><td>수</td><td>목</td><td>금</td></tr>
<tr><td>음악활동</td><td>조형활동</td><td>이벤트</td><td>한문</td><td>전통놀이</td></tr>
<tr><td>5 : 00~6 : 00</td><td colspan="5">자유선택놀이</td></tr>
<tr><td>6 : 00~7 : 30</td><td colspan="5">귀가지도 및 당직교실 운영</td></tr>
</table>

* 출처: K 어린이집.

3 지역아동센터 방과후 교실

보건복지부에서는 2004년 1월 아동복지법을 개정하여 지역아동센터를 설립하고 저소득층 아동을 위한 방과후 보육 서비스를 제공하고 있다. 지역아동센터는 1980년대 빈곤지역 아동에 대한 교육을 위해 실시된 '공부방'으로부터 출발된 것이다.

① 주요 목적

지역주민과 아동들이 처한 현실과 문제를 올바르게 인식하고 스스로 해결하여 빈민운동에 기여하는 것이다.

② 운영현황

지역아동정보센터 조사(2014)에 의하면 현재 전국에 있는 지역아동센터는 [그림 9-7]과 같이 2013년 12월 말 현재 4,061개소로 경기지역(728개소)이 가장 많으며, 서울(405), 전남(392), 전북(287) 등의 순으로 나타났다.

지역아동센터 이용 아동수는 [그림 9-8]과 같이 2013년 12월 말 109,066명으로 2004년 23,347명이던 것이 꾸준히 증가해 왔으며, 2012년 108,357명에 비해서도 709명(0.7%) 증가하였다.

연령별로 살펴보면 미취학 아동의 경우, 2013년 12월 말 3,714명으로, 2012년에 비해 314명(7.8%) 감소하였으며, 초등학생도 2013년 12월 말 80,318명으로, 2012년에 비해 108명(0.1%) 감소하였다. 이 중 초등학교 저학년은 39,293명으로, 2012년에 비해 1,263명(3.3%) 증가한 반면, 초등학교 고학년은 41,025명으로, 2012년에 비해 1,371명(3.2%) 감소하였다.

중학생의 경우는 2013년 12월 말 20,817명으로 2012년 20,017명에 비해 800명(4.0%) 증가하였고 고등학생도, 2013년 12월 말 4,006명으로, 2012년 3,663명에 비해 343명(9.4%) 증가하였다.

학급별로 살펴보면, 초등학교 고학년 41,025명(37.6%), 초등학교 저학년 39,293명(36.0%) 순으로 전체 이용아동의 73.6%를 차지하는 것으로 조사되었다.

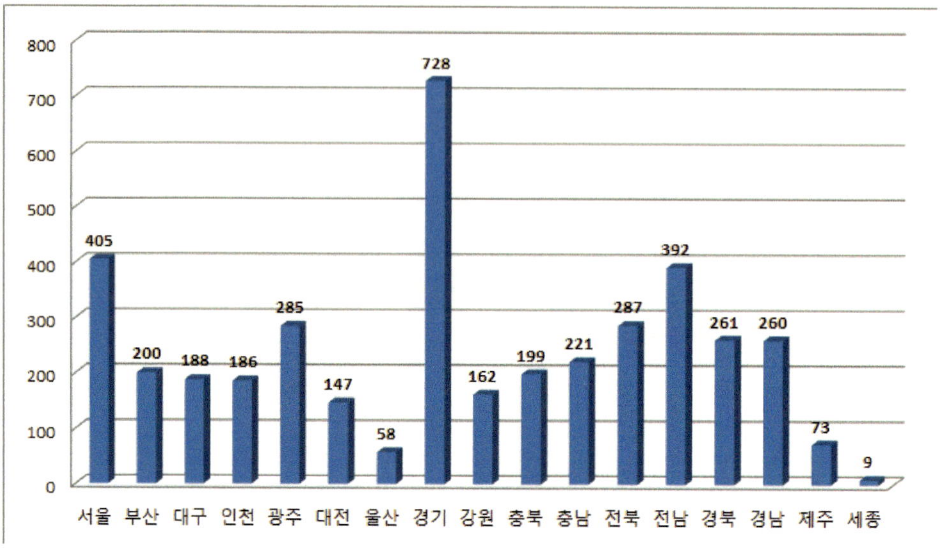

* 자료: 보건복지부(2014). 전국지역아동센터 실태조사 보고서.

[그림 9-7] 전국 시 · 도별 지역아동센터 수(2013년 12월 현재)

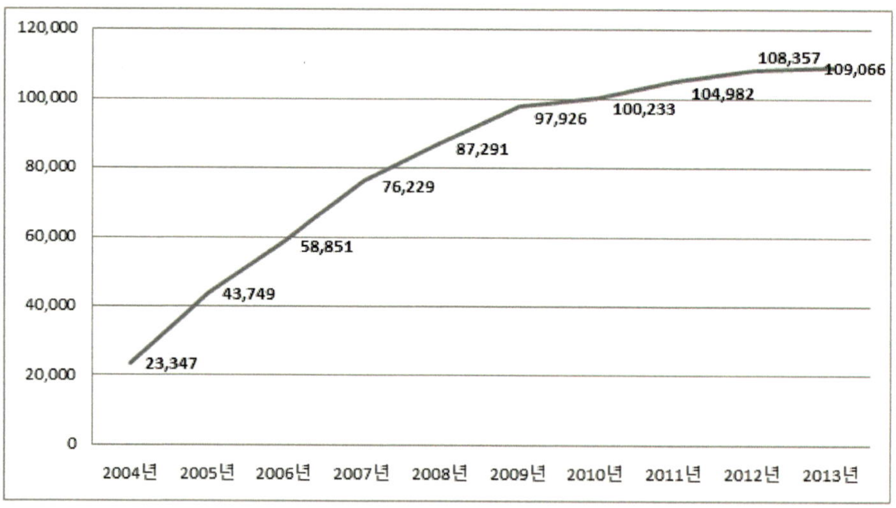

* 자료: 보건복지부(2014). 전국지역아동센터 실태조사 보고서.

[그림 9-8] 연도별 지역아동센터 이용아동 현황(2013년 12월 현재)

③ 운영주체

운영주체는 [그림 9-9]와 같이 개인이 2,650개소(65.2%)로 가장 많으며, 다음으로 재단법인이 47개소(11.0%), 사회복지법인 336개소(8.3%) 순으로 조사되었다. 개인운영 센터가 여전히 가장 많은 비율을 보이고 있으나, 재단법인이나 사단법인 운영 센터도 꾸준히 증가하고 있는 것으로 나타났다. 한편, 공립형 지역아동센터에 대한 관심이 높아짐에 따라 지자체 직영 또는 위탁 운영 센터가 25개소(0.6%)로 조사되었다.

지역형태는 도시형 2,851개소(70.2%)로 농산어촌형 1,210개소(29.8%)보다 많게 조사되었다.

④ 프로그램 현황

지역아동센터는 주 6일 운영하고 학생들은 1일 평균 7.7시간을 이용하며, 모든 기관이 급식을 기본으로 하고 있으며, 보호 및 교육프로그램(학습지도, 특별활동), 문화프로그램(공연관람, 캠프, 체육대회, 견학, 가족소풍), 복지프로그램(상담, 가정방문, 이미용, 의료연계, 전문가 연계 등), 자원봉사 등 다양한 프로그램을 운영하고 있다.

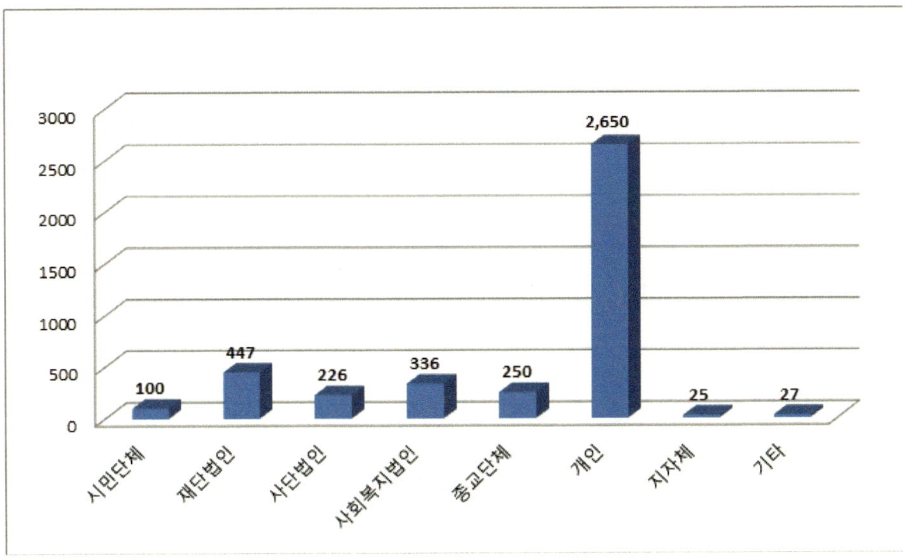

* 자료: 보건복지부(2014). 전국지역아동센터 실태조사 보고서.

[그림 9-9] 운영주체별 지역아동센터 이용아동 현황(2013년 12월 현재)

⑤ 종사자

지역아동센터의 종사자는 원장과 생활복지사가 있으며, 아동 30인 이상 시설에는 원장 1인, 영양사(50인 이상), 생활복지사 2인(아동 50인 추가시 1인 추가)을 두도록 한다(서영숙 외, 2010).

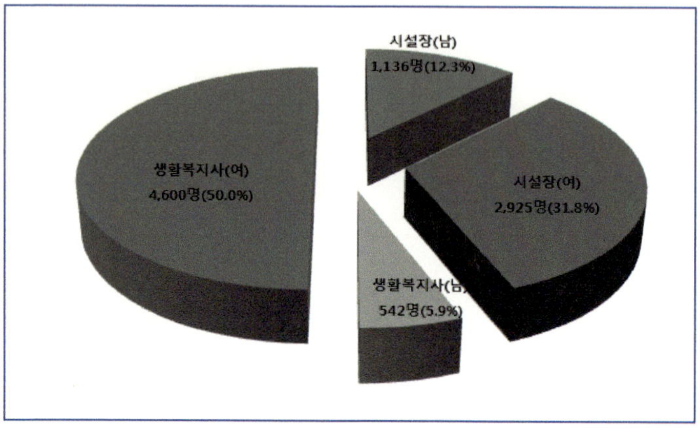

* 자료: 보건복지부(2014). 전국지역아동센터 실태조사 보고서.

[그림 9-10] 전국 지역아동센터 종사자 수(2013년 12월 현재)

2013년 12월 현재 전국의 지역아동센터 총 종사자수는 [그림 9-10]에서와 같이 총 9,203명으로, 이 중 원장은 1개소당 1인으로 4,061명(44.1%), 생활복지사는 5,142명(55.9%)으로 조사되었다.

원장 4,061명 중 남자는 1,136명(12.3%), 여자는 2,925명(31.8%)으로 나타났으며, 생활복지사 5,142명 중 남자는 542명(5.9%), 여자는 4,600명(50.0%) 으로 조사되었다.

⑥ 지역아동센터 방과후 교실의 장 · 단점

지역아동센터 방과후의 장점은 아동에 대한 세심한 배려가 가능하고 아동이 사는 집근처에 있어서 안정감을 준다. 또한 가정과의 교류를 통해 포괄적인 서비스를 제공할 수 있으며 아동의 전인적 발달을 도울 수 있다. 반면에 단점으로는 지역센터 이용 아동은 유아, 초등, 중 · 고등까지 연령층이 다양하여 각 발달단계에 맞는 적절한 지도가 어렵고 종사자가 대부분 사회복지사가 많아 아동교육에 대한 전문적인 지식과 기술이 부족하다. 게다가 공간이 협소하거나 시설 · 설비 부족으로 환경적 여건이 열약한 곳이 많고 원장과 교사만 있는 곳은 행정적인 일을 처리하느라 실제 아동교육에 소홀할 수 있다.

⑦ ○○지역아동센터 운영사례

H지역아동센터의 운영현황은 천주교 재단이 운영주체이며, 아동 · 청소년 35명에 교직원은 원장 1명, 사회복지사 3명 외 자원봉사자로 구성되어 있다.

교육프로그램은 주로 아동 · 청소년 역량강화 프로그램(치료공동체, 모래놀이 치료, 인지 및 독서치료, 학습치료), 아동 · 청소년 보호프로그램(급식 · 위생지도), 아동 · 청소년 교육프로그램 등으로 이루어진다.

* 출처 : H지역아동센터(http://jesuits.kr/hnr)

4 청소년 방과후 아카데미

국가의 정책 사업과제로 여성가족부에서는 공적 서비스를 담당하는 청소년 수련시설(청소년 수련관, 청소년 문화의 집) 기반으로 청소년들의 방과후 활동 및 생활관리를 종합적으로 지원하는 프로그램으로, 청소년들의 욕구를 충족하여 삶의 질을 향상시키고, 가정이나 학교에서 체험하지 못했던 다양한 청소년 활동 프로그램을 지원하고자 2005년 9월부터 46개소를 시범 운영하여, 2006년 전국적으로 확대, 2013년 12월 말 현재 200개소 청소년 시설에서 방과후 아카데미가 운영되고 있다.

청소년 방과후 아카데미의 시행주체는 국가청소년위원회와 지방자치단체가 공동 운영하였으나 2008년 2월에 시작된 새 정부는 기존의 여성가족부의 영유아보육정책, 보건복지부의 아동정책, 국가청소년위원회의 청소년 정책을 보건복지부의 아동 · 청소년 정책실로 통합하였다.

① 운영목적

- 민주시민으로서의 정의 · 권리 · 의무 · 책임을 배우는 전인적 성장 · 발달 도모
- 맞벌이 · 한부모 · 취약계층 가정의 청소년에 대한 교육활동, 복지활동 등을 통한 청소년의 푸른 성장 기반 마련
- 지역사회 네트워크를 통한 다양한 인적 자원 활용

② 운영기능

- "방과후 나홀로 청소년"을 위한 안전하고 안정적인 공간의 기능
- 건전한 놀이 · 문화지도 및 체험을 배우고 실천하는 기능
- 보호자, 청소년, 지역사회가 원활하게 소통할 수 있도록 돕는 기능
- 학교교육만으로 부족한 인성 및 창의적 계발 지원 기능

③ 운영특징

- 학습위주의 교육이 아닌 다양한 활동 위주의 체험 프로그램 운영
- 청소년들의 특기와 적성을 개발하기 위한 전문체험활동 운영
- 청소년지도자들과 함께 공유하고 배우는 열린 교육의 장
- 청소년을 위한 종합서비스 제공(급식, 생활지도, 건강검진 등 등교에서 귀가까지 책임 운영)
- 청소년, 부모, 학교, 지역사회를 연결하는 매개체 역할

④ 운영현황

보건복지부 자료(2013)에 의하면 전국의 청소년 방과후 아카데미 현황은 다음과 같다.

2013년 12월 말 현재 전국의 청소년 방과후 아카데미 운영기관은 〈표 9-17〉에서와 같이 총 200개로서 그 중 청소년 수련관이 117개로 가장 많고 다음으로는 청소년 문화의 집이 53개소이며, 나머지는 청소년 단체, 청소년 수련원 및 복지관, 기타 등은 10개소 내외인 것으로 나타났다.

표 9-17 청소년 방과후 아카데미 운영기관 현황

지역	청소년 수련관	청소년 수련원	청소년 문화의집	청소년 단체	복지관	기타 (시설)	총계
총계	117	7	53	11	7	5	200

* 자료: 여성가족부(2013). 청소년 방과후 아카데미 운영결과 보고서.

⑤ 유형별 운영현황

유형별 운영현황은 2013년 12월 말 현재 〈표 9-18〉과 같이 총 200개소 중에 지원형이 혼합형 1군데를 제외하고는 거의 대부분인 것을 알 수 있다.

특히 지원형을 세부적으로 살펴보면 기본 153개소, 농 · 산 · 어촌 41개소, 장애청소년 3개소, 다문화가정 2개소 등으로 나타났다.

표 9-18 청소년 방과후 아카데미 유형별 운형현황

(단위: 개)

<table>
<tr><th>구분</th><th>2005</th><th>2006</th><th>2007</th><th>2008</th><th>2009</th><th>2010</th><th colspan="2">2011</th><th>2012</th><th>2013</th></tr>
<tr><td rowspan="4">지원형</td><td rowspan="4">31</td><td rowspan="4">93</td><td rowspan="4">141</td><td rowspan="4">178</td><td rowspan="4">174</td><td rowspan="4">158</td><td>기본</td><td>153</td><td>149</td><td>153</td></tr>
<tr><td>농산어촌</td><td>40</td><td>44</td><td>41</td></tr>
<tr><td>다문화가정</td><td>1
(시범운영)</td><td>2</td><td>2</td></tr>
<tr><td>장애청소년</td><td>3
(시범1포함)</td><td>3</td><td>3</td></tr>
<tr><td>일반형</td><td>5</td><td>3</td><td>5</td><td>5</td><td>2</td><td>1</td><td colspan="2">1</td><td>1</td><td>0</td></tr>
<tr><td>혼합형</td><td>10</td><td>4</td><td>5</td><td>2</td><td>2</td><td>2</td><td colspan="2">2</td><td>1</td><td>1</td></tr>
<tr><td>합계</td><td>36</td><td>96</td><td>146</td><td>183</td><td>176</td><td>159</td><td colspan="2">200</td><td>200</td><td>200</td></tr>
</table>

* 자료: 여성가족부(2013). 청소년 방과후 아카데미 운영결과 보고서.

⑥ 교육프로그램

청소년 방과후 아카데미는 기본공통과정, 전문선택과정, 체험학습과정, 생활지원 등 활동 프로그램 중심으로 각 책임운영기관(청소년수련시설)별로 지역적 특성과 참여 학생들의 욕구를 반영하여 다양한 청소년활동 프로그램을 다음 〈표 9-19〉와 같이 진행하고 있다.

표 9-19 청소년 방과후 아카데미 교육 프로그램

<table>
<tr><th rowspan="2">구 분</th><th rowspan="2">기본공통과정</th><th colspan="2">전문선택과정</th><th rowspan="2">체험학습</th><th rowspan="2">생활지원</th></tr>
<tr><th>영 역</th><th>예 시(안)</th></tr>
<tr><td rowspan="5">초등학교</td><td rowspan="5">숙제 · 자기주도 학습
보충심화학습</td><td>문화예술</td><td>서예, 피아노 등</td><td rowspan="5">주말
체험학습</td><td rowspan="5">급식
건강관리
상담
생활일정관리
부모간담회
가족캠프
부모교육</td></tr>
<tr><td>스포츠</td><td>수영, 인라인 등</td></tr>
<tr><td>과학탐구</td><td>로봇, 컴퓨터 등</td></tr>
<tr><td>세계시민</td><td>언어, 문화이해 등</td></tr>
<tr><td>지역사회</td><td>리더십, 웅변 등</td></tr>
<tr><td rowspan="5">중학교</td><td rowspan="5">숙제 · 자기주도 학습
보충심화학습</td><td>문화예술</td><td>밴드, 댄스 등</td><td rowspan="5">주말
체험학습</td><td rowspan="5">급식
건강관리
상담
생활일정관리
부모간담회
가족캠프
부모교육</td></tr>
<tr><td>스포츠</td><td>수영, 암벽등반 등</td></tr>
<tr><td>과학 · 탐구</td><td>컴퓨터, 환경 등</td></tr>
<tr><td>세계 · 시민</td><td>언어, 여행 등</td></tr>
<tr><td>지역 · 사회</td><td>리더십, 사회봉사 등</td></tr>
</table>

* 출처: 청소년 방과후 아카데미(http://www.youthacademy.or.kr)

⑦ 청소년 방과후 아카데미의 장 · 단점

청소년 방과후 아카데미의 장점은 청소년들이 다양한 욕구에 따라 교육프로그램을 선택할 수 있는 폭이 넓고 방과후 청소년에 대한 공공서비스 확대를 통한 국가발전 견인 및 국민적 지지 확보, 저소득, 맞벌이, 한부모가정의 청소년들이 방과후 아카데미를 이용함으로써 비행예방 및 범죄감소, 풍부한 경험과 긍정적 사회활동 제공, 학업성취 향상 등의 긍정적 효과 기대가 있다. 또한 물리적 환경이 다른 지역아동센터나 어린이집에 비해 상대적으로 넓고 잘 갖추어져 있으며, 전문강사에 의한 특별활동이 체계적으로 잘 이루어진다.

반면에 단점은 과학기술부의 방과후 학교 사업 등 타 부처간의 유사성 문제로 차별성이 요구되고 방과후 청소년 아카데미는 교과중심형과는 달리 특기적성 및 체험활동 등의 차별성이 있지만 적지 않은 시설에서 교과학습에만 집중하여 프로그램을 편성 · 운영하고 있는 실정이다. 또한 사업의 운영지침이 너무 세분화되어 있어 예산운영상의 탄력성이 부족하므로 사업 운영기관에 대한 일정한 자율성과 책임성을 부여하는 방안이 검토되어야 한다(국회기획예산처, 2007).

3. 우리나라 보육의 문제점 및 과제

1) 우리나라 보육의 문제점

(1) 국 · 공립어린이집의 부족

우리나라는 1991년 '영유아보육법'을 제정한 이후 보육의 책임이 단순히 부모에서부터 벗어나 국가책임을 강조하는 국가공보육을 지향하고 있다. 그러나 지금까지의 보육정책현황을 보면 국 · 공립시설은 2008년 12월 현재 전체 어린이집의 5.5%만을 차지하고 있으며, 대부분이 민간어린이집에 의존해 왔다. 따라서 질적 수준이 담보된 보육 서비스 제공 및 관리가 보장되지 못하는 실정이다.

(2) 어린이집 운영의 비현실성

어린이집 운영에서 제기되는 문제로는 전달체계상의 문제와 함께 보육비용 충당의 책임성, 어린이집의 재정의 열약한 점, 표준단가의 합리성 문제, 저소득층의 지원 기준, 세제지원 혜택문제 등으로 요약할 수 있다.

첫째, 국가의 영유아 보육업무를 전담하고 있는 보건복지부는 보육담당자들의 보육에 대한 전문성이 결여되어 전달체계에서 단편성, 비접근성, 비연속성 등의 문제가 제기되고 있으며, 행정적인 편의성은 있으나 지역사회나 이용자의 보육요구를 반영하기에는 적합지 않다. 어린이집의 운영관리 및 지도 · 감독을 효율적으로 하는데 한계가 있다.

둘째, 보육위원회의 기능이 미약하다. 보육정책위원회는 정부와 다른 위원회와 같이 행정편의를 위한 형식적인 기구에 지나지 않으며, 수혜자가 정책결정에 참여할 수 있는 유일한 통로이지만 그 기능이 제대로 수행되고 있지 않다.

셋째, 보육료 지원에 관해서는 보육사업안내에 의한 지원기준에 의해 적용하고 있는데 정부의 한정된 예산을 효율적으로 공평하게 사용하지 못하고 있으며, 어린이집에 관한 지원체계는 국·공립 및 비영리시설에 대한 지원에서부터 민간어린이집에 대한 지원을 포함하여야 하나 정부지원으로부터 충분한 재정지원 없이 비현실적인 규제로 인한 보육료 수납으로 민간어린이집의 운영이 열악한 환경에 처해 있다.

(3) 보육공무원 수 부족 및 지원현장의 관리·감독 부실

행정체계의 효율성과 합리성은 공무원의 업무에 대한 이해와 수행능력, 전망을 통해 평가되는데 보육 공무원의 수가 부족하여 원활한 전문적인 업무수행이 어렵다. 또한, 재정 및 기관장, 교사, 학부모들의 불만과 요구뿐만 아니라 보육현장의 아이들이 어떤 환경에서 보호서비스를 제공받고 있는가에 대한 감독이 절실히 요구된다.

(4) 보육교사들의 자질 및 열악한 근무환경

보육교사의 자격과 대체율이 보육의 질적 수준에 중대한 영향을 미치는 것으로 알려져 있다. 현재 우리나라는 보육교사의 자격기준이 다양하고 양성과정 및 관리가 적절하게 이루어지지 않아 보육의 질적 수준이 저하되며, 보육교사의 낮은 임금, 장시간 근무, 열악한 근무환경 등은 보육교사의 직업에 대한 사기 저하의 근본적인 원인이 되고 있다.

(5) 평가인증제 실시에 따른 문제

평가인증제는 보육의 질을 제공하기 위한 수단이며 지역사회와 부모들에게 질적 보육의 표준을 제공한다. 그러나 몇몇 연구들은 평가인증제의 역기능을 다음과 같이 제시한다.

첫째, 재정비용의 문제, 둘째, 평가인증 운영과정에서의 현장관찰자의 자질과 조력지원의 문제, 셋째, 보육교사 업무과중의 문제, 넷째, 정부지원에 관한 어린이집의 형평성 문제, 다섯째, 평가인증제 홍보의 문제, 여섯째, 평가인증사후시스템의 문제, 일곱째, 평가인증지표에 의한 어린이집의 획일화 문제, 여덟째, 평가인증제 운영체계의 문제 등을 들 수 있다(장상란, 2008).

2) 우리나라 보육의 과제

(1) 보육의 공공성 확대

보육은 개인과 가정의 문제가 아닌 전 사회의 문제이다. 이는 저출산 · 고령화로 표현되는 현재 시점에서는 더욱 그렇다. 따라서 보육의 공공성 강화와 보육 서비스의 질적 수준향상이라는 국가 보육정책을 실현하기 위해서는 국 · 공립시설을 확충하여야 하며, 민간시설에 대한 정부의 재정지원을 확대하여 공공성을 제공하여야 한다.

이러한 보육의 공공성을 확보하기 위해 정부는 기본적인 지도 · 감독체계를 갖추어야 하며, 특히 정부가 운영하는 시설은 정해진 지침에 따라 시설을 운영하도록 철저한 지도 · 감독을 실시하여야 한다.

(2) 효율적인 보육행정 및 지원체계 구축

보육서비스 전달체계상의 행정체계 및 지원체계가 제 기능을 다하지 못하고 있다는 비판이 있다. 광역 및 자치단체의 보육전담인력의 확충을 통해 보육전달체계의 효율성을 증대하고 각 지역특성에 부합하는 보육발전 중 · 장기계획을 수립할 수 있도록 해야 한다. 보육지원체계 중 하나인 육아종합지원센터의 기능을 활성화해야 한다. 전국 육아종합지원센터의 네트워크를 구축하고, 육아종합지원센터 전문 인력과 예산을 증가해야 한다. 또한, 현실에 맞는 계획과 수요자의 욕구에 맞는 정책을 가지고 현실적인 운영이 되도록 해야 하며, 전문 공무원은 보육정책을 전달함에 있어 수요자의 욕구에 맞는 행정을 해야 한다.

(3) 보육료의 지원 및 재정의 현실화

유아교육법과 영유아교육법을 비교하여 볼 때 상대적으로 영유아보육법에 지나치게 규제하고 있는 사항에 대한 폐지나 수정이 필요하다. 엄격한 규제보다는 잘하고 있는 시설에 지원을 강화하는 것이 더 바람직하다. 또한 동일 연령대에 대한 교사 대 아동 비율이 어린이집은 1 : 15(만 3세), 1 : 20(만 4세, 만 5세)이며, 보육료는 가격의 규제를 받고 있는 반면, 사립유치원은 1 : 18(만 3세), 1 : 26(만 4세), 1 : 28(만 5세)이며, 교육비는 자율적이고 특별활동비 또한 자율적으로 받을 수 있도록 하고 있다.

이는 동일 연령대를 대상으로 하면서 어린이집의 재정구조가 열악하게 될 수밖에 없고, 재정의 부족은 결국 교사의 처우개선 문제로 우수한 교사확보에 걸림돌이 될 수밖에 없다. 동시에 상대적인 경쟁력 제고를 위한 재정투자의 여력을 상실할 뿐만 아니라 시설운영 자체에 매우 어려움을 주게 되는 것이다. 따라서 규제를 계속하는 것보다는 보육의 질을 확보하기 위해 보다 상대적으로 손실을 보완해 줄 융통성 있는 재정확보의 기회를 마련해 주어야 한다(김달호, 2008).

(4) 다양한 형태의 보육 서비스 제공

사회가 다양하게 변화됨에 따라 보육 서비스에 대한 보육수요자들의 욕구가 다양해지고 있으나 이를 제대로 반영하지 못하고 있다. 특히 영아보육과 장애아 보육, 방과후 보육은 여전히 사각지대에 놓여 있다.

기혼 여성의 초기 노동단절의 예방과 능력발전의 기회를 보장하기 위해 영아전담 어린이집이 확충되어야 하며, 취업여성들의 요구에 부합하도록 야간, 휴일, 시간제, 24시간 보육 서비스가 더욱 확대되어야 한다. 또한 초등학생들의 안전한 보호와 여성의 안정된 취업여건 조성을 위해 방과후 보육이 더욱 확대되어야 하며, 장애아 보육 및 통합보육 역시 확대되어야 한다(김명희, 2008).

(5) 보육교사의 전문성 향상 및 근무여건 개선

보육교사의 자격과 자질은 보육의 질적 수준에 중대한 영향을 미치는 것으로 알려져 있다. 보육교사직의 전문성이 신장되기 위해서는 현재 보육교사자격제도를 개선하여 고졸인력의 비율을 낮추고 보육학, 아동학, 유아교육학 등 보육관련학을 전공한 전문대 졸업자나 대학졸업자의 비율을 증가시키는 것이 바람직하다(임은영, 2008). 또한 보육교사의 이직률을 낮추고 신분의 안전성을 높이기 위해서는 보육교사에 대한 지원을 강화하여야 한다. 특히 저임금에 대한 처우를 개선하고 어린이집에서 근무하는 열악한 환경과 과도한 근무시간, 신분보장 등에 대한 개선이 시급하다. 방과후 보육교사에 대한 자격 또한 정비하여 전문적인 공인 자격증제도와 함께 처우개선으로 인한 신분의 안정성이 필요하다.

(6) 보육 서비스의 질적 수준 향상

보육의 물리적 환경과 프로그램의 질을 더욱 향상시켜야 한다. 물리적 환경은 보육목표와 연결되어 있을 뿐만 아니라 환경 자체가 보육의 수단이 되므로 효율적인 계획과 구성이 요구된다. 매일의 일과활동의 구성은 아동의 기본적인 욕구와 신체적인 보호를 위한 활동과 전인적 발달에 초점을 둔 교육활동이 균형 있게 구성되어야 한다. 대상아동의 발달 정도를 고려하여 인지적 · 사회적 · 정서적 · 신체적 · 언어적 측면에서 발달을 도와주고 촉진할 수 있도록 조직화하여야 하고, 동시에 개인적인 발달의 차이를 고려한 개별적인 접근도 가능하도록 융통성이 있어야 한다.

따라서 다양한 보육형태에 따른 보육과정이 개발되어야 할 것이며, 현재 국가적으로 실시하고 있는 평가인증제의 문제점을 보완하여 현실적인 보육서비스의 수준이 향상될 수 있도록 평가인증에 필요한 재정적 지원과 함께 원장 및 교사들의 직무연수 및 보수교육에 대한 인력지원 또한 이루어져야 할 것이다.

(7) 현실을 고려한 정책적 지원 마련

그동안의 보육정책은 부모의 비용부담을 축소하는 방향으로 추진되어 일하는 어머니에게 현실적으로 필요한 별도의 정책이 미흡한 실정이다. 많은 여성들이 육아문제로 경력 단절을 경험하고 있는 현실을 고려하여 수요자가 체감할 수 있는 정책적 지원이 마련될 필요가 있다.

생각해 볼 문제

1. 어린이집의 유형별 특징에 대해 알아보고 각 장 · 단점을 비교해 보라.

2. 우리나라 보육의 문제점과 대안책에 대한 나의 생각을 토의해 보라.

3. 바람직한 보육교사의 역할과 자질에 대한 나의 생각을 토의해 보라.

4. 내가 만일 방과후 아동지도사라면 저소득층 아동들을 위해 어떤 도움을 줄 수 있는지 구체적인 방법에 대해 토의해 보라.

제10장

가정위탁 및 입양과 시설보호사업

아동의 가정이 적절한 양육환경이 되지 못하거나 양육자가 아동을 보살필 능력이 없는 경우 아동복지 서비스는 부모의 역할을 대신해 주는 대리적 서비스를 제공해 주어야 한다. 대리적 서비스에는 가정위탁, 입양, 시설보호 서비스가 가장 대표적인 서비스라 볼 수 있다.

아동이 여러 가지 이유로 인해 가정에서 양육되지 못하는 경우 아동이 자신의 원가정을 떠나 대리가정에서 건강한 양육을 경험할 수 있도록 아동복지 서비스의 개입이 중요한 것이다. 따라서 본 장에서는 대리적 서비스인 가정위탁, 입양, 시설보호 사업에 대해서 살펴보고자 한다.

1. 보호를 필요로 하는 아동

1) 보호대상아동

아동복지법 제3조 4항에 보호대상아동이란 보호자가 없거나 보호자로부터 이탈된 아동 또는 보호자가 아동을 학대하는 경우 등 그 보호자가 아동을 양육하기에 적당하지 아니하거나 양육할 능력이 없는 경우의 아동을 말한다.

동법 제15조 제1항에서는 시 · 도지사 또는 시장 · 군수 · 구청장은 그 관할 구역에서 보호대상아동을 발견하거나 보호자의 의뢰를 받은 때에는 아동의 최상의 이익을 위하여 대통령령으로 정하는 바에 따라 다음에 해당하는 보호조치를 하여야 한다고 하였다.

- 전담공무원 또는 아동위원에게 보호대상아동 또는 그 보호자에 대한 상담 · 지도를 수행하게 하는 것
- 보호자 또는 대리양육을 원하는 연고자에 대하여 그 가정에서 아동을 보호 · 양육할 수 있도록 필요한 조치를 하는 것
- 아동의 보호를 희망하는 사람에게 가정위탁하는 것

- 보호대상아동을 그 보호조치에 적합한 아동복지시설에 입소시키는 것
- 약물 및 알코올 중독, 정서 · 행동 · 발달 장애, 성폭력 · 아동학대 피해 등으로 특수한 치료나 요양 등의 보호를 필요로 하는 아동을 전문치료기관 또는 요양소에 입원 또는 입소시키는 것
- 「입양특례법」에 따른 입양과 관련하여 필요한 조치를 하는 것

2) 보호대상아동 발생

보호를 필요로 하는 아동이 발생한 경우에는 ① 아동발견 또는 보호자 의뢰 → ② 아동과 보호자 상담 · 지도 → ③ 보호자 가정 복귀 또는 연고자 가정에 대리양육 → ④ 아동 보호 희망 가정에 위탁 → ⑤ 적합한 아동복지시설 입소, 전문치료기관 · 요양소 입원 · 입소의 절차를 거치게 된다. 아동과 보호자 상담 · 지도, 보호자 가정 복귀, 연고자 가정 대리양육, 가정위탁 등에 의한 가정보호가 어렵거나 적합하지 아니한 경우에 한 해 시설보호를 실시하는 것으로 하고 있다.

아동복지법 제15조 제1항에서는 시 · 도지사 또는 시장 · 군수 · 구청장은 보호를 필요로 하는 아동을 발견하거나 보호자의 의뢰를 받은 때에는 아동복지심의위원회 심의를 거쳐 필요한 보호조치 방법을 결정하도록 하고 있다. 또한 아동에게 적합한 보호 · 양육 · 자립 방안을 강구하여 건강한 사회인으로 육성하고자 아동과 보호자에 대한 상담 · 지도를 통해 아동의 최상의 이익을 위한 보호조치를 결정하도록 한다.

또한 시 · 도지사, 시 · 군 · 구청장은 관할구역 안에서 약물 및 알코올 중독, 정서장애, 발달장애 등의 문제 발생 가능성이 있는 아동의 가정에 대하여 예방차원에서의 적절한 조치를 강구해야 한다.

3) 보호대상아동 조치방법

보호를 필요로 하는 아동의 조치방법으로는 친가정 복귀 또는 연고자 가정에 대리양육을 우선 실시하고 있다. 그 후 가정위탁, 아동복지시설 입소, 전문치료기

관 또는 요양소에 입원 또는 입소, 입양의 방법으로 아동을 보호한다.

보호조치시 고려사항은 다음과 같다.

① 시 · 도지사 또는 시장 · 군수 · 구청장은 아동 또는 보호자에 대한 상담 · 지도, 보호자 또는 대리양육을 원하는 연고자에 의한 보호 · 양육이 적합하지 않을 경우에 가정위탁, 시설입소, 전문치료기관 또는 요양원 입소, 「입양특례법」에 따른 입양조치를 할 수 있다.

② 시 · 도지사 또는 시장 · 군수 · 구청장은 가정위탁, 아동복지시설 입소, 전문치료기관 · 요양소 입소의, 「입양특례법」에 따른 입양의 보호조치를 함에 있어 당해 아동의 의사를 존중하여야 하며, 보호자가 있을 경우에는 그 의견을 들어야 한다.

③ 시 · 도지사 또는 시장 · 군수 · 구청장은 상기의 보호조치를 할 때까지 필요하면 아동 일시보호시설에 보호대상아동을 입소시켜 보호하거나, 적당하다고 인정하는 자에게 일시위탁하여 보호하게 할 수 있다.

④ 시 · 도지사 또는 시장 · 군수 · 구청장은 그 관할 구역에서 약물 및 알코올 중독, 정서 · 행동 · 발달장애 등의 문제를 일으킬 가능성이 있는 아동의 가정에 대하여 예방차원의 적절한 조치를 강구해야 한다.

⑤ 시 · 도지사 또는 시장 · 군수 · 구청장은 아동의 가정위탁보호를 희망하는 사람에 대하여 범죄경력을 확인하여야 한다.

⑥ 가정위탁지원센터의 장은 위탁아동, 가정위탁보호를 희망하는 사람, 위탁아동의 부모 등의 신원확인 등의 조치를 시 · 도지사 또는 시장 · 군수 · 구청장에게 협조 요청할 수 있으며, 요청을 받은 시 · 도지사 또는 시장 · 군수 · 구청장은 정당한 사유가 없는 한 이에 응하여야 한다.

⑦ 시 · 도지사 또는 시장 · 군수 · 구청장은 학대피해 아동의 보호조치 승인 시 부양의무자의 부양능력에 관계없이 국민기초생활수급권자로 지정한다.

⑧ 아동보호전문기관을 통해 가정위탁보호하거나 아동복지시설에 입소할 경우 아동보호전문기관은 양육에 필요한 자료와 행정 업무 등을 연계 가정위탁지원센터 또는 아동복지시설과 공유한다.

이후 보호조치된 아동에게는 사후관리와 자립지원이 제공되어야 한다.

4) 보호대상아동 자립지원

보호대상아동(아동복지시설, 가정위탁)의 자립준비 역량을 강화하고 18세 이후 사회 진출 시 안정적인 자립 기반을 마련할 수 있도록 지원을 의미한다. 현행 정부의 자립지원 사업내용은 보호아동의 자립의지 · 자립기술 향상을 위한 프로그램 운영 및 주거지원 · 취업훈련연계 · 정보제공 등으로 자립생활 정착 지원을 위한 사업을 진행하고 있다. 자립지원의 지원대상은 대리양육 또는 가정위탁보호 중인 아동, 아동복지시설에서 보호 중인 아동, 가정위탁보호 종료되거나 시설에서 퇴소한 지 5년이 지나지 아니한 아동을 대상으로 한다.

2. 가정위탁

1) 가정위탁보호

미국의 아동복지연맹(CWLA)에서 출판된 『가정위탁보호 서비스 교본』에 의하면 가정위탁보호(Family Foster Care)란 아동복지 서비스의 하나로 자기 가정에서 일시적 또는 장기적으로 양육될 수 없을 때 아동에게 어떤 계획된 기간 동안 다른 가정에서 일정한 보호와 양육을 제공받는 것을 대리보호라고 한다.

가정위탁보호란 아동이 학대나 방임, 이혼, 별거, 가족해체 등의 여러 가지 이유로 인해서 친부모가 양육하지 못하는 경우 또는 양육하지 않는 것이 더 나을 경우 일시적으로 아동을 다른 가정에서 맡아서 양육하는 복지 서비스라고 할 수 있다. 가정위탁보호는 아동이 자신의 원가정을 떠나 대리가정에서 보호되는 측면에서는 입양과 그 성격이 같지만 일시적이라는 점에서는 입양과는 차이점이 있다.

가정위탁보호는 요보호아동을 보호 · 양육하기를 희망하는 가정에 위탁 · 양육함으로써 가정적인 분위기에서 건전한 사회인으로 성장할 수 있도록 하는데 그 목적이 있다. 가정위탁보호의 목적은 첫째, 아동의 권리를 보호하고 아동에게 사랑과 욕구를 충족시킬 수 있는 적합한 환경에서 성장할 수 있도록 돕는다. 둘째, 아동이 보호받는 동안 아동과 친가정 사이의 연결고리를 유지해 주므로 안전한 접촉을 유지하고 위기에 처한 애착관계를 강화하기 위해서 위탁보호아동과 친부모의 방문을 지원하여 위탁보호아동이 조속한 시일에 친부모와 재결합할 수 있도록 하는 것이다.

가정위탁보호의 유형은 다양하게 구분될 수 있으나 우리나라의 경우 보건복지부의 아동청소년사업안내에 의하면 가정위탁보호를 대리양육 가정위탁, 친 · 인척 가정위탁, 일반가정위탁으로 분류하고 있다.

(1) 대리양육 가정위탁

친조부모, 외조부모에 의해 아동이 양육되는 경우를 말한다.

(2) 친 · 인척 가정위탁

친조부모, 외조부모를 제외한 친 · 인척에 의해 아동이 양육되는 경우를 말한다 (민법에 의한 8촌 이내의 혈족에 의한 양육).

(3) 일반가정위탁

위탁아동과 혈연관계가 없는 일반인에 의해 아동을 양육하는 경우를 말한다.

2) 가정위탁보호 현황

(1) 가정위탁보호 대상아동

가정위탁보호 대상아동은 아동복지법 제3조에 의거한 보호대상아동이 대상자가 된다.

1 보호아동

- 18세 미만의 아동(18세 이상인 경우에도 고등학교 재학 중인 아동은 포함)으로 보호자가 없거나 보호자로부터 이탈된 아동
- 아동을 학대하는 경우 등 그 보호자가 아동을 양육하기에 적당하지 아니하거나 능력이 없는 경우의 아동

2 보호연장 가능 아동

- 아동복지법 제16조의 보호조치 중인 18세 이상 아동 중 대학 진학 중인 경우
- 직업능력 개발훈련 중인 경우
- 20세 미만으로 학원에서 교육을 받는 경우
- 25세 미만까지로 장애 · 질병 등을 이유로 보호 · 연장 요청을 한 경우
- 25세 미만으로 지능지수가 71 이상 84 이하로 자립능력이 없는 경우
- 18세 도달 시점에 1년 이내 범위에서 보호기간을 연장한 경우

소년소녀가정 보호제도는 아동에게 위험을 초래할 수 있어 UN 등에서도 폐지를 권고하고 있다. 따라서, 소년소녀가정에게 대리양육자, 친인척, 일반가정위탁을 알선하여 가정위탁보호로 전환하고 있다. 소년소녀가정에서 위탁보호로 전환 시 기존에 지원받았던 결연후원이 중단되지 않도록 조치하여 가정위탁보호를 활성화하고 있다.

(2) 위탁가정 선정기준

보건복지부의 아동분야사업안내에서의 위탁가정 선정기준은 다음과 같다(보건복지부, 2016).

- 위탁아동을 양육하기에 적합한 수준의 소득이 있을 것
- 위탁아동에 대하여 종교의 자유를 인정하고 건전한 사회 구성원으로 자랄 수 있도록 양육과 교육을 할 수 있을 것

* 종교시설(교회, 사찰 등의 본당과 부속 건물을 말함)을 주거지로 삼아 생활하는 종교인은 가정위탁보호의 취지와 맞지 않으므로 위탁부모가 될 수 없음

- 위탁부모의 나이가 25세 이상(부부의 경우 부부 모두 해당)으로서 위탁아동과의 나이 차이가 60세 미만일 것

  * 다만, 시 · 도지사, 시장 · 군수 · 구청장이 위탁아동을 건전하게 양육하기에 위탁가정의 환경이 적합하다고 인정하는 경우에는 가능

- 자녀가 없거나 자녀의 수가 위탁아동을 포함하여 4명 이내일 것(18세 이상 자녀 제외)
- 가정에 성범죄, 가정폭력, 아동학대, 정신질환 등의 전력이 있는 사람이 없을 것

  * 위탁가정의 정신질환 등의 전력이 없음을 확인하기 위해 건강보험요양급여 내역(최근 3년) 등 증빙자료 요청

(3) 위탁가정 교육

아동복지법 시행규칙 제2조 제6호에 근거하여 위탁가정의 경우 해당 교육을 이수해야 위탁가정으로 활동할 수 있다.

- 가정위탁을 희망하는 사람(위탁부모 중 1명 이상)은 반드시 기본 4시간의 위탁부모 양성교육을 이수해야 함

  * 다만, 대리양육 및 친 · 인척 위탁가정의 경우에는 가정위탁 후 6개월 이내 교육 이수(가정위탁 후 반드시 확인)

- 가정위탁을 하고 있는 일반위탁부모, 대리양육 및 친 · 인척 위탁부모는 매년 4시간 이상의 보수교육을 받아야 함

  * 위탁양육에 대한 이해, 위탁양육의 절차, 위탁아동의 특성, 좋은 부모의 역할 등을 교육

- 대리양육 · 친 · 인척 위탁가정의 경우 교육이수 대상자가 노령, 질병 등 불가피한 경우에는 직접 가정을 방문하여 교육을 실시할 수 있음

  * 시 · 군 · 구는 대리양육 · 친 · 인척 가정위탁보호 책정시 위탁부모에게 지역

가정위탁 지원센터를 통해 부모교육을 이수하도록 적극 안내하여야 하며, 교육 진행 시 인원모집, 장소제공 등을 협조하도록 함

(4) 가정위탁 유형별 선정 절차

1 대리양육 또는 친·인척 위탁

아동을 위탁하여 양육하고자 하는 조부모 또는 친·인척은 아동의 거주지를 관할하는 읍·면·동에 가정위탁보호(대리양육) 신청서를 작성하여 제출한다. 신청 받은 읍·면·동 담당자는 신청인의 가정과 아동에 대해서 조사하고, 조부모 또는 친·인척 위탁 부모에 대한 범죄경력 조회를 실시한다. 담당자의 조사결과를 바탕으로 가정위탁보호를 결정 후 가정위탁지원센터에 통보하고 대리양육 또는 친·인척 위탁의 절차를 살펴보면 다음과 같다.

표 10-1 대리양육 또는 친·인척 위탁 절차

신 청	아동 및 위탁 가정환경 조사	가정위탁보호 결정·통보	사례관리	가정위탁보호 종결
보호필요아동 의뢰	① 읍·면·동	시·군·구	읍·면·동 & 시·군·구 & 가정위탁지원센터	시·군·구 & 가정위탁지원센터
(신청) 친권자, 후견인, 아동을 보호·양육·교육하거나 그러한 의무가 있는 자 또는 업무·고용 등의 관계로 사실상 아동을 보호·감독하는 자가 관할 아동 거주지 읍·면·동에 신청	(조사·상담) 아동과 위탁보호 희망자(조부모, 친·인척 등) (서식작성) • 가정위탁보호(대리양육) 신청서(시행규칙 별지 1호) • 가정위탁보호(대리양육) 신청인 가정조사서(시행규칙 별지 2호) • 보호대상아동 조사서(시행규칙 별지 3호) • 아동카드(시행규칙 별지 4호)를 작성 (서식제출) 시·군·구에 제출 ⇒	(위탁보호 결정) 조사결과를 토대로 결정 (결정 통보 및 관련서류 발송) 관할 가정위탁지원센터 통보 관할 센터에 관련서류(시행규칙 별지 1~4호) 7일 이내 발송 ⇒	(아동카드 관리) 아동카드 기재·관리 (상담 및 관리) 위탁아동, 위탁가정, 친가정 상담 (업무지원) 복지 서비스 제공 등 업무 지원 (교육) 공무원, 종사자, 위탁부모 교육 ⇒	(서식작성) 시·군·구에 아동 귀가 신청서(시행규칙 별지 5호) 제출 (종결 또는 연장) 시·군·구는 종결 또는 보호기간 연장 (통보) 가정위탁지원센터에 통보 (사후관리)
위탁보호 희망자	② 시·군·구			
(신청) 관할 아동거주지 읍·면·동에 신청	(위탁부모 범죄경력 조회) 위탁부모 거주 소재지 관할 경찰관서의 장에게 범죄경력 조회 (서식작성) • 범죄경력 조회 요청서(시행규칙 별지 8호) • 범죄경력 조회 동의서(시행규칙 별지 9호) • 범죄경력 조회 회신서(시행규칙 별지 10호)			

2 일반가정위탁

읍·면·동에서는 보호대상아동이 발생하면 아동과 그 가정을 조사하여 대리양육, 친·인척 양육이 불가할 경우, 아동과 관계된 서류를 첨부하여 시·군·구에 일반가정위탁을 의뢰한다.

가정위탁지원센터에서는 가정위탁보호 의뢰된 아동에 적합한 위탁가정을 선정하고, 시·군·구에서는 선정된 위탁가정에 대한 일반위탁부모에 대한 범죄경력 조회를 실시한다. 일반가정위탁의 절차를 살펴보면 다음과 같다.

표 10-2 일반가정위탁 절차

신 청		아동 및 위탁 가정환경 조사		가정위탁보호 결정·통보		사례관리		가정위탁보호 종결
보호필요아동 의뢰 (신청) 친권자, 후견인, 아동을 보호·양육·교육하거나 그러한 의무가 있는 자 또는 업무·고용 등의 관계로 사실상 아동을 보호·감독하는 자가 관할 아동거주지 읍·면·동에 신청	⇒	**① 읍·면·동** (조사·상담) 의뢰된 아동 (서식작성) • 보호대상아동 조사서(시행규칙 별지 3호) • 아동카드(시행규칙 별지 4호) • 가족관계부 첨부 (서식제출) 시·군·구에 제출 **② 시·군·구** (위탁부모 의뢰) 센터에 관계서류 첨부하여 의뢰	⇒	**시·군·구** (위탁보호 결정) 조사결과를 토대로 결정 (결정 통보 및 관련서류 발송) • 관할 가정위탁지원센터 및 위탁가정 소재 시·군·구(또는 시·도) 통보 • 관할 센터에 아동카드 등 관련서류(시행규칙 별지 3, 4호) 7일 이내 발송	⇒	**읍·면·동 & 시·군·구 & 가정위탁지원센터** (아동카드 관리) 아동카드 기재·관리 (상담 및 관리) 위탁아동, 위탁가정, 친가정 상담 (업무지원) 복지 서비스 제공 등 업무 지원 (교육) 공무원, 종사자, 위탁부모 교육	⇒	**시·군·구 & 가정위탁지원센터** (서식작성) 시·군·구에 아동 귀가 신청서(시행규칙 별지 5호) 제출 (종결 또는 연장) 시·군·구는 종결 또는 보호기간 연장 (통보) 가정위탁지원센터에 통보 (사후관리)
위탁보호 대상자 (신청) 관할 아동거주지 시·군·구, 읍·면·동 또는 가정위탁지원센터에 신청	⇒	**① 가정위탁지원센터** (위탁부모 선정) 시·군·구에서 의뢰된 아동에 맞는 위탁부모를 찾아 선정 (서식작성) • 가정위탁보호(대리양육) 신청서(시행규칙 별지 1호) • 가정위탁보호(대리양육) 신청인 가정조사서(시행규칙 별지 2호) • 일반위탁부모 추천서(지침서식 1호) (서식제출) 시·군·구에 제출 **② 시·군·구** (위탁부모 범죄경력 조회) 위탁부모 거주 소재지 관할 경찰관서의 장에게 범죄경력 조회 (서식작성) • 범죄경력 조회 요청서(시행규칙 별지 8호) • 범죄경력 조회 동의서(시행규칙 별지 9호) • 범죄경력 조회 회신서(시행규칙 별지 10호)						

3) 위탁아동을 위한 복지 서비스

위탁아동과 위탁보호 가정에 지원되는 복지 서비스를 살펴보면 다음과 같다.

(1) 양육보조금 및 국민기초생활보장법에 의한 생계비 등 지원

- 양육보조금 지원 : 아동 1인당 월 15만원 이상(지방이양) 권고
- 국민기초생활수급자 책정 · 지원 : 위탁가정 소재지 시 · 군 · 구는 위탁보호 결정아동에게 부양능력 있는 부양의무자가 존재하는 경우에도 실질적인 가족 관계의 단절로 볼 수 있는 경우(「2016 국민기초생활보장사업안내」 보장시설 생활자에 대한 수급권자 범위 특례 참조) 급여를 실시할 것
- 생계 · 의료 · 교육 등의 해당 급여를 별도 가구로 보장하는 개인단위로 실시(가정위탁보호 아동의 국민기초생활수급자 선정기준으로서 부양의무자 기준은 「2016 국민기초생활 보장사업안내」 보장시설 생활자에 대한 수급권자 범위 특례 적용)
- 특히 부모로부터 학대받은 아동의 경우 부양능력 있는 부양의무자가 있어도 부양을 거부하거나 기피하는 것으로 시장 · 군수 · 구청장이 인정하여 기초생활수급자로 보호
- 위탁아동이 만 18세 이상인 경우에도 중 · 고등학교에 재학 중인 경우에는 졸업 시(졸업하는 날이 속하는 달)까지 지원 가능

(2) 가정위탁아동에 대한 자립지원정착금 지원

- 지원대상 : 18세 이상의 가정위탁보호 종결아동
- 자립지원정착금 1인당 300만 원 이상 지급(지방이양)

(3) 가정위탁아동에 대한 대학진학자금 등 지원 권고

- 대학등록금 : 1인당 300만 원 이상 지급을 권고(지방이양)

(4) 가정위탁아동 상해보험료 지원

- 보험담보 : 위탁아동 후유장애, 입원 · 통원 의료비 등 지원
- 보험료 : 1인당 연 6만 5천원 이내

(5) 가정위탁아동 심리치료비 지원

- 지원내역 : 심리정서치료비, 검사비, 교통비
- 지원금액 : 심리정서치료비 월 20만 원 이내, 심리검사비 20만 원(1회), 교통비 월 2만원 이내

(6) 대리양육, 친 · 인척 위탁 가정 전세자금 지원(국토교통부)

- 대출대상 주택 : 임차 $85m^2$ 이하인 주택
- 일반주택 전세자금 및 공공임대주택 임대보증금 지원

그 외에 대리양육, 친 · 인척 가정위탁 등 가정위탁보호아동의 경우 가까운 이웃에 거주하는 아동위원, 종교인, 지역 여성지도자, 공무원, 가정위탁지원센터 상담원 등을 후원자로 지정하여 고충이나 어려움 등을 상시 의논하고 해결할 수 있도록 하고 있다.

가정위탁보호사업의 활성화를 도모하기 위하여 중앙가정위탁센터와 지역별 가정위탁지원센터를 운영하고 있으며, 2018년 2월 현재 각 시 · 도에 1개소, 경기 2개소의 전국 17개소가 운영되고 있다.

가정위탁지원센터의 업무를 총괄 지원하여 가정위탁보호사업의 전문성 및 활성화를 도모하기 위하여 중앙가정위탁지원센터를 운영 · 관리하여 가정위탁사업을 지원하고 있다.

4) 가정위탁아동을 위한 복지 서비스 발전 방향

(1) 가정위탁 보호의 법적 근거 마련

가정위탁 보호를 활성화하고 정착화시키는데 기본이 되는 가정위탁사업에 관한 법률 제정 및 이에 근거한 제도의 개선이 필요하다. 가정위탁 보호를 관장할 수 있는 법적 근거를 마련하고 이에 대응하는 실천정책을 제안할 수 있어야 한다. 가정위탁사업 법률안에는 가정위탁의 목표, 위탁대상아동의 요건, 위탁아동에 대한 양육원 및 친권 등에 대한 명시가 필요하다(이순형 외, 2008).

(2) 위탁가정에 대한 지원 확대

현재 지원되고 있는 아동양육수당은 가정위탁사업의 활성화를 위해서는 매우 부족한 실정이다. 미국의 경우는 위탁아동의 연령, 위탁가정의 종류(단기, 특수)에 따라 상이하게 지급되어 미국의 공적부조 AFDC 지급 액수보다 다소 높게 책정되고 있다. 우리나라의 가정위탁제도가 국민의 호응과 신망을 얻기 위해서는 아동에 대한 서비스가 확대되어야 할 뿐 아니라 위탁가정에 대한 의료보호 실시, 세제혜택 등 다양한 인센티브가 제공되어야 할 것이다(문선화 외, 2009).

3. 입양

1) 입양

입양은 부모가 아동을 양육하기 곤란한 아동들에게 생물학적 관계가 아니라 법적 · 사회적으로 새로운 가정과 부모-자녀관계를 형성하는 것이다. 입양의 목적은 보호자가 없거나 보호자로부터 이탈된 아동 등에게 건강한 가정을 영구적으로 제공하여 신체적 · 정서적 · 사회적으로 건강하게 성장할 수 있도록 하는 것이다.

입양의 유형은 입양아동과 입양부모 사이의 가족관계 유무에 따라 친족입양과 비친족입양, 입양이 기관을 통해 이루어지는지 아니면 개인적으로 이루어지는지에 따라 기관입양과 독립입양으로 구분된다. 입양 사실의 공개 여부에 따라 비밀입양과 개방입양으로 구분할 수 있다.

친족입양은 아동이 혈연관계가 있는 가족관계를 이루고 있는 사람에게 입양되는 경우를 말하며, 비친족입양은 전혀 가족관계를 갖고 있지 않은 대리양육자에 입양되는 경우를 말한다.

기관입양은 국가가 인정하는 입양 알선기관을 통해서 입양이 성립되는 것을 의미하며, 독립입양은 입양기관을 거치지 않고 개인적으로 입양하는 경우를 말한다. 우리나라의 경우 대부분이 입양기관을 통한 기관입양을 통해 이루어지는 경우가 대부분이다.

개방입양은 입양사실을 입양아동은 물론이고 주위의 모든 사람들에게 공개하고 입양하는 것을 말한다. 반면에 비밀입양은 입양아동과 주위의 모든 사람들에게 입양 사실을 비밀로 하고 심지어는 입양아동을 마치 출산한 것처럼 입양사실을 비밀로 유지하는 형태를 말한다.

2) 입양아동 현황

(1) 입양아동

아동이 입양되는 경우에는 입양특례법 제9조에 의거하여 다음의 경우 중 하나의 요건이 충족된 경우라면 양자가 될 수 있다.

- 보호자로부터 이탈된 자로서 특별시장 · 광역시장 · 도지사 및 특별자치도지사(이하 시 · 도지사) 또는 시장 · 군수 · 구청장이 부양의무자를 확인할 수 없어 「국민기초생활보장법」에 따른 보장시설에 보호 · 의뢰한 사람
- 부모(부모가 사망이나 그 밖의 사유로 동의할 수 없는 경우에는 다른 직계존속) 또는 후견인이 입양에 동의하여 보장시설 또는 입양기관에 보호 · 의뢰한 사람
- 법원에 의하여 친권상실의 선고를 받은 사람의 자녀로서 시 · 도지사 또는

시장 · 군수 · 구청장이 보장시설에 보호 · 의뢰한 사람
- 그 밖에 부양의무자를 알 수 없는 경우로서 시 · 도지사 또는 시 · 군 · 구청장이 보장시설에 보호 · 의뢰한 자

(2) 입양부모 자격

현재 우리나라는 입양부모의 자격은 입양특례법 제10조에 의거하여 다음의 요건을 모두 갖춘자라야 된다.

- 양자를 부양함에 충분한 재산이 있을 것
- 양자에 대하여 종교의 자유를 인정하고 사회의 일원으로서 그에 상응한 양육과 교육을 할 수 있을 것
- 양친이 될 사람이 아동학대 · 가정폭력 · 성폭력 · 마약 등의 범죄나 알코올 등 약물중독의 경력이 없을 것
- 양친이 될 자가 대한민국 국민이 아닌 경우 본 국법에 의하여 양친이 될 수 있는 자격이 있을 것
- 양자가 될 아동이 복리에 반하는 직업이나 그 밖에 인권침해의 우려가 있는 직업에 종사하지 아니할 것
- 그 밖에 양자로 될 자의 복지를 위하여 25세 이상으로서 양자가 될 자와의 연령 차이가 60세 이내인 자(양친이 될 자가 대한민국 국민이 아닌 경우에는 25세 이상 45세 미만)

(3) 입양절차

국내 · 외 입양절차는 입양대상아동에 대해서는 입양준비에 대한 법적 절차를 거치고, 양친될 자의 입양준비에 대한 법적 절차를 거치게 된다. 법적 절차가 진행된 후에는 가정법원의 허가를 거쳐 친양자 입양신고와 입양아동 등의 인도 및 보고를 거쳐 비로소 입양이 이루어지며 입양절차를 살펴보면 다음과 같다.

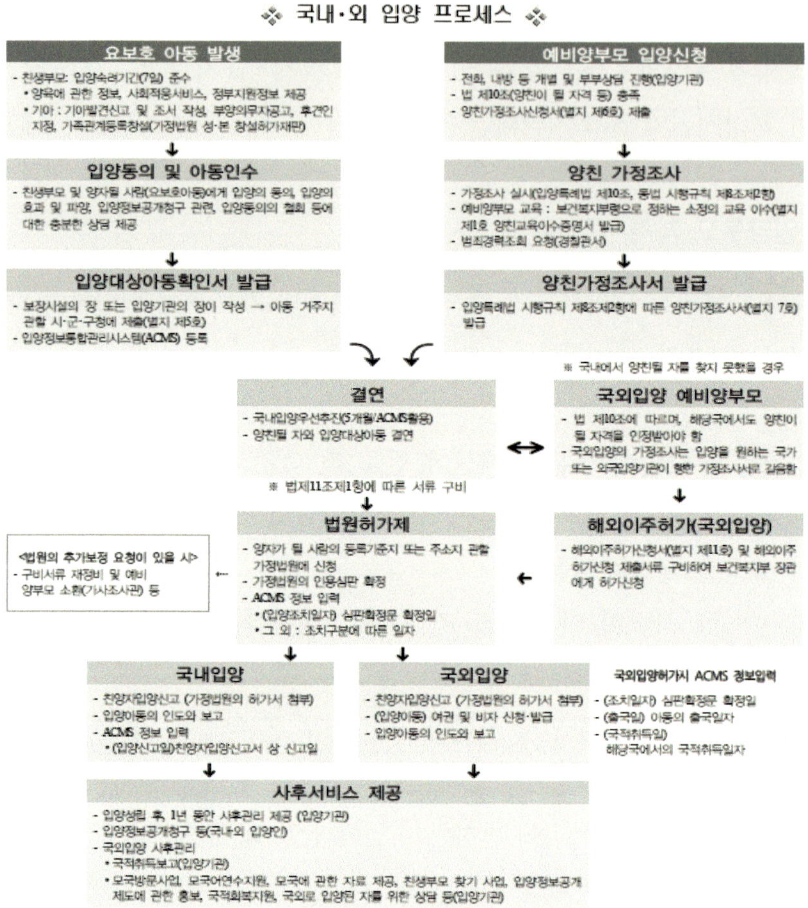

[그림 10-1] 국내 · 외 입양절차

출처: 2016년 아동분야사업안내(보건복지부).

(4) 입양현황

국내 · 외 입양현황을 연도별로 살펴보면 〈표 10-3〉에서 나타났듯이, 입양이 점차 감소하고 있는 추세이며 2007년에는 처음으로 국내입양이 국외입양보다 더 많은 수를 차지하였고, 이후 지속적으로 국외입양보다 국내입양이 증가하고 있다. 이는 국내입양에 대한 홍보와 인식변화, 정부의 입양 지향 아동보호정책의 변화 결과라 할 수 있다.

표 10-3 국내 · 외 입양현황

(단위 : 명)

구분	계	2006년 이전	2007	2008	2009	2010	2011	2012	2013	2014	2015	2016	2017
국내	80,099 (32.4%)	68,939 (30.2%)	1,388 (52.3%)	1,306 (51.1%)	1,314 (53.9%)	1,462 (59.1%)	1,548 (62.8%)	1,125 (59.8%)	686 (74.4%)	637 (54.4%)	683 (64.6%)	546 (62.0%)	465 (53.9%)
국외	167,244 (67.6%)	159,044 (69.8%)	1,264 (47.7%)	1,250 (48.9%)	1,125 (46.1%)	1,013 (40.9%)	916 (37.2%)	755 (40.2%)	236 (25.6%)	535 (45.6%)	374 (35.4%)	334 (38.0%)	398 (46.1%)
계	247,343	227,983	2,652	2,556	2,439	2,475	2,464	1,880	922	1,172	1,057	880	863

출처: 보건복지부(http://www.mw.go.kr)

3) 입양아동을 위한 복지 서비스

우리나라 입양정책의 기본방향은 태어난 가정에서 양육하기 어려운 경우 아동의 최상의 이익을 위해 입양 · 가정위탁 등 가정보호 지원을 하고 있으며, 국내입양을 우선으로 하며 국외입양을 차선책으로 추진하고 있다. 또한 국내입양의 활성화를 위하여 입양가정에 대한 경제적 · 제도적 지원, 사후관리 강화, 대국민 홍보 강화에 중점을 두고 있다.

(1) 입양아동 양육수당 지원

만 16세가 될 때까지 입양특례법상의 허가를 받은 입양기관에 의해, 동법의 요건과 절차를 갖춰 국내입양한 가정에는 아동 1인당 월 15만 원의 양육수당을 지급하고 있다.

(2) 장애아동 양육보조금 및 의료비 지원

입양특례법상의 허가를 받은 입양기관에 의해, 동법의 요건과 절차를 갖춰 장애아동을 국내입양한 가정에는 장애등급이 1급~2급 또는 3급 장애인으로 중복장애의 중증 장애아동은 627,000원, 장애등급이 3~6급에 해당하는 경증 장애아동인 경우에는 매월 551,000원씩을 지원하고 있다.

연간 260만 원 한도 내에서 본인이 부담한 진료 상담 · 재활 및 치료(심리치료 포함)에 소요되는 비용(급여 및 비급여 부분 포함)을 지원하고 있다.

(3) 입양비용 지원

입양특례법상의 허가를 받은 입양기관에 의해, 동법의 요건과 절차를 갖춰 국내 입양한 가정으로 입양 알선에 소요되는 인건비, 아동양육비(위탁모 비용포함), 입양 알선 절차에 소요되는 비용, 입양기관의 운영비 및 홍보비, 사후관리비 등 입양 알선에 실제로 드는 비용(복지부 허가기관 270만 원, 시·도 허가기관 100만 원 정액 지원)을 지원하고 있다.

뿐만 아니라 입양대상아동 인수부터 철회 시까지 아동을 보호하는 동안 소요되는 입양철회비용(최소 15만 원~최대 73만 원)도 지원이 이루어지고 있다.

(4) 입양숙려 기간 모자지원

출산(예정)일 전 40일 또는 출산 후 7일 이내에 있는 자로 혼인관계증명서상 혼인관계에 있지 않는 미혼·이혼한 부모에게 가정 내 보호지원, 미혼모자 가족복지시설 내 입소자 지원, 산후조리원 보호를 지원한다.

표 10-4 입양숙려 기간 모자지원 내용

구 분	2014년도	
	지원내용	지원단가
① 가정 내 보호지원	• 산후지원인력* 가정방문 서비스 지원(1주)	• 500,000원 –산후지원인력 서비스 이용료(40만원 한도) –아동 생필품비 포함(10만원)
	• 가족 또는 친구 등 지인의 도움을 받기 원할 경우(1주)	• 350,000 –아동 생필품비 포함
② 미혼모자 가족 복지시설 내 입소자 지원	• 미혼모자가족시설 입소 시, 산후지원인력 인건비 지원(1주)	• 400,000원 –산후지원인력 인건비
③ 산후조리원 보호 지원	• 1주 산후조리원 이용료 지원	• 최대 700,000원 –1주 이용료가 700,000원 미만인 산후조리원의 경우, 실비 지원 *아동 생필품비 및 생모 식료품비 등 포함

(5) 입양아동 의료급여

국내입양된 만 18세 미만의 아동에게 1종 의료급여를 사전지원 방식, 사후지원 방식의 형태로 제공한다.

(6) 지방자치단체의 책임

지방자치단체는 태어난 가정에서 아동이 건전하게 양육될 수 있도록 지원하고 태어난 가정에서 양육이 곤란한 아동에게는 건전하게 양육될 수 있도록 다른 가정을 제공하기 위하여 입양활성화 및 입양 후 가정생활의 원만한 적응을 위한 지원을 실시하여야 한다. 입양정책의 수립 및 시행, 입양에 관한 실태조사 및 연구, 입양 및 사후관리 절차의 구축 및 운영, 입양 및 가족 지원, 입양 후 원만한 적응을 위한 상담 및 사회복지 서비스 제공, 입양에 대한 교육 및 홍보, 입양 모범사례 발굴 등의 사업을 실시해야 한다.

4) 입양아동을 위한 복지 서비스 발전 방향

(1) 입양대상 아동 발생 예방

현재 입양대상 아동의 주요 발생 원인은 미혼모의 자녀(2015년 90.5%), 유기아동(2015년 7.9%), 결손가정(2015년 1.6%) 등으로 나타나고 있다. 입양대상 아동의 발생 예방을 위해서는 미혼모의 발생 예방을 위한 성교육과 피임교육은 물론, 나아가 미혼모 단독가구를 지원하는 정책도 고려되어야 한다. 또한 결손가정을 예방하기 위해서는 가족해체를 방지하는 소득지원책과 심리적, 정서적 지원을 제공하여 입양대상 아동의 발생을 사전에 예방하는 것이 무엇보다 필요하다. 보호를 필요로 하는 아동이 발생하지 않도록 예방적인 서비스가 더욱 중요하며, 이를 위해서는 미혼부모나 결손가정의 자녀라는 편견으로 인해 건전한 성장에 방해를 받지 않도록 인식 개선도 시급하다.

(2) 입양 후 사후 서비스

입양 후 서비스는 입양가정이 성공적으로 기능하도록 돕고 입양아동이 정상적으로 성장할 수 있도록 지원하기 위한 것이다. '입양특례법' 제25조에서는 사후 서비스 제공에 대한 입양기관의 의무를 규정하고 있다. 그 내용은 양친과 양자의 상호적응 상태에 관한 관찰과 이에 필요한 서비스의 제공, 입양가정에서의 아동양육에 필요한 정보의 제공, 입양기관에서 입양가정이 수시로 상담할 수 있는 창구의 개설 및 상담요원의 배치, 국외 입양아동을 위해서 모국방문사업을 진행하도록 하고 있다. 그러나 위의 의무 위반 시 행정적 제재 조치 등은 병행되지 않고 있으며, 실제로 입양기관도 인력의 부족 등으로 실질적인 사후 서비스가 미흡한 실정이다. 뿐만 아니라 공개입양이 증가함에 따라 입양 후 서비스 프로그램이 더욱더 중요해지고 있는 실정이다. 평생과정적 관점에서 입양부모들에게 정보제공 서비스, 전문가 의뢰 서비스, 입양가정 모임 서비스 등을 제공해야 할 것이며, 입양아동의 정체성 찾기를 돕는 프로그램도 필요하다.

(3) 입양에 대한 인식 개선

혈연관계를 중시하는 우리나라의 전통적인 사고방식은 국내입양의 활성화를 방해하는 큰 요인으로 작용하고 있다. 그리고 입양을 아동의 측면에서가 아니라 부부의 측면에서 바라보는 사고, 즉 부부에게 문제가 있을 경우에 입양을 한다는 사고방식 또한 입양의 활성화에 걸림돌이 되고 있다. 2007년 이후 국내입양이 증가하고 있긴 하지만 아직도 국외입양이 많은 실정이다. 특히 국내입양을 활성화하기 위해서는 혈연 중심적인 사고를 지양하고, 입양에 있어 아동의 복지를 최우선으로 생각하도록 하는 등의 의식 개혁을 위한 노력이 필요하다. 그러기 위해서는 우선 입양아동을 친자식과 같이 여길 수 있도록 입양부모와 확대가족들에 대한 교육이 필요하다. 이들이 입양아동에 대한 부정적인 태도나 편견을 갖지 않도록 교육하는 것이 가장 우선적으로 이루어져야 하고, 이후 전국적인 차원의 입양 홍보가 이루어져야 한다. 요보호아동의 실태를 보여줌으로써 입양의 필요성에 대해서 널리 전파하고, 입양의 긍정적인 이미지를 광범위하게 확산시켜 입양의 긍정적인 이미지를 형성할 수 있도록 한다.

4. 시설보호사업

1) 시설보호

(1) 시설보호 개념

시설보호는 입양, 가정위탁과 함께 부모가 자신의 자녀를 양육 · 보호할 능력을 상실하였거나 양육할 의사가 없을 때 시설을 통해서 아동을 일시적 또는 장기적으로 보호하면서 부모역할을 대신하는 대리적 보호 서비스이다(Kadushin & Martin, 1988). 모든 아동은 가정에서 부모에 의해서 양육되는 것이 가장 바람직하지만 원가정에서 양육이 불가능할 경우에는 시설에서 보호하도록 배치하는 것이 필요하다. 이전의 시설보호는 양육자가 없는 아동에게 단순히 의식주의 문제를 해결해 주는 것에 중점을 두었다면, 최근에는 단순한 수용보호보다는 집단보호를 통해 아동이 지니고 있는 문제를 치료하고 사회적응을 도와 건전한 사회구성원으로 성장할 수 있도록 돕는데 목적을 두고 있다. 시설보호를 통해 아동의 건전한 성장과 발달 그리고 사회적 치료를 목적으로 하고 있으며, 이를 통해 아동문제의 근본적인 해결책을 모색하는 것이 시설보호의 목적이라 할 수 있다(표갑수, 2000).

우리나라 아동분야사업안내(보건복지부, 2016)에서는 보호가 필요한 아동 중 대리양육, 가정위탁, 입양 및 소년소녀가정 지원 등 가정보호를 할 수 없는 아동을 아동에 적합한 시설에 입소시켜 건전한 사회인으로 육성하는 것을 목적으로 한다고 하였다.

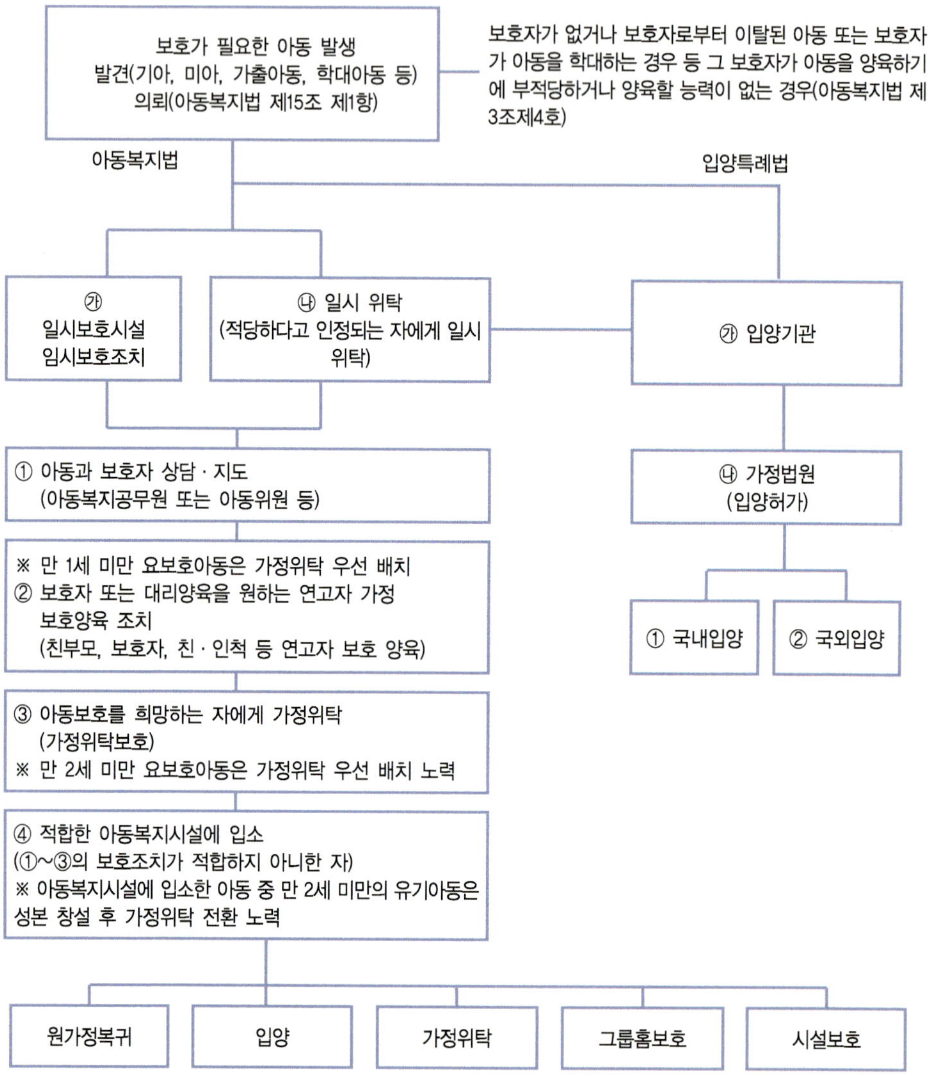

[그림 10-2] 보호아동 업무처리 흐름도

출처: 2016년 아동분야사업안내(보건복지부).

(2) 입소대상자

아동양육시설 및 일시보호시설의 경우에는 보호자가 없거나 보호자로부터 이탈된 아동, 보호자로부터 학대받은 아동, 보호자의 학대로 아동보호전문기관에 신고되어 동 기관이 시 · 도지사 또는 시 · 군 · 구청장에게 보호조치를 의뢰한 아동, 보호자의 질병, 가출 등으로 가정 내에서 보호하기 어려운 아동, 시 · 도지사 또는 시장 · 군수 · 구청장이 특별히 보호가 필요하다고 인정하는 아동이 대상자가 된다.

자립지원시설의 경우에는 시설퇴소 아동 중 취업 중인 아동이 우선적이며, 시설퇴소 아동 중 18세 이상 24세 이하인 아동이 그 대상이 된다. 또한 기초생활보장수급자로서 아동복지시설, 가정위탁 등 보호종결자로서 24세 미만인 자가 자립지원시설의 대상이 된다.

2) 시설보호 현황

(1) 아동복지시설

아동복지법 제52조에서는 아동복지시설의 종류와 추가사업에 대해서 규정하고 있다. 아동복지시설의 종류는 총 10가지 유형으로 구분하고 있으며, 아동양육시설, 아동일시보호시설, 아동보호치료시설, 공동생활가정, 자립지원시설, 아동상담소, 아동전용시설, 지역아동센터, 아동보호전문기관, 가정위탁지원센터로 구분하고 있다.

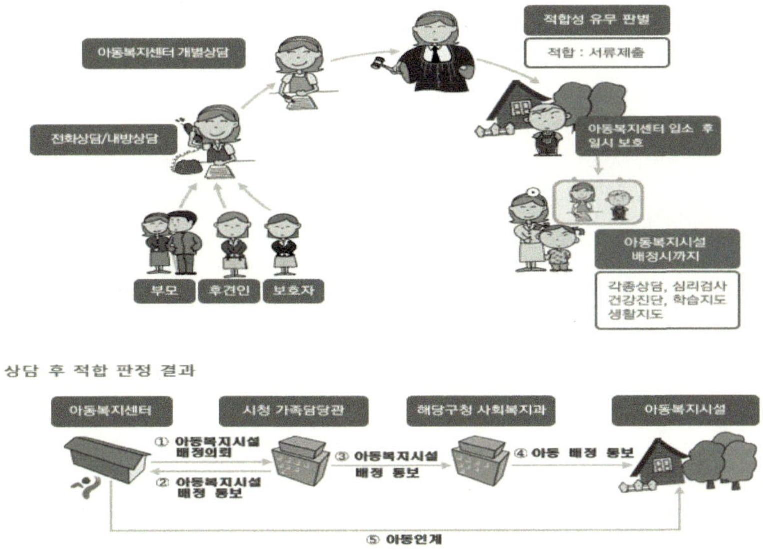

[그림 10-4] 보호아동 입소 흐름도

출처: http://child.seoul.go.kr/archives/55

표 10-5 아동복지시설 종류

종류	사업내용
아동양육시설	보호대상아동을 입소시켜 보호, 양육 및 취업훈련, 자립지원 서비스 등을 제공하는 것을 목적으로 하는 시설
아동일시보호시설	보호대상아동을 일시보호하고 아동에 대한 향후의 양육대책수립 및 보호조치를 행하는 것을 목적으로 하는 시설
아동보호치료시설	아동에게 보호 및 치료 서비스를 제공하는 다음 각 목의 시설 가. 불량행위를 하거나 불량행위를 할 우려가 있는 아동으로서 보호자가 없거나 친권자나 후견인이 입소를 신청한 아동 또는 가정법원, 지방법원소년부지원에서 보호위탁된 19세 미만인 사람을 입소시켜 치료와 선도를 통하여 건전한 사회인으로 육성하는 것을 목적으로 하는 시설 나. 정서적 · 행동적 장애로 인하여 어려움을 겪고 있는 아동 또는 학대로 인하여 부모로부터 일시 격리되어 치료받을 필요가 있는 아동을 보호 · 치료하는 시설
공동생활가정	보호대상아동에게 가정과 같은 주거여건과 보호, 양육, 자립지원 서비스를 제공하는 것을 목적으로 하는 시설
자립지원시설	아동복지시설에서 퇴소한 사람에게 취업준비 기간 또는 취업 후 일정 기간 동안 보호함으로써 자립을 지원하는 것을 목적으로 하는 시설
아동상담소	아동과 그 가족의 문제에 관한 상담, 치료, 예방 및 연구 등을 목적으로 하는 시설
아동전용시설	어린이공원, 어린이놀이터, 아동회관, 체육 · 연극 · 영화 · 과학실험전시 시설, 아동휴게숙박시설, 야영장 등 아동에게 건전한 놀이 · 오락, 그 밖의 각종 편의를 제공하여 심신의 건강유지와 복지증진에 필요한 서비스를 제공하는 것을 목적으로 하는 시설
지역아동센터	지역사회 아동의 보호 · 교육, 건전한 놀이와 오락의 제공, 보호자와 지역사회의 연계 등 아동의 건전육성을 위하여 종합적인 아동복지 서비스를 제공하는 시설
아동보호전문기관	– 국가는 아동학대예방사업을 활성화하고 지역 간 연계체계를 구축하기 위하여 중앙아동보호전문기관을 둔다. – 지방자치단체는 학대받은 아동의 발견, 보호, 치료에 대한 신속처리 및 아동학대예방을 담당하는 지역아동보호전문기관을 시 · 도 및 시 · 군 · 구에 1개소 이상 두어야 한다. 다만, 시 · 도지사는 관할 구역의 아동 수 및 지리적 요건을 고려하여 조례로 정하는 바에 따라 둘 이상의 시 · 군 · 구를 통합하여 하나의 지역아동보호전문기관을 설치 · 운영할 수 있다.

가정위탁지원센터	– 국가는 가정위탁사업을 활성화하고 지역 간 연계체계를 구축하기 위하여 중앙가정위탁지원센터를 둔다. – 지방자치단체는 보호대상아동에 대한 가정위탁사업을 활성화하기 위하여 시 · 도 및 시 · 군 · 구에 지역가정위탁지원센터를 둔다. 다만, 시 · 도지사는 조례로 정하는 바에 따라 둘 이상의 시 · 군 · 구를 통합하여 하나의 지역가정위탁지원센터를 설치 · 운영할 수 있다.

또한 아동복지법 제52조 제3항에서는 아동복지시설의 종류에 따른 고유사업 이외에 추가사업을 규정하고 있고, 그 내용은 아동가정지원사업, 아동주간보호사업, 아동전문상담사업, 학대아동보호사업, 공동생활가정사업, 방과후 아동지도사업으로 규정하고 있다.

아동복지시설에서는 아동의 주거보호, 교육과 사회화의 제공, 정서 · 신체적 문제 치유, 아동의 욕구에 따른 개별화된 서비스를 제공한다. 아동에게 보건과 영양 및 교육 서비스를 병행한 일상생활 경험을 제공하는 것으로서, 아동에게 상담 서비스를 제공하며, 자립생활기술을 가르치고, 아동의 권리를 옹호하며, 가족과의 재결합 서비스 및 퇴소 후 서비스를 제공하는 것이다. 또한 시설보호는 이혼 등의 가족해체나 학대나 방임 등의 문제로 가정에서 성장 · 발달의 욕구가 제대로 충족되기 어려운 아동에게 집단보호와 더불어 사회적 적응을 도와줄 수 있는 치유기능까지 제공해야 하는 것이다.

(2) 공동생활가정 보호

공동생활가정(그룹홈)은 2004년 아동복지법 개정 시에 아동복지시설의 종류에 추가된 시설로 보호가 필요한 아동에게 가정과 같은 주거여건과 보호, 양육, 자립 지원 서비스를 제공하는 것을 목적으로 한다.

공동생활가정은 5인을 기준으로 하되 7인 이내 보호를 하며, 보호가 필요한 아동에게 가정과 같은 단독주택, 공동주택의 주거 여건에서 보호를 제공하는 것을 목적으로 한다. 2001년에는 15개소였으나 2017년 현재 전국적으로 510개소에 2,811명의 아동이 생활하고 있다.

표 10-6 공동생활가정 유형

유형	대상 아동	입주 기간
단기보호	경제적 위기 또는 부부의 갈등이나 별거, 수감 및 아동학대 등으로 인해 보호자 또는 친·인척이 함께 거주할 수 없는 아동보호	1년 원칙, 1년 단위로 연장 가능
치료보호	시설보호에 적응하지 못하거나 약간의 정서적 문제 등으로 인하여 시설보호에 적합하지 않는 아동	
장기보호	기존의 소년소녀가정 또는 시설에서 보호 중인 아동 및 장기보호가 필요한 아동	18세 미만

단독주택이나 공동주택의 형태에서 생활하는 그룹홈은 입주 기간이 유형에 따라 차이가 있으며, 단기보호 및 치료보호 그룹홈의 입주 기간은 1년이 원칙이나 1년 단위로 연장가능하다. 장기보호시설의 경우 시설보호와 동일하게 18세 미만까지 보호 가능하나 연장이 가능하다.

공동생활가정에 대한 지원내용을 살펴보면, 인건비 및 운영비를 지원하고 있으며, 인건비로 연 21,919,000원(인), 원장 및 보육사에 대한 연장근로수당, 운영비는 세대당 월 240,000원씩 지원이 이루어지고 있다.

공동생활가정 아동에 대한 지원은 그룹홈 생활아동을 기초생활수급자로 선정하여 생계비(주부식비, 피복비) 등을 지원하고 있으며, 18세에 달하여 퇴소하는 아동에게 시설퇴소 아동과 동일하게 자립정착금(지방이양)을 지원하고 있다.

(3) 자립지원

아동복지시설, 공동생활가정 아동의 경우 만 18세가 되어 아동복지시설을 떠나는 아동들이 성공적인 상호협조 관계를 통해 자신을 '독립된 상태'로 이르는 자립을 해야 한다. 다시 말하면 자신에게 편안하고 가족과 지역사회 그리고 사회 속에서 의미 있는 사람들과 자연스럽게 교류할 수 있는 자기충족적이고 독립적인 생활을 할 수 있는 사람이 될 수 있도록 하는 것이 자립이다.

시설에서는 아동개별 보호·관리계획을 세워, 보호·육성은 물론 자립으로 이어지도록 입소시부터 계획을 세워 보호·조치해야 한다. 시설보호 아동들이 독립상태를 이끌기 위해 퇴소 이전의 아동들에게도 성인이 갖추어야 할 주요요소의 발달을 돕는 준비가 필요하다. 즉 유형의 기술능력, 무형의 기술능력이 요구되며, 유능감, 친구와 친족들과 상호작용, 자녀양육 능력, 성에 대한 책임, 지역사회에 대한 기여와 참여, 사회적 연계기술, 일상생활기술, 긍정적인 자아정체감 등이 상호협조적인 생활을 준비하기 위한 가장 효과적인 방법들로 간주되고 있다.

시설아동을 위한 자립지원 사업내용을 살펴보면 다음과 같다.

① 보호대상 아동의 위탁보호 종료 또는 아동복지시설 퇴소 이후 자립에 필요한 주거 · 생활 · 교육 · 취업 등의 지원

② 자립에 필요한 자산의 형성 및 관리 지원(자산형성 지원)

③ 자립에 관한 실태조사 및 연구

④ 자립지원대상 아동의 사후관리 체계 구축 및 운영

⑤ 자립생활 역량강화를 위한 프로그램 개발 및 운영

⑥ 아동복지시설 및 가정위탁지원센터의 종사자에 대한 자립지원 관련 교육

⑦ 자립에 필요한 자립정착금의 지원

표 10-7 자립지원 단계

단계별		서비스 내용
1단계	입소(위탁) 상담	• 원가족 복귀계획 수립
2단계	입소(위탁) 결정 후	• 건강, 정신, 심리, 학습 관련 통합 사정실시
3단계	시설(위탁가정) 적응 기간	• 아동복지시설(위탁가정) 적응을 위한 프로그램 운영
4단계	적응기간 경과 후	• 아동복지시설(가정위탁센터) 내 사례관리회의 –자립 · 건강 · 심리 · 학습 등 관계자 참석
5단계	사례관리회의 후	• 아동별 자립지원 서비스 계획 수립 –1, 4단계의 내용을 반영 –원가족 유대강화 서비스 포함
6단계	자립지원통합관리 시스템(DB) 입력	• 5단계의 아동 자립지원 서비스 계획을 보건복지부(아동자립지원사업단)의 '자립지원통합관리시스템DB'에 입력 *http//work.jarip.or.kr (부여받은 ID/PW로 접속)
7단계	자립지원 프로그램 운영	• 연령 · 수요에 맞추어 자립지원을 위한 프로그램 운영

8단계	자립준비계획 수립 및 운영 (아동복지법 제39조)	• 15세부터 매년 퇴소(위탁종결) 후를 대비 개인별 자립준비 계획을 수립하여 운영 –진로, 학습, 취업 계획 등 포함
9단계	퇴소(위탁종결) 점검	• 퇴소(위탁종결) 예정아동에 대한 자립준비 점검〈서식 2호〉 –대학진학, 취업(예정)유무, 등록금조달, 주거 마련, 원가족 관계 등
10단계	퇴소(위탁종결)	
11단계	사례관리 및 상담	• 퇴소(위탁종결) 후 5년까지 안정적 자립정착을 위한 사례관리 및 자립수준 평가 실시

출처: 2016년 아동복지사업안내(보건복지부).

시설 퇴소(위탁종결) 아동의 자립정착 지원은 시설 퇴소(위탁종결) 후 안정적인 자립생활 정착이 이루어질 때까지 상담, 사례관리, 자립에 필요한 자원발굴 연계 등 지원(퇴소 또는 위탁종결 후 5년)을 제공한다. 취업, 직업훈련, 주거, 진학, 경제, 생활, 의료 등 관련하여 자립준비 수준 점검, 취업형과 진학형으로 구분하여 사회초기 적응 및 자립기반 구축 지원이 이루어진다.

3) 시설보호아동을 위한 복지 서비스 발전 방향

(1) 시설의 소규모화

시설아동이 오랜 시설생활의 결과 '모성의 박탈'을 경험하며 이 상실의 경험이 성장 후에도 다른 사람들과의 정서적 관계를 성립하는 데 어려움을 가져오거나 정신·병리적 요인을 유발할 수 있다. 특히 시설아동이 일반 가정아동에 비해 신체적·정서적·인지적·사회적 발달이 지연되고, 비행이나 공격성 등 외현화 문제행동을 가진 비율이 높고 대인관계의 어려움을 가지고 있다. 따라서, 시설아동의 발달문제를 개선하기 위해서는 시설의 소규모화, 가정위탁보호의 활성화, 그룹홈 활성화, 보육사와 아동 관계의 친밀성 확보, 아동에 대한 적절한 예방적·치료적 서비스 제공이 절실하다.

(2) 아동특수보호시설의 강화

학대피해 아동, 정신적인 문제를 가지고 있는 아동, 장애아동, 성과 관련된 문제를 가지고 있는 아동 등 치료적 개입이 생활전반에서 필요한 아동들이 갈만한 시설이 없거나 매우 제한적이다. 대부분의 양육시설이 아동이 가지고 있는 문제를 다룰 수 없고, 다른 아동에게 악영향을 끼친다는 이유로 거절하는 경우가 많다. 따라서, 특수 아동의 다양한 욕구를 충족시키고 치료하여 건강한 성인으로 성장할 수 있도록 도울 수 있도록 전문화되고 특수성을 갖춘 전문아동복지시설이 필요하다.

(3) 인력의 전문성 강화와 처우개선

아동복지시설 근무자는 아동에게 부모, 치료자, 상담자와 친구 역할을 하는 중요한 위치에 있으므로 적절한 교육과 훈련을 거친 전문인력이어야 한다. 법에 규정되어 있는 자격을 갖추는 것은 물론 아동을 자기 자식처럼 따뜻하게 대해 줄 수 있는 성품도 중요하다. 시설보호 아동의 경우 문제를 가진 아동이 점점 증가하는 추세이므로 치료적 보호 서비스를 제공할 수 있는 전문 능력의 구비도 요구된다. 따라서, 보수교육 등 정기적 교육·훈련을 강화하여 전문지식과 기술의 습득을 지원해야 한다. 뿐만 아니라 시설에서 유능한 전문인력을 확보하기 위해서는 현재의 열악한 처우수준을 대폭 개선하여야 한다.

(4) 시설아동 인권보호를 위한 노력

아동시설은 아동이 가정, 학교, 사회로부터 침해받아온 인권을 보호해야 하며, 인권교육 실시를 통한 아동의 인권의식 강화를 비롯해 모든 프로그램에 있어 아동권리를 실현할 수 있도록 노력해야 한다고 규정하고 있다. 또한 아동시설 내에서 인권보호 및 실현에 대한 제도를 갖추어야 한다.

아동인권교육은 아동이 자신의 인권이 무엇인지 알고 아동 스스로 하나의 인격체로 존중받으며 성장할 수 있는 권리의 행사를 위하여 아동 본인들에게 그들의 권리를 알게 하는 교육이 이루어져야 하고, 권리교육은 아동이 직접 참여할 수 있는 다양한 방법을 통해 이루어져야 한다.

시설에 입소한 아동뿐 아니라 종사자도 아동의 인권보호자로서 인권과 인권보호에 관한 교육을 받아야 한다. 아동의 인권교육을 위한 프로그램을 기획하고 인권교육을 직접 실행하므로 인권교육 방법에 대한 교육도 받아야 한다. 교육을 통해 아동시설 내에서는 혹시 발생할 수 있는 종사자에 의한 아동에 대한 체벌, 성학대 등 인권침해 상황을 예방하도록 하여야 한다.

보건복지부에서는 아동인권 보호를 위해서 아동과 종사자를 위한 교육과 프로그램이 제공되어야 한다고 하고 있지만 실질적인 교육과 프로그램이 마련되어 시설 아동의 인권보호에 노력해야 할 것이다.

생각해 볼 문제

1. 가정위탁사업의 활성화 방안에 대해서 생각해 보세요.

2. 입양아동이 경험할 수 있는 문제를 생각해 보고 이를 도울 수 있는 방법에 대해서 생각해 보세요.

3. 시설보호아동이 경험할 수 있는 심리적 문제에 대해서 생각해 보세요.

4. 공동생활가정 활성화 방안에 대해서 생각해 보세요.

제11장

장애아동과 아동복지

1. 장애아동의 개념 및 정의
2. 장애아동의 현황
3. 장애아동을 위한 복지 서비스
4. 장애아동 복지증진을 위한 과제

현대사회는 선천적으로 타고난 요인 이외에 인구의 고령화, 산업화에 따른 재해, 각종 사고나 약물남용, 공해, 치료가 곤란한 새로운 질병 등 장애를 유발하는 다양한 요인으로 장애 인구가 점차 증가하는 추세이다. 이러한 시대적 상황에 따라 장애아동에 대한 복지도 개선되어야 한다. 장애아동 복지의 기본이념은 인간존엄성에 대한 실현으로, 각 개인의 신체적 · 정신적 상태와 상관없이 인정받는 것으로 모든 인간이 인간다운 생활을 누릴 권리를 지닌다. 장애아동 복지는 아동의 잠재능력과 잔존능력을 최대한으로 개발하고 장애로 인한 심리사회 및 발달적 손상을 최소화하도록 장애를 사전에 예방하고, 재활을 위한 개입이 가능한 한 빨리 시작되어야 한다. 이를 통하여 사회참여를 실현하고 인간다운 생활을 영위할 수 있도록 하기 위한 사회적 노력이 필요하다.

본 장에서는 장애아동의 개념 및 정의, 장애아동의 현황과 장애아동을 위한 복지서비스 그리고 장애아동 복지를 증진하기 위한 과제에 관하여 살펴보고자 한다.

1. 장애아동의 개념 및 정의

1) 장애의 개념

장애의 개념은 시대에 따라 변화하고, 국가마다 사회문화적 · 정치적 · 경제적 상황에 따라 다르고, 학문분야나 임상에 따라 차이가 있으므로 한 마디로 정의내리기 쉽지 않다.

1975년 「유엔 장애인권리선언」에는 "장애인이라 함은 선천적이든 후천적이든 신체적 · 정신적 능력의 불완전으로 인하여 일상의 개인적 또는 사회적 생활에서 필요한 것을 확보하는데 자기 스스로 완전히 혹은 부분적으로 확보할 수 없는 사람을 의미한다"라고 정의하였다. 또한 1979년 유엔총회에서는 "장애는 개인과 그 환경 간의 관계로 파악되어야 한다"고 하여 장애의 개념에 기능상의 장애뿐만 아니라 사회적인 불리(handicap)도 포함되어야 함을 명시하였다.

장애의 개념은 크게 협의의 개념과 광의의 개념으로 구분한다. 협의의 개념은 장애를 신체 및 정신의 기능 저하 및 이상, 상실 또는 신체 일부의 손실 등을 가리키는 의학적 측면의 개념에 국한시킨다. 광의의 개념은 의학적 측면의 장애뿐만 아니라 이로 인해 발생되는 능력의 저하와 사회적 측면까지 포함하고 있다(서보준 외, 2013). 1980년 세계보건기구(WHO)에서 규정한 국제장애분류(International Classification of Impairments, Disabilities, and Handicaps: ICIDH) 기준에 의하면, 장애의 개념을 손상(impairment), 능력장애(disability), 사회적 불이익(handicap)의 세 가지 차원으로 보고 있다. 이러한 개념 정의는 장애에 대한 광의의 개념으로, 장애에 대한 기존의 정의에서 벗어나 장애 범주를 보다 확장시키는 가능성을 제시하였을 뿐만 아니라, 장애인에 대한 국가적 · 사회적 차원의 의무를 강조한 것으로 볼 수 있다.

첫째, 손상(impairment)은 '심리적 · 생리적 · 해부학적 구조나 기능의 일부가 상실된 상태'를 말하는 것으로 일시적 · 영구적인 손실이나 비정상이 특징이며, 사진, 기관, 피부 또는 정신적 기능체계를 포함한 신체의 다른 구조의 비정상, 결손 또는 손실의 발생이나 존재를 포함한다. 손상의 개념에서 볼 때 시각장애, 청각장애, 언어장애, 지적장애, 내과적 장애, 골격계 장애, 신체기형, 정신적 장애 등이 포함된다.

둘째, 능력장애(disability)는 '손상으로부터 야기된 것으로서 정상적인 것으로 간주되는 범위 내에서 또는 그러한 방식으로서 활동을 수행하는 능력의 제약 또는 결여'를 뜻한다. 이는 손상의 직접적 결과로서 개인적 차원에서 일상적 활동영역에 나타나는 이차적 장애를 의미한다. 여기에는 태도장애, 의사소통장애, 개인 일상생활동작장애, 운동장애, 가사활동장애, 상황적 장애 등이 포함된다.

셋째, 사회적 불이익(handicap)은 사회적 차원에서의 장애 개념으로 '기능장애나 능력장애로부터 야기되는 것으로서, 개인의 손상이나 기능 제약으로 인해 사회생활에 대한 참여에 제한을 받거나 불이익을 경험하는 상태'를 말한다. 여기에는 신체적 자립 불이익, 이동성 불이익, 직업상 불이익, 사회통합 불이익 등이 포함된다.

2) 장애의 정의 및 유형

장애의 정의는 「장애인복지법」에 따른 복지적 관점과 「장애인 등에 대한 특수교육법」에 의한 교육적 관점으로 분류하고 있다. 먼저 2007년 개정된 「장애인복지법」에 제시되어 있는 장애의 유형을 살펴보고 2007년 제정된 「장애인 등에 대한 특수교육법」에 의한 특수교육 대상자 분류체계와 비교해 볼 수 있다.

(1) 장애인복지법

우리나라의 장애인 복지 영역은 UN이 정한 '세계장애인의 해'인 1981년 「심신장애자복지법」의 제정 · 공포를 계기로 시작되었다. 그리고 1988년 제8회 장애인 올림픽이 개최됨에 따라 장애인에 대한 국민의 인식 변화와 학문적 논의가 활발해지면서 1989년 「심신장애자복지법」이 「장애인복지법」으로 전면 개정되었고, 2007년에 또다시 개정이 되면서 정신지체는 지적장애로, 발달장애(자폐성 장애)는 자폐성 장애로 2014년에는 간질장애가 뇌전증 장애로 용어가 변경되었다.

「장애인복지법」 제2조에는 "장애인이란 신체적 · 정신적 장애로 오랫동안 일상생활이나 사회생활에서 상당한 제약을 받는 자를 말한다. 그리고 신체적 장애란 주요 외부 신체 기능의 장애, 내부기관의 장애 등을 말하며, 정신적 장애란 발달장애 또는 정신 질환으로 발생하는 장애를 말한다"라고 정의하고 있다. 이에 따른 장애유형 분류를 살펴보면 〈표 11-1〉과 같다.

표 11-1 「장애인복지법」에 따른 장애유형 분류

대분류	중분류	소분류	세분류	확대예상 장애범주
신체적 장애	외부 신체 기능의 장애	지체장애	절단장애, 관절장애, 지체기능장애, 변형 등의 장애	소화기장애, 비뇨기장애, 만성통증, 기타 암
		뇌병변장애	중추신경의 손상으로 인한 복합적인 장애	
		시각장애	시력장애, 시야결손장애	

		청각장애	청력장애, 평형기능장애	
		언어장애	언어장애, 음성장애, 구어장애	
		안면장애	안면부의 추상, 함몰, 비후 등 변형으로 인한 장애	
	내부 기관의 장애	신장장애	투석치료 중이거나 신장을 이식받은 경우	
		심장장애	일상생활이 현저히 제한되는 심장기능 이상	
		간장애	일상생활이 현저히 제한되는 만성·중증의 간기능 이상	
		호흡기 장애	일상생활이 현저히 제한되는 만성·중증의 호흡기기능 이상	
		장루·요루 장애	일상생활이 현저히 제한되는 장루·요루	
		뇌전증장애	일상생활이 현저히 제한되는 만성·중증의 간질	
정신적 장애	지적장애		지능지수가 70 이하인 경우	만성알코올·약물중독, 기질성뇌증후군, 치매, 기타 정신발달 장애
	정신장애		정신분열병, 분열형 정동장애, 양극성 정동장애, 반복성 우울장애	
	자폐성장애		소아자폐 등 자폐성장애	

출처: 보건복지부(2014). 장애인 실태조사.

「장애인복지법」의 장애유형에 따른 장애인의 종류와 기준을 구체적으로 살펴보면 다음과 같다.

1 지체장애인

① 한 팔, 한 다리 또는 몸통의 기능에 영속적인 장애가 있는 사람

② 한 손의 엄지손가락을 지골관절 이상 부위에서 잃은 사람 또는 둘째 손가락을 포함하여 한 손의 두 손가락 이상을 각각 제1지골관절 이상 부위에서 잃은 사람

③ 한 다리를 리스프랑(Lisfranc: 발등뼈와 발목을 이어주는) 관절 이상 부위에서 잃은 사람

④ 두 발의 모든 발가락을 잃은 사람

⑤ 한 손의 엄지손가락의 기능에 영속적인 현저한 장애가 있거나, 둘째 손가락을

포함하여 한 손의 두 손가락의 기능을 잃은 사람

⑥ 왜소증으로 인하여 키가 심하게 작거나 척추에 현저한 변형 또는 기형이 있는 사람

⑦ 지체에 위 각목의 1에 해당하는 장애정도 이상의 장애가 있다고 인정되는 사람

2 뇌병변장애인

뇌성마비, 외상성 뇌손상, 뇌졸중 등 뇌의 기질적 병변에 기인한 신체적 장애로 보행 또는 일상생활동작 등에 제한을 받는 사람

3 시각장애인

① 나쁜 눈의 시력(만국식 시력표에 따라 측정된 교정시력을 말한다)이 0.002 이하인 사람

② 좋은 눈의 시력이 0.2 이하인 사람

③ 두 눈의 시야가 각각 주시점에 서서 10도 이하로 남은 사람

④ 두 눈의 시야의 2분의 1 이상을 잃은 사람

4 청각장애인

① 두 귀의 청력 손실이 각각 60데시벨(dB) 이상인 사람

② 한 귀의 청력 손실이 80데시벨(dB) 이상, 다른 귀의 청력 손실이 40데시벨(dB) 이상인 사람

③ 두 귀의 들리는 보통 말소리의 명료도가 50퍼센트 이하인 사람

④ 평형기능에 현저한 장애가 있는 사람

5 언어장애인

음성 기능 또는 언어 기능에 영속적인 현저한 장애가 있는 사람

6 신장장애인

신장의 기능 부전으로 인하여 혈액투석이나 복막투석을 지속적으로 받아야 하거나, 신장의 기능에 영속적인 장애가 있어 일상생활 활동에 현저한 제한을 받는 사람

7 심장장애인

심장의 기능 부전으로 인하여 일상생활 정도의 활동에도 호흡곤란 등의 장애가 있어 일상생활 활동에 현저한 제한을 받는 사람

8 지적장애인

정신발육이 항구적으로 지체되어 지적 능력의 발달이 불충분하거나 불완전하고 자신의 일을 처리하는 것과 사회생활에의 적응이 현저히 곤란한 사람

9 정신장애인

지속적인 정신분열병, 분열형 정동장애, 양극성 정동장애 및 반복성 우울장애에 의한 기능 및 능력장애로 인하여 일상생활 혹은 사회생활을 영위하기 위한 기능 수행에 현저한 제한을 받아 도움이 필요한 사람

10 자폐성장애인

소아기 자폐증, 비전형적 자폐증에 따른 언어 · 신체표현 · 자기조절 · 사회적응 기능 및 능력의 장애로 인하여 일상생활이나 사회생활에 상당한 제약을 받아 다른 사람의 도움이 필요한 사람

11 호흡기장애인

폐나 기관지 등 호흡기관의 만성적 기능부전으로 인한 호흡기능의 장애로 인하여 일상생활을 하는데 있어 상당한 제한을 받는 사람

12 간장애인

간의 만성적 기능부전과 그에 따른 합병증 등으로 인한 간기능의 장애로 인하여 일상생활을 하는데 있어 상당한 제한을 받는 사람

13 안면장애인

안면부의 변형 또는 기형으로 인하여 사회생활을 하는데 있어 상당한 제한을 받는 사람

14 장루 · 요루장애인

배변기능 또는 배뇨기증의 장애로 인하여 장루(腸瘻) 또는 요루(尿瘻)를 시술하여 일상생활을 하는데 있어 상당한 제한을 받는 사람

15 뇌전증장애인

뇌전증에 의한 뇌신경세포의 장애로 인하여 일상생활 또는 사회생활을 하는데 있어 상당한 제한을 받아 다른 사람의 도움이 필요한 사람

위와 같이 「장애인복지법」에 따른 장애유형의 기준을 살펴볼 때 장애아동이란 18세 미만의 아동으로 「장애인복지법」에 규정된 장애를 가진 아동으로 정의할 수 있다.

(2) 장애인 등에 대한 특수교육법

많은 사람들은 특수교육에서 적용하는 분류체계와 장애인 복지 영역에서 사용하는 분류체계가 달라 혼란스러워한다. 또한 장애아동과 특수교육대상자에 대해서도 명확히 구분하지 못하기도 하고, 경우에 따라서는 '장애학생 = 특수교육대상자'라는 잘못된 등식을 적용하기도 한다.

특수교육법은 1977년 「특수교육진흥법」 제정과 1994년에 개정된 후, 2007년

에 「장애인 등에 대한 특수교육법」으로 새롭게 제정되었다. 동법 제2조에 따르면, “특수교육대상자는 특수교육을 필요로 하는 사람”이라고 정의하였으며, 특수교육대상자 모두가 장애인복지법상의 장애아동으로 인정되지는 않는다. 다시 말해 특수교육대상자란 장애아동 중 특수교육대상자로 신청 · 선정되어 특수학교, 특수학급, 일반학급 중 한 곳에 배치 · 재학하고 있는 아동으로 한정된다. 이렇듯 「장애인복지법」과 「장애인 등에 대한 특수교육법」에 의한 분류체계가 달라 3년 주기로 실시되는 보건복지부의 장애인 실태조사에 포함시키지 않는 장애영역이 있어 특수교육대상자에 대한 정확한 실태를 파악하기 위하여 ‘특수교육 실태조사’를 3년마다 실시하고 있다. 이는 특수교육대상자(장애영아, 유 · 초 · 중 · 고등학생)의 실태를 파악하여 특수교육대상자의 배치계획 및 특수교육 교원의 수급계획 등 특수교육 정책 수립을 위하여 실시하며, 2014년에 이어 2017년에 실시되었다. 특수교육대상자의 선정기준은 〈표 11-2〉와 같다.

표 11-2 「장애인 등에 대한 특수교육법」에 의한 특수교육대상자 선정기준

유형	기준
시각장애	시각계의 손상이 심하여 시각기능을 전혀 이용하지 못하거나 보조공학기기의 지원을 받아야 시각적 과제를 수행할 수 있는 사람으로서, 시각에 의한 학습이 곤란하여 특정의 광학기구 · 학습매체 등을 통하여 학습하거나 촉각 또는 청각을 학습의 주요 수단으로 사용하는 사람
청각장애	청력 손실이 심하여 보청기를 착용해도 청각을 통한 의사소통이 불가능 또는 곤란한 상태이거나, 청력이 남아 있어도 보청기를 착용해야 청각을 통한 의사소통이 가능하여 청각에 의한 교육적 성취가 어려운 사람
지적장애	지적기능과 적응행동상의 어려움이 함께 존재하여 성취에 어려움이 있는 사람
지체장애	기능 · 형태상 장애를 가지고 있거나 몸통을 지탱하거나 팔다리의 움직임 등에 어려움을 겪는 신체적 조건이나 상태로 인해 교육적 성취에 어려움이 있는 사람
정서 · 행동장애	장기간에 걸쳐 다음 각 목의 어느 하나에 해당하여, 특별한 교육적 조치가 필요한 사람 가. 지적 · 감각적 · 건강상의 이유로 설명할 수 없는 학습상의 어려움을 지닌 사람 나. 또래나 교사의 대인관계에 어려움이 있어 학습상의 어려움을 지닌 사람 다. 일반적인 상황에서 부적절한 행동이나 감정을 나타내어 학습에 어려움이 있는 사람

	라. 전반적인 불행감이나 우울증을 나타내어 학습에 어려움이 있는 사람 마. 학교나 개인 문제에 관련된 신체적인 통증이나 공포를 나타내어 학습에 어려움이 있는 사람
자폐성장애	사회적 상호작용과 의사소통에 결함이 있고, 제한적이고 반복적인 관심과 활동을 보임으로써 교육적 성취 및 일상생활 적응에 도움이 필요한 사람
의사소통장애	다음 각 항목의 어느 사한에 해당하여 특별한 교육적 조치가 필요한 사람 가. 언어의 수용 및 표현능력이 인지능력에 비하여 현저하게 부족한 사람 나. 조음능력이 현저히 부족하여 의사소통이 어려운 사람 다. 말 유창성이 현저히 부족하여 의사소통이 어려운 사람 라. 기능적 음성장애가 있어 의사소통이 어려운 사람
학습장애	개인의 내적 요인으로 인하여 듣기, 말하기, 주의집중, 지각(知覺), 기억, 문제해결 등의 학습기능이나 읽기, 쓰기, 수학 등 학업성취 영역에서 현저하게 어려움이 있는 사람
건강장애	만성질환으로 인하여 3개월 이상의 장기입원 또는 통원치료 등 계속적인 의료적 지원이 필요하여 학교생활 및 학업 수행에 어려움이 있는 사람
발달지체	신체, 인지, 의사소통, 사회 · 정서, 적응행동 중 하나 이상의 발달이 또래에 비하여 현저하게 지체되어 특별한 교육적 조치가 필요한 영아 및 9세 미만의 아동

출처: 법제처(2016). 장애인 등에 대한 특수교육법 시행령 제10조.

앞서 살펴본 「장애인복지법」과 「장애인 등에 대한 특수교육법」에서의 특수교육 대상자 혹은 장애의 분류체계를 상호 비교하면 〈표 11-3〉과 같다.

표 11-3 장애 관련법의 영역 비교

「장애인복지법」(2007)	「장애인 등에 대한 특수교육법」(2007)
시각장애	시각장애
청각장애	청각장애
지적장애	지적장애
지체장애	지체장애
뇌병변장애	–
–	정서 · 행동장애
자폐성장애	자폐성장애
언어장애	의사소통장애
–	학습장애

신장장애 심장장애 호흡기장애 간장애 안면장애 장루 · 요루장애 뇌전증장애	건강장애
–	발달지체
–	그 밖의 대통령령으로 정하는 장애
정신장애	–
15개 영역	11개 영역

2. 장애아동의 현황

장애아동에 대한 현황은 보건복지부에서 실시하는 '장애인 실태조사'를 토대로 파악해 볼 수 있다. 2007년 「장애인복지법」 개정으로 3년마다 장애인 실태조사를 실시하도록 규정하고 있는데, 여기에서는 2014년에 실시한 '장애인 실태조사' 결과를 살펴보기로 한다.

1) 장애아동의 출현율

장애아동의 출현율을 성, 연령, 장애유형, 장애원인 등의 요인으로 살펴보고자 한다.

(1) 장애아동의 성별 · 연령별 현황

보건복지부의 2014년 장애인 실태조사 결과를 보면, 우리나라 전국 장애인 수는 총 2,726,910명이며, 장애인 출현율(인구 100명당 장애인의 수)은 5.59%이며, 2000년

3.09%, 2005년 4.59%, 2011년 5.61%로 지속적으로 증가한 것으로 나타났다. 2011년과 2014년을 비교하면 출현율은 0.02% 낮아졌으나 장애인 수는 43,433명이 늘어났다.

2014년에 조사한 18세 미만 장애아동의 연령별 · 성별 출현율은 〈표 11-4〉와 같다. 대략적으로 살펴보면, 연령별 장애아동 출현율은 0~9세 0.94%, 10~19세 2.3%인 것으로 나타나, 대체로 연령이 높아짐에 따라 장애발생 비율도 높아지고 있음을 알 수 있다. 또한 모든 연령집단에서 남아가 여아에 비해 출현율이 높고, 연령이 증가하면서 남녀 간의 출현율 격차가 갈수록 커지는 것으로 나타났다.

표 11-4 19세 미만 연령별 · 성별 장애아동 출현율

(단위: %, 명)

구분	남자	여자	전체
0~4세	0.33(3,906)	0.15(1,602)	0.24(5,508)
5~9세	0.90(10,567)	0.50(5,523)	0.70(16,090)
10~14세	1.00(14,481)	0.76(10,095)	0.88(24,576)
15~19세	1.86(32,119)	0.94(14,833)	1.42(46,952)

출처: 보건복지부(2014). 장애인 실태조사.

(2) 장애유형별 현황

2014년 전국의 장애인에 등록된 총 장애인 중 0~19세 아동의 장애유형별 현황을 살펴보면 〈표 11-5〉와 같다. 장애유형별 현황을 연령에 따라 살펴보면, 0~9세의 장애아동 수는 21,597명이며 출현율은 0.47%로, 지적장애(0.16%)가 가장 높고 그 다음은 뇌병변장애(0.15%), 자폐성장애(0.07%) 순으로 나타났다. 10~19세 장애아동 · 청소년 수는 71,529명이며 출현율은 1.18%로, 지적장애(0.69%), 자폐성장애(0.16%)의 순으로 나타났다.

표 11-5 장애아동의 장애유형별 현황

(단위: %, 명)

구분	0~9세	10~19세	전체연령
지체장애	0.9(195)	6.0(4,300)	50.6(1,339,569)
뇌병변장애	31.1(6,722)	7.3(5,214)	10.9(289,257)
시각장애	1.9(402)	6.1(4,366)	10.4((274,483)
청각장애	9.3(2,000)	4.5(3,215)	10.5(277,431)
언어장애	4.2(917)	1.2(860)	0.8(21,399)
지적장애	34.5(7,455)	58.4(41,784)	6.9(182,332)
자폐성장애	14.7(3,183)	13.3(9,482)	0.7(18,951)
정신장애	0.0	1.7(1,210)	4.0(105,002)
신장장애	0.0	0.0	2.7(71,876)
심장장애	1.6(336)	0.2(118)	0.3(8,457)
호흡기장애	0.0	0.0	0.6(15,985)
간장애	0.0	0.0	0.4(11,840)
안면장애	0.0	0.6(452)	0.1(3,013)
장루 · 요루장애	0.0	0.0	0.6(16,706)
뇌전증장애	1.8	0.7(528)	0.4(9,763)
계	100.0(21,597)	100.0(71,529)	100.0(2,646,064)

출처: 보건복지부(2014). 장애인 실태조사.

(3) 장애원인별 현황

장애발생의 원인은 선천적 원인, 출생 시 원인, 후천적 원인으로 구분되는데, 후천적 원인으로 대부분의 장애가 발생하는 것으로 나타났다. 이러한 결과를 통해 장애아동에 대한 의료재활 서비스뿐만 아니라 장애의 예방을 위해 건강증진과 사고예방에 대한 정책적 관심을 기울여야 함을 시사해 준다.

표 11-6 장애유형별 장애원인 현황

구분	선천적 원인	출생 시 원인	후천적 원인		원인불명	계	전체
			질환	사고			
지체장애	1.2	0.2	48.5	49.4	0.7	100.0	1,373,737
뇌병변장애	1.7	3.2	83.9	10.9	0.8	100.0	302,362

시각장애	4.8	0.6	53.6	35.8	5.2	100.0	309,139
청각장애	7.5	1.2	72.8	11.4	7.0	100.0	313,487
언어장애	17.1	5.2	53.6	8.5	15.5	100.0	123,059
지적장애	27.9	8.7	19.2	9.8	34.4	100.0	214,376
자폐성장애	17.2	7.1	16.5	–	59.3	100.0	21,886
정신장애	2.1	0.4	82.4	11.7	3.3	100.0	111,740
신장장애	0.4	–	98.2	0.3	1.1	100.0	75,642
심장장애	8.7	–	87.4	3.9	–	100.0	9,098
호흡기장애	1.7	–	96.2	2.1	–	100.0	16,255
간장애	2.5	–	97.5	–	–	100.0	12,323
안면장애	24.4	–	29.6	46.1	–	100.0	3,615
장루 · 요루 장애	–	–	96.3	3.7	–	100.0	17,912
뇌전증장애	5.4	3.7	57.9	15.8	17.2	100.0	22,798
계							

출처: 보건복지부(2014). 장애인 실태조사.

2) 장애아동 교육 및 보육 현황

장애아동의 유치원 현황을 보면 전체의 87.6%가 유치원에 다니지 않는 것으로 조사되었는데, 이는 대부분 가족이 장애아동을 돌보고 있고 유치원 이용도 거의 하지 않는 것을 의미한다. 장애아동의 유치원 이용 형태는 '일반유치원' 5.5%, '일반유치원 내 특수학급' 4.7%, '특수학교 유치원(부)' 2.2%의 순으로 매우 낮게 나타났다.

장애아동이 현재 다니고 있는 유치원 1일 평균 이용시간은 '1~5시간'이 66.6%로 '6~10시간'(33.4%)에 비해 2배 정도 높았다. '1~5시간' 이용하는 경우를 장애유형별로 살펴보면 자폐성장애가 100%로 가장 많고 다음으로 뇌병변장애(95.0%), 지적장애(54.4%), 청각장애(31.1%) 순이었다. 유치원 1일 평균 이용시간은 5.1시간으로 나타났다.

표 11-7 현재 다니고 있는 유치원 형태

구분	지체 장애	뇌병변 장애	시각 장애	청각 장애	언어 장애	지적 장애	자폐성 장애	정신 장애	신장 장애	심장 장애	호흡기 장애	간장애	안면 장애	장루·요루 장애	뇌전증 장애	전체
일반 유치원	–	9.5	–	11.5	18.0	3.2	0.0	–	–	–	–	–	–	–	0.0	5.5
일반유치원내특수학급	–	6.7	–	5.2	0.0	3.8	6.5	–	–	–	–	–	–	–	0.0	4.7
특수학교 유치원 (부)	–	5.0	–	0.0	0.0	0.0	0.0	–	–	–	–	–	–	–	67.2	2.2
기타	–	–	–	–	–	–	–	–	–	–	–	–	–	–	–	–
다니지 않음	100.0	78.8	100.0	83.3	82.0	93.0	93.5	–	–	100.0	–	–	–	–	32.8	87.6
계	100.0	100.0	100.0	100.0	100.0	100.0	100.0	100.0	100.0	100.0	100.0	100.0	100.0	100.0	100.0	100.0
전국 추정수	963	7,702	990	3,201	917	9,973	4,340	–	–	336	–	–	–	–	387	28,809

출처: 보건복지부(2014). 장애인 실태조사.

장애아동의 어린이집 이용 형태는 '일반어린이집' 14.1%, '장애아 통합어린이집' 9.8%, '장애아 전담어린이집' 6.5%의 순으로 나타났다. 이러한 결과는 일반아동의 어린이집 이용률과 비교하여 상당히 낮은 비율이며, 앞으로 장애아동의 사회통합을 위하여 보육 분야는 여기에 관심을 갖고 해결해야 할 과제 중의 하나라고 할 수 있다.

장애아동이 현재 다니고 있는 어린이집 1일 평균 이용시간은 '6~10시간'이 67.2%로 '1~5시간'(32.8%)에 비해 2배 정도 높았다. 장애유형별로 살펴보면 지적장애(87.1%), 뇌병변장애(83.0%), 청각장애(71.8%)의 어린이집 이용시간이 긴 것으로 나타났다. 장애아동의 평균 어린이집 이용시간은 6.5시간이다.

표 11-8 현재 다니고 있는 어린이집 형태

구분	지체 장애	뇌병변 장애	시각 장애	청각 장애	언어 장애	지적 장애	자폐성 장애	정신 장애	신장 장애	심장 장애	호흡기 장애	간장애	안면 장애	장루·요루 장애	뇌전증 장애	전체
일반 어린이집	0.0	23.4	0.0	14.9	51.1	10.7	5.7	–	–	0.0	–	–	–	–	0.0	14.1
장애아 통합 어린이집	0.0	3.0	0.0	0.0	0.0	16.3	22.4	–	–	0.0	–	–	–	–	0.0	9.8
장애아 전담 어린이집	0.0	19.8	0.0	0.0	0.0	0.0	8.0	–	–	0.0	–	–	–	–	0.0	6.5
다니지 않음	100.0	53.9	100.0	85.1	48.9	73.1	63.8	–	–	100.0	–	–	–	–	100.0	69.6
계	100.0		100.0					–	–	100.0	–	–	–	–	100.0	100.0
전국 추정수	963	7,701	990	3,200	918	9,972	4,340	–	–	336	–	–	–	–	387	28,807

출처: 보건복지부(2014). 장애인 실태조사.

3) 장애아동 가족의 특성

장애아동의 출생은 가족의 생애주기 전반에 걸쳐 부부관계와 장애를 지니지 않은 다른 자녀와의 관계에 영향을 미치게 된다. 따라서 장애아동 가족의 특성에 대해서는 상반된 두 가지 관점이 제시되고 있다. 우선 장애아동 가족은 높은 스트레스와 갈등을 경험하는 것으로 간주하는 관점이다. 즉, 많은 가족들이 장애아동의 출생으로 인하여 상실감과 충격, 죄의식, 분노, 슬픔, 절망, 무기력을 경험하게 된다는 것이다. 이러한 감정은 누구에게나 나타날 수 있는 일반적인 감정이지만 적절하게 극복하지 못할 때는 가족 긴장과 갈등이 만성화되고 극단적인 경우 아동을 유기하거나 가족의 해체가 일어날 수 있다. 장애아동 양육은 비장애아동에 비해 더 많은 시간이 소요되며, 이로 인하여 부모들은 피로와 활동시간에도 많은 제약을 받게 되며, 부적응하는 장애아동을 위한 행동지원, 의료비와 교육에 드는 추가비용, 장애아동의 특수상황을 지원하기 위해 전문 서비스를 찾고 관리하는 것, 장애아동의 미래생활을 준비하는 것 등 스트레스가 매우 크다. 이와 같이 장애아동의 가족은 장애아동에 대한 수용의 어려움, 아동에 대한 적절한 대처지식과 능력의 결여, 그리고 아동에게 부여하는 시간적, 신체적, 정신적 한계로 인한 가족 긴장과 갈등 등의 여러 가지 문제로 인해 큰 고통을 경험하고 있다(공계순 외, 2013).

3. 장애아동을 위한 복지 서비스

정책적으로 현재 우리나라에서 시행하고 있는 장애인 복지 서비스는 60여 종 이상이며, 이는 크게 재정사업(장애인 소득보장, 장애인 선택적 복지, 장애인 생활시설 확충 등)과 세제혜택(장애인 소득세 추가공제, 장애인 승용차에 대한 개별소비세 면제 등), 공공요금 감면 혜택(전화요금 할인, 전기요금 지원 등)으로 구분된다. 장애인 대상으로 소득보장, 활동지원, 재활 등 주요 장애인 복지 서비스 영역에서 관련법이 제정되었다. 여기에는 「장애인복지법」, 「장애인연금법」, 「장애아동복지지원법」, 「장애인 등에 대한 특수교육법」, 「장애인차별금지 및 권리구제 등에 관한 법률」, 「장애인활동 지원에 관한 법률」, 「발달장애인 권리보장 및 지원에 관한 법률」, 「장애인고용촉진 및 직업재활법」, 「장애인기업활동촉진법」, 「장애인 · 고령자 주거지원법」, 「장애인 · 노인 · 임산부 등의 편의증진보장에 관한 법률」, 「교통약자의 이동편의증진법」이 있다.

우리나라의 장애아동을 위한 복지 서비스에는, 다양한 재활 서비스가 있다. 재활(rehabilitation)은 장애를 가진 사람이 스스로 자립하여 생활하는 것을 돕기 위한 활동으로, 「장애인복지법」 제35조에는 국가와 지방자치단체가 장애인의 일상생활을 편리하게 하고 사회활동 참여를 높이기 위하여 장애유형 및 장애정도별로 재활 및 자립지원 서비스를 제공하는 등 필요한 정책을 강구해야 함을 제시하고 있다. 여기에서는 「장애아동복지지원법」과 함께 다양한 복지 서비스인 소득보장 서비스, 의료재활 서비스, 교육 및 보육재활 서비스, 시설 서비스, 사회심리재활 서비스, 가족지원 서비스 등에 대해 살펴보기로 한다.

1) 「장애아동복지지원법」

장애아동복지지원법은 2011년 8월 4일에 제정된 법이다. 이 법률은 국가와 지방자치단체가 장애아동의 특별한 복지적 욕구에 적합한 지원을 통합적으로 제공함으로써 장애아동이 안정된 가정생활 속에서 건강하게 성장하고 사회에 활발하게 참여할 수 있도록 하며, 장애아동 가족의 부담을 줄이는데 이바지함을 목적으로 하고 있다. 기본 이념은 장애아동을 위한 모든 활동에 있어서 장애아동의 이익이 최우선적으로 고려되어야 하고 장애아동은 자신에게 영향을 미치는 모든 활동에 대하여 자신의 견해를 자유로이 표현할 권리를 최대한 보장받아야 한다고 다음의 사항을 규정하고 있다(초록우산어린이재단, 2013).

① 국가와 지방자치단체는 장애아동에게 적절한 복지지원을 제공하기 위하여 장애아동과 그 가족을 위한 복지지원 대책의 강구, 장애아동을 위한 복지지원 사업의 연구 · 개발, 장애의 조기발견을 위한 홍보, 복지지원 전달체계의 구축, 복지지원 이용권의 수급 및 이용에 대한 관리 · 감독, 그 밖에 장애아동과 그 가족의 복지지원을 위하여 필요하다고 인정하는 사항을 수행하여야 한다.

② 보건복지부장관은 장애아동의 복지지원에 관한 조사 · 연구, 지역 장애아동지원센터에 대한 평가 및 운영지원, 장애아동의 복지지원 정책에 관한 정보 및 자료 제공, 장애아동의 장애유형별 지원 프로그램의 개발, 가족지원업무 수행기관에 대한 운영지원 및 평가를 수행하기 위하여 중앙 장애아동지원센터를 설치 · 운영할 수 있다.

③ 보건복지부장관은 장애아동 및 그 가족의 복지지원과 관련한 실태조사를 3년마다 실시하여야 한다.

④ 복지지원의 내용은 의료비지원, 보조기구지원, 발달재활 서비스지원, 보육지원, 가족지원, 돌봄 및 일시적 휴식지원, 지역사회 전환 서비스지원, 문화예술 등 복지지원이다(표 11-9).

⑤ 국가와 지방자치단체는 취약가정에 복지지원을 우선적으로 지원할 수 있다. 다만 보육지원은 「영유아보육법」에 따른다.

⑥ 복지지원의 제공은 개별 복지지원의 목적에 따라 장애아동과 그 가족에게 현금 또는 현물로 제공한다. 이 경우 현물은 복지지원 이용권으로 제공할 수 있다.

표 11-9 복지지원 서비스 내용

복지지원	내용
의료비지원	국민건강보험법과 의료급여법에 따라 제공되는 의료에 드는 비용 중 장애아동의 부담을 지원
보조기구지원	장애아동의 학습과 일상생활 활동에 필요한 보조기구를 교부 · 대여 또는 수리하거나 구입 또는 수리에 필요한 비용을 지급
발달재활 서비스지원	장애아동의 인지, 의사소통, 적응행동, 감각 · 운동 등의 기능향상과 행동발달을 위하여 적절한 발달재활 서비스를 지원
보육지원	어린이집 이용대상이 되는 장애아동에 대하여 보육료를 지원, 어린이집 또는 유치원을 이용하지 아니하는 장애영유아에 대한 양육수당 지급
가족지원	장애아동의 가족이 장애아동에게 적합한 양육방법을 습득하고 가족의 역량을 키울 수 있도록 가족상담 · 교육 등의 가족지원을 제공
돌봄 및 일시적 휴식지원	장애아동 가족의 일상적인 양육부담을 경감하고 보호자의 정상적인 사회활동을 돕기 위하여 돌봄 및 일시적 휴식지원 서비스를 제공
지역사회 전환 서비스지원	장애아동이 18세가 되거나 고등학교 이에 준하는 각종학교 또는 특수학교 전공과를 졸업한 후 주거 · 직업체험 등의 지역사회 전환 서비스를 제공
문화예술 등 복지지원	문화 · 예술 · 스포츠 · 교육 · 주거 등의 영역에서 장애아동에게 필요한 서비스가 지원되도록 최대한 노력

출처: 공계순 외(2013). 아동복지론.

2) 장애인 등록

장애로 복지지원을 받기 위한 대상자가 되기 위해서는 장애인 등록절차를 통해 장애인 등록을 받아야 한다. 장애인 등록을 신청하고자 하는 사람의 주소지 관할 동주민센터를 방문하여 「장애인 등록 및 서비스 신청서」를 작성하여 제출하면 장애인 진단의뢰서를 발급하여 신청자에게 교부하게 된다. 이때 신청자는 의료기관의 전문의사로부터 장애진단 및 검사를 통해 장애진단서, 검사결과서, 진료기록지 등의 관계서류를 발급받아 주소지 관할 동주민센터에 제출하여 장애인 등록을 완료하면 된다.

신청자의 제출서류는 전문기관인 국민연금공단 장애심사센터에 보내지고, 국민연금공단에서 장애심사 및 등급을 심사한다. 장애심사 및 등급이 판정된 경우, 동주민센터에서 장애인등록증(복지카드)을 발급한다. 그리고 2011년 4월 1일부터 신규 장애등록 신청자와 재판정에 해당하는 장애인은 장애등급심사를 받아야 한다. 장애등급 조정은 장애 상태가 현저히 변화하여 장애등급 조정을 원하는 경우 「장애등급조정 신청서」를 작성하여 동주민센터에 제출하면 되고, 장애등급 조정 절차는 장애인 등록 신청 절차와 동일하다. 장애인 등록 절차는 [그림 11-1]과 같다.

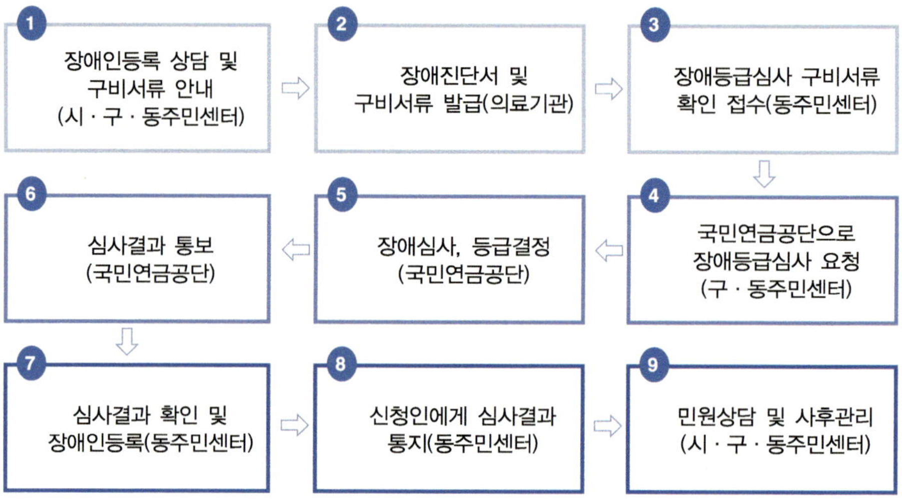

[그림 11-1] 장애인 등록 절차

출처: 서울시 장애인 홈페이지 (http://disability.seoul.go.kr/).

3) 소득보장 서비스

장애아동을 둔 가정은 장애로 인해 추가적으로 발생하는 비용을 부담함으로써 비장애인 가구에 비하여 지출에 대한 부담이 높은 상황이다. 이를 지원하기 위한 소득보장 서비스는 장애아동이 최소한의 생활을 유지할 수 있도록 장애아동을 보호 · 양육하는 보호자를 경제적으로 지원하는 장애아동수당제도를 실시하고 있다.

장애아동수당 지원대상은 만 18세 미만의 등록 장애인(초/중등교육법 제2조에 따른 학교에 재학 및 휴학 중인 자)으로 국민기초생활보장수급자 및 차상위계층이며, 소득인정액이 최저생계비 120% 이하이어야 한다. 장애등급에 상관없이 1~6등급 장애아동을 모두 포괄하고 있으며 급여수준은 공공부조 자격기준 등에 따라 월 2만 원에서 20만 원을 지급하고 있다. 기초수급 중증장애인(장애등급 1급 또는 2급 및 3급 중복장애)은 월 20만 원, 기초수급 경증장애인(장애등급이 3~6급) 월 10만 원, 차상위 중증장애인 월 15만 원, 차상위 경증장애인 월 10만 원, 보장시설 입소 중증장애인 월 7만 원, 보장시설 입소 경증 장애인 월 2만 원 등이다. 그러나 장애인 추가비용에는 대부분 미달하는 금액이다. 일부 장애를 제외하고는 최저생계비를 기준으로 한 추가비용의 절반 정도의 수준에 불과하다. 그리고 같은 지원의 경우에 있어서 기초생활보장제도 대상자만 해당되고 지원받을 수 있다는 점에서 사각지대에 놓여져 있는 장애인과 장애아동은 지원을 받을 수 없다(김태완 외, 2015).

또한, 소득보장 정책으로 장애인 자녀교육비 지원사업도 이루어지고 있다. 장애인 자녀교육비 지원대상은 수급자 및 차상위 계층의 장애인이 부양하는 자녀 또는 장애인인 자녀의 교육비를 지원하는 것이다. 교육비 지원내용은 중학교와 고등학교 그리고 특수학교의 입학금 및 수업료, 기타 교육에 드는 비용으로 교과서대, 부교재비, 학용품비 등을 포함한다. 지급대상은 2012년 소득인정액 최저생계비 130% 이하인 가구의 1~3급 장애인, 초·중·고등학생 장애인 본인 및 1~3급 장애인의 초·중·고등학생의 자녀이다.

그 밖에 장애아동 가정의 경제적 부담을 경감하기 위한 조치에는 장애인 등록 진단비 지원, 장애인 의료비 지원, 세금 및 보험료 감면(소득세, 상속세, 증여세, 승용자동차에 대한 특별 소비세, 장애인 자동차용 LPG연료 세금인상액 지원 등), 요금할인(철도, 도시철도, 고속도로 통행료, 항공, 여객운임 등) 등이 있다(보건복지부, 2012).

표 11-10 장애범주별 1인당 추가비용

(단위: 천원)

장애 종류	최저생계비 공통비목 추가비용				최저생계비 특수비목 추가비용				추가 비용 합계
	교통비	의료비	교육비	휴대폰비	보호 간병비	보장 구비	재활기관 이용료	주거 수리비	
지체중증	28.5	65.2	0.0	23.0	126.5	33.5	0.0	30.0	306.7
지체경증	28.5	59.1	0.0	20.2	0.0	0.0	0.0	0.0	107.8
뇌병변중증	28.5	111.7	0.0	23.0	126.5	33.5	58.6	30.0	411.8
뇌병변경증	28.5	111.7	0.0	20.2	84.3	0.0	0.0	0.0	244.7

시각중증	28.5	65.2	0.0	23.0	126.5	11.4	0.0	30.0	284.6
시각경증	28.5	59.1	0.0	20.2	0.0	11.4	0.0	0.0	119.2
청각언어중증	28.5	65.2	75.0	23.0	84.3	33.5	145.5	0.0	455.0
청각언어경증	23.7	59.1	0.0	23.0	0.0	33.5	0.0	0.0	139.3
자폐성장애	28.5	59.1	119.3	0.0	126.5	0.0	145.5	0.0	478.9
정신장애	28.7	59.1	0.0	23.0	84.3	0.0	58.6	0.0	248.7
내부장애	28.5	111.7	0.0	23.0	84.3	0.0	0.0	0.0	247.5

* 장애종류는 최저생계비 계측과정에서 활용하는 지체중증(1-2급), 지체경증 안면장애, 뇌병변중증(1~4급), 뇌병변경증, 시각중증(1~2급), 시각경증, 청각언어중증(1~2급), 청각언어경증, 발달장애(지적장애, 자폐성장애), 정신장애 및 내부장애의 11개 범주에 의해 구분됨.

출처: 김태완 · 김성아(2015). 장애아동 · 청소년 지원제도의 현황 및 한계. p. 68.

4) 의료재활 서비스

장애아동을 위한 의료재활 서비스는 임산부의 출산 시 장애아동 발생을 미리 사전에 예방하여 장애 상태를 최소한으로 줄이고 남은 잔존능력을 최대한으로 증진시켜 사회에 복귀시키는데 목표를 두고 있다. 의료재활의 방법에는 약물투여 및 수술 등의 치료와 물리치료, 작업치료, 언어치료 등 기능 향상을 위한 치료로 구분할 수 있다. 여기에는 조기치료를 포함한 국가의 의료 · 재활 비용보조 등이 있으며, 의료재활 서비스는 의료비 지급, 건강보험 경감, 보장구 무료지급, 보장구 건강보험 급여 적용, 의료비 소득공제, 보장구 부가가치세 감면, 청각장애아동 수술비 지원, 장애인 생활시설의 치과 유니 지원, 언어 · 청각 · 시각 장애아동에 대한 재활치료 바우처 서비스 등이 포함된다.

발달재활 서비스의 지원대상은 장애인 복지법상 등록 장애아동으로 뇌병변, 지적, 자폐성, 언어, 청각, 시각 장애아동으로 전국 가구 평균 소득 150% 이하에 해당되며, 다만 등록이 안된 만 6세 미만 아동은 의사진단서(검사자료 포함)로 대체 가능하다. 지원내용은 매월 14~22만 원의 발달재활 서비스 바우처 지원, 언어 · 청능, 미술, 음악, 행동 · 놀이 · 심리, 감각 · 운동 등 발달재활 서비스를 선택하여 이용할 수 있다.

언어발달 지원 대상은 만 12세 미만 비장애아동(한부모 및 조손가정의 한쪽 조부모가 시각 · 청각 · 언어 · 지적 · 뇌병변 · 자폐성 등록 장애인)으로 전국가구 평균 소득 100% 이하에 해당될 때이다. 지원내용은 매월 16~22만 원의 언어재활 등 바우처 지원이며 언어발달진단 서비스, 언어 · 청능 등 언어재활 서비스, 독서지도, 수화지도 등이 해당된다.

선천적으로 장애발생 예방을 위한 사업으로 임산부 및 영유아에 대한 검진 및 건강관리사업 등을 강화하고 있고, 보건의료기관에서는 신생아 선천성 대상 이상 검사를 무료로 실시하고 있으며, 미숙아 및 선천성 이상아 발생 즉시 관할보건소에 보고하여 이에 대한 정보 확보와 집중관리 수요를 파악하고 적절한 집중치료관리를 지속적으로 지원함으로써 영아사망과 장애발생을 최소화하고자 노력하고 있다(이순형, 2013).

2000년대 들어서면서 우리나라는 「국민건강보험법」과 「의료급여법」 등을 통해 장애인 및 장애아동의 의료재활을 지원해 오고 있다.

5) 보육 및 교육재활 서비스

(1) 보육재활 서비스

국가적 차원으로 장애아동의 보육 및 양육지원을 위한 서비스가 제공되고 있다. 「장애아동복지지원법」 제22조, 시행령 5조에서는 장애아동의 보육지원에 대한 사항을 규정하고 장애아 보육료를 지원하고 있다. 어린이집을 이용하는 만 12세 이하 장애아동에게 부모의 소득과 무관하게 무상으로 보육료를 지원하고, 어린이집을 이용하지 않는 5세 이하 등록 장애아동에 대해서는 소득 재산수준과 관계없이 양육수당을 지원하고 있다. 보육료 지원금액은 장애아반 편성 아동은 394천원, 만 3~5세 누리반(장애아) 아동은 414천원, 일반아동반 편성 장애아동은 시 · 도지사가 고시한 연령별 보육료 수납한도액을 기준으로 하고 있다.

(2) 교육재활 서비스

1970년대 들어서 정상화(normalization) 이론은 장애를 가진 사람들에게도 장애가 없는 사람들과 동일한 삶의 환경과 기회를 선택할 수 있는 자유를 부여해야 한다는 것을 강조했다. 이 이론은 장애인을 수용시설이 아닌 지역사회로 이동시켜 시설이 아닌 가정에서 양육되고, 지역사회 내 학교 또는 작은 규모의 기관에 거주하고 생활하도록 하였다.

교육재활 서비스는 장애아동 및 특별한 교육적 요구가 있는 사람에게 통합된 교육환경을 제공하고 생애주기에 따라 장애유형 · 장애정도의 특성을 고려한 교육을 실시하여 이들의 자아실현과 사회통합을 위한 것으로서 이른바 특수교육으로 표현되고 있다. 특수교육은 일반아동에게 제공되는 교육 프로그램을 어떤 특별한 조건에 놓여 있는 아동에게 실시하는 교육이다.

「장애인 등에 대한 특수교육법」 제2조 1항에서 특수교육은 특수교육대상자의 교육적 요구를 충족시키기 위하여 특성에 적합한 교육과정 및 특수교육 관련 서비스 제공을 통하여 이루어지는 교육으로 규정하며, 6항에서 통합교육은 특수교육대상자가 일반학교에서 장애유형 · 장애정도에 따라 차별받지 아니하고 또래와 함께 개개인의 교육적 요구에 적합한 교육을 받는 것으로 정의하고 있다.

또한 이 법에서는 유치원 · 초등학교 · 중학교 및 고등학교 과정의 교육은 의무교육으로 하고, 고등학교 과정을 졸업한 특수교육대상자에게 진로 및 직업교육을 제공하는 전공과와 만 3세 미만의 장애영유아교육은 무상으로 한다고 규정하고 있다.

이 외에도 장애학생에 대한 차별금지, 특수교육운영위원회 구성, 특수교육지원센터의 설치 운영, 특수교육 실태조사, 장애조기 발견, 통합교육, 개별화교육, 진로 및 직업교육 지원, 순회교육, 방과후 과정 운영, 가족을 위한 가족지원 및 물리치료 · 작업치료 등의 치료지원 등의 특수교육 관련 서비스 등을 규정함으로써 장애아동에 대한 특수교육이 실제적으로 이루어지도록 지원하고 있다(공계순 외, 2013).

2017년 12월에는 2018년부터 2022년까지 진행될 '제5차 특수교육발전 5개년 계획'을 발표하였다. 구체적인 내용은 다음과 같다.

첫째, 2022년까지 특수학교 22교 이상(특수학급 1,250학급) 신설 및 특수교사를 확충한다.

둘째, 통합교육 내실화를 위해 장애유형별 거점지원센터와 치료지원전담팀을 운영한다.

셋째, 국가 장애인 평생교육 지원체제 구축 및 교육부 특수교육 전담조직을 확대한다.

표 11-11 특수교육 현황

(단위: 명, %)

구분			2009	2013	2017
학교 수	특수학교		150	162	173
	일반학교	특수학급	5,324	6,919	7,799
		일반학급	5,704	7,229	7,622
		계	11,028	10,517	10,934
	특수교육지원센터		–	201	199
	계		11,178	10,880	11,306
학급 수	특수학교		3,637	4,269	4,615
	일반학교	특수학급	6,924	9,343	10,325
		일반학급	10,905	14,799	14,650
		계	17,829	24,142	24,975
	특수교육지원센터		–	46	74
	계		21,466	13,658	29,664
특수교육 대상자 수	장애영아		288	578	549
	유치원		3,303	4,190	5,437
	초등학교		34,035	33,518	35,505
	중학교		17,946	22,241	19,218
	고등학교		17,553	22,466	23,655
	전공과		2,062	3,640	4,989
	계		75,187	86,633	89,353
배치기관별 특수교육 대상자 수	특수학교 및 특수교육지원센터		23,801 (31.7)	25,522 (29.5)	26,199 (29.3)
	일반학교 학생 수	특수학급 학생 수	39,380	45,181	47,564 (53.2)
		일반학급 학생 수	12,006	15,930	15,590 (17.5)
		계	51,386 (68.3)	61,111 (70.5)	63,154 (70.7)
일반학생 대비 특수교육대상자 비율	일반학생 수		7,967,419		6,430,240
	특수교육대상자 수		75,187	86,633	89,353
	비율		0.94%	1.2%	1.4%

학급당 학생 수	유치원(정원: 4)	3.8	3.7	3.6
	초등학교(정원: 6)	5.4	4.3	4.2
	중학교(정원: 6)	7.1	5.5	4.6
	고등학교(정원: 7)	7.8	7.0	6.5
교원 수		13,997	17,446	19,327

출처: 교육부(2009). 특수교육연차 보고서, 교육부(2013). 특수교육연차 보고서, 교육부(2017). 특수교육연차 보고서.
* 학급당 학생 수에 과정별 현황에는 유치원에 장애영아 포함, 고등학교에 전공과 포함.

6) 시설 서비스

「장애인복지법」 제58조에 의하면, 장애인 복지시설은 장애인 거주시설, 장애인 지역사회재활시설, 장애인직업재활시설, 장애인의료재활시설로 구분된다.

이를 구체적으로 살펴보면, 장애인 거주시설은 장애유형별 거주시설, 중증장애인 거주시설, 장애영유아 거주시설, 장애인단기 거주시설, 장애인공동생활가정을 포함한다. 장애인지역사회재활시설은 장애인복지관, 장애인주간보호시설, 장애인 체육시설, 장애인수련시설, 장애인심부름센터, 수화통역센터, 점자도서관, 점자도서 및 녹음서 출판시설, 장애인재활치료시설을 포함한다. 장애인의료시설은 장애인을 입원 또는 통원하게 하여 상담, 진단, 판정치료 등 의료재활 서비스를 제공하는 시설이다.

이 외에도 장애아동의 사회적응 및 자립을 위해 장애아동 재가복지봉사센터, 장애인 주간 및 단기보호시설, 장애인 공동생활가정 등의 이용 시설들이 증가하고 있다.

표 11-12 장애인 복지시설의 종류(장애인복지법 제58조)

거주시설	지역사회재활시설	직업재활시설	의료재활시설
1. 장애유형별 생활시설 2. 중증장애인 요양시설 3. 장애영유아시설 4. 장애인단기 거주시설 5. 장애인 공동생활가정	1. 복지관 2. 주간보호시설 3. 체육관 4. 심부름센터 5. 수화통역센터 6. 점자도서관 7. 점자도서 및 녹음서 출판시설	1. 보호작업장 2. 근로사업장	의료재활시설

출처: 법제처(2017). 장애인복지법.

7) 사회심리재활 서비스

사회심리재활은 장애인이 사회로부터 격리되거나 차별과 불편을 느끼지 않고 사회생활에 잘 적응할 수 있도록 지원하는 활동을 의미한다. 「장애인복지법」 제19조에는 국가와 지방자치단체가 장애인이 재활치료를 마치고 일상생활이나 사회생활을 원활히 할 수 있도록 사회적응 훈련을 실시하여야 함을 명시하고 있다. 장애아동은 장애유형 및 특성에 따라 평생 동안 집중적인 돌봄을 필요로 하는 경우가 있어 함께 생활하는 가족의 돌봄 부담이 크며, 돌보는 과정에서 발생하는 경제적 및 신체적 어려움도 크지만 돌봄으로 인해 부차적으로 사회활동 및 관계축소, 가족관계 및 기능 약화, 심리·정서적 어려움이 동반되는 경우가 많다. 따라서 사회심리재활 서비스는 각 장애의 특성별로 사회적응 훈련 및 집단상담, 가족치료, 사례관리 등 다양한 방법이 사용된다. 이는 장애아동이 자신의 심리적 문제를 발견하고 이를 극복하고 새로운 가능성을 발견할 수 있도록 돕는 활동을 의미한다.

8) 가족지원 서비스

장애아동 양육자는 장애아동을 상시적인 돌봄 부담으로 비장애 형제 자매 등 다른 가족원에게 필요한 가족 기능이 제대로 수행되지 못하는데 따른 가족갈등 등 다양한 문제가 발생하고 있으며, 기존의 장애인 정책이 장애 당사자의 자립, 생활안정, 사회활동 지원을 중심으로 하고 있어 장애아동의 가족을 위한 지원이 강화되어야 한다. 이는 장애아동 가족의 일상적인 양육부담을 경감하고 보호자의 정상적인 사회활동을 돕기 위하여 돌봄 및 일시적 휴식지원 서비스를 제공하는 것이다.

「장애아동복지지원법」 제24조에서는 돌봄 및 일시적 휴식지원 서비스지원을 '국가와 지방자치단체는 장애아동 가족의 일상적인 양육부담을 경감하고 보호자의 정상적인 사회활동을 돕기 위하여 돌봄 및 일시적 휴식지원 서비스를 제공할 수 있다' 라고 제시하고 있다. 지원은 전국가구 평균 소득 100% 이하 만 18세 미만 중증(1-3급) 장애아동과 생계·주거를 같이 하는 가정을 대상으로 연간 제한된 시간

(월 80시간 이내 원칙으로 아동당 연 480시간 범위 내 지원. 특별한 경우 연장 가능)의 돌봄 서비스를 지원하고 있다.

또한, 가족지원 서비스의 종류는 장애인복지시설 등에서의 가족상담, 가족치료, 교육 프로그램, 아버지를 위한 프로그램 지원, 장애인복지시설 등에서의 장애자녀의 형제 자매 등을 위한 모임, 캠프, 교육, 부모교육 및 양육기술 훈련, 법률에 관한 무료 전문 상담 등이 있다.

4. 장애아동 복지증진을 위한 과제

장애아동을 위한 복지 서비스는 다양한 정책과 지원을 중심으로 이루어지고 있으며 다음과 같은 점에서 개선이 필요하다.

1) 장애예방정책 강화

장애예방정책은 장애가 발생하기 이전에 예방하는 것이 사후 대책보다 사회적 비용을 줄일 수 있다. 그러나 현재 우리나라의 장애인복지정책은 장애가 발생한 이후 치료 중심의 사후 처리적 정책에 중점을 두고 있어 장애예방정책이 상대적으로 미흡한 실정이다.

장애예방정책을 강화하고 활성화하기 위해서 첫째, 선천적 장애나 출생 시 장애 예방을 위한 모자보건정책을 강화해 나가야 할 것이다. 무엇보다 장애의 예방이 중요하기 때문에 산모의 약물남용, 음주, 흡연 등에 대한 산전·산후 교육 및 관리를 강화해야 한다. 둘째, 출산 후의 장애예방사업으로서 현재 무료로 실시하고 있는 신생아 선천성 대상이상 검사의 종류를 확대하여 이상 유무를 조기에 발견하여 치료하도록 해야 할 것이다. 특히 지적장애, 언어장애, 자폐성장애와 같이 선천적인 원인과 출생 시 원인이 대부분인 장애는 일반적으로 10세 이전에 장애 원인에 대한 진단을 받게 되므로 이와 같은 장애의 신속한 발견과 조치가 필요하다. 셋째, 장애 출현의 원인 95%가 후천적 원인임을 볼 때, 이를 예방하기 위한 각종 지원체계를 구축해 나가야 할 것이다. 특히 교통사고로 인한 후천적 장애를 예방하기 위해서는 교통안전에 대한 홍보와 교통사고 줄이기 캠페인을 지속적으로 전개해야 할 것이다.

이를 위해서는 현재 정부 각 부처에 서로 연계 없이 중복되어 추진되고 있는 장애예방사업을 보건복지부에 장애예방 전담기구를 설립해 부처 간 업무를 조정하고 장애발생 예방 종합대책을 마련하는 것이 필요하다.

2) 장애 판정 및 등급제 개선 강화

우리나라의 장애 범주는 장애의 의료적 모델(medical model)에 입각하여, 특정 질환 또는 특정 기능의 손상 중심으로 판정하고 있어서 개인이 일상생활 및 사회활동을 수행하는데 있어서의 어려움을 완전히 반영하고 있지 못하다. 이러한 의학적 기준에 따른 장애등급 판정기준은 전문적 지식에 기반을 두기 때문에 기준의 객관성이 상당 수준 보장되고, 장애등급 판정결과의 일관성을 높이는 장점이 있다. 그러나 의학적으로 확정된 장애등급은 신체적 · 정신적 손상의 정도만을 의미할 뿐, 필요한 서비스의 내용과 수준이 무엇인지를 파악하는 기준으로는 사용할 수 없다(임태형, 2017). 미국, 유럽 등의 국가에서는 의료적 판단 외에 일상생활 수행능력, 근로능력 또는 소득활동능력 및 개인의 욕구와 환경적 맥락까지 고려하여 장애를 판정하고 있다. 따라서 의료적 판단에만 의존하는 현행 장애인 판정체계로는 장애인들의 복지 수요에 대한 객관적이고 종합적인 판단이 곤란하다는 것이다. 무엇보다도 최근 장애인 단체를 중심으로 장애등급제 폐지에 대한 요구가 있어 이에 대한 개선이 시급하다(김유경 외, 2016). 장애인 개인의 사회경제적 요인 등에 따른 개별적인 복지 욕구를 고려하여, 필요한 정책 및 혜택을 필요한 수준으로 제공하는데 한계가 있어 장애인 복지 서비스 제공 시 장애등급만이 아닌 장애인 개인의 복지요구, 사회환경 등을 고려하도록 고안된 새로운 판정도구의 개발이 필요하다.

3) 소득보장정책 지원 강화

장애아동이 있는 가정은 직업 활동의 제약과 함께 지속적 추가 비용 지출로 인해 경제적 어려움을 겪고 있다. 다른 나라에 비해 우리나라의 경우 비장애인 가구 대비 장애인 가구의 소득수준은 상당히 낮은 것으로 나타난다. 이러한 사실은 장애인에 대한 직업재활 서비스나 소득보장정책이 매우 제한적임을 의미한다. 장애아동이 의료적 서비스를 받지 못하는 가장 큰 이유도 경제적 문제에서 기인된 것임을 볼 때, 소득보장을 강화해 나가야 할 것이다. 따라서 장애아동수당을 장애로 인한 추가 비용을 감당할 수 있는 정도로 상향 조정하고 수당을 보편적 서비스로서 국민기초생활보장 수급자 뿐만 아니라 모든 장애아동에게 확대해야 할 것이다.

4) 의료재활 서비스 확대

장애아동이 직면하고 있는 문제는 장애의 의료적인 치료와 재활이라고 할 수 있다. 성인 장애인과 달리 장애아동의 경우는 조기 중재에 따른 치료와 재활과정을 통해 장애정도가 상당부분 호전될 수 있다. 그러나 장애아동에 대한 전문적인 치료재활 시설이 부족하여 적절한 의료재활 서비스를 받기가 어려운 실정이다. 부족한 시설도 문제이지만 치료재활 시설이 전국적으로 분포가 불균등하여 시설 및 전문인력의 지역적 편중이 심한 상태이다. 특히 지역적으로 도시와 달리 농어촌에 있는 장애아동의 경우 서비스 제공기관에 대한 접근에도 제약이 있어 취약지역 장애아동이 시설에 쉽게 접근할 수 있는 방안이 마련되어야 한다. 따라서 장애아동을 적절한 시기에 치료할 수 있는 재활시설이나 클리닉을 구비한 장애인복지관, 사회복지관, 재활병원 등을 전국적으로 확대 · 설치하고, 지역사회 내에서 다양한 재활프로그램을 마련하여 서비스의 질적 수준을 높이고 연속적인 보건의료 재활시스템이 이루어질 수 있도록 관련 지원 체계를 구축, 강화해 나가야 할 것이다.

또한, 장애아동을 위한 시설간, 지역간 연계를 위한 협력체계가 부족한 점을 보완할 수 있는 시설간 네트워크 구축이 필요하다(김태완 외, 2015).

5) 특수교육의 확대와 교육보장의 강화

장애인은 장애로 인해 취업이 어렵고, 또한 교육기회의 제한으로 인한 낮은 교육수준은 취업을 더욱 어렵게 만드는 요인이 되기 때문에 장애로 인하여 교육받을 기회가 제한되지 않도록 하기 위해서는 장애특성에 적합한 교육이 이루어져야 한다.

장애인의 자아실현 및 완전한 사회참여와 평등을 통하여 사회통합을 이루는 것이 장애인 복지와 특수교육의 목적이라고 할 수 있으며, 「장애인복지법」과 「장애인 등에 대한 특수교육법」에서는 장애아동의 통합교육을 명시하여 실시하고 있다. 그러나 아직까지 일반아동의 장애에 대한 이해 부족, 교사들의 전문성 부족으로 인한 부적절한 학습내용, 학급당 과다한 학생 수 등으로 인해 통합교육에 대한 실효를 거두기에는 미흡한 부분이 있다(정옥분 외, 2012). 따라서 장애아동 수요에 적합한 지원을 제공하기 위한 특수교육지원센터를 확대하여 운영하고, 일반교육 교원 및 특수교육 교원을 대상으로 특수교육 전문성을 강화할 필요가 있다. 또한 장애아동에 대한 조기중재를 통한 교육이 이루어질 수 있도록 유아특수교육을 확대하여 지원하고, 모든 유·초·중·고등학교에 특수학급을 증설하는 등의 대책이 필요하다.

특히, 유아특수교육에 있어 장애아동들은 유치원 뿐만 아니라 다양한 형태의 어린이집에 입급되어 있으므로, 이에 대한 개별화교육 프로그램 계획, 실행, 평가를 실시하여 적절하고 질높은 교육이 유아기부터 실시될 수 있도록 체계적인 지원체계가 구축되어야 한다. 이를 위하여 정기적인 교사교육과 장애아동을 담당하는 전문가들 간에 협력이 자율적으로 이루어져야 한다.

더 나아가 장애아동의 진로 및 직업교육체계를 확립하기 위해 교육과 직업이 연계하는 제도의 확충이 필요하다. 일반학생의 경우 고등교육 단계에서 전문교육 및 직업교육을 통해 취업에 도달할 수 있지만, 장애아동의 경우 고등교육의 진입이 어렵기에 전단계인 고등학교 및 중학교에서 보다 효율적인 직업교육을 실시함으로써 취업에 이르도록 할 필요가 있다(국립특수교육원, 2010). 이와 같은 필요성으로 교육과학기술부는 '2008년 개정 특수학교 교육과정'에서 기본교육과정은 중등교육 단계에 있는 특수교육대상자 학생에 대한 직업교육 시간이 중학교 과정에서 주당 6시간, 고등학교 과정에서 주당 8시간으로 배당되어 있다. 또한 초등학교 5-6학년의 경우 주당 2시간의 실과교과를 신설함으로써 직업교육에 대한 조기교육을 강조하였다(교육과학기술부, 2008). 이는 초등학교 과정에서부터 직업교육을 보다 강화했다는데 의의를 두고 있지만, 기존의 제7차 특수학교 교육과정의 기본교육과정에서 중학교 직업교과를 주당 10시간, 고등학교 직업교과를 주당 12시간 배당한 것과 비교할 때 다소 약화되었다고 할 수 있어 직업교육을 제공하는 고등학교, 중·고등학교 특수학급의 확대와 직업재활 훈련 강화를 위한 전공과를 지속적으로 확충할 필요가 있다.

6) 가족지원 서비스 확대

장애아동을 둔 부모의 경우 장애아를 양육하는 과정에서 주의 깊은 보호와 많은 어려움 및 스트레스를 경험한다. 하지만 경제적으로 적절한 지원을 할 수 없는 가정의 경우 장애 양육에 대한 추가 부담을 갖게 되는데 특히 한부모가정의 경우 양부모가정에 비하여 장애아동 양육에 있어 부담이 더 가중될 수밖에 없다. 따라서 이들 한부모 가구의 장애아동을 위한 복지지원제도가 강화될 필요가 있지만 현재의 행정적 지원은 미흡한 실정이다.

또한, 여성들의 경제활동 증가로 맞벌이 가정이 많아지고 있어 장애아동 보호를 위한 서비스 욕구가 증가할 것이므로 이에 대한 문제를 전문적으로 상담하고 도움을 제공할 수 있는 재가복지기관을 확충할 필요성이 있다. 이를 위하여 시·군·구 1개소에 설치하게 되어 있는 장애아동전담 어린이집의 확충과 모든 장애인 복지관에 주·단기보호시설을 확충하는 것이 필요하다(공계순 외, 2013).

「장애아동복지지원법」 제24조에서는 '돌봄 및 일시적 휴식지원 서비스지원'을 명시하고 있지만, 세부 사항인 시행규칙에서는 돌봄에 대한 내용만을 담고 있다. 장애아동 가족의 경제적 및 정서적 어려움을 지원하기 위한 일시적 휴식지원 서비스제도는 이들 가정의 안정을 위해 중요한 부분이다. 하지만 우리나라는 이러한 지원을 실행하기 위한 충분한 제반여건이 성립되고 있지 못하므로, 장애아동을 둔 가족의 서비스 확대 시 이에 대한 지원 강화가 검토되어야 한다.

생각해 볼 문제

1. 장애인복지법에 따른 장애의 유형에 관하여 생각해 보시오.

2. 장애아동 가족이 경험하게 되는 사회적, 경제적 어려움과 이들을 위한 대책은 무엇인지 생각해 보시오.

3. 학교나 기관에서 아동들이 주위의 장애아동들을 배려할 수 있는 방법을 장애유형별로 생각해 보시오.

4. 장애아동의 사회적 통합을 목적으로 하는 통합교육의 긍정적인 면과 문제점에 관하여 분석하고 대책에 관해 생각해 보시오.

제12장

다문화가족과 아동복지

최근 우리나라는 세계화 및 지구촌화로 인해 국가간 인적 교류가 확대되면서 국제결혼이 급증함에 따라 다문화가족이 증가 추세에 있다. 지구가 하나의 경제공동체로 묶여지면서 자본과 상품뿐만 아니라 사람도 국경을 넘어 활발하게 이동하고 있는 것은 어찌할 수 없는 현실이다.

특히 농촌총각들의 국제결혼은 어느 새 우리사회에 자연스러운 현상이 되어버렸으며, 우리나라도 세계화의 추세에 발맞추어 다양한 인종과 문화를 이해하고 받아들여야 할 시점이다. 그러기 위해서는 그들의 문화를 이해하고 잘 어우러져 살 수 있는 기초적인 방안들이 수립될 수 있도록 도와야 할 것이다.

따라서 이 장에서는 다문화가족에 대한 이해와 한국의 다문화가족 실태, 다문화가족의 문제점과 다문화가족을 위한 정책 및 문제점에 대해 알아보고자 한다.

1. 다문화가족에 대한 이해

오늘날의 세계화 및 지식정보화는 서구중심의 단일 지배문화를 넘어, 세계의 다양한 문화가 역사의 전면에 등장하는 계기를 만들어 주었으며, 근대주의를 넘어선 포스트모더니즘은 그 자체가 주관성과 문화의 다양성을 생명으로 하고 있기 때문에 다문화가 보편 문화가 되고 있다. 따라서 다문화는 미래사회의 문화가 아니라 이미 오늘 우리가 살고 있는 문화이며, 이러한 문화의 변화에 따라 '다문화가족'은 특정한 의식이나 가치의 선택이 아니라 필수적인 가족형태가 되고 있다(김성재, 2007).

본 절에서는 다문화에 대한 정의 및 다문화가족에 대한 개념과 다문화가족 형성배경에 대해 알아보고자 한다.

1) 다문화의 정의

'다문화'라는 것은 하나의 사회 안에 각기 다른 집단들이 형성해 낸 문화가 같이 있는 상태를 말한다. 문화라는 것은 단순히 하나의 개념이라기보다는 인간이 생활하는데 영향을 주는 언어, 신념, 가치관, 종교 등의 생활양식이라고 할 수 있다.

결국 다문화란 세계가 개방화되고 있는 현시점에서 보면 하나의 사회 안에 있는 서로 다른 생활양식이자 당연한 흐름이라고 볼 수 있다. 즉, '세계화의 다양성'은 인류학에서 알려진 개념으로서, 여러 가지 문화가 존재한다는 의미를 넘어 다양한 사회적 맥락에 따라 여러 가지 다른 뜻으로 사용되고 있다(Carducci, 2006).

'다문화주의(multiculturalism)'는 포스터모더니즘에 대한 관심과 같이 부상된 개념으로 민주주의 확산과 다양한 인종의 정체성이 복잡하게 얽혀 있는 국가에서 국민통합의 이념으로써 사용된다.

오늘날 이 다문화주의는 국가, 인종, 민족 등의 거시적인 차원에만 국한되지 않고 사회 내의 소외계층이나 소수인종, 세대 간의 갈등과 성 역할의 차이 등과 같은 미시적인 문제를 포함하는 매우 광범위한 주제이기 때문에 하나의 의미로 정의를 내리기는 불가능하다(이용승, 2004).

'다문화주의'는 주류사회의 전통이나 관습 또는 문화에 기반을 둔 다수집단의 정체성과 이에 포함되지 않은 다른 소수집단의 정체성간의 평화스런 공존을 추구하는 것이라 할 수 있다. 따라서 진정한 '다문화주의'에서는 포용이 중요성을 띠게 되는데, 이는 지금까지 지속된 특정문화의 지배를 종결짓고, 소외당하거나 주변에 있던 다른 소수집단의 정체성을 존중하고 그들의 고유문화가 독자적으로 차지할 수 있는 시공간을 인정하고 수용하는 것이다(강휘원, 2006).

2) 다문화가족의 개념

'다문화가족'이란 용어는 건강가족시민연대가 2003년 '국제결혼', '혼혈아' 등의 차별적 용어를 추방하고 그 대신 '다문화가족'이나 '다문화가족 2세'로 부르자고 제안하면서 큰 호응을 얻어(한겨레신문, 2003년 12월), 2004년 4월 '우리와 다른 민족, 문화적 배경을 가진 사람들로 구성된 가족'이라는 개념으로 일반화되기 시작하였다.

2008년 3월 제정된 「다문화가족지원법」에 의하면 다문화가족이란 결혼이민자와 한국에서 출생한 한국민으로 이루어진 가정을 의미하고 있으나, 최근 관심의 대상이 되고 있는 다문화가족의 범주는 국제결혼에 따른 이주여성 및 외국인 노동자의 유입, 탈북자 출신의 북한이탈주민의 증가 등 한국사회 내에 대한민국이 아닌 다른 문화권으로 이루어진 가족을 의미한다고 할 수 있으며, 이 개념을 범주화하여 살펴보면 크게 다음과 같이 세 집단으로 나누어 볼 수 있다(서혁, 2007).

(1) 국제결혼 가족

- 한국남성과 외국여성과의 결혼으로 이루어진 가족
- 한국여성과 외국남성의 결혼으로 이루어진 가족

(2) 외국인 근로자 가족

- 외국인 근로자인 남성과 외국인 여성이 한국에서 결혼하여 이루어진 가족
- 외국인 근로자인 남성과 여성이 그들의 자국에서 결혼한 후 이주한 가족
- 외국인 근로자로서 결혼하지 않고 단독 또는 동료와 함께 생활하는 가족

(3) 북한이탈주민 가족

- 탈북자 출신의 남성과 여성의 결혼으로 이루어진 가족이 한국에 입국한 경우
- 탈북자 출신의 남성 또는 여성이 한국에 입국 후 결혼하여 이루어진 가족
- 탈북자 출신으로서 결혼하지 않고 단독 또는 동료와 함께 생활하는 가족

3) 다문화가족의 형성

(1) 국제결혼

1990년대 이전까지는 한국사회에서 국제결혼이란 매우 드문 현상이었으며, 국제결혼이란 주로 여성의 문제로 여겨졌었다. 그러나 이후 한국에서는 남성들이 아시아 여러 나라 또는 구소련 출신의 여성과 결혼하여 한국에 사는 현상이 증가하였으며, 여성보다는 남성이 국제결혼을 많이 하고 있다(보건복지부, 2005).

여성이 국제결혼을 통해 다른 나라로 이주하는 현상은 그의 개인적 선택의 문제로 보이지만 그 배후에는 전 지구적 자본주의 체계, 송출국과 유입국 사회와 정부, 국제결혼 중개업체 등 다양한 사회적 요인이 작용하고 있다. 즉 ① 자본주의 사회체계에서 나라간의 불균등 발전과 여성의 상품화, ② 가난과 실업이 만연한 송출국 사회와 자국인의 여성 송출을 장려 또는 방관하는 정부정책 및 가부장제적 문화, ③ 신부 부족을 해결하기 위해 외국에서 여성을 충원하려는 유입국 사회와 그것을 조장하는 정부정책, ④ 국제결혼을 성사시킴으로써 영리를 추구하는 국제결혼 중개업체 등을 국제결혼 이주자가 증가한 원인으로 파악하고 있다.

특히 단일민족이라는 정체성을 고집스럽게 유지해 왔음에도 불구하고 국제결혼이 증가하고 있는 한국의 사회적 배경을 살펴보면 다음과 같다.

첫째, 편중된 성비례로 결혼하지 못하는 남성의 수요가 급증하고 있다.

둘째, 결혼하지 않고 혼자 사는 여성이 증가하고 있다.

셋째, 한국 여성의 결혼 조건을 충족시키지 못하는 남성이 저개발국가의 여성을 선택하는 경우가 증가하고 있다. 여기에는 농촌에서 살기를 꺼려하는 한국 여성의 가치관이 작용한다.

넷째, 정보화, 세계화에 따라 국제결혼에 대한 인식과 가치관이 바뀌고 있다.

다섯째, 저임금 외국인 노동자의 고용정책으로 외국인의 한국으로의 이주가 많아졌고, 주변국 여성이 결혼을 통한 한국 이주를 빈곤에서의 탈출로 생각한다.

여섯째, 국제결혼 중매업체들의 적극적인 상술과 노총각 구제차원의 국제결혼을 독려하는 사회적 분위기가 맞물려 국제결혼의 증가배경이 되고 있다(김혜경 외, 2006).

(2) 외국인 노동자

현재 세계는 하나의 경제공동체로 통합되면서 자본과 상품뿐만 아니라 사람까지 국경을 넘어 오가는 국제화 시대이다. 특히 지구촌화로 인한 국가 간의 자본과 노동의 이주가 자유로와지면서 노동력의 세계적 이동은 더욱 가속화되어 가고 있다. 특히 경제발전의 불균형으로 인해 발생되는 노동력의 이동은 경제력이 낙후된 지역에서 일자리가 풍부한 지역으로 유입되는 현상이 보편적이며, 이는 자연스럽게 국가 간 자본주의 체제와 맞물려 경제적으로 낙후된 제3세계의 노동자들이 경제적 위상이 높은 한국으로의 이주현상이 두드러졌다.

한국의 현행 외국 인력제도는 전문 인력취업제도, 고용허가제도, 산업연수제도의 세 가지로 요약할 수 있다. 즉, 전문인력직에 종사하는 외국인 노동자는 출입국법에 의거하여 교수, 회화지도, 연구, 전문 직업, 예술 흥행, 특정 활동 중 하나의 체류자격을 부여받아 국내에 취업하고 있는 사람들을 말한다.

우리나라의 외국인 노동자는 1980년 후반 건설 경기의 호황에 힘입어 제조업 등 많은 생산직이 필요했을 때 국내 노동자로는 충당할 수 없게 되면서 국내로 취업사증이 없는 외국인 노동자가 유입되기 시작하였다. 특히, 우리나라는 1986년 아시안게임과 1988년 서울 올림픽 이후로 세계에 알려지면서 외국 인력을 수입하는 나라로 급부상하게 되었다(설동훈, 1999).

2006년도 말 국내 체류 산업인력은 2005년 34만 6천명에 비하여 4만 8천명이 증가한 39만 4천명으로 경제활동인구 2,413만 7천명의 1.63%에 해당된다. 2005년 말 주민등록상 합법적인 체류 외국인 수는 46만 9천명이며, 이는 우리나라 전체 인구의 0.96%에 해당된다. 그러나 불법체류자, 외국인 자녀까지 그 수가 지속적으로 증가하여 2015년 말 현재[1] 국내 외국인 체류자는 189.9만 명을 넘어서고 있다.

우리나라의 경우, 외국인의 증가 추이는 세계에서 유래가 없을 정도로 급속히 진행되고 있으며, 저출산, 고령화 사회현상과 WTO 협상 진전, FTA 체결 등으로 인하여 더욱 가속화될 것으로 예상된다(강명득, 2006).

(3) 북한이탈주민

"북한이탈주민"이란 군사분계선 이북지역(이하 "북한"이라 한다)에 주소, 직계가족, 배우자, 직장 등을 두고 있는 사람으로서 북한을 벗어난 후 외국 국적을 취득하지

1) 2015년 출입국 · 외국인정책 통계연보.

아니한 사람을 말한다(북한이탈주민의 보호 및 정착지원에 관한 법률 제2조 제1호).

1990년대 중반 이후 북한의 경제난으로 인해 북한을 탈출하는 주민이 늘어나면서 '탈북자'라는 용어가 보편적으로 사용되기 시작했다. 1997년 1월 「북한이탈주민의 보호 및 정착지원에 관한 법률」이 제정되면서 기존의 '귀순' 개념이 '북이탈'로 바뀌었으며 북한을 떠난 후 아직 외국 국적을 취득하지 않은 사람들을 '북이탈주민'으로 규정하였다. 2005년 대한민국 통일부는 탈북자라는 용어가 부정적인 인식을 심어 줄 수 있다는 취지에서 새로운 명칭을 마련하여 한국 거주 탈북자를 '새터민'으로 바꾼다고 발표하였다. 그러나 탈북단체들이 '새터민'이라는 용어 사용에 대해 부정적인 입장을 보여, 통일부는 2008년부터 가급적 '새터민'이라는 용어를 쓰지 않겠다고 발표하고, '북한이탈주민'이 탈북자의 공식적인 명칭으로 사용되고 있다[2].

북한이탈주민의 국내입국 규모는[3] 1998년 이후 매년 꾸준히 증가하고 있다. 2007년 2월 북한이탈주민 총 입국자수가 1만 명을 넘어섰고, 2012년 5월 23,700명, 2017년 6월 현재 30,805명에 이르고 있다. 성별 입국비율을 살펴보면 여성의 입국비율은 2002년을 기점으로 남성을 추월하여 2017년도에는 약 71%를 차지하고 있다. 중국 등 제3국에 10만 여 명의 북한이탈주민이 체류하고 있는 것으로 추산된다[4].

이와 같이 여성 새터민의 비율이 높은 것은 남성에 비해 여성이 상대적으로 중국에서 체류, 은신하기가 용이하기 때문이다. 또한 과거 단독 입국자가 많았던 것과는 달리 최근에는 가족 단위 입국자의 수가 증가하고 있으며, 이는 노인층과 여성, 청소년, 유아 새터민의 증가를 가져와 새터민의 적응에 새로운 전환기를 맞고 있다(이종성, 2006).

---

2) 「통일백서 2012」(통일부, 2012).

3) 통일부 http://www.unikorea.go.kr/unikorea/business/NKDefectorsPolicy/status/lately/

4) 한국민족문화대백과, 한국학중앙연구원.

2. 한국의 다문화가족 실태

1) 다문화가족의 증가

요즘 우리 한국사회에서 다문화가족이란 용어가 어색하지 않을 만큼 어느 새 익숙해져 있고 주변에서도 쉽게 찾아볼 수 있게 되었다. 행정안전부 통계에 따르면 2015년 11월 현재 외국인 주민은 총 1,711,013명으로 우리나라 전체 인구의 51,069,375명의 3.4%[5]에 해당하며, 2009년 1,106,884명 대비 54.6% 증가하였다. 이 중 국제결혼으로 인한 결혼이민자가 상당수를 차지한다.

특히 2009년 국제결혼은 총 33천 건으로 전체 혼인건수 309천 건의 10.8%를 차지하며, 2004년 이후 줄곧 10% 이상의 비율을 유지하고 있는 것으로 나타난다. 외국인 주민실태조사에 따르면 2015년 다문화가족의 자녀는 207,693명으로 2010년도 121,935명에 비해 149,693명이 대폭 증가한 것으로 나타난다[6].

한국보건사회연구원에 따르면 현재 다문화가족의 증가추세가 지속될 경우 2050년 결혼이민자와 자녀를 포함한 다문화가족의 인구는 226만 명으로 총 인구의 5%를 상회할 것으로 전망하고 있다(김태석 · 보건복지포럼, 2010). 또한 결혼이민자 중 큰 비중을 차지하고 있는 여성결혼이민자의 출신국이 2000년대 초반에는 중국여성이 약 70%를 차지하였으나 최근에는 감소하고 있는 추세임에 반해 베트남, 필리핀, 일본 등은 증가하는 경향이다. 다문화가족과 관련된 법은 「결혼중개업의 관리에 관한 법률」, 「다문화가족지원법」, 「재한외국인처우기본법」, 「국적법」, 「출입국관리법」 등이 제정되어 시행되고 있다. 그런데 최근 이들의 실효성 확보, 다문화가족 범위와 기본적인 이념 등에 문제점이 드러나고 있으며, 결혼이민자의 생활보장과 인권옹호에 대한 법적 근거가 부재하다는 지적도 있다. 특히, 다문화가족을

5) 행정자치부 통계청, 2016년 11월 15일 보도자료.
6) 자료: 행정자치부, 지방자치단체 외국인주민현황, 각년도.

위한 정책은 결혼이민자의 체류불안 대책, 생활안정대책, 사회통합대책, 사회참여 촉진정책이 수행되고 있으나 부처별로 정책이 중복되어 효율성이 떨어지고 결혼이민자의 개인특성이 고려되지 않으며, 다문화가족 자녀 및 배우자 등 가족 전체를 대상으로 한 정책이 부족하고 보건, 복지, 가족영역 간 연계가 미흡하여 정책의 효과성이 떨어지고 있다는 비판을 받고 있다. 이와 같이 다문화가족을 위한 사회안전망이 구축되지 않은 상황에서 다문화가족의 증가는 사회적 취약계층을 생산하고 가족해체를 가속화시켜 우리 사회의 통합을 저해하는 시급한 사회문제로 대두되고 있다(김승권, 한국다문화가족의 사회경제적 특성과 정책적 함의, 2010).

2) 다문화가족의 사회적 특성

다문화가족 여성들의 사회적 특성으로 출신국가, 입국시기 및 목적, 거주지역 등을 살펴보면 다음과 같다(2015 전국 다문화가족실태조사).

(1) 결혼이민자 · 귀화자 수

결혼이민자 · 귀화자는 총 304,516명으로 추정되며, 성별로는 여성이 81.5%, 남성이 18.5%를 차지한다. 연령대는 29세 이하 23.0%, 30대 32.6%, 40대 24.3%, 50대 13.4%, 60대 이상이 6.6%로, 30대의 비중이 가장 높으나, 50대 이상도 상당수를 차지하는 것으로 나타난다. 2012년과 비교하면 결혼이민자 · 귀화자 등은 283,224명에서 304,516명으로 3년간 7.52% 증가했다. 이들의 연령대 분포를 보면, 지난 3년간 20대 이하 연령층의 비중은 27.2%에서 23%로 감소했으며 40대 연령층의 비중 역시 25.1%에서 24.3%로 감소하였다. 이에 비해, 30대, 50대, 60대 이상 연령층의 비중은 지난 3년간 증가한 것으로 나타났다.[7]

(2) 거주지

2015년 실태조사[8] 결과, 전체 다문화가구는 278,036가구로 추정된다. 이는

7) 2015 전국 다문화가족실태조사, p. 49~51.
8) 2015 전국 다문화가족실태조사, p. 23.

2015년 주민등록 인구통계상의 우리나라 전체 가구의 1.32%를 차지하는 것으로[9], 2012년 조사(266,547 가구)에 비해 4.3% 증가한 것이다.

전체 다문화가구의 지역별 분포를 살펴보면, 먼저 76.4%에 달하는 대다수의 다문화가구는 도시 지역(동부)에 살고 있는 것으로 조사됐다. 한편 16개 시 · 도별로는 서울과 경기 지역에 전체 다문화가구의 절반 정도(서울 21.6%, 경기 27.8%)가 살고 있는 것으로 나타난다.

(3) 출신국적

출신국적은 중국(한국계) 30.8%, 중국 22.4%, 베트남 20.8%로 중국과 베트남 출신이 70% 이상을 차지하고 있다. 이 밖에 필리핀 출신이 6.0%, 일본 출신이 4.5%를 차지하고 있다.[10]

3) 다문화가족의 가구소득 및 취업실태

(1) 가구소득

다문화가구의 가구소득별 분포를 살펴보면, 월평균 200~300만 원 미만인 가구의 비중이 30.4%로 가장 크고, 그 다음으로는 100~200만 원 미만(23.8%), 300~400만 원 미만(20.5%) 순이며, 가구소득이 400만 원 이상인 가구는 16.5%로 나타난다. 이는 2012년 실태조사에서 200~300만 원 미만이 31.4%, 100~200만 원 미만 30.9%, 300~400만 원 미만 15.7%, 400만 원 이상 10.9%였던 것과 비교해 보면, 300만 원 미만 소득구간의 비중은 10.3%p 감소한 반면, 400만 원 이상 가구 비중은 5.6%p 증가하였다.[11]

9) 행정자치부 주민등록 인구통계.
10) 2015 전국 다문화가족실태조사, p. 49.
11) 2015 전국 다문화가족실태조사, p. 41.

(단위: %)

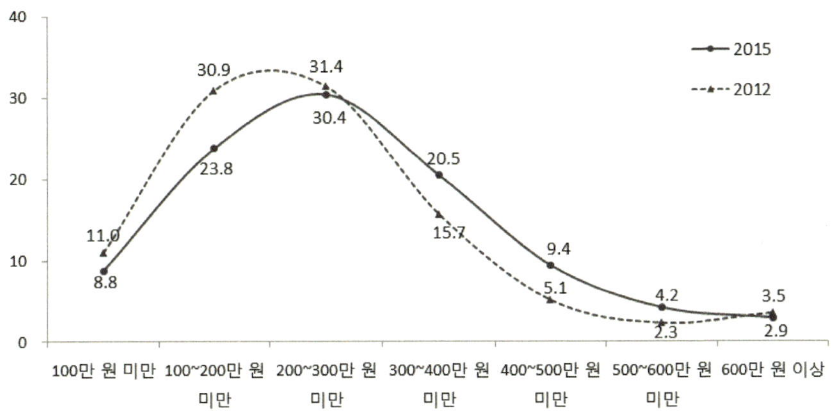

[그림 12-1] 다문화가구의 월평균 가구소득(2012, 2015)

2015년 다문화가족의 가구소득을 거주 지역별로 살펴보면, 도시 지역 다문화가구들 사이에서의 소득분포는 최저 소득집단(100만 원 미만 9.3%)에서부터 최고 소득집단(600만 원 이상 3.4%)까지 넓게 분산되어 있으나 읍면 지역에서는 100만 원~400만 원 사이 구간에 상대적으로 집중된 분포를 보이고 있어, 도시 지역 거주 다문화가구 사이에 소득 불평등이 상대적으로 더 심하다고 볼 수 있다.[12)]

표 12-1 다문화가구의 월평균 가구소득

(단위: %, 가구)

구분		100 만 원 미만	100~ 200만 원 미만	200~ 300만 원 미만	300~ 400만 원 미만	400~ 500만 원 미만	500~ 600만 원 미만	600 만 원 이상	합계
전체		8.8 (24,570)	23.8 (66,281)	30.4 (84,461)	20.5 (56,919)	9.4 (26,053)	4.2 (11,657)	2.9 (8,096)	100.0 (278,036)
거주 지역	동부	9.3	22.9	29.5	20.7	9.7	4.5	3.4	100.0
	읍면부	7.4	26.8	33.1	19.6	8.4	3.3	1.4	100.0

12) 2015 전국 다문화가족실태조사, p. 42.

(2) 취업실태

전체 결혼이민자 · 귀화자 등의 고용률은 63.9%에 달한다. 경제활동인구조사 2015년 기준 취업률(고용률)이 60.3%인 점을 감안하면 결혼이민자 · 귀화자 집단은 우리나라 전체 생산 가능 인구 집단에 비해 취업자 비율이 다소 높음을 알 수 있다. 성별로 살펴보면, 남성 결혼이민자 · 귀화자의 83.4%가 취업했으나 여성결혼이민자 · 귀화자 중 취업률은 59.5%로 남성에 비해 현저히 낮다. 2015년 우리나라 전체 남성의 고용률은 71.1%, 여성은 49.9%로, 결혼이민자 · 귀화자 집단이 남녀 모두 10%p 이상 더 높다.[13)]

또한, 결혼이민자 · 귀화자 등의 고용률을 2012년 조사(58.5%)와 비교하면, 전체 고용률이 5.4%p 증가한 가운데, 남성보다는 여성결혼이민자 · 귀화자 등의 취업률이 다소 더 많이 증가한 것으로 나타난다(2012년 여성 53.0%, 남성 80.3%).[14)]

취업 중인 결혼이민자가 일하면서 느끼는 어려움은 '별로 어려움이 없었다'(39.6%), '급여가 적음'(14.7%), '장기간 근로'(11.0%), '언어소통의 문제'(10.1%) 순이다.[15)]

성별로는 여성이 남성보다 언어소통의 어려움과 자녀양육 및 집안일과 병행하기 어려움을 더 많이 지적한다.

또한 미취업 결혼이민자가 현재 일하지 않는 이유는 '자녀양육 때문에'(49.1%), '한국말이 서툴러서'(13.0%), '적성에 맞는 일자리를 찾지 못해서'(9.6%), '집안일을 돌볼 사람이 없어서'(6.4%) 순으로 나타났다. 성별로 보면 여성은 '자녀양육 때문에'를 가장 많이 지적하였고(50.7%), 남성은 '적성에 맞는 일자리를 찾지 못해서'를 가장 많이 지적하였다(20.1%). 남성은 거의 대부분 취업하고 있음을 고려하면 여성들이 취업하지 못하는 그 핵심적인 원인이 자녀양육에 있음을 알 수 있다.

마지막으로 미취업 결혼이민자들이 취업을 위해 필요로 하는 도움은 '일자리 알선'(30.1%), '자녀보육과 양육지원'(22.5%), '한국어교육'(18.3%), '직업교육'(13.9%), '배우자나 가족의 이해와 지원'(6.3%) 순이다. 여성은 '일자리 알선'(29.6%), '자녀보육과

13) 2015 전국 다문화가족실태조사, p. 169.
14) 2015 전국 다문화가족실태조사, p. 170.
15) 2015 전국 다문화가족실태조사, p. 188.

양육지원'(22.9%), '한국어교육'(18.4%)을 절실히 원하고 있고, 남성은 '일자리 알선'(46.4%), '한국어교육'(13.3%)을 원하고 있다. 출신국가별로 보면 조선족은 '한국어교육'에 대한 수요는 거의 없고 '일자리 알선'에 대한 수요가 많았다. 또한 연령이 많을수록 자녀양육에 대한 부담이 줄어들기 때문에 자녀보육과 양육지원보다는 '일자리 알선'에 대한 수요가 많아진다. 이는 성/출신국/연령 등에 따른 결혼이민자의 세부 집단에 따라 취업에 대한 장애물이 다르게 존재함을 뜻하고 당연히 그들에 대한 지원정책도 그러한 요소를 고려하여 다원화정책이 되어야 함을 시사한다(심인선, 2010).

4) 다문화가족의 모자보건 실태

다문화가족의 대다수를 차지하는 결혼이민여성들은 비교적 젊은 연령으로 새로운 한국문화의 적응에 앞서 이루어지는 임신·출산에 따른 모자건강 보호 서비스의 수요가 높은 대상이 많다. 이들에게 임신·출산 시 건강관리, 출생아의 건강보호를 위한 기본 모자보건 서비스의 보장은 생식건강권 측면과, 인구 자질 향상을 위하여 중요한 인구보건정책 과제로 대두될 것이다(김혜련, 2010).

2008년 결혼이주여성에 대한 조사결과, 다문화가족 구성에서 대다수를 차지하는 결혼이민여성들은 임신과 출산 시 '임신·출산관련 교육 및 정보부족', '의료진과 의사소통'에서 많은 어려움을 겪었고, 결혼이주여성들이 임신·출산에 대해 알고 싶은 내용은 '출생 후 아기를 돌보는 방법', '임신 중 태아의 정상발달', '산후관리', '엄마젖 먹이는 방법', '임신 중 음식', '피임방법', '유산·사산 예방관리', '임신 중에 피해야 할 약과 건강생활(담배, 술 등)', '진찰을 받아야 하는 병원이나 보건소의 위치' 순으로 제시되었고, 신생아 돌보기, 자녀의 성장발육에 대한 정보, 아기영양 보충방법, 예방접종, 자녀사고 예방 등 임신·출산·육아에 대한 정보 요구도가 높은 것을 볼 수 있다(김혜련 외 2008; 심인선, 2010).

주로 베트남 출신 다문화가족을 대상으로 한 질병관리본부의 '국내 이주자 코호트사업(2007-2010년)' 결과, 결혼이주여성은 우리나라 가임기 여성과 비교하면 빈혈 유병률과 기생충 감염률이 높고, B형간염 보균율, B형간염 항체 양성률이 낮아이주여성 자신의 건강은 물론 모자 수직감염 예방을 위해 간염 예방접종이 필요한 대상이 많은 것으로 파악되었다(질병관리본부, 2010; 이주자코호트사업, 2007-2010 내부자료). 이러한 건강문제는 임신 결과와 밀접한 관련을 갖기 때문에 특히 중요하다.

2009년 전국 다문화가족 조사에서는 전수조사에 따른 제한된 문항으로 인하여 결혼이민자 임신·출산에 대해서는 지원 서비스의 이용경험과 요구도에 대해서만 파악하였다. 이들 서비스의 필요성이 높은 44세 미만이면서 국내체류 기간이 5년 미만의 여성결혼이민자 중 임신·출산에 대한 지원 서비스를 받은 경험은 35.3%로 약 1/3 정도의 여성결혼이민자가 임신과 출산 지원 서비스를 받은 것으로 나타나 인구학적 관점에서 요구도가 높은 서비스가 그동안 상당부분 제공되어 왔다고 평가할 수 있다.

읍·면 거주여성, 24세 미만 여성, 교육수준이 낮은 여성, 체류기간이 짧고 월가구 소득수준이 낮은 여성들이 지원을 받는 비율이 높았다.

임신 및 출산 지원 서비스의 필요성에 대해서도 매우 필요하다는 대상이 44세 미만 체류기간 5년 미만 여성 중 40.5%로 높았으며, 특히 읍·면에 거주하는 여성, 체류기간이 짧고, 월가구 소득수준이 낮은 여성들에게서 더욱 높아 임신 및 출산지원 건강 서비스의 지원에서 요구도가 높은 대상에게 우선적으로 접근할 필요가 있음을 나타낸다.

3. 다문화가족의 문제점과 과제

다문화가족이 우리 사회를 접하게 되면서부터 발생되는 여러 가지 문제점에 대해 살펴보면 주로 의사소통의 어려움, 문화의 차이에서 오는 어려움, 자녀교육상의 문제, 경제적 어려움, 이혼급증 문제, 다문화가족 지원체제 부족 등이 있다.

따라서 본 절에서는 다문화가족의 문제점을 자세히 알아보고 그 대안책에 대해 논의하고자 한다.

1) 다문화가족의 문제점

(1) 의사소통 문제

다문화가족은 한국어가 서툴기 때문에 주변 사람들과 원활한 의사소통을 하는데 많은 어려움을 갖는다. 그러다 보니 자신의 감정에 대해 마음껏 표현할 수가 없어 각종 정보나 자원, 취업으로부터 소외되기도 한다. 여성결혼이민자 50% 이상이 기초생활보장제도 자체를 모르고 23.6%가 건강보험 가입이 안 되는 것으로 잘못 알고 있는 형편이다. 또한 사회복지 서비스 제공기관을 이용하지 않는 경우가 86% 이상이며, 기관이 있다는 사실을 몰라서 이용하지 못하는 경우도 39.2%나 되었다 (설동훈, 2005).

(2) 문화적 차이

각 나라나 민족마다 살아가는 방법, 즉 의식주 문화가 다르게 마련이다. 같은 한국인끼리 결혼을 해도 그동안 서로 살아온 생활방식의 차이로 갈등을 겪는 경우가 많은데 하물며 다른 나라 사람과 함께 산다는 것은 더 많은 문화적 이질감을 느낄 수밖에 없다.

특히 한국남자와 결혼한 외국인 여성들은 한국음식 요리하기, 시부모님 모시기, 제사상 차리기 등을 어려워하는 것으로 나타났다.

(3) 자녀 문제

다문화가족의 자녀들은 부모의 서로 다른 가치관과 생활풍습의 차이로 어떤 것을 따라야 할지 혼돈을 겪을 수 있다. 또한 자녀교육이 주로 어머니에 의해 이루어지므로 어머니가 한국말이 서툴고 한국풍습에 익숙치 못할 경우 자녀를 교육하는데 많은 어려움을 가진다.

한국어가 미숙한 부모 밑에서 자랄 경우 잘못하면 자녀의 언어발달이 늦을 수 있고 아이의 학교숙제나 준비물 챙기기 등 부모의 학습지원이 부족하여 자녀가 학습부진을 겪는다. 또한 어눌한 말과 외모의 차이로 인해 다른 아이들에게 놀림을 받거나 따돌림을 받는 경험을 할 수 있어 자신의 정체감에 대해 혼란을 느낄 수 있다.

(4) 경제적 빈곤 문제

다문화가족의 절반 이상이 최저생계비보다 적은 수입을 가진다고 한다. 의사소통의 어려움과 우리 사회의 편견, 전문지식과 기술의 미비 때문에 적합한 일자리를 구하지 못한 것이 원인이다. 또한 직장 내에서도 내국인과 동등한 대우를 받지 못하고 낮은 임금을 받거나 학대를 당하기도 한다.

다문화가족은 저소득 가구가 다수이나, 기초생활보장 수급자는 소수인 것으로 나타났다. 전체 여성결혼이민자 가구 중 소득이 최저생계비 이하인 가구는 52.9%임에도 불구하고 기초생활보장 수급가구는 5.1%[16]에 불과하다. 경제적인 이유 때문에 끼니를 거른 경험이 있는 경우도 15.5%로 나타나 생계유지에 어려움을 알 수 있다. 여성결혼이민자의 경제활동 참여율은 60% 수준으로 그 이유로는 생계유지의 목적(51%), 자녀교육비 충당(17%)이 많고, 취업직종은 음식점 종업원 등 서비스직이 가장 많았다(52%). 미취업 사유로는 자녀양육이 가장 많고(43%), 다음이 구직실패(21%) 순으로 나타났다.

(5) 이혼급증 문제

이혼 및 별거 사유를 전체적으로 살펴보면, 성격 차이(45.3%)로 응답한 사람이 가장 많다. 그 다음은 경제적 무능력(17.7%), 외도 등 애정문제(10.0%), 음주와 도박(7.5%) 등의 순이다. 어떤 집단에서도 성격 차이가 이혼 및 별거의 가장 큰 사유로 나타나는 것은 동일하지만, 그 이외의 사유에 대해서는 응답 경향에 다소 차이가 나타난다.

여성이 가장 많이 지목한 이혼·별거의 이유는 성격 차이(44.5%)가 가장 많고, 그 다음으로 경제적 무능력(17.9%), 외도 등의 애정문제(9.1%), 배우자 가족과의 갈등(8.8%) 순으로 조사되었다. 남성 역시 성격 차이(50.9%), 경제적 무능력(16.5%), 외도

16) 2015 전국 다문화가족실태조사, p. 42.

등의 애정문제(16.1%) 등의 이유로 이혼 · 별거에 이르게 된 것으로 조사되었다. 이 밖에 여성은 배우자의 음주 및 도박(8.3%), 학대와 폭력(6.3%) 문제로 이혼 · 별거에 이르게 되었다는 응답이 남성에 비해 높다.

조사문항의 선택지가 변경되어 직접적인 비교는 어렵지만, 2012년 조사 결과와 대조해 보면 이혼 및 별거 사유가 변화하는 경향이 나타난다. 결혼이민자와 귀화자들의 전체 조사결과를 보면, 이혼 및 별거의 이유 중에서 경제적 무능력(2012년 20.7% → 2015년 17.7%)은 약간 줄어든 반면, 외도 등 애정문제의 비율은 높아지는 경향이다(2012년 5.1% → 2015년 10.0%)17).

표 12-2 결혼이민자 · 귀화자 등의 이혼 · 별거 이유

(단위: %, 명)

	외도 등의 애정 문제	성격 차이	배우자 가족과의 갈등	경제적 무능력	자녀 문제	학대와 폭력	음주 및 도박	심각한 정신 장애	배우자 가출	기타	합계
전체(2012)	5.1	48.1	7.0	20.7	–	4.9	5.9	0.8	3.1	4.3	100.0
전체	10.0 (2,084)	45.3 (9,476)	8.7 (1,812)	17.7 (3,706)	0.7 (146)	5.6 (1,165)	7.5 (1,579)	0.9 (194)	2.3 (478)	1.4 (296)	100.0 (20,934)
여성	9.1	44.5	8.8	17.9	0.7	6.3	8.3	1.1	2.1	1.2	100.0
남성	16.1	50.9	7.6	16.5	0.3	0.0	1.6	0.0	3.8	3.1	100.0

(6) 다문화가족 지원체제 부족

다문화가족은 해마다 늘어나는데 도움을 주는 기관이나 단체, 제도는 충분하지 못하다.

현장에 있는 사회복지 전달체계가 제대로 작동하지 못해 대부분의 여성결혼이민자가 읍 · 면 · 동사무소와 같은 공적 기관은 물론이고 사회복지관, 이주 여성 상담소 등 민간기관을 이용하는 경우는 극히 드문 것으로 나타났다. 그 이유 중 하나는 그러한 기관들이 있다는 것조차 모르는 경우가 많아 홍보가 부족한 것으로 보이며,

17) 2015 전국 다문화가족실태조사, p. 68~69.

한편 이용하는 일부 사람들조차 그 만족도는 별로 높지 않은 것으로 나타났다. 또한 국민기초생활보장제도에 대한 엄격한 기준으로 인해 혜택을 받는 사람이 드물며, 의료보장체제에 있어서 잘 모르거나 원칙으로 인해 대부분의 다문화가족들이 어려운 경제 현실에 놓여 있다.

2) 다문화가족의 정책

한국의 다문화가족 정책의 기본방향은 다문화가족을 위한 가족교육, 상담, 문화 프로그램 등 서비스 제공을 통해 결혼이민자의 한국사회 조기적응 및 다문화가족의 안정적인 가족생활 지원으로 두고 있다. 4단계로 나누어진 생애주기별 맞춤형 서비스 프로그램으로 진행되고 있다.

(1) 1단계 : 입국 전 결혼준비기

1 국제결혼 과정의 인권보호와 교육 프로그램

- 결혼중개업의 관리에 관한 법률 제 · 개정 시행
- 국제결혼중개업 등록제 시행('08년)
- 결혼중개계약서 작성 및 중개업자의 신상정보 사전제공 의무화('10년)
- 18세 미만 및 집단 맞선 소개 금지, 국제결혼중개업 등록시 자본금 요건(1억원 이상) 상향('12년)
- 국제결혼 중개행위 관련 외국 현지 형사법령 등 위반 시 결혼중개업 운영 3년간 금지('13년)
- 국제결혼실태조사 3년단위 실시('14년)
- 결혼중개업체에 표준약관(계약서 포함) 권장, 국제결혼중개업자의 자본금 상시 보유요건 명시('15년)
- 국제결혼중개 손해배상 입증책임을 국제결혼중개업자에게 부과('16년)
- 결혼중개업자 전문지식 및 윤리의식 향상 교육 실시
  - 결혼중개업제도, 인권보호, 소비자보호, 상담실무 등을 교육

- 결혼이민(예정)자 현지 사전교육 운영의 내실화
  - 베트남, 몽골, 필리핀, 캄보디아 현지에서 표준교재(한국문화, 한국어 등)를 활용한 한국입국 전 정보제공(4개국 6개소 실시)

(2) 2단계 : 입국 초 가족관계 형성기

1 결혼이민자의 조기적응 및 안정적 생활지원

- 한국어교육, 문화이해교육, 다문화가족통합교육, 배우자교육, 다문화가족 취업연계 및 교육지원, 개인 · 가족상담 등 종합 서비스 제공
- 다국어판 생활 · 정책 정보 매거진(Rainbow+, 연 4회), 한국생활 가이드북, 다문화가족지원 포털 '다누리' 운영 등 한국생활 정보 제공

2 다양한 매체를 통한 한국어교육

- 전국 시 · 군 · 구에서 집합 한국어교육 실시(다문화가족지원센터 등에서 운영 실시)
  ※ 정규과정(1~4단계), 중도입국 자녀반, 특별반(한국어 심화과정 등) 운영
- 다문화가족지원센터에서 한국어 방문교육 실시
  ※ 2015년 한국어교육지도사(937명)가 다문화가족 6,648명 지원
- 찾아가는 방문교육, 온라인교육, 방송교육 등 추가 실시

3 위기개입 및 가족통합교육 실시

- 다문화가족의 생활 적응과정에서 발생하는 각종 고충상담 및 생활정보 제공을 위해 다누리콜센터를 2011년 6월부터 운영하였고 이후 다문화가족과 이주여성에게 각종 한국생활정보 안내 및 폭력피해 접수 · 상담 지원을 위해 다누리콜센터와 이주여성긴급지원센터(1577-1366)를 2014년 4월부터 다누리콜센터 1577-1366으로 통합운영(원스톱 서비스)하였으며 전용쉼터, 법률구조기관 등 관련기관간 연계 강화
  ※ 다누리콜센터(1577-1366) 13개 언어, 365일, 24 시간 지원, 이주여성쉼터

24개소 운영

- 다문화가족(이혼가족 포함)의 개인 · 가족 상담
- 다문화가족 구성원 간 가족 내 역할 및 가족문화에 대한 이해 향상을 위한 가족통합교육 추진

(3) 3단계 : 자녀양육 및 정착기

1 다문화가족 자녀의 양육 · 교육 지원

- 부모의 자녀 양육 능력 향상을 위해 아동양육 가정방문 지도 실시
- 학업성취가 낮고 자아 · 정서 · 사회성 발달에서 어려움을 겪고 있는 다문화가족 자녀에게 자녀생활 서비스 실시

2 다문화가족 자녀 언어발달 지원

- 언어발달 진단, 교육 프로그램 제공(언어발달 지도사 300여 명)
- 센터 내 다문화 언어교실 개설 및 어린이집 파견 서비스 제공

3 이중 언어 가족환경 조성사업 지원

- 다문화가족 자녀가 한국어와 함께 결혼이민자 부모의 언어를 자연스럽게 쓸 수 있도록 지원하는 다문화가족 이중 언어 가족조성사업 실시
- 다문화가족 학령기 자녀 및 부모 대상 자녀 성장 지원 프로그램 "多재多능" 실시('16년~, 81개소)
- 다문화가족 자녀의 정체성 회복, 사회성 · 리더십 개발을 위한 프로그램 제공

(4) 4단계 : 역량 강화기

1 다문화가족의 경제 · 사회적 자립 지원

- 다문화가족 취업연계 및 취업 기초 소양교육 실시
- 결혼이민자 적합 직종 개발 및 직업교육 훈련 실시

- 통·번역사, 진료 코디네이터 등 결혼이민자 적합 직종 개발
- 결혼이민여성 특성·선호 및 인력수요 등 고려한 직업훈련 및 직장에 적응할 수 있는 인턴기회 제공

• 자조모임 및 봉사단 등 운영지원
  - 국가별 자조모임 및 일반가족과 함께하는 나눔 봉사단 등 운영지원

(5) 전단계 : 다문화 역량 강화

1 대국민 인식개선 및 홍보

• 다문화가족 모니터링단 운영
• 다문화가족지원 포털사이트 '다누리' 운영 지원
• 다문화 인식개선을 위한 콘텐츠 개발 및 보급

2 다문화가족 실태조사 실시 (다문화가족지원법 제4조)

• 전국 규모의 다문화가족 실태를 조사·분석해 정책수립에 필요한 기초통계자료 확보 및 맞춤형 서비스 개발
• 조사항목 (다문화가족지원법 시행규칙 제2조 제3항)
  - 성별, 연령, 학력, 취업상태 등 가족구성원의 일반 특성에 관한 사항
  - 소득, 지출, 자산 등 가족의 경제 상태에 관한 사항
  - 자녀양육, 가족부양 등 가족행태 및 가족관계에 관한 사항
  - 가족갈등 등 가족문제에 관한 사항
  - 다문화가족 지원관련 교육·상담 등 서비스 수요에 관한 사항
  - 그 밖에 다문화가족의 현황 미실태 파악에 필요한 사항

3) 다문화가족의 지원센터 운영

(1) 사업목적

지역사회 다문화가족을 대상으로 한국어교육·가족통합교육, 자조모임 육성 등

종합 서비스를 제공하여 다문화가족의 조기 적응 및 사회 · 경제적 자립지원을 도모할 수 있는 서비스 전달체계 운영을 지원한다.

(2) 다문화가족원 센터 현황[18)]

표 12-4 다문화가족 지원센터 현황

(단위: 개, 소수)

구분		서울	부산	대구	인천	광주	대전	울산	세종	경기	강원	충북	충남	전북	전남	경북	경남	제주
합계	217	24	9	7	9	4	5	5	1	30	18	12	14	14	21	23	19	2
가형	57	11	1	1	5	2	0	0	0	13	2	1	4	8	1	3	4	1
나형	154	13	8	6	4	2	5	5	1	17	12	11	10	6	19	20	14	1
지방비	6	0	0	0	0	0	0	0	0	0	4	0	0	0	1	0	1	0

※ 가형 종사자 5인, 나형 4인 지원

※ '08년 21개소 → '07년 38개소 → '08년 80개소 → '09년 100개소 →'10년 159개소 → '11년 200개소 → '12년 200개소 → '13년 214개소 → '14년 217개소→ '15년 217개소→ '16년 217개소

(3) 센터 기본 프로그램

사업명	내용	
가족	• 다문화가족 이중언어 환경조성 프로그램 • 가족의사소통 프로그램 • 가족관계 향상 프로그램 • 결혼과 가족의 이해 • 가족의 의미와 역할	• 아버지교육 • 부모-자녀관계 및 자긍심 향상 프로그램 • 자녀교육 프로그램 • 부모역할교육, 자녀건강지도 • 자녀생활지도 등
성평등	• 배우자 부부교육 • 배우자 이해 프로그램	• 예비 · 배우자 교육 프로그램 • 부부갈등 해결 프로그램 등
인권	• 다문화 이해교육 • 인권감수성 향상교육	• 다문화가족 관련법과 제도 • 이주민과 인권
사회통합	취업기초 소양교육 • 구직자 발굴 및 구직처 연계	• 새일센터, 고용센터 등 취업 관련기관 연계
	• 다문화가족 나눔봉사단 소양교육 • 다문화가족 나눔봉사단 활동	• 다문화가족 자조모임 • 다문화 인식개선

18) 여성가족부 전자민원 · 정보공개, 2016 다문화가족지원운영사업.

	• 한국사회 적응교육 • 소비자 · 경제교육 • 학업지원반(검정고시반 등) 운영 및 연계	• 결혼이민자 멘토링 프로그램 등 • 결혼이민자 정착단계별 지원 패키지 (미래찾기, 길찾기 등 미래설계 프로그램 중 선택)
상담	• 가족상담 • 개인상담 · 집단상담 • 사례관리 · 심리검사	• 위기가족 긴급지원 • 외부상담기관 연계

(4) 방문교육사업

지리적 여건 등으로 센터 이용이 어려운 다문화가족 대상 '한국어교육' 및 '부모교육 · 자녀생활 서비스'를 제공한다.

서비스	대상	서비스 내용
한국어교육	• 입국 5년 이하 결혼이민자, 중도입국 자녀 단, 입국 5년 이상 경과한 경우라도 임신, 출산, 취업 등 타당한 사유가 있는 경우 지자체장과 협의하여 서비스 지원가능 • 중도입국 자녀 기존 만 24세 이하 → 연령기준 삭제	• 한국어교육 1~4단계 • 어휘, 문법, 화용, 문화 • 온라인 연수 강좌개발 (3종)
부모교육 서비스	생애주기별 각 1회 지원 (최대 15개월, 총 3회 지원) • 임신 · 신생아기(임신 중~생후 12개월 이하) • 유아기(12개월 초과~48개월 이하) • 아동기(48개월 초과~만 12세 이하)	• 자녀양육 지원을 위한 부모교육(부모 성장, 부모-자녀관계 형성, 영양 · 건강관리, 학교 · 가정 생활지도) • 가족상담 및 정서 지원 서비스 • 기타 한국생활에 필요한 정보 제공
자녀생활 서비스	• 다문화가족 자녀 중 만 3세~ 만 12세 이하 초등학생 대상 1 : 1 생활 지원 서비스 제공	• 인지영역: 독서코칭, 숙제지도, 발표토론 지도 • 자아 · 정서 · 사회영역: 자아 · 정서 · 사회성 발달을 위한 지도

		• 문화역량 강화 영역: 문화 인식, 정체성 확립, 공동체 인식 지도 • 시민교육 영역: 기본 생활 습관, 건강 및 안전, 가정생활, 진로지도
	• 중도 입국한 이주 청소년 (9~24세)	• Rainbow School 운영 주 5일, 4개월 과정 • 한국어, 특기적성교육, 문화체험, 교우관계 개선

(5) 결혼이민자 통 · 번역 서비스 사업

결혼이민자를 통 · 번역 전문 인력으로 채용하여 의사소통이 어려운 결혼이민자에게 통 · 번역 서비스를 제공한다.

1 사업내용

- 가족생활 및 국가간 문화 차이 등 입국 초기 상담
- 결혼이민자 정착지원 및 국적 · 체류 관련 정보제공 및 사업 안내
- 임신 · 출산 · 양육 등 생활정보 안내 · 상담 및 교육과정 통역
- 가족간 의사소통 통역
- 행정 · 사법기관, 병원, 학교 등 기관 이용시 통 · 번역
- 위기상황 시 긴급지원, 전화 및 이메일 통 · 번역 업무 처리

2 서비스 이용방법

해당 다문화가족지원센터 방문 및 전화 · 이메일 신청

※ 2016년 통 · 번역 전담인력 282명을 203개 다문화가족지원센터 배치[19)]

(6) 다문화가족 자녀 언어발달 지원사업

다문화가족의 자녀에 대한 체계적이고 전문적인 언어발달 지원을 통해 이들이

---

19) 여성가족부, 다문화가족지원센터.

건강한 사회구성원, 나아가 글로벌 인재로 성장할 수 있도록 지원한다.

〈사업내용〉

다문화가족의 만 12세 이하 자녀에 대한 언어발달 진단 및 교육실시

- 센터에 언어발달지도사를 배치, 센터 내 자체 프로그램 운영 및 인근 어린이집(유치원 등)에 파견해 건강한 성장 지원

※ 2016년 언어발달지도사 300명 배치 및 언어진단 28,520명, 언어교육 204,327명(연 기준) 실시[20]

(7) 이중 언어가족 환경조성사업

가정 내에서 영유아기부터 자연스럽게 이중언어로 소통할 수 있는 환경을 조성, 다문화가족 자녀(영유아기)의 정체성 확립 및 글로벌 인재로의 성장을 지원한다.

〈사업내용〉

부모-자녀 이중언어 상호작용 교육, 부모교육 및 사례관리, 자조모임 지원 등

출처: 여성가족부 홈페이지

4) 한국의 지원정책 방안과 과제

다문화가족을 위한 정책을 세우기 전에 먼저 우리 인식이 변화되어야 하는데, 다문화 사회의 이해가 확산되어야 하고, 또한 지역사회 시민의 이해와 상호 문화의 이해, 다문화 사회에서의 개인의 역할 인식과 세계적 · 미래지향적 의식이 고취되어야 한다.

몇몇 학자들이 제안한 다문화가족에 대한 정책적 방안을 제시하면 다음과 같다.

(1) 다문화가족의 사회 · 경제적 특성을 기초한 정책방안

- 김승권, 「한국다문화가족의 사회경제적 특성과 정책적 함의」(2010.)

20) 여성가족부, 다문화가족지원센터.

첫째, 한국국적 취득이 어렵지 않도록 제도를 개선할 필요가 있다. 특히 자녀를 출산한 경우에는 영주권 취득과 국적 취득의 문을 보다 넓게 할 필요가 있다.

둘째, 한국어교육과 한국 사회적응 교육은 체류기간이 2년 미만인 최근 입국자를 중심으로 강화하여야 한다. 특히 한국어 쓰기 능력을 신장하는 방안을 지역사회 다문화가족지원센터를 중심으로 강화할 필요가 있다.

셋째, 다문화가족 안정을 도모하기 위해서 부부의 연령 및 교육수준이 현저하게 차이가 날 경우 이것이 가족생활과 부부생활에 어떠한 영향을 미치는지에 대한 교육이 필요하다.

넷째, 다문화가족의 가족생활 안정을 위하여 가구 경제를 책임지고 있는 사람에 대해 우선적으로 직업훈련 및 취업연계를 강화할 필요가 있다.

다섯째, 다문화가족의 주거환경을 개선하기 위한 정책적 방안이 강구되어야 한다. 이를 위해 장기임대아파트 특별지원과 주거환경 개선방안이 병행될 필요가 있다.

여섯째, 다문화가족의 삶의 만족도를 증진하기 위하여 다문화가족 특성별 욕구를 정기적으로 파악하여 맞춤형 서비스를 제공하여야 한다. 이를 위해 지역사회 중심으로 다문화가족에 대한 사례관리 및 개별가족의 욕구에 맞는 서비스를 제공하기 위한 구체적인 방안을 강구하여야 한다.

(2) 다문화가족의 결혼과 가족생활 관련 정책방안

- 조애저, 「다문화가족의 결혼 및 가족생활과 정책방안」(2010)

첫째, 가족구성원간의 원만한 관계형성을 위한 올바른 부부관계 정립 및 전문적인 상담을 확대 실시한다. 다문화가족은 언어소통의 어려움과 문화적 갈등으로 인해 부부 및 가족관계에서 어려움을 경험하고 있으며, 갈등이나 문제가 심화될 경우 가족 해체로 이어질 가능성도 지니고 있다. 따라서 가족구성원간의 원만한 관계형성을 위한 올바른 부부관계상 정립을 한 프로그램을 개발 · 보급하도록 하고, 가족갈등의 해소 및 가족문제의 해결을 위해 전문적인 가족상담을 확대 실시하도록 한다.

둘째, 재혼가족 대상의 가족생활 교육 및 가족관계 증진을 위한 전문적인 프로그램을 개발 · 보급한다.

재혼으로 구성된 가족형태는 다양하여 재혼생활에서 겪게 되는 문제들도 다양해지고 있다는 점에서 재혼가족을 대상으로 하는 가족생활교육, 가족관계 증진을 위한 전문적인 프로그램 등의 개발이 요구된다.

셋째, 결혼이민자들 자신의 문화권에서의 가족관계 특성을 한국가족관계와 비교문화적 맥락에서 분석하여 다문화가족의 가족관계 증진 프로그램에 활용할 수 있도록 가족 프로그램을 개발 · 보급의 지원이 필요하다.

넷째, 정부는 국제결혼 준비과정에 대한 결혼이민자의 출신국가별 철저한 분석과 이에 근거한 각종 정보제공 및 사전교육 시스템이 갖추어져야 한다.

다섯째, 결혼중개업체에 대한 관리와 교육이 철저히 이루어져야 한다. 현재 정부는 '결혼중개업의 관리에 관한 법률'(제10301호)을 일부 개정하여 2010. 11. 18일부터 시행할 예정이다

(3) 사회안전망과 사회복지 서비스 확충

현재 국적 조항에 의해 수급을 제한하고 있는 규정을 완화해 생계유지가 곤란한 여성결혼자(가구)에게 최소한 생활유지를 위한 지원을 할 수 있는 제도적 장치를 강구해야 한다. 더불어 여성결혼이민자 대다수가 국민기초생활보장 수급대상에서 탈락한 이후 구직을 통해 생계를 유지하므로 여성결혼이민자들의 특성과 현실을 고려한 직업훈련과 일자리 창출이 필요하다. 특히 여성결혼이민자들에게 직업훈련과 일자리를 제공하는 것은 여성결혼이민자들에게 독립적 시민으로서 한국사회에 함께 생활할 수 있는 기초를 마련해 주는 매우 중요하고도 절실한 과제다.

(4) 보건 · 의료서비스 정비

기존 의료보장체제를 적극적으로 활용할 수 있게 해 주는 정확한 정책지원 방안

을 찾고, 치료비를 조장 혹은 지원해 주거나 지리적 접근성을 강화시켜 줄 수 있는 다양한 지원책 마련이 시급할 것으로 판단된다. 여성결혼자에 대한 치료적 접근은 그 유형별 특성에 맞추어져 이루어져야 할 것이며, 특히 정신심리적 측면의 경우는 개인이 처한 상황을 잘 파악해서 심도 깊은 개입이 이루어져야 한다. 비자발적 · 자발적 문제들을 해결하기 위해 모성보호 측면의 정책적 배려가 필요하다(김혜경 외, 2006).

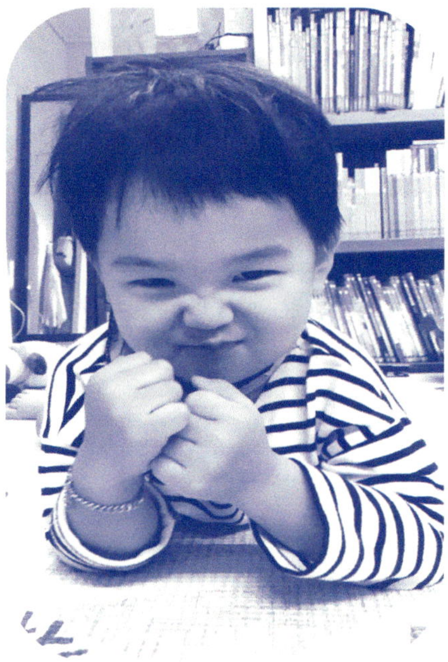

생각해 볼 문제

1. 다문화주의란 무엇인가?

2. 다문화가족의 형성 배경에 대해 기술해 보시오.

3. 다문화가족의 사회적 특성에 대해 논하시오.

4. 다문화가족의 문제점에 대해 논하시오.

5. 다문화가족을 지원하기 위한 정책적 대안책에 대한 나의 생각을 쓰시오.

제13장

아동복지의 과제와 전망

우리나라 아동복지법의 근간이 되는 아동복리법은 1961년 제정되어 시설보호아동, 소년소녀가정아동 등 요보호아동의 보호와 양육이 시작되었다.

이후 1981년 아동복지법의 개정과 1991년 영유아보육법의 제정으로 우리나라의 아동복지는 요보호아동 중심에서 일반 아동의 복지를 위한 방향으로 변화되었다.

특히 1991년 UN아동권리협약의 비준, 2002년 어린이 보호 · 육성 종합계획, 2003년 어린이 안전종합대책, 2004년 빈곤아동 · 청소년 종합대책을 수립하면서 비로소 체계적인 정책기반을 마련하게 되었다. 국내 입양 및 가정위탁제도의 시행과 아동학대 예방사업의 실시, 어린이보호 구역 개선 및 어린이 용품 안전강화, 지역아동센터 운영 등 일반 아동을 위한 예방대책을 마련하기 시작하는 등 아동정책의 발전을 가져왔다. 그러나 전반적으로 아동정책은 그 역사에 비하여 정책의 성숙도나 발전정도는 타 정책에 비해 느리다는 것으로 평가되고 있다(양동교, 2009).

2009년 제25회 유아교육학술대회에서 양동교(2009)는 우리나라 아동 · 청소년 환경의 변화와 아동 · 청소년 주요정책을 발표하였는데 그 내용을 토대로 지금 현재 우리나라의 아동복지정책의 현황을 살펴본 뒤 아동복지의 과제와 전망을 살펴보고자 한다.

1. 아동복지의 동향

1) 아동 · 청소년 정책 환경의 변화

(1) 취약 · 위기계층 아동 · 청소년의 지속적 증가

이혼율 증가, 빈곤, 사회부적응 등으로 인해 가출이나 학업중단 청소년이 늘어나고 있으며, 국제결혼가정 자녀, 외국인근로자 자녀, 새터민 등 다문화가족의 아동 · 청소년이 늘어나고 있다. 또한, 청년실업의 증가와 사회적 패러다임의 변화로 청소년이 진로를 개척하고 직업을 선택하는데 있어 어려움이 증가되고 있다. 이에 아동 · 청소년 대상별 집중지원 체제의 필요성이 요구되고 있다.

1 아동 · 청소년의 절대 빈곤율과 소득계층간 교육기회 격차의 지속적인 증가

아동 절대 빈곤율은 2001년 5.4%에서 2006년 8.5%로 증가(통계청, 가계조사, 각 연도)하였으며, 1~5분위 간 사교육비 지출 격차는 2003년 4.8배에서 2006년 6.1배로 증가하였다.

2 불안정한 가족의 증가와 자녀양육 기능의 약화로 보호 필요 및 위기 아동 · 청소년 증가

인구 1천명당 이혼건수는 1996년 1.7건에서 2007년 2.5건으로 크게 증가하였으며, 한부모 가구 수도 1990년 889천 가구에서 2006년 1,370천 가구로 크게 증가하였다. 또한 이혼 당시 20세 미만 자녀 수는 1996년 93.5천명에서 2007년 119.6천명으로 증가하였다.

3 아동 · 청소년 가출 경험률 증가

청소년의 가출 경험률은 1999년 8.6%에서 2007년 12.1%로 증가하였음을 볼 수 있다.

4 다문화, 새터민 가정 아동 · 청소년 증가

국제결혼가정 자녀 초 · 중 · 고 재학생 수는 2005년 6,121명에서 2008년 18,769명으로 증가하였고(교육과학기술부, 각 연도), 새터민 아동 · 청소년 입국자(25세 이하) 누적 수도 2000년 104명에서 2006년 1,615명으로 크게 증가하였다(통일부).

(2) 아동 · 청소년 안전사고 및 유해환경 증가

후기 산업화 이후 지속적으로 진행되고 있는 도시화는 문명의 발달과 생활의 편리성을 가져왔으나, 지역사회 내 근린관계가 약화되어 과거 전통사회가 가지고 있던 아동 · 청소년에 대한 비행억지력이나 각종 체험기회를 통한 교육적 기능을 상실해 가는 등 공동체 의식이 급속히 해체되고 있다. 향락산업의 번창에 따른 청소년 유해환경이 늘어나고 있으며, 청소년의 비행, 폭력 등이 증가하고 있다. 또한, 서구화된 식습관과 운동부족 등으로 체격은 커지고 있으나 체력은 저하되어 아동 · 청소년의 건강수준이 낮아지고 있다. 이에 아동 · 청소년 안전사고 및 유해환경, 건강유해 요인 증가에 따른 체계적인 안전 · 보호체계의 필요성이 증대되고 있다.

1 아동 안전사고 발생 지속 증가

아동 10만 명당 안전사고 사망자 수는 2003년 10.6명에서 2006년 8.0명으로 감소추세에 있으나, 아동 안전사고 발생건수는 2003년 2,342건에서 2006년 4,541건, 가정 내 아동 안전사고 발생건수는 2003년 1,380건에서 2006년 2,762로 증가하고 있다.

2 아동 · 청소년 유해업소 증가

학교환경위생 정화구역 내 유해업소수는 줄어들고 있으나(2004년 53,940개소에서 2006년 49,317개소), 아동 · 청소년 유해업소수는 꾸준히 늘어나고 있는 추세다(2004년 682,157개소에서 2007년 760,386개소).

3 아동 · 청소년 유해매체물과 인터넷 중독위험군 증가

아동 · 청소년 유해매체물 결정고시건수는 2005년 21,763건에서 2007년 29,702건으로 증가하였으며, 2007년 현재 아동 · 청소년의 14.2%가 인터넷 중독위험군으로 파악되고 있다(보건복지부).

4 아동학대 및 실종 등 유해행위건수 증가

아동학대 신고건수는 2003년 4,983건에서 2007년 9,478건으로 증가하였으며, 인구 1천명당 아동학대 발생수도 2003년 0.26명에서 2007년 0.52명으로 증가하였고, 실종아동(14세 미만) 발생건수도 2006년 7,064건에서 2007년 8,602건으로 증가하였다.

5 아동 · 청소년 성폭력, 성매매, 학교 내 폭력 등 비율 증가

아동 · 청소년(13세 미만) 성폭력 신고수는 2003년 642명에서 2007년 1,081명으로 증가하였으며(경찰청), 아동 · 청소년 성매매 중 인터넷 매개로 한 성매매 비율이 2002년 68.0%에서 2006년 90.9%로 크게 증가(국가청소년위원회, 각 연도)하였다.

학교폭력 징계 학생 수는 2003년 7,769명에서 2004년 7,488명, 2005년 5,653명, 2006년 6,267명으로 다소 감소 추세이나 학교폭력 문제는 여전히 심각한 실정이다(교육과학기술부).

6 아동 · 청소년의 음주 및 흡연

아동 · 청소년 음주율은 2006년 47.6%, 2007년 46.6%로 약간 감소하는 추세이나 여전히 높은 수준이며, 남자 고등학교의 흡연율은 1997년 35.3%를 정점으로 2007년 16.2%로, 여자 고등학생도 2000년 10.7%에서 2007년 4.8%로, 여자는 1997년 3.9%에서 2007년 2.6%로 감소하였다.

7 아동 · 청소년 비만율 및 정신건강 유해요인 증가

아동 · 청소년 비만율은 1998년 8.7%, 2005년 16.0%로 증가하였다(통계청). 또한, 청소년의 35%가 아침을 거르고, 33%가 지방 위주의 열량 과다 섭취하고 있으며, 아동 · 청소년 체육활동 참가율은 50.2%('94)→ 38.0%('06)로 감소하였고(통계청), 12~14세 아동 · 청소년 스트레스 인지율은 24.1%('98)→ 27.4%('05)로, 15~18세 아동 · 청소년 스트레스 인지율은 33.3%('98)→ 37.1%('05)로 증가하였다(보건복지부).

8 아동 · 청소년 자살시도율 증가

아동 · 청소년(5~24세) 10만 명당 자살시도율은 약 5명, 청소년 자살시도율은 약 5%로 나타났다.

(3) 아동 · 청소년의 역량 강화 필요성 증대

출산율의 감소와 평균수명의 연장에 따라 아동 · 청소년 인구가 감소하고 노인인구가 늘어나는 고령화 사회가 본격적으로 도래하고 있다. 1980년 아동 · 청소년(0~24세) 인구는 20,949천 명으로 전체 인구(37,407천 명)의 56.0%를 차지하였으나, 2009년에는 1,676천 명으로 전체 인구 48,747천 명의 30.1%로 감소하였으며, 앞으로도 지속적인 감소가 예상된다. 이와 같은 청소년 인구의 감소와 고령화 사회로의 진전에 따라 저출산 대책 등이 주요한 아동 · 청소년 정책의 과제로 등장하고 있다. 이제 아동 · 청소년정책과 사업은 과거 젊은 세대의 여가시간을 활용하는 청소년활동 기회 제공이나 뒤쳐진 아이들을 보호하는 차원을 넘어 젊은 세대의 세대독립을 지원하고 다른 사람과 더불어 살아가는 시민성을 준비할 수 있도록 적극적으로 나서야 한다.

또한, 앞으로 교육개혁과 함께 청소년의 여가시간이 크게 늘어날 것이며, 청소년의 여가문화 활동에 대한 수요가 증대되고, 특히 주말 생활패턴이 획기적으로 변화될 것으로 전망된다.

자유여행 · 아르바이트 · 문화활동 · 레저스포츠 활동 · 수련활동 참가 등 청소년의 활동이 증가할 것이나, 비용 · 시간 등의 이유로 활동에 참가할 여유가 없는 청소년들의 상대적 박탈감이나 청소년 비행의 증가도 예상된다.

1 미래 성장 동력인 아동 · 청소년 인구 감소

노인 1명당 부양 젊은 세대 8.2명('05)→ 4.6명('20)→1.4명('50)으로 급감할 것으로 전망된다. 따라서 노인인구 부양을 위한 생산가능 인구의 조세 및 사회보장비 부담 증가로 젊은 세대의 역량 강화가 필요하다. 한편 연금수급자에 대한 가입자의 부양비율은 41.9%('30)로 증가가 예상된다.

2 학습에 대한 낮은 흥미, 낮은 교육 경쟁력

학업 성취도는 높으나 학업에 대한 흥미 · 경쟁력, 학교소속감 등은 낮은 수준이며, 고등교육 경쟁력 취약과 기업요구에 부응하지 못하는 교육 현실이 문제화되고 있다. 한편, 대학진학률은 82.1%('06)로 세계 최고수준이나 IMD(International Institute for Management Development) 경쟁력지표 중 고등교육의 경제사회 요구 부합도는 비교국 61개국 중 50위로 낮은 수준이다.

기업 인사담당자 조사 결과, 대학교육 기업현장 부합도는 전문대 22.4%, 4년제 인문사회계열 23.8%, 4년제 이공계열 37.8%(한국직업능력개발원, 2006)에 불과하며, 대졸 신입사원의 70%가 대학이 기업에서 요구하는 인재를 육성하지 못한다고 응답하였다.

3 세계화 · 정보화 시대로 사회 문화적 역량 강화 필요성 증대

성숙한 삶의 질을 구현하기 위해서는 아동 · 청소년의 글로벌 · 디지털 활동 · 문화체험을 통한 사회 문화적 역량 강화가 필요하나 입시위주의 교육으로 아동 · 청소년 활동, 문화 참여시간이 부족한 실정이다. PISA 조사결과 우리나라 청소년들의 주당 학습량은 49.4시간으로 OECD평균(33.9)보다 15.5시간 많으며, 세계 최장의 학습시간은 보충교육, 사교육으로 인해 발생한다고 할 수 있고, 사교육으로 인한 밤 10시 이후 귀가 중 · 고교생이 전체의 77%로 나타났다(한국청소년개발원, 2006).

4 아동 · 청소년 활동 인프라 부족

청소년수련관 건립 법정목표치 달성 비율 61%, 청소년문화의집 건립 법정목표치 달성 비율 38%(국가청소년위원회, 2007)이며, 1개 청소년수련시설당 청소년 수는 한국 13,159명, 독일 1,720명, 영국 3,252명, 일본 4,892명(보건복지부, 2008)으로 나타났다.

5 민주시민의식 함양을 위한 아동 · 청소년 참여역량 강화 필요

성숙한 민주시민사회 구성을 위해서는 아동 · 청소년의 권리, 참여체험을 통한 참여역량 강화가 필요하다. 중 · 고등학교 청소년 중 권리교육 유경험자 비율은 전체의 13.5%이다(한국청소년개발원, 2003). 청소년참여위원회 설치현황 및 설치율은

111개소(45%)('05)→130개소(53%)('06)→146개소(59%)('07)로 나타났으며, 청소년운영위원회 설치현황 및 설치율은 170개소(53%)('05)→210개소(65%)('06)→250개소(78%)('07)로 집계되었다.

청소년 자원봉사 활동현황은 861,142명('03)→1,328,378명('04)→1,529,910명('05)→1,711,209명('06)→2,355,568('07)이 참여했다.

2) 아동 · 청소년 주요정책

(1) 권리보장 및 참여증진

2006년부터 한국보건사회연구원 내 아동권리 모니터링 센터를 설치 · 운영해오고 있으며 2009년 아동 · 청소년 맞춤형 권리교육 교재를 개발하여 관련 교육기관에 배포하여 권리교육을 실시하는데 사용하고 있다.

(2) 안전 및 보호강화

안전한 생활환경 조성을 위하여 2006년 저출산 고령사회 기본계획에 반영하여 아동 안전사고 예방사업을 추진해 오고 있다.

또한, 유해환경 개선 및 유익환경 조성을 위하여 유해환경 감시단을 운영하고 있으며, 청소년 음주 · 흡연예방을 위한 모니터링 및 사회분위기 조성 제도개선 등을 통하여 노력하고 있다.

유해행위로부터 보호를 위해 전국아동보호 전문기관에서 아동학대 예방사업과 실종예방 및 조기 발견을 위하여 2005년 「실종아동 등의 보호 및 지원에 관한 법률」을 제정하였다.

(3) 건강증진

아동 · 청소년의 건강한 신체발달을 위하여 식생활 및 비만 · 저체중 관리, 질병예방 및 관리, 간접흡연으로부터의 보호 등의 사업을 추진하고 있으며, 정신건강 향상을 위하여 정신질환 예방, 정신건강 서비스 연계체계 강화 및 인식향상 교육 등을 추진하고 있다.

(4) 역량 개발

아동 · 청소년의 역량 강화를 위하여 글로벌 인재양성 지원강화, 국내 · 외 아동 · 청소년의 교류 프로그램의 다양화, 다문화 수용성 증진 등이 추진되고 있으며, 민주시민 역량 강화를 위한 시민윤리교육, 올바른 경제관 함양지원, 자원봉사 및 동아리 활동 활성화를 지원하고 있다. 또한 진로 및 자립지원과 아동 · 청소년 방과후 활동 프로그램 지원체계 마련, 아동 · 청소년 활동시설의 확충 등으로 활동기반을 강화하고 있다.

(5) 공평한 출발 기회의 보장

아동 · 청소년의 기본생활을 보장하기 위한 경제적 지원은 아동 · 청소년 양육비, 교육비 지원, 장애 아동 · 청소년 부양비 지원, 급식 및 의료비 지원을 들 수 있고 통합적 지원으로는 드림스타트사업, 방과후 활동 지원(방과후 아카데미, 방과후학교, 지역아동센터)과의 연계 강화 등을 추진하고 있다.

그리고 아동 · 청소년의 보호 및 위기관리 강화와 역량 강화와 자립지원, 한부모 · 조손입양 · 위탁가장 지원, 다문화 · 새터민 가족지원사업 등 가족의 유형에 따라 지원 유형을 달리하여 가족해체나 위기 등을 이겨내도록 가족 유형별 지원을 함으로써 공평한 출발 기회의 보장을 위한 노력을 하고 있다.

3) 아동복지의 세계적 동향

오늘날의 세계는 사회 경제적 발달 수준에 따라 선진국, 개발도상국 그리고 저개발국으로 분류되어 양극화 현상을 보이고 있으며 부족별, 민족별 갈등은 새로운 형태의 내전을 야기해 왔으며 르완다, 팔레스타인 지역의 무력 충돌, 보스니아와 중앙아시아에서 계속되고 있는 분쟁상태는 아동들의 생존 보호, 발달에 심각한 영향을 끼치고 있다.

아동을 위한 정상회담 10주년을 맞이하여 2001년 UN은 아동특별총회를 개최했으며 UN총회에 제출한 보고서에 의하면 아동에 관련되어 전 세계가 당면하고 있는 문제를 빈곤, 아동보건, 장애, 교육 및 여가활동, 무력분쟁, 아동노동, 성적학대 등으로 보고 이에 대한 대처방안을 강구할 것을 촉구하고 있다.

유니세프 한국위원회의 2015년 세계아동 현황을 보면 어린이의 생존과 보건, 영양, 모성보건, 신생아, 식수와 위생, 교육, 어린이 보호, 에이즈와 관련된 자료가 제시되어 있는데 이를 소개하면 다음과 같다.

(1) 기초자료(2015)

• 세계인구 : 72억 5,540만 명

(2) 어린이 생존과 보건

1 5세 미만 어린이 사망률

2015년 5세 미만 어린이 사망자 수는 590만 명(하루평균 16,000명)이며 한 시간에 약 700명 그리고 1분에 11명의 어린이가 목숨을 잃는다. 이 아이들 중 45%는 태어난 지 28일이 되기 전에 사망한다.

지역별 어린이 사망률은 출생지역에 따른 편차가 매우 크다. 시에라리온에서는 1000명당 120명의 사망률을, 사하라 이남 아프리카에서는 선진국의 12배에 달하는 어린이가 5살이 되기 전에 사망한다.

2 보건

① 2015년 폐렴으로 인해 사망하는 5세 미만 어린이는 92만 명으로 사망원인 중 15%를 차지하고 있다. 특히 안전한 식수를 공급받기 어려운 가난하고 소외된 계층에서 많이 발생한다.

② 2015년 설사병으로 사망하는 5세 미만 어린이는 사망원인 중 9%를 차지하고 있다. 설사병은 주로 바이러스로 인한 장내 감염으로 발병하게 된다.

③ 2015년 말라리아로 인해 사망한 44만 명 중 약 80%가 5세 미만 어린이다. 대부분 사하라 이남 아프리카에 살고 있다.

④ 이 외 사망 원인으로는 지역사회와 양육자의 정보부족, 기초 보건 시스템의 부재, 무력분쟁, 자연재해 등이다.

(3) 영양

① 2014년 사망한 어린이 약 590만 명 중 50%인 295만 명이 영양실조로 사망하였다.

② 영양실조로 인한 5세 미만 체중미달 어린이는 약 9,500만 명이다.

저체중아는 면역기능이 약하기 때문에 각종 질병에 걸릴 위험이 높으며 심각한 저체중아는 사망률이 2~8배까지 높아진다. 또한 성장하면서 발육부진을 겪거나 어른이 된 후에도 당뇨병이나 심장병에 걸릴 확률이 매우 높다.

③ 출생 직후 1시간 내 모유수유, 출생 후 6개월 동안 모유만 먹이는 완전 모유수유를 통해 어린이의 생명을 구할 수 있다. 44%의 전 세계 영유아만이 출생 후 1시간 내에 모유수유를, 39%만이 완전 모유수유를 받고 있다.

④ 요오드결핍은 정신지체와 같은 지능저하와 학습능력 저하의 주요 원인으로 요오드 결핍증에 걸린 여성이 임신을 할 경우 사산이나 유산을 할 확률이 높아진다. 2015년 말 기준 전 세계 인구의 30%가 이런 지역에 살고 있다.

⑤ 전 세계 5세 미만 어린이의 29%가 비타민 A 결핍에 시달리고 있으며, 2013년 기준 대부분 남아시아(44%)와 사하라 이남 아프리카(49%)에 거주하고 있다. 충분한 비타민 A 섭취 시 모든 질병에 의한 사망률이 24% 감소를 보인다.

(4) 모성보건의 필요성

산모사망은 그 자체로도 비극적일 뿐만 아니라 어린이들의 생존에도 직접적으로 연관된다. 태어난 지 6주 이내에 엄마를 잃은 유아들은 2살이 되기 전에 사망할 확률이 엄마와 함께 사는 아이들보다 훨씬 높다.

선진국에서는 산모 3,300명 중 1명이 사망하는데 비해 사하라 이남 아프리카에서는 산모 36명 중 1명이 사망한다. 산모사망은 적절한 영양섭취와 모성보건, 임신과 출산기간 동안 전문가의 도움을 받는 것으로 예방할 수 있다.

(6) 식수와 위생

1 식수

전 세계 안전한 식수를 사용하지 못하는 인구는 6억 6천 4백만 명(2015)이다. 노상배변으로 인한 불량한 위생 상태와 더러운 식수로 인해 어린이들은 설사병과 전염병, 기생충으로 인한 질병의 위험에 노출되어 있으며 2015년 기준 오염된 물로 인한 질병은 다음과 같다.

- 설사병 : 5세 미만 어린이 하루에 약 1,000명 사망하며, 한 해 약 36만 명 사망
- 주혈흡충병 : 전 세계 2억 5800만 명이 감염, 영양실조, 지능발달 영향, 빈혈, 성장장애, 교육장애

45개 개발도상국을 상대로 설문조사를 실시한 결과 10가구 중 7가구에서 여성과 어린이들이 식수를 구하고 있으며 식수를 구하기 위해 소비하는 시간은 매일 2억 시간에 달한다.

2 위생

아직도 전 세계 9억 4,600만 명이 노상배변을 하고 있으며 대다수가 남아시아 지역에 거주하고 있으며, 아직도 아프리카의 많은 학교들에 화장실 시설이 없다.

아프리카 지브티 중등학교의 64.7%는 화장실 시설이 없고, 아프리카 토고 중등학교의 27.5%만이 남녀 구분된 화장실이 있다.

불량한 위생상태와 더러운 식수로 인해 질병의 위험에 노출되어 있으며, 이는 어린이들의 성장에 큰 손실을 주며 발육부진의 원인이 되기도 한다.

(7) 교육

2013년 기준으로 아직도 전 세계 초등학교 취학연령 어린이 약 5,900만 명이

초등학교에 다니지 못하고 있다. 이 중에서 52%인 3,200만 명 정도가 여자 어린이다. 또 전 세계에서 글을 읽지 못하는 15~24세 인구 1억 1,500만 중 59%가 여성이다. 학교에 가지 못한 이유는 빈곤, 어린이 노동, 조혼, 장애, 전쟁 소년병 참가 등을 들 수 있다.

열악한 교육환경은 어린이들의 교육을 가로막는 원인이 되고 있으며, 초등교육 보편화에 대한 국제사회의 노력에도 불구하고 여전히 6~15세 1억 2,400명의 어린이가 적절한 교육을 받지 못하고 있다.

(8) 어린이 보호

1 출생등록

전 세계 5세 미만 어린이의 25%가 출생신고가 되지 않은 채 살아가고 있다. 출생신고가 되지 않으면 국민으로서 누릴 수 있는 권리을 누릴 수 없다. 이러한 어린이들은 정확한 나이를 알 수 없기 때문에 조혼과 강제징집, 어린이 노동으로부터 보호받지 못할 뿐 아니라 범죄로 기소 당해서 어린이로서의 보호를 받지 못한다. 출생신고 비용부담, 복잡하고 긴 신고절차, 기한초과에 따른 벌금제도 등은 출생신고를 하지 않게 만드는 원인이 된다.

2 어린이 노동

노동에 종사하는 어린이(5~14세)는 1억 5천만 명이다. 아동노동은 어린이의 건강을 손상시키고 교육의 기회를 박탈하며 착취와 학대의 위험이 있으며 성범죄의 대상이 되고 노예와 같은 생활을 하며 마약운반과 같은 범법활동에 이용되기도 한다.

3 조혼

전 세계에서 18세 이전에 조혼을 당한 여자 어린이의 42%는 남아시아에 살고 있고 전 세계의 3분의 1은 인도에 살고 있다. 2014년 기준, 18세 이전에 결혼한 여성의 수는 1,500만 명이며 여자 어린이 4명 중 1명이 조혼을 하였으며, 니제르의 조혼비율이 가장 높은 것으로 나타났다.

조혼으로 야기되는 문제는 임신, 출산으로 사망하는 비율이 20대 여성의 2배이며 아기의 1세 미만 사망확률이 60% 증가한다. 또한 어린신부는 가정폭력의 피해자가 될 확률이 증가될 수 있으며 교육의 기회도 감소될 수 있다.

4 여성할례

2016년 기준 전 세계에서 15~19세 여성 중 여성할례로 고통받은 여성은 최소 2억 명인 37%에 달하며 1980년대 중반 50%였던 것을 감안하면 감소된 추세이다.

여성할례는 여성의 몸과 마음을 훼손하는 인권침해 행위이자 가장 극단적인 성차별인 문화적 관습이다.

5 폭력과 살아가는 어린이

2016년 기준 2~14세 어린이의 60%가 가정에서 폭력적인 훈육을 경험하였으며, 당연히 폭력으로부터 보호받아야 하지만 20세가 되지 않은 전 세계 여자 어린이의 10분의 1인 1억 2천만 명은 성범죄의 대상이 되고 있다.

6 분쟁과 어린이

2016년 유럽에 도착한 난민 어린이와 청소년 10명 중 9명 이상은 보호자가 없다.

전 세계적으로 전투에 참여하고 있는 소년병의 수는 25만 명에 이른다. 분쟁집단에 소속된 어린이들은 전투병이나 짐꾼, 조리, 연락병, 때로는 성노예로 이용당하게 된다.

(9) 에이즈

1 에이즈 현황

전 세계 에이즈 감염자 수는 3,670만 명이고, 15세 미만 어린이가 180만 명이다.

이 중 절반만이 적절한 치료를 받고 있으며 2015년에만 11만 명이 목숨을 잃었다.

에이즈는 아프리카 청소년들의 사망원인 1위이며 전 세계 청소년의 사망원인 2위이다. 사망한 청소년들 대부분 어렸을 때 감염되었고 자신의 감염여부도 모르는 상태였다.

사하라 이남 아프리카에서는 여자 청소년이 에이즈 신규감염 청소년의 75%의 비율을 보이며, 2015년 에이즈에 감염된 임산부는 전 세계 140만 명이다. 에이즈에 감염된 임산부와 수유부의 70%가 적절한 치료 · 예방 프로그램을 제공받았다.

2 에이즈 고아

18세 미만 어린이 1,340만 명이 에이즈로 한 명 이상의 부모를 잃었다.

2. 아동복지의 과제

1) 일본의 아동복지와 우리의 과제

(1) 일본의 아동복지 정책은 요보호 아동중심에서 전체 일반아동의 건전 육성을 위한 아동상담의 활성화 → 각종 아동놀이, 문화시설, 전문화, 다양화 등이다.

(2) 서구에서 겪고 있는 인구의 격감으로 인한 미래사회의 인력자원 확보를 위해 출산율을 높이고 아동의 건전한 성장 · 발달을 돕기 위해 정부가 적극적으로 개입한다.

(3) 자녀를 가진 가정에 대한 정부의 아동수당과 아동부양수당이 지급된다.

(4) 아동복지 시설의 종류가 매우 다양하며 전문화되어 있다.

(5) 아동복지법을 포함한 일본 복지의 6법은 조치권자인 정부의 책임으로 의무화되어 있다.

일본의 아동복지와 비교하여 보완해야 할 한국 아동복지의 과제는 다음과 같다.

① 시설보호 특히 장애아 시설의 경우 장애유형별로 다양한 주거 및 동원시설이 개발되어야 한다.

② 아동상담의 기능과 역할이 강화되어야 한다.

③ 아동수당을 포함한 도움을 필요로 하는 아동들에 대한 정부의 재정적 지원이 강화되어야 한다.

④ 아동학대 예방과 치료를 위한 정부의 제도적 · 재정적 지원과 시민사회의 인식이 재고되어야 한다.

2) 스웨덴의 아동복지와 우리의 과제

(1) 아동 성장 · 발달의 결정적인 시기에 부모가 아동과 함께 지낼 수 있는 시간을 최대한 확보해 줌으로써 아동이 신체적으로나 정서적으로 건전하게 성장할 수 있도록 각종 제도적 장치를 마련하고 있다.

(2) 장기간의 출산휴가와 완전복직을 취업모들에게 보장함으로써 근로의욕을 높이며 출산을 장려하기 위한 각종 혜택을 강화한다.

(3) 낮 동안 보호를 필요로 하는 아동들을 위한 탁아 서비스를 취학아동들을 위한 방과후 프로그램으로 확대한다.

(4) 가정으로부터 분리된 요보호 아동들을 시설보호가 아닌 위탁가정 등 가정보호로 대처한다.

스웨덴의 아동복지와 비교하여 보완해야 할 우리나라의 아동복지 과제는 다음과 같다.

① 선 가정 후 시설보호를 정부의 아동복지정책으로 추진하고 있으며, 요보호 아동에 대한 시설보호 대신 소년소녀가정을 위한 정부 및 지역사회의 지원을 확대해야 한다.

② 위탁가정/그룹홈 설치의 활성화가 필요하다.

③ 특히 2세 미만의 아동들을 가진 취업모를 위한 보육 프로그램 개발이 시급하다.

3) 미국의 아동복지와 우리의 과제

미국의 아동복지는 카두신의 지지적 서비스, 보충적 서비스, 대리적 서비스로 분류되고 있는데 예방적 차원의 지지적 서비스와 보충적 서비스를 치료적 차원의 대리적 서비스에 우선하여 정책적으로 개발해 왔으며, 최근에 이르러 다양한 가정 중심의 서비스가 개발되고 있다.

미국의 아동복지와 비교하여 보완해야 할 우리나라의 아동복지 과제는 시설복지가 대표되는 대리적 아동복지를 대안적 아동복지로 전환시키려는 노력을 강구해야 하며 아동과 부모를 지지하는 서비스로 변화되는 것이 바람직하다.

4) 프랑스의 아동복지와 우리의 과제

프랑스 아동 서비스는 가족정책에 포함되어 있으며 아동이 건전한 가정환경에서 양육 · 보호될 수 있도록 가족수당, 유아수당, 재택아동보육수당 등 10여 종이나 되는 각종 수당과 급여를 통한 재정적 지원을 강화해 왔으며 부모로부터 분리된 아동들의 대부분이 시설보호가 아닌 가정위탁보호 서비스를 제공받고 있다는 특징이 있다.

우리나라는 프랑스와 유사한 점이 많으며 따라서 프랑스의 변화를 하나의 모델로 수용할 수 있을 것이다.

5) 영국의 아동복지와 우리의 과제

1980년대 미국의 레이건 정부가 사회복지예산을 삭감하면서 아동을 포함한 요보호자들에 대한 정부의 책임을 지역사회와 가정에 전가시키는 보수주의적 정책을 택했던 것과 같이 1980년대 이후 대처리즘은 사회복지 분야에 대한 수혜대상과 급여수준을 축소함으로써 국민보건 서비스, 교육 및 주택급여 부분의 사회복지 예산이 감소되면서 경제적 침체를 유발시키고 있는 실정이다.

6) 한국의 아동복지와 과제

지역별 분류에서는 우리나라가 속해 있는 동아시아-태평양 지역의 보건, 교육, 영양, 경제 등의 수준에서 한국이 매우 높으며 선진국과의 사회지표상의 단순비교에서도 경제를 포함한 일부 분야를 제외하고는 거의 비슷한 수준에 도달하고 있다.

(1) 건전한 가정은 아동복지의 가장 중요한 전제조건이 된다는 점에서 가족원의 결속력을 통한 가족해체를 예방하기 위한 정부의 요보호가정에 대한 지원이 강화되어야 한다.

(2) 가정 내의 긴장을 해소하고 가족원의 기능을 강화하기 위한 가족지원 서비스가 다양함으로써 가출, 비행, 기타의 문제행동아의 발생을 예방하여야 한다.

(3) 점증되고 있는 사회문제의 하나인 아동학대와 방임의 예방 및 치료를 위한 국민적 홍보, 신고의 확대, 전문가 교육 등이 활성화하여야 한다.

(4) 여성 취업률의 증가에 따라 맞벌이 부부들을 위한 탁아 서비스가 시설탁아, 가정탁아, 기타 다양한 형태로 활성화되어야 한다.

(5) 일반 건전 아동 육성을 위하여 출산휴가의 제도적 확대와 복직의 보장, 출산휴가에 있어서 남편들의 유급휴가를 통한 산모보호 등 사회 프로그램을 실시하여야 한다.

(6) 법, 제도적 지원이 강화되어야 한다.

(7) 아동복지의 발전을 위한 연구가 지속적으로 이루어져야 한다.

(8) 앞으로의 정부와 지역사회의 아동복지에 대한 투자는 아동이 보호의 대상만이 아닌 권리의 주체로서 아동의 최선의 이익을 우선하는 아동에 대한 적극적인 사회보호와 다양한 여가 및 심성개발을 위한 일반 전체 아동들을 위한 다양한 프로그램이 개발되어야 한다.

3. 아동복지의 전망

1) 아동복지의 전망

(1) 아동복지에 대한 새로운 인식

오늘날 아동복지의 개념은 종전에 가졌던 막연한 자선적 혹은 인도적인 사고와는 달리 좀 더 국가발전에 호응하는 이념, 즉 목적과 가치를 갖는 것으로 그 사업을 위해 전문적 지식과 개념을 새롭게 해야 할 것이다.

아동복지의 목적은 국가발전의 원동력, 국가부강의 기본 및 국가안정의 바탕이라고 할 수 있는 것이다. 가치의 면에서 볼 때 아동복지는 인격 완성의 기초를 마련해 주며, 아동들의 기본권을 보장해 주는 것이다. 또한 실천면에서도 아동복지는 사회복지의 한 분야로서 사회복지의 적극적 활동분야라는 확신을 가진 좀 더 많은 정규적인 훈련과 경험을 쌓은 아동복지 전문가들에 의해서 그 사업이 수행되어야 하겠다.

(2) 다양한 아동복지 프로그램 개발

오늘날 아동복지의 대상은 특수아동으로부터 일반아동에 이르는 모든 아동을 포함하고 있다. 따라서 일반아동의 경우에 있어서도 그들의 건전한 성장 · 발달을 위하여 다양하고 적절한 프로그램과 서비스를 계속 개발해야 할 것이다.

예를 들면 아동공원, 어린이놀이터, 아동회관, 아동도서관, 소년 · 소녀단, 유스호스텔, YMCA, YWCA 활동 등을 들 수 있을 것이다. 한편 자신이나 자기 주위환경에 문제가 발생한 아동에 대해 문제해결의 방안을 널리 연구 · 개발해야 할 것이다. 예컨대 아동복지사업을 부모들이 충분하게 수행하지 못하는 부모의 기능을 강화, 보완, 대리하는 것이라고 할 때, 가정위탁 보호, 입양, 가정상담, 가정조성사업, 보호사업, 아동상담 프로그램, 치료시설 서비스, 사회보장 등의 다양한 프로그램들이 개발되어야 할 것이다.

(3) 아동복지 실천면에서의 새로운 방법과 기능의 활용

우리는 지금까지 불우한 아동들의 의식주을 해결해 주는 데만 급급하였고, 사회적으로 적응할 수 있는 인격형성에 그 목표를 두어야 한다는데 무관심하였다. 선진국의 경우를 보더라도 아동의 시설보호사업에서 그 방법이나 기능에 많은 변화를 가져오고 있다. 우리나라의 경우 일반 육아시설에 있어서도 기능이나 방법이 새로이 검토되고 활동됨으로써 우리가 당면한 많은 청소년 문제, 특히 시설아동들의 고질적인 문제를 해결할 수 있을 것이라 생각한다. 또한 아동전반에 관한 가정생활, 건강, 교육, 종교, 오락, 노동 및 기타 특수한 보호 등을 종합적으로 고려하는 프로그램이나 서비스를 주도록 해야 한다. 더 나아가 특히 방법 면에서 단순한 보호중심적 형태에서 전문적인 사회복지방법론을 채택한다면 더욱더 성공적인 아동복지를 이룩할 수 있을 것이다.

(4) 공적 및 사적 기관운영의 조화적 발전

아동복지사업이 공적이어야 하느냐, 사적이어야 하느냐 하는 문제를 일률적으로 어느 것이 좋다고 규정짓기는 어려운 문제이나, 아동복지사업의 성격이나 경향에 따라서는 공적인 것이 주가 되고 사적인 것이 부가되거나 또는 그 반대인 경우가 되기도 하는데 이들은 서로 조화를 이루고 분담을 하여 발전해야 할 것이다. 아동복지행정이 잘 이루어져 나가고 있는 국가들의 경우 가장 기본적인 프로그램은 모두 정부가 공적부조로 시행하고 있다.

(5) 충족되지 않은 욕구 개발과 그 평가활동의 촉진

우리가 참된 아동복지를 실천하기 위해서는 다양한 욕구의 개발과 현존 프로그램의 정확한 평가 작업을 통해서 올바른 아동복지 활동에 공헌할 수 있어야 한다. 아동들의 욕구와 그에 맞는 서비스 등을 계속적으로 조사 · 평가하여 과학적인 문제해결 방법을 통해서 그 문제를 해결해야 할 것이다.

(6) 재원과 아동복지 전문 인력의 확보

현재 아동복지사업에 쓰여지고 있는 재원의 할당은 아직도 부족하여 이에 대한 자립 확보 방안의 강구가 시급하다. 또한 정부, 학교, 민간단체들로서 아동복지 전문요원의 선정 및 훈련과 이미 훈련받은 요원에 대한 법적인 면이나 자격면의 대책이 속히 수립되어야 하겠다.

2) 한국사회의 미래와 휴먼뉴딜

휴먼뉴딜은 '생애 디딤돌 7개 프로젝트'를 만든 것으로 태어나서 죽을 때까지 잘 살아갈 수 있도록 '디딤돌'을 놓아 준다는 종합적인 인적 투자로 중산층을 두텁게 만들자는 프로젝트이다.

휴먼뉴딜과 관련한 보건복지부의 정책은 '중산층 탈락방지', '중산층 진입촉진', '미래중산층 육성(아동 · 청소년투자)'들 세 가지를 '휴먼뉴딜' 정책 축으로 확정했다.

본 장에서는 아동복지의 전망을 조망해 보기 위하여 보건복지부의 한국 사회의 미래와 휴먼뉴딜이라는 주제의 내용 중 아동 · 청소년 관련 내용들을 발췌 · 정리하였다.

(1) 휴먼뉴딜 개념

1 개념

- 휴먼뉴딜은 경제위기 극복과 함께, 사회통합과 미래성장 잠재력 확충을 위하여 모든 국민의 '의지와 역량 개발'을 지원하고 공정한 '경제 · 사회활동 참여기회'를 보장하는 사회분야 국정운영 기조이다.
- "빈곤에 대한 물적 지원에 더해 그들의 역량(capability)을 키울 수 있는 기회, 교육, 건강, 영양상태, 선택의 자유를 배려하는 것이 중요하다." -1998년 노벨 경제학상 수상자 아마티아 Sen교수

- "자생적 경제 성장과 사회 발전을 위해서는 인적 자본 축적이 필수적이며, 아동의 역량 개발을 위한 투자는 향후 사회비용의 절감이다." -2000년 노벨경제학상 수상자 Heckman 교수

2 휴먼뉴딜 핵심가치

- 의지 : 일하고 공부하고 성공하고 싶은 의지가 있거나 의지가 생기도록 하여 국민 각자의 꿈을 실현할 수 있는 국가
- 역량 : 경제적 · 인지적 · 신체적 · 정서적 대응능력 향상을 위한 생애주기별 연속적 지원
- 기회 : 누구나 건전하고 건강한 생산 활동에 참여하는 시민으로서 사회에 기여할 수 있는 기회 보장

3 휴먼뉴딜 추진원칙

표 13-2 휴먼뉴딜 추진원칙

구분	과거정책기조	휴먼뉴딜 정책방향
내용	단순보호 중심 사회안전망	역량 개발과 일을 통한 도약 (트램폴린형 사회안전망)
	사후대응적 접근	조기개입 및 사전예방적 접근
	개인단위 단절적 지원	가족단위 통합지원

- 트램폴린(Trampoline)형 사회안전망은 사회에서 뒤쳐진 사람들을 붙잡아 주고 다시금 경제활동 인구로 들어갈 수 있도록 유지시켜 주는 복지제도의 관점
- 사회안전망(Social Safety Net)-트램폴린(Trampoline)-생업 · 취업활동(Trapeze) 3가지 차원(T. Friedman, 2002)

4 비전 및 추진목표

- 비전 : 휴먼뉴딜 정책을 통한 중산층 복원과 미래 성장 잠재력 확충
- 핵심가치 : 역량, 의지, 기회
- 3대 추진목표 : 중산층 탈락방지, 중산층 진입 촉진(트램폴린형 사회안전망), 미래 두터운 중산층 만들기
- 6대 추진방향 : 가구 총소득 확대, 가계지출 부담경감, 경제위기가구 중산층 조기재진입, 적극적 빈곤탈출, 아동의 역량 최대화, 가난 대물림 끊기
- 주요정책 대상 : 중산층 983만 가구(59%), 저소득층 344만 가구(20.6%), 저소득층·중하층 아동·청소년(33%) 430만 명

5 타 제도와의 관계

- 사회적 보호시스템과의 관계 : 기초적 사회안전망은 지속적으로 내실화한다는 것을 전제로 새로운 사회적 위험(new social risks) 대응과제 포괄
- 적용범위 : 개인, 가족, 지역사회의 역량 강화에 가장 밀접한 복지·건강·교육·고용훈련 등 휴먼인프라 분야

(2) 복지정책의 추진현황

1 일생에 걸친 주요 보건복지정책

- 임신출산 : 난임시술, 예방접종, 산모 도우미
- 영유아보육 : 보육료지원, 양육수당, 아이돌보미
- 아동·청소년 : 드림스타트, 방과후 통합돌봄, 드림스타트 디딤씨앗통장, 아동급식, 장애아동재활, 아동인지·건강관리
- 가족 : 한부모, 미혼모, 다문화가족 맞춤형 지원

2 영유아보육

① 보육료 지원확대 : 보육료 전액지원 확대

- 0~5세 아동 대상 지원기준 완화('08) 차상위 계층(39만 명)→('09)소득하위

50%(61만 명)

- 차등보육료 지원 확대-영유아 가구 소득하위 70%(436만 원) 이하 ('08)62만 명→ ('09)79만 명
- 둘째아 보육료 지원-(지원기준) 소득하위 70%(436만 원) 이하 영유아 가구 중 2자녀 이상 동시에 어린이집 또는 유치원 이용시 (지원기준) 둘째아부터 보육료 50% 지원

② 어린이집 미이용 아동 양육수당 지원

- 지원대상 : 차상위 이하 가정 만 0~1세아(11만 명)
- 지원내용 : 매월 10만 원 지원

('08 기준)영유아 274만 명 중 약 42%(116만 명)는 어린이집, 유치원 미이용

③ 보육 서비스 이용 : I -사랑카드 도입('09 9월)

- 추진배경 : 어린이집 이용 부모에게 전자바우처 발급→보육 서비스 선택의 기회 확대
- 발급대상 : 약 90만 명 - 어린이집 약 33천개소

④ 어린이집 종사자 처우개선

- 특별근무수당지원 : 농어촌 지역 보육교사 대상 월 11만 원
- 대체교사 파견 : 보육교사 휴가, 보수교육 등 대비 450명
- 어린이집 안전공제회 : 안전사고 예방 및 보상 체계화

3 아동 · 청소년

① 취약계층 아동지원 강화

표 13-3 취약계층 아동지원 강화

구분	드림스타트 사업확대	디딤씨앗통장(CDA)
지원대상	저소득층 아동	요보호 아동 (시설보호가 필요한 아동위주)

지원내용	보건, 복지, 교육, 문화 등 맞춤형 통합 서비스 제공	자립자금 지원을 위해 아동에 대한 후원금과 정부지원을 1 : 1로 매칭
추진내용	('08)32개 지역(22천 명) ('09)75개 지역(52천 명)	통장발급 34천 명 적립총액 301억 원

② 방과후 돌봄 및 아동급식 지원

- 방과후 돌봄 : 맞벌이 및 한부모 가구 등의 방과후 나홀로 아동 · 청소년에게 지역아동센터(초등학생), 방과후 아카데미, 보육 등으로 지원
- 결식아동 지원 : ('08)29만 명→('09)45만 명 총 16만 명 확대(421억 원)

③ 아동에 대한 사회 서비스 확대

- 돌봄 서비스 지원강화 : 아이돌보미(84천 가구), 산모신생아 도우미(59천명) 등
- 건강 · 인지능력 향상 : 아동 인지능력 향상, 건강관리, 장애아동 재활치료 사업 등

4 가족지원

① 한부모 가족 자녀양육 지원

- 양육비 지원 : ('09)10세 미만→12세 미만 아동 월 5만 원 지원
- 교육비 지원 : 고교 입학금, 수업료
- 부모법률구조사업 : 비양육 배우자에 대한 자녀양육비 청구소송 지원

② 한부모 및 미혼모 자립지원

- 복지자금대여 : 저소득 한부모 가구에 저리(연 3%)로 2천만 원 한도 내 창업자금 융자
- 미혼모 공동생활가정 지원 : 자녀양육 미혼모에게 주거 제공 및 자립 프로그램 실시

③ 가족친화 사회환경 조성지원

- 가족친화 우수기업 인증제 : 탄력적 근무, 자녀출산 양육지원 우수기업에 부여 ('08-14개업체)

3) 세계의 아동복지의 전망

(1) 누구나 인간답게 사는 세상을 향한 꿈 -새천년개발목표

전 세계 가난으로 고통받는 사람들을 돕기 위해 2000년에 수립하고 추진해 온 세계공동 목표인 새천년개발목표(Millennium Development Goals, MDGs)가 2015년 12월 31일 기한이 만료되었다.

그간 새천년개발목표를 달성하기 위한 국제사회의 노력과 성과를 되짚어 보면 다음과 같다.

1 절대 빈곤과 기아 절반으로 감소

절대 빈곤의 기준은 하루 소득 1.25달러 미만의 수입으로 살아가는 사람들을 말한다. 현재 빈곤율은 목표인 절반으로 떨어졌지만 여전히 8명 중 1명은 기아로 고통받고 있으며, 또 5세 미만 어린이 6명 중 1명이 저체중이며, 4명 중 1명은 발육부진 상태이다.

2 보편적 초등교육의 달성

전 세계 모든 어린이가 동등하게 초등교육 전 과정을 이수하도록 하는 것이 두 번째 목표이다. 그 결과 개발도상국 취학 연령의 90%에 해당하는 어린이들이 초등학교에 등록했으나 현재의 진전 속도로는 올해까지 목표를 달성하기 어려울 것으로 내다보고 있다.

3 양성평등과 여성능력의 고양

전 세계 난민의 80%, 문맹의 2/3가 여성이다. 모든 교육 수준에서 성별 간 격차를 해소하는 것이 목표이며 교육 분야는 양성평등에 꾸준히 근접하고 있지만, 특히 사하라이남 아프리카, 서아시아 지역 등은 집중적인 노력이 필요하다.

4 유아 사망률 2/3 감소

1990년 이후 5세 미만 유아 사망률은 41%가 줄었다. 그러나 2011년 기준 여전히 600만 명 이상의 5세 미만 어린이들이 예방 가능한 질병으로 사망했다. 사하라 이남 아프리카 지역의 5세 미만 사망률은 선진국 유아 사망률 대비 16배 이상이나 높은 수치를 기록하고 있다.

5 산모의 건강 증진

1990년에 비해 산모 사망률은 45%나 줄었다. 그러나 아직 목표 달성치인 산모 사망률 3/4 감소에는 크게 미치지 못한 상태이며 선진국과 개발도상국의 격차뿐 아니라 개발도상국 내에서도 도시와 농촌의 격차가 매우 큰 부분이다.

6 HIV · AIDS와 말라리아 감소

전 세계적으로 HIV 신규 감염자 수는 계속 줄어드는 추세이며 2011년 기준 21%가 감소했다. 또 말라리아와 결핵 등의 질병으로 인한 사망자 수도 많이 감소했지만 지속적인 관리와 지원이 필요한 상태이다.

7 지속가능한 환경 보장

23억 이상의 인구가 깨끗한 식수를 마시게 됐으며, 개발도상국 인구의 약 절반이 개선된 하수처리 시설을 이용하고 있다. 반면 온실가스 배출은 증가세로, 이산화탄소 배출량은 2000~2010년 사이 33%가 증가했는데, 개발도상국의 급격한 경제성장이 가장 큰 요인이라고 한다.

8 국제적인 파트너십 구축

국제사회는 2000년 이후 여러 차례의 선언문을 통해 국제 원조 규모를 늘릴 것이라고 약속했다. 그러나 유엔이 정한 전체 공여국 국민총소득(GNI)의 0.7%라는 목표는 거의 지켜지지 않고 있으며, 세계 금융 위기와 유로존 위기가 공적 개발원조에 타격을 주고 있다.

(2) 누구나 좀 더 행복하게 사는 세상을 향한 꿈 -지속가능발전목표

국제사회는 새천년개발목표의 기한이 2015년에 끝나게 됨에 따라 새로운 개발목표를 만들고 있다.

2016년부터 2030년까지 전 세계가 함께 추진할 새로운 목표는 바로 지속가능발전목표(Sustainable Development Goals, SDGs)이며, 향후 15년 동안 우리가 함께 만들어 나가고 싶은 세상은 어떤 모습일지 살펴보면, 전 세계 모든 국가가 직면한 보편적인 목표이다.

지속가능발전목표는 절대 빈곤과 기아퇴치, 보편적 초등교육 달성, 성 평등과 여성능력 고양, 영유아 사망률 감소, 산모의 건강 증진, HIV · AIDS와 말라리아 감소 등과 같이 가장 시급하고 발전의 기본이 되는 내용들로만 구성되어 최빈국 빈곤 문제에 집중한 기존의 새천년개발목표와 달리 기후 변화, 에너지, 식량, 평화와 안보를 아우르는 개발목표로 선진국을 포함한 모든 국가에 해당하는 보편적인 목표를 제시하고 있다. 특히 삶의 질 향상, 안정적인 에너지 자원 활용, 적절한 경제 성장과 고용, 국가 간 불평등 완화, 안전한 주거, 지속가능한 생산과 소비, 기후 변화를 막기 위한 긴급한 대처, 지속가능한 개발을 위한 해양자원 활용, 지상 자원 보호, 지속가능한 개발을 위한 국제 공조의 강화 등은 현재 한국사회에서도 지향점으로 제시될 수 있는 목표들이다.

생각해 볼 문제

1. 현재 우리 주변의 아동 · 청소년에게 가장 필요한 과제는 무엇인가 토론해 봅시다.

2. 한국 사회의 휴먼뉴딜에서 아동관련 정책을 살펴보자.

참고문헌

강란혜(2005). 아동복지론. 서울: 대왕사.

강명득(2006). 재외동포의 법적지위 및 출입국관리 현황과 전망. OK times ; Overseas Koreans Time 통권 제152호(2006. 7), pp. 11-14.

강문희 · 정정옥 · 김승경(2006). 영유아 발달의 이해. 서울: 신정.

강문희 · 김매희 · 이경희 · 정정옥(2000). 야간 및 24시간 보육실태 및 요구도 조사연구. 영유아보육학 제22집. 27-55.

강지나(2007). 학교사회복지사의 역할에 관한 연구. 가톨릭 대학교 사회복지대학원 석사학위 논문.

강현주(2007). 학교사회복지에서의 사례관리 실천방안에 관한 연구. We Start 사업의 사례를 중심으로. 서강대학교 공공정책대학원 석사학위 논문.

강휘원(2006). 한국 다문화사회의 형성 요인과 통합 정책. 국가정책연구, 20(2): 5-34.

건강가정기본법 시행령과 시행규칙.

건강가정기본법 실무팀(2004a). 건강가정지원센터 운영 관련세미나 1차 자료집.

건강가정기본법 실무팀(2004b). 건강가정지원센터 운영 관련세미나 2차 자료집.

건강가정지원센터 사업보고대회(2007). 중앙건강가정지원센터.

건강가정지원센터 운영가이드북(2008). 중앙건강가정지원센터.

건강가정지원센터 종사자 Workshop 자료집(2005). 중앙건강가정지원센터.

고성혜(1992). 아동학대 개념규정 및 아동학대에 대한 모 · 자녀의 지각성향. 서울대학교 박사학위 청구논문.

공계순(2009). 아동복지론. 서울: 학지사.

공계순 · 박현선 · 오승환 · 이상균 · 이현주(2003). 아동복지론. 서울: 학지사.

공계순 · 박현선 · 오승환 · 이상균 · 이현주(2013). 아동복지론(4판). 서울: 학지사.

공인숙 외(2002). 영유아보육론. 서울: 교육과학사.

공인숙 · 한미현 · 김영주(2002). 영유아보육론. 서울: 교육과학사.
공재성 외(2008). 하늘과 맞다은 바람의 나라 몽골. 서울: 이른아침.
공창숙(2006). 방과후 아동지도 총론. 경기: 양서원.
곽영숙 · 홍강의(1989). 아동학대 현상의 개념. 정신건강연구(한양대학교 정신건강연구소), 6, 37-52.
교육과학기술부(2008). 방과후 활동사업 간의 연계협력을 통한 교육안전망 구축방안 연구.
교육과학기술부(2008). 특수학교 교육과정. 교육인적자원부 교시 제2008-3호.
교육과학기술부(2009). 2009년 교육과학기술부 통계.
교육부(2009). 특수교육 연차보고서.
교육부(2013). 특수교육 연차보고서.
교육부(2017). 특수교육 연차보고서.
교육부(2017). 특수교육발전 5개년계획.
구자헌(1972). 사회복지. 한국사회복지연구소.
구자헌(1984). 한국사회복지사. 서울: 홍익재.
구자헌(1989). 아동복지. 한국사회복지연구소.
구정화(2016). 아동권리교육의 이해와 권리교육 감수성 높이기. 2017 초등교원을 위한 교사직무연수 자료집. 유니세프 한국위원회.
국가인권위원회(2005). 초등학교 인권교육 프로그램. 누구나 행복할 권리가 있어요.
국가인권위원회(2011). 유아교사를 위한 인권교육 프로그램 개발연구.
국립특수교육원(2010). 특수교육백서.
권영미(2000). 부모의 이혼이 자녀의 자아존중감과 사회성에 미치는 영향. 중앙대학교 대학원 석사학위 논문.
금명자 외(2006). 다문화가정 청소년(혼혈청소년) 연구-사회적응 실태조사 및 고정관념 조사. 한국청소년상담원 편.
김경옥(2002). 우리나라 보육정책의 실태와 개선방안. 영남대학교 대학원 석사학위논문
김경희 외(2006). 보육학개론. 서울: 창지사.
김계현 외(2000). 학교상담과 생활지도. 서울: 학지사.
김광일 · 고복자(1987). 아동구타의 발생률 조사. 정신건강연구(한양대학교 정신선강연구소), 6, 66-81.
김기환(1996). 학생복지를 위한 학교사회사업의 필요성. 한국아동복지학, 4, 159-185.
김달님(2001). 학교 내 학교사회복지사의 역할에 관한 사례연구. 가톨릭 대학교 사회복지대학원 석사학위 논문.
김달호(2008). 우리나라 영 · 유아 보육사업 개선방안에 관한연구. 인제대학교 행정대학원 석사학위 논문.
김명희(2008). 아동복지론. 경기: 교문사.
김성경 · 김혜영 · 최현미(2009). 아동복지론. 경기: 양서원.
김순옥 · 박은주 · 배은영 · 원명순 · 주현경 · 최종구(2014). 아동복지론. 서울: 동문사.

김승권 외(2009). 2009년 전국 다문화가족실태조사 연구.
김승권(2010). 한국다문화가족의 사회경제적 특성과 정책적 함의.
김아영(2006). 초등교사의 다문화 교육 인식 실태조사. 서울교육대학교 석사학위 논문.
김연진 · 한성심 · 윤혜경 · 최진원 · 현미숙(2004). 보육학개론, 서울: 동문사.
김영임(2002). 이주노동자 가족의 자녀양육 실태와 지원방안. 성공회대학교 석사학위 논문.
김영종(2002). 사회복지행정. 서울: 학지사.
김영종(2010). 사회복지행정(3판). 서울: 학지사.
김유경, 류정희, 변용찬(2016). 가족 · 아동 · 장애인복지 현황과 정책과제. 보건복지포럼.
김응석 · 김현옥 · 이상헌 · 오정수 · 이정호 · 박광준(1995). 아동복지수용시설 운영평가 및 개선방안. 한국보건사회연구원 연구보고서, 95-123.
김익균 외(2002). 아동복지론. 서울: 대학출판사.
김인숙(2003). 가족지원기본법(안) 제정의 배경과 내용. 한국사회복지학회 정책토론회 자료집, 1-20. 국회헌정기념관.
김재인(1996). 초등학교에서의 방과후 아동지도 프로그램. 아동연구 제10권, 107-152.
김재인 · 이향란(2004). 외국의 방과후 아동보육제도연구. 한국여성개발원.
김정원 외(2005). 외국인 근로자 자녀교육복지 실태 분석 연구. 한국교육개발원.
김정원(2006). 국내 몽골 출신 외국인 근로자 자녀 학교교육 실태 분석. 교육사회학연구, 16(3): 95-129.
김종해(2004). 영유아보육법 개정의 의미와 과제. 한국사회의 바람직한 유아보육/교육을 말한다. 대한 YWCA 연합회 사회문제포럼, 2004. 5. 12.
김준성(2008). 상담능력 향상을 위한 대화기술 교육 방안에 관한 연구: 군 초급간부 중심으로. 원광대학교 산업. 경영대학원 석사학위 논문.
김진숙(2003). 영 · 유아 보육서비스 발전방안에 관한 연구. 중앙대학교 행정대학원 석사학위 논문.
김진이(1999). 포괄적 보육프로그램 개발을 위한 보육욕구에 관한 연구. 연세대학교 대학원 박사학위 논문
김태완 · 김성아(2015). 장애아동·청소년 지원제도의 현황 및 한계. 보건복지포럼.
김현용 외(2001). 현대사회와 아동: 아동복지의 시각에서. 서울: 소화출판사.
김혜경 외(2006). 가족복지론. 서울: 공동체.
김혜련(2010). 다문화가족의 건강 및 보건의료실태와 정책과제.
김혜영(1990). 아동학대 관련변인에 관한 연구: 가출아동과 일반아동간의 비교. 이화여자대학교 석사학위 청구논문.
김호순 · 황진구 외(2006). 청소년 방과후아카데미 시설환경모델 개발. 한국청소년 개발원 연구보고(수시과제), 06-R 18.
김홍원 외(2007). 2006 방과후학교 성과분석 연구 수탁연구 CR 2007-13. 한국교육개발원.
남기민(2010). 사회복지정책론. 서울: 학지사.
남세진(1995). 한국사회복지의 선택. 파주: 나남출판사.
남영옥 · 이경희(2005). 야간방과후 아동보육에 관한 탐색적 연구. 방과후아동지도연구, 2권(2),

8. 한국방과후아동지도학회.
노병일(2008). 아동복지론. 경기: 공동체.
노충래 · 홍진주(2006). 이주노동자 자녀의 한국사회 적응실태 연구: 서울경기지역 몽골출신 이주노동자 자녀를 중심으로. 한국아동복지학 22: 127-159.
노혜련(1998). 아동권리 국제협약의 시각에서 본 한국아동의 인권. 파주: 나남출판사.
노혜련(2002). 사회복지학개론. 8. 169-172. 서울: 학지사.
노혜련 · 김미원 · 조소연(2015). 예방과 통합의 관점에서 본 아동복지론. 서울: 학지사.
노혜련 · 김미원 · 조소연(2016). 아동복지론. 서울: 학지사.
도미향 · 남연희 · 이무영 · 변미희(2006). 아동복지론. 경기: 공동체.
도미향 · 남연희 · 이무영 · 변미희(2014). 아동복지론. 경기: 공동체
동승자(2000). 이혼가정 아동의 통제소재, 스트레스 대처행동과 우울 · 불안의 관계. 가톨릭대학교 대학원 석사학위 논문.
문선화 · 구차순 · 박미정 · 김현옥(2009). 한국사회와 아동청소년 복지. 경기: 양서원
박경일 · 김경호 · 서화정 · 윤숙자 · 이명현 · 이상주 · 이재모 · 전광현 · 조수경(2004). 사회복지학 강의. 경기: 양서원.
박병호(1996). "가족정책의 방향": 한국가족정책의 이해. 서울: 학지사.
박보희(2002). 우리나라 아동복지 정책의 평가와 향후과제. 2002 한국아동복지학회 제17회 학술대회 자료집, 3-25.
박성수 외(2000). 상담심리학. 한국방송통신대학교 출판부.
박성수(1995). 생활지도. 서울: 정민사.
박옥임 외(2008). 가족복지론. 서울: 청목출판사.
박원길(1999). 몽골의 문화와 자연지리. 민속원.
박인규(2009). 방과후 아동지도 프로그램에 대한 부모만족도 연구: 포항지역을 중심으로. 경안신학대학교대학원 석사학위 논문.
박정란 · 서홍란(2001). 아동복지론. 경기: 양서원.
박종보 · 조용만(2006). 다문화가족지원법 마련을 위한 연구. 여성가족부.
박종삼 외(2002). 사회복지학개론. 서울: 학지사.
박지혜 · 공선영 · 홍훈식(2006). 2005 경기가족여성통계. 경기도가족여성개발원.
박현숙(2007). 한국 방과후 아동지도의 활성화 방안. 서울스포츠복지대학원대학교 석사학위 논문.
배화옥(2010). 아동과 복지. 서울: 신정.
법제처(2016). 장애인 등에 대한 특수교육법.
법제처(2017). 장애인 복지법(2017).
법제처(2017). 장애인 등에 대한 특수교육법 시행령.
변미희 · 이무영(2003). 1999년 아동복지법 전면 개정의 정책결정과정에 관한 연구. 한국가족복지학, 8(1), 51-677.
보건복지가족부(2010). 2010년 보육사업안내.
보건복지가족부(2010). 2010년 보육통계. 보육정책과.

보건복지가족부(2010). 청소년 백서.

보건복지가족부 · 1391 중앙아동보호전문기관(2009). 전국아동학대현황보고서.

보건복지부(1999). 보육사업안내. 보건복지부.

보건복지부(2005). 2005년 아동복지사업안내.

보건복지부(2007). 2007년 아동복지사업안내.

보건복지부(2010). 2010년도 아동청소년복지사업안내. 보건복지부.

보건복지부(2013). 한국아동종합실태조사.

보건복지부(2014). 2013년 보육통계.

보건복지부(2014). 장애인 실태조사.

보건복지부(2014). 전국지역 아동센터 실태조사보고서. 지역아동센터중앙지원단.

보건복지부(2015). 아동정책보고서. 〈제1차 아동정책기본계획〉.

보건복지부(2015). 유엔 아동권리협약 이행을 위한 법적 제도화 방안연구.

보건복지부(2016). 2016년 아동분야 사업안내. 보건복지부.

보건복지부(2016). 드림스타트 사업안내. 보건복지부.

보건복지부(2016). 아동권리헌장 제정.

보건복지부(2017). 2017 장애아동가족지원 사업안내(제Ⅳ권)

보건복지부(2017). 발달장애인 부모교육 과정 매뉴얼.

보건복지부 · 국제아동인권센터(2016). 2016 아동인권증진사업. 아동권리포럼 자료집, (사)국제아동인권센터.

보건복지부 · 한국아동권리모니터링센터(2011). 유엔 아동권리협약 제3, 4차 보고서 심의결과 및 유엔 아동권리위원회 권고사항 자료집.

빈부격차 · 차별시정위원회(2006). 여성 결혼이민자 가족의 사회통합 지원대책.

사미경(2005). 아동복지에 있어서 Montessori교육이 아동발달에 미치는 영향에 대한 연구. 취학전 아동을 중심으로. 세종대학교 행정대학원 석사학위 논문.

샬트르 성 바오르 수녀회(1991). 한국 샬트르 성 바오르 수녀회 100년사.

서보준 · 김우호 · 박선태 · 이정미(2013). 아동복지론. 경기: 공동체.

서영숙 외(2007). 보육과정. 경기: 공동체.

서영숙 외(2010). 방과후 아동지도. 경기: 양서원.

서영숙 · 김경해(1999). 영유아보육론. 경기: 양서원.

서영숙 · 김경혜(2003). 영유아보육론. 경기: 양서원.

서영숙 · 허정경. 오현주(2007). 방과후 아동지도론. 경기: 양서원.

서운 외(2005). 사회복지학의 이해. 서울: 학지사.

서울대학교 사범대학교육연구소(1981). 교육학용어사전. 서울: 배영사.

서울특별시 교육청(2012). 학생인권교육센터 「서울학생인권조례」, 서울특별시조례 제5247호.

서은주(1992). 아동학대 발생 현황과 관련변인에 개한 연구. 계명대 대학원 석사학위 청구논문.

서혁(2007). 다문화가족 현황 및 한국어교육 지원방안. 이화여자대학교 석사학위 논문

설동훈 외(2005). 국제결혼 이주여성 실태조사 및 보건 · 복지지원 정책방안. 보건복지부.

설동훈(1999). 외국인 노동자와 한국사회. 서울대학교출판부.

설동훈 · 이혜경 · 조성남(2006). 결혼이민자 가족실태조사 및 중장기 지원정책방안연구. 여성가족부.

설동훈 · 최홍엽 · 한건수(2002). 국내 거주 외국인 노동자인권실태조사. 국가인권위원회.

설동훈 · 한건수 · 이란주(2003). 국내 거주 외국인 노동자 아동의 인권실태조사. 국가인권위원회.

성영혜 · 윤석희 · 이경화(1995). 부모교육. 서울: 문음사.

송명자(1996). 발달심리학. 서울: 학지사.

송인섭(2004). 교육심리학. 경기: 양서원.

송주미(1998). 한국 아동복지관의 변천과정 연구: 정책 분석을 중심으로. 숙명여자대학교 대학원 박사학위 논문.

신연호(1993). 아동학대의 실태와 대책에 관한 연구. 청주대학교 석사학위 청구논문.

신영화(1986). 한국아동학대의 사회, 인구 및 가정환경 특성에 관한 연구. 서울대학교 석사학위 청구논문.

신혜영 · 유민임(2009). 방과후 아동지도. 서울: 창지사.

심리학사전(1970). 공진출판, 190-191.

심인선(2010). 결혼이민자의 취업 및 직업훈련실태와 정책과제.

쑤팟뜨라 쑤팝(2007). 태국사회와 문화.

아동복지법(2010). 보건복지부.

안영진 · 장선철(2006). 아동상담. 서울: 동문사.

양동교(2009). 아동 · 청소년 정책현황 및 권리. 2009년 제25회 유아교육학술대회. 아이코리아 연수원.

여성가족부(2006). 2006 보육사업안내.

여성가족부(2010). 2010 한부모가정지원사업안내. 여성가족부.

여성가족부(2013). 청소년 방과후 아카데미 운영결과 보고서. 한국청소년활동 진흥원.

여성가족부(2015). 2015년 다문화가족 실태조사.

여성가족부 · 중앙건강가정지원센터(2007). 2007 결혼이민자가족 아동양육지원사업 운영매뉴얼.

연진영(1992). 아동학대의 실태 및 신체적 학대의 실태와 예방대책에 관한 연구. 중앙대학교 석사학위 청구논문.

오성배(2005). 코시안(Kosian) 아동의 성장과 환경에 관한 사례 연구. 한국교육, 32(3): 61-83.

오승환(2000). 저소득 결손가족 청소년의 적응 결정요인. 서울대학교 대학원 박사학위 논문.

오정수(2006). 세계의 아동복지서비스. 서울: 나눔의 집.

오정수 · 정익중(2009). 아동복지론. 서울: 학지사.

우종모 · 김재호 · 조당호(2004). 사회복지행정론. 경기: 양서원.

유안진(1995). 유아환경론. 서울: 창지사.

유안진(1999). 아동발달의 이해. 서울: 문음사.

유엔 아동권리협약 한국 NPO연대(2010). 제3 · 4차 유엔아동권리협약 민간보고서. 유엔아동권리협약 한국 NPO 연대.
유희정 · 강정희(2002). 영유아 보육서비스 다양화 및 보육인프라 확충방안 연구. 여성개발원 연구보고서, 220-12.
윤난호(1996). 아동이 보고한 학대와 가정환경 관련변인과의 관계. 숙명여자대학교 교육대학원 석사학위 청구논문.
윤매자 · 신혜경 · 주정현(2016). 아동복지론. 경기: 양서원.
윤종희(1991). 가족학 연구와 생태학적 접근. 가족학연구회 편, 197-226.
윤철수 · 진혜경 · 안정선(2006). 학교교육과 복지. 한국학교사회복지사협회 부설 교육복지 연구소. 경기: 양서원.
윤현희(2008). 방과후 아동지도 활성화 방안에 관한 연구: 초등학교 저학년의 방과후 아동지도를 중심으로. 한양대학교 행정자치대학원 석사학위 논문.
은지용(2007). 청소년 다문화 학습 프로그램 모형개발 연구. 청소년학연구, 14(3): 217-241.
이경림(2004). '지역아동센터 운영 및 설립방안'. 부스러기사랑나눔회.
이대근(2001). 아동복지론. 서울: 형설출판사.
이문영(2008). 교육의 새로운 만남을 위한 교육학 개론. 서울: 교육아카데미.
이배근(2006). 세계의 아동복지. 유니세프 보고서.
이상윤(1995). 태국사회와 태국인.
이소희 외(2004). 영유아보육론. 경기: 양서원.
이소희(1989). 아동학대 확인을 위한 가정환경 분석 연구. 숙명여자대학교 박사학위 청구논문.
이소희(2002). 아동보육론. 서울: 양지사.
이소희(2004). 제1회 부모교육사 기본과정 교육 자료집.
이소희(2005). 보육학개론. 경기: 양서원.
이소희(2005). 아동보육론. 서울: 대왕사.
이소희(2005). 아동복지론. 서울: 학현사.
이소희 · 유미숙(1997). 유아복지. 서울: 형설출판사.
이순형 · 서영숙 · 전인옥(2000). 열린교육을 위한 주제탐구 표현활동: 어린이집과 초등학교의 방과후 프로그램. 서울: 창지사.
이순형 외(2008). 아동복지-이론과 실천(4판). 서울: 학지사.
이순형 · 민하영 · 이소은 · 이완정 · 황혜신 · 이강이 · 이영미 · 이혜승 · 한유진 · 권혜진 · 성미영(2013). 아동복지 이론과 실천(6판). 서울: 학지사.
이양희 · 구미향 · 윤정란 · 황소영 · 김영미(2016). 알송달쏭 권리 알 권리. 국가인권위원회. 서울: 유아림.
이옥(2000). 한국 영유아보육사업의 이념적 방향과 과제. 한국영유아보육학 제23집, 1-24.
이옥형(1997). 아동발달. 서울: 집문당.
이용교(1999). 현대청소년복지론. 경기: 양서원.
이인정 · 최해경(2000). 인간행동과 사회환경. 파주: 나남출판사.
이장호(1993). 상담심리학입문. 서울: 박영사.

이재연 외(1990). 아동상담과 치료. 경기: 양서원.

이재연(1992). 아동발달. 서울: 문음사.

이재연 · 박은미 · 황옥경 · 김형모 · 이은주 · 강현아(2008). 아동복지론. 서울: 학지사.

이재연 · 박은미 · 황옥경 · 김형모 · 이은주 · 강현아(2015). 아동복지론. 서울: 학지사.

이재연 · 안동현 · 황옥경(2007). 아동과 권리. 서울: 창지사.

이재완 · 최영선(2006). 세계의 아동수당제도. 경기: 양서원.

이정희(1994). 우리나라 고등학교 상담실 운영개선에 관한 연구. 경희대 행정대학원 석사학위 논문.

이종성(2007). "새터민 청소년의 한국사회 적응과 한국교회의 역할". 감리교 신학대학대학원 석사학위 논문.

이주연(2003). 교회의 부모교육. 아동기 부모를 중심으로. 한신대학교 대학원 석사학위 논문.

이주자코호트사업(2007-2010). 내부자료.

이창수(2007). 포괄적 보육서비스를 위한 보육정책의 발전방향 연구. 경희대학교 대학원 박사학위 논문.

이태희(2004). 아동발달심리를 고려한 소아전문클리닉 실내 디자인에 관한 연구. 홍익대학교 산업대학원 석사학위 논문.

이해경 외(2007). 평생학습자를 위한 교육학의 이해. 서울: 학지사.

이해경 · 이양 · 용홍출(2005). 교육심리학. 경기: 양서원.

이혜경(1993). 경제성장과 아동복지 정책의 변용. 아동복지학, 1, 199-223.

이혜원(2006). 한일 아동복지법의 내용에 대한 비교연구. 한국사회복지학, 58(2), 167-195.

이화진(2008). 학교사회사업에 관한 연구. 동국대학교 행정대학원 석사학위 논문.

임은영(2008). 보육서비스의 개선방안에 관한 연구. 조선대학교 정책대학원 석사학위 논문.

임종운(2002). 아동복지론. 서울: 홍익재.

임태형(2017). 장애인 복지혜택에 대한 결정요인 분석. 서울대학교 행정대학원, 석사학위 청구논문.

2007년 국제결혼가정 자녀의 교육기회 실태와 대안 모색. 인간연구, 12: 1-15.

장상란(2008). 평가인증 후 보육시설 종사자의 평가인증에 대한 인식 및 사후관리 실태. 경성대학교 교육대학원 석사학위 논문.

장애아동복지지원법 제정을 위한 공동대책위원회(2009). 장애아동복지지원법 제정을 위한 전국 지역순회간담회 자료집.

보건복지부(2010). 장애인 등에 대한 특수교육법.

장인협(1981). 사회복지론. 서울: 서울대학출판부.

장인협 · 오정수(2001). 아동청소년복지론. 서울대학교출판부.

장인협 · 오정수(2004). 아동 · 청소년복지론. 서울대학교출판부.

장혜경 · 김혜경 · 오학수 · 이기영(2003). 외국인 노동자 가족관련 정책 비교연구. 한국여성개발원.

장혜경(2004). 외국인 근로자 자녀의 교육소외 실태와 대책. 한국교육개발원, 제25차 KEDI 교육정책 포럼: 99-123.

전남련 · 이애련(2008). 아동복지. 서울: 형설출판사.

전재일 외(1997). 학교사회사업. 사회복지개발연구원.

정기선 외(2007). 경기도내 국제결혼 이민자가족 실태조사 및 정책적 지원방안 연구. 경기도가족여성개발원.
정민숙 · 양정만 · 영형하 · 박일연 · 김혜선(2017). 사회복지개론. 경기: 공동체.
정영숙 · 김영희 · 박범혁(2001). 아동발달과 부모교육. 서울: 시그마프레스.
정옥분(2004). 발달심리학. 서울: 학지사.
정옥분 · 정순화 · 손화희 · 김경은(2012). 아동복지론. 서울: 학지사.
정옥분 · 정순화 · 손화희 · 김경은(2016). 아동권리와 복지. 서울: 학지사.
정원식 · 박성수(1978). 카운슬링의 원리. 서울: 교육과학사.
정일봉(2006). 학교사회사업의 제도화 방안에 관한 연구. 조선대학교 정책대학원 석사학위 논문.
조기석(2009). 방과후 아동보육의 활성화 방안. 가야대학교 행정대학원 석사학위 논문.
조성연 외(2008). 아동발달의 이해. 서울: 신정.
조영달 외(2006). 다문화가정 자녀교육지원을 위한 자료개발연구. 교육인적자원부.
조희금 · 김경신 · 정민자 · 송혜림 · 이승미 · 성미애 · 이현아(2007). 건강가정론. 서울: 신정.
주영희(1984). 가출아동을 통한 학대에 대한 조사연구. 사회복지, 80, 71-133.
주정일 · 이소희(1998). 개정판 아동복지학. 경기: 교문사.
주정일 · 이소희(2003). 아동복지실천론. 경기: 교문사.
주정일 · 이소희(2003). 아동복지학. 경기: 양서원.
중앙, 시 · 도 · 시 · 군 · 구 건강가정지원센터의 역할 및 체계구축(2005). 중앙건강가정지원센터.
중앙부처(2017). 2017년 다문화가족 지원정책.
질병관리본부(2007). 2006년 혼인통계 결과. 보도자료.
질병관리본부(2007). 인구동태통계(2002~2006). DB 웹서비스.
초록우산어린이재단(2013). 아동관련법과 아동복지법 변천사 연구.
초록우산어린이재단(2016). 아동권리옹호활동 가이드북. InCRC 국제아동인권센터.
최명민 · 이기영 · 최현미 · 김정진(2009), 문화적 다양성과 사회복지. 서울: 학지사.
최미현(2006). 학교사회사업 활성화 방안에 관한 연구. 조선대학교 정책대학원 석사학위 논문.
최선희(2003). 교육복지투자 우선지역 아동 · 청소년 실태조사. 강북 · 노원지역사업 담당자 워크샵. 서울특별시 성북교육청 · 강북지역복지협의회 · 노원교육복지협의회.
최성재 · 남기민(2004). 사회복지행정론 개정판. 파주: 나남출판사.
최순옥 외(2004). 가정폭력 피해여성을 대상으로 한 집단치료놀이의 효과성. 아동복지연구 2권 2호.
최순옥 · 유한규 · 이향숙 · 윤난호 · 강지현(2010). 치료놀이의 이해. 서울: 태영출판사.
최순옥(2005). 가정폭력피해가족을 위한 가족치료놀이 프로그램 개발 및 효과. 숙명여자대학교 대학원 박사학위 논문.
최순옥 · 윤난호 · 장수정 · 이주연 · 김은숙(2011). 아동복지의 이해. 서울: 태영출판사 .
최윤영(2013). 아동복법제의 개선에 관한 연구: 권리와 전달체계를 중심으로. 이화여자대학교 박사학위 청구논문.
최재규(1989). 한국사회복지행정 전달체계에 관한 연구. 한국토지행정학회보 2.

통계청(2006). 2005년 혼인 · 이혼통계 결과. 보도자료.
통계청(2007). 2006년 혼인 · 이혼통계 결과. 보도자료.
통계청(2007). 인구동태통계(2002~2006). DB웨어 서비스.
통일부(2008). 새터민 입국현황.
통일부(2012). 통일백서, 2012.
평택대학교 다문화가족센터(2007). 다문화가족백서.
표갑수(1994). 아동청소년복지론. 청주대학교출판부.
표갑수(2000). 아동청소년복지론. 서울: 나남출판.
한국교육개발원(2012). 교육통계 분석 자료집—유 · 초 · 중등교육 통계편
한국사회복지학연구회 역(1999). 변화하는 복지국가. Esping-Andersen, G. 저. 인간과 복지.
한국여성정책연구원(2009). 미혼부모의 사회통합방안 연구.
한미현 · 강희경 · 공인숙 · 김상희 · 안선희 · 안효진 · 양성은 · 이경열 · 이진숙 · 천희영(2007). 아동복지. 서울: 창지사.
한성심(2003). 아동복지론. 서울: 창지사.
한성심(2004). 영유아보육법 개정에 따른 보육프로그램 재조명. 한국유아교육 보육행정학회지, 제8권 1호.
한성심 · 송주미(2006). 아동복지론. 서울: 창지사.
한성심 · 송주미(2015). 아동복지론(5판). 서울: 창지사.
한인영 · 홍순례 · 김혜란(2004). 학교와 사회복지 실천. 파주: 나남출판사.
함세남(2001). 사회복지역사와 철학. 서울: 학지사.
허남순(1993) 아동학대의 실태 및 대책. 한국아동복지학(한국아동복지학회), 23-45.
홍금자(2000). "근대 사회사업의 성립과 발달사적 구분에 관한 연구." 한국사회복지학 통권 40. 226-269.
홍진주(2004). 몽골출신 이주노동자 자녀의 사회심리적 적응에 관한 연구. 이화여자대학교 석사학위논문.
황영희(1987). 부모의 결혼 만족도와 아동학대와의 관계. 숙명여자대학교 석사학위 청구논문.

Allen-Meares, P., Washintion, R., & Welsh, B.(1966). Social Work Service in Schools(2nd ed.). Englewood Cliffs, N.J: Prentice-Hall.
Alvy, K. T.(1975). Preventing child abuse. American Psycholgist, 30, 921-928.
Banks, J. A.(2006). Cultural diversity and education: Foundation, curriculum, ald teaching. Boston: Pearson Education, Inc.
Barnett, S. & Hustedt, J. (2005). Head Start's Lasting Benefits. Infants & Young Children, 18(1), 16-24.
Baumrind, D.(1967). Effect of authoritative parental control on child behavior. Child Development, 37, 887-907.
Bennett, C.(1990). Comprehensive multicultural Education-Theory and Practice. 2nd ed.,

Allyn and Bacon.
Berger, K. S.(2003). Developing Person Through Childhood and Adolescense. N.Y: Worth Publishers.
Bouchal, P. & Norris, E.(2014). Implementing Sure Start Children's Center. Joseph Rowntree Foundation.
Bradbury, B., & Jantii, M.(2000). "Child Poverty across the Industrialized World: Evidence from Luxembourg Incom Study." In K. Vleminkx & T. Smeeding(Ed.). Child Wellbeing, Child Poverty and Child Policy in Modern Nations. The Policy Press, pp. 11-32.
Browne, K. Saqi, S.(1988). "Parent-Child interaction in abusing families: its possible causes and consequences." In P. Maher(ed.), child Abuse. Oxford: Basil Blackwell, 77-103.
Burgess, R. L., & Conger, R. D.(1978). "Family intereaction in abusive, neglectful, and normal families." Child Development 49, 1163-1173.
Campbell, D. E.(2004). Choosing Democracy: A practical guide to multicultural education. New Jersey: Pearson Education, Inc.
Chafel, J. A., & Hadley, K. G.(2001). Poverty and the well-being of children and families. In Handbook of clinical child psychology. ed., C. Eugene Walker & Michael C. Roberts. New York: John Wiley & Sons.
Clarke-Stewart, A.(1993). Day care. Cambridge, MA: Havard University Press.
Claussen, A. H., & Crittenden, P. M.(1991). Physical and Psychological Maltreatment: Relations Among Types of Maltreatment. Child Abuse & Neglect, 15, 5-18.
Costin, L. B. (1985). The historical context of child welfare. In J. Laird(Ed.), A Handbook of Child Welfare. The Free Press.
Costin, L. B.(1979), Child Welfare: Policies and Practice, New York: McGraw-Hill.
Costin, L. B.(1987). School social work practice: A new model. Social Work, 20(1).
Cravens, H. (2014). Encyclopedia of children and childhood in history and society. http://www.faqs.org/childhood/Re-So/Social-Welfare.html
Duncan, C. J., & Brooks-Gunn, J.(2000). Family poverty, welfare reform and child development. Child Development, 71(1), 188-197.
Erikson. E. H.(1974). Identit und Lebenszyklus. Drei Aufstze, Frankfurt.
Faller, K. C. & Stone, J. B.(1981). The child welfare system. In Faller, K. C.(Ed.), Social Work with abused and Neglected Children. N.Y: The Free Press.
Fogarty, F. (2008). Some aspects of the early history of child protection in Australia. Family Matters, 78. http:///www.aifs.gov.au/institute/pubs/fm2008/fm78/jf.pdf
Fontana, V. J.(1973). "The diagnosis of maltreatment syndrome in children," in J. V. Cook & R. T. Bowles(Eds.), Child Abuse-comissions and omissins Tornto: Butterworth Company, 69-72.
Frederckson, H.(1957). The Child and His Welfare (2nd ed.). San Francisco: Freeman.

Friedlander, W. A., & Apte, R. (1980). Introduction to Social Welfare. Englewood Cliffs, Prentice-Hall.

Fullinwider, R.(1995). Multicultural education: Concepts, Policies, and Controversies, in Fullinwider R. ed., Public Education in a Multicultural Society-Policy, Theory, Critique-, NY: Cambridge University Press, 3-22.

Garbarino, J.(1992). The meaning of poverty in the world of children. American Behavioral Scientist, 35(2), 220-237.

Gelles, R. J.(1973). "Child abuse as Psycholpathology: A socialogical critique and refomation." A. J. of Orthopsychiatry 43, 611-621.

Gilbert, N., & Specht, H.(1974). Dimensions of Social Welfare Police, Englewood Cliffs, N. J.: Prentice-Hall.

Gilbert, N., & Terrell, P. (2005). Dimensions of social welfare policy(6th ed.). Allyn & Bacon Kadushin, A. (1980). Child welfare service. Macmillan.

Hare, I.(1994). School social work in transition. Social Work in Education, 16(1), 64-68.

Herrenkohl, R. C., Herrenkohl, E. C. & Egolf, B. P.(1983). "Circumstances surrounding the occurrence of child maltreatment." J. of Consulting and Clinical Psychology 51, 424-431.

Howes, C., & Hamilton, C. E.(1993). Children's realationships with child care teachers: Stability and concordance with parental attachments. Child Development, 63, 867-878.

Justice, B. & Justice, R.(1976). The Abusing Family. NeW York: Human Sciences Press.

Kadushin, A.(1989). Child Abuse, An Inernational Event. New York, Colombia University Press.

Kadushin, A., & Martin, J. A.(1988). Child welfare services (4th Ed.). N.Y: Macmillan Publishing Co.

Kamerman, S. B., & Kahn, A. J. (1985). Child welfare and the welfare fo families with children: A cgild and Family policy agenda. In B. G. Mcgowan & W. Meezan(Eds.), Child welfare: Current Dilemmas and Future Directions. F. E. Pescock Publishers.

Kamerman, S. B., & Kahn, A. J. (1995). Starting Right: How America Neglects its Youngest Children and What We Can Do about It. Oxford University Press.

Kempe, C. H. & Helfer, R. E.(1974). The battered child. 1st, ed. Chicago University of Chicago Press.

Kinard, E. M.(1979). "The psychological consequences of abuse for the child." J. of Social Issues 35, (2), 82-100

Kirby, P.(2007). Child Labour, Public decency and the iconography of the children's employm ent commission of 1842. Number 62 Manchester Papers in Economic and Social History. http://www.arts.manchester.ac.uk/subjectareas/history/research/mancheste

rpapers/files/ fileuploadmax10mb,125,336,en.pdf
Korbin, J.(1980). "The cross-cultural contex of child abuse and neglect." In C. Kempe & R. E. Helfer(Ed.). The battered Chicago: University of Chicago Press, 21-35.
Lamont, A., & Bromfield, L. (2010). History of child Protection services. Resource Sheet. National Child Protection Clearinghouse. Australian Institute of Family Studies. http://www.aifs.gov.au/nch/pubs/sheets/rs22/re22.pdf
Leventhal, J. H.(1981). Risk factors for child abuse, methodologic standards in case-control studies. peaiatrics, 68, 684-690.
Lewis, J. (2011). From Sure Start to Children's centres: An analysis of policy change in English early years programmes. Journal of Social Policy, 40(1), 71-88.
Mario, D. T.(1983). "Injured children and their parents." Children 31, 147-152.
McGowan, G. (2005). Historical evolution of child welfare services, In G. Mallon & P. Hess(eds.), Child welfare for the twenty-first century: A handbook of practices, policies and programs. Columbia University Press.
Mussen, P. H.(1979). The Psychological Development of the Child. N.Y: Prentice-Hall.
Page, B., & Lamer, M. (1997). Introduction to the AFDC program. The Future of Children Welfare to Work, 7(1), 20-27. http://futureofchildren.org/futureofchildren/publications/docs/07_01_ExecSummary.pdf
Papalia, D. E., & Olds, S. W.(1989). Human development(7th ed.). McGraw-Hill.
Parekh, B.(2006). Rethinking Multiculturalism: Cultural diversity and political theory. New York: Palgrave Macmilan.
Patterson, C. H.(1973). Theories of counseling and psychotherapy (2nd ed.). New York: Harper & Row.
Pecora, P. J., Whittaker, J. K., Maluccio, A, N., Barth, R. P., & Plotnick, R. D. (2000). The Child Welfare Challenge: Policy, Practice, and Research(2nd ed.). Aldine de Gruyter.
Popple, P., & Leighninger, L.(1999). Social Work, Social Welfare, and American Society(4th Ed.), Allyn & Bacon.
Rettew, D. C., Copeland, W., Stanger, C., & Hudziak, J. J.(2004). Associations between temperament and DSM-IV externalizing disorders in children and adolescents. Development and Behavioral Pediatrics, 25, 383-391.
Rimland, B.(1964). Infantile autism. New York: Appleton-Century-Crofts.
Rogers. C. R.(1951). Client- centered Therapy, Boston: Houghton Mifflin.
Santrock, J. W.(2002). Children(8th ed.). New York: McGraw.
Schaefer, C. E.(1993). The Therapeutic Powers of Play. New Jersey: A Jason Aronson.
Schaefer, H. R., & Emerson, P. E.(1964). The development of social attachments in infancy. Monographs of the Social Research in Child Development, 29(3Sereal no. 94), 211-227.
Schene, A. (1998). Past, present, and future roles of child protective services. The Future

of Children, 8(1). http://futureofchildren.org/futureofchildren/publications/docs/08_01_01.pdf

Schwartz(1995). Crossing Borders/Schifting Paradigms: Multiculturalism and Children's Literature, Harvard Educational Review, 65: 634-650.

Shaffer, D. R.(1999). Developmental psychology: Childhood and adolesence(5th ed.). Pacific Grove, CA: Brooks/Cole.

Shahmoon-Shanok, R.(1997). Giving Back Future's Promise: Working Resourcefully with Parents of Children Who Have Severe Disorders of Relating and Communicating. Zero To Three, 17(5), 37-48.

Sharf, R. S.(2000). Theories of psychotherapy and counseling(2nd ed.). Belmont, CA: Brooks/Cole.

Smith, S. L.(1984). Significant research findings in the etiology of child abuse. Social Casework(June), 337-346.

Starkey, H.(ed.) (1991). The challenge of human rights education. London: Cassel.

Steinmets, S. K. & Straus, M. A.(1974). General introduction: Social myth and social system in the study of intra-family Violenc, In S. K. Steinmetz & M. A. Straus(Eds.), Violence in the Family. New York: Harper and Row Company, 3-24.

Stern, D. N.(1985). The Interpersonal Word of the Infant: A View from Psychoanalysis and Developmental Psychology. New York.: Basic books.

Straus, M. A.(1979). Measuring intrafamily conflict and violence: The conflict tactics(CT) scales. Journal of Marriage and the Family, 21, 75-88.

Suomi, S. J., Harlow, H. F.(1972). Social rehabilitation ofislate-reared monkeys. Developmental Psychology, 6, 487-496.

Tedeschi, R. G., & Calhoun, L. G.(1996). The Posttraumatic Growth Inventory: measuring the positive legacy of trauma. Journal of Traumatic Stress, 9(3), 455-471.

U.S. Department of Health and Human Services(1995). Social Society Programs throughout the World-1995.

Veronen, L. J., & Kilpatrick. D. G.(1983). Stress management for rape victims. In D. Meichenbaum & M. E. Jaremko (Eds.), Stress reduction and prevention. New York: Plenum. 341-374.

Wadsworth, B. J.(1972). Piaget's theroy of cognitive development. An intraduction for Student of Psychlogy and Education, New York: David Mcay Company, Inc.

White, B. L.(1993). The first three years of life. N.Y: Fire Side: Simon & Schuster.

Winnicott, D. W.(1958). Collected Papers: Through Paediatrics to Psychoanalysis. London: Tavistock.

Winnicott, D. W.(1971). Playing and Reality. London: Tavistock Education, 39, 879-880.

〈인터넷 자료〉

건강가정지원센터 http://www.familynet.or.kr

곡교어린이 http://www.gokgyo.co.kr

교육과학기술부 http://www.mest.go.kr

구운초등학교방과후 http://www.guun.es.kr

국가정보원 http://www.nis.go.kr

동방사회복지회 http://www.eastern.or.kr

드림스타트 http://www.dreamstart.kr/

들꽃 방과후 아카데미 http://www.wahaha.or.kr

법제처 http://www.mw.go.kr

베트남정보, http://ww.vietinfo.co.kr

보건복지부 http://www.mohw.go.kr

보건복지부 http://www.mw.go.kr/

사단법인 한국입양홍보회 http://www.mpak.co.kr/

서울특별시 교육청 http://studentrights.sen.go.kr/contents/b2111.jsp

서울시 장애인 홈페이지 http://disability.seoul.go.kr/

아동복지법. 2016 검색. http://www.law.go.kr/법령/아동복지법

아동자립지원단 http://jarip.kohi.or.kr/

여성가족부 http://www.moleg.go.kr/

여성가족부. http://liveinkorea.kr

위스타트 http://westart.joins.com/

유니세프 사이트 : http://www.unicef.or.kr/education/korea/request_edu.asp

2016년 아동분야사업안내(Ⅰ, Ⅱ). 2016 검색. http://www.mohw.go.kr

중앙가정위탁지원센터 http://www.fostercare.or.kr/

중앙아동보호전문기관 홈페이지. 2016 검색. http://korea1391.go.kr

중앙아동자립지원센터 http://www.adongjarip.or.kr/

중앙입양원 https://www.kadoption.or.kr/

청소년 방과후아카데미 http://www.youthacademy.or.kr

태국대사관 http://www.thaiembassy.or.kr/thai.htm

통계청(2015). 여성경제활동인구 참가율. http://kostat.go.kr

통계청(2015). 청소년통계. http://kostat.go.kr

통계청(2015). 혼인 · 이혼통계. http://kostat.go.kr

통일부 http://www.unikorea.go.kr/unikorea/business/NKDefectorsPolicy/status/lately/

한국태국학회 http://k-thaistudies.or.kr/thai_1_1.htm

한누리 지역아동센터 http://www.jesuits.kr/hnr

홀트아동복지회 홈페이지. 2016 검색. http://www.holt.or.kr

Headstart 홈페이지. 2016 검색. http://www.nhsa.org
http://www.thailand.co.kr/see_main2.htm
http://www.tabunka.jp
http://www.raa.de
http://www.h5.dion.ne.jp/%7Epobinuri/tha_history.htm
http://ask.nate.com/qna/view.html?n=5140988
Utahca 홈페이지. 2016 검색. http://www.utahca.org/head-start

〈교육과학기술부 · 교육청 자료〉

강원도교육청(2007). 「2007년도 주요업무계획」.
경기도교육청(2007). 「다문화가정 학생현황」. 내부자료.
광주광역시교육청(2007). 「으뜸 광주교육 2007」.
교육인적자원부(2007). 「2007년도 다문화가정 자녀교육지원 계획」.
교육인적자원부(2007). 「다문화가정 자녀현황」. 보도자료.
교육인적자원부(2007). 「시도교육청 다문화가정 자녀교육지원 현황」. 국회제출자료.
교육인적자원부(2007). 「시도별, 학교급별 학생수」. 내부자료.
부산광역시교육청(2007). 「2007학년도 부산교육계획」.
서울특별시교육청(2007). 「2007년도 주요업무계획」.

저자 소개

✍ 최순옥

숙명여자대학교 문학박사(아동/청소년복지)

(현) 장안대학 사회복지학과 교수

(전) 순천향대학교 사회복지학과 겸임교수

(전) 새터어린이집(국 · 공립), 희망어린이집(국 · 공립) 원장

✍ 박선영

강원대학교 교육학박사(교육심리/학교상담)

이화여자대학교 문학석사(발달심리)

(현) 강릉영동대학교 유아교육과 교수

✍ 윤란호

숙명여자대학교 문학박사(아동복지)

(현) 서일대학보육교사교육원 주임교수

(현) 서일대학교부속어린이집 원장

(현) 도봉구청, 중랑구청, 구리시청보육정책위원

✍ 이주연

숙명여자대학교 문학박사(아동/청소년복지)

(현) 세계사이버대학 상담심리학과 교수

(전) 홍정애치료놀이상담센터 부소장

(전) 김포대학 아동복지과 겸임교수

✍ 이혜경

숙명여자대학교 박사수료

(현) 장안대학교 사회복지학과 외래교수

(현) 숙명여자대학교 평생교육원 교수

(전) 순천향대학교 사회복지학과 외래교수

아동권리와 복지 - 개정판

초판발행 2018년 2월 25일
개정2쇄 2021년 2월 25일

저 자 최순옥 · 박선영 · 윤란호 · 이주연 · 이혜경

2021. 2.

발행인 김현태
발행처 태영출판사

주 소 (08371) 서울 구로구 디지털로31길 90
전 화 02 · 839-3757, 839-3752
팩 스 02 · 837-3754
등 록 2005년 5월 30일 제12-421호
http://www.taeyeongbook.co.kr
E-mail tys2005@hanmail.net
ISBN 978-89-6302-240-6 93370
정 가 20,000원

* 잘못 만들어진 책은 교환해 드립니다.

NAVER 태영출판사